7급 | 국회직 시험대비

박문각 공무원
기출문제

기출로 합격까지

국가직·지방직·국회직 단원별 기출문제 총정리

통치구조 출제 포인트 및 문제 유형 완벽 분석

명쾌하고 상세한 해설 및 최신 판례 반영

박충신 편저

동영상 강의 www.pmg.co.kr

박충신 헌법 7급 II
단원별 기출문제집

이 책의 머리말
PREFACE

공무원 시험에서 헌법 문제는 3가지 유형으로 출제됩니다.
헌법과 헌법 부속 법률의 내용을 묻는 조문형(확인형) 문제, 헌법 조문의 규범적 의미를 묻는 해석형 문제, 그리고 헌법의 규범적 의미를 전제로 하여 구체적 사건에서 헌법재판소의 판단 결과를 묻는 판단형 문제가 그것입니다.

물론 3가지 유형의 문제가 독립된 문제로 출제되기도 하지만 혼합해서 출제되는 것이 일반적인 출제방식입니다. 그런데 3가지 유형은 고유한 특징을 가지고 있습니다. 확인형 문제와 해석형 문제는 그것이 쉽게 바뀌지 않는다는 점에서 반복해서 출제할 수 있다는 특징이 있습니다. 물론 헌법 부속 법률은 개정이 용이하므로 헌법 부속 법률의 경우 개정 사항을 유의해서 공부해 둘 필요가 있습니다. 반면 판단형 문제는 헌법재판소가 끊임없이 새로운 결정을 내리고 있으므로 특정한 출제 논점에서 대표적인 헌법재판소 결정을 제외하고는 상대적으로 반복되지 않는 특징이 있습니다.

우리가 기출문제를 보아야 하는 이유는 그것이 합격에 큰 영향을 미친다는 점에서 분명합니다. 즉 기출문제를 보아서 얻는 수험적 이익이 있기 때문입니다. 그럼 기출문제를 통해서 얻는 구체적인 수험적 이익은 무엇일까요?

첫째, 출제 포인트(중요한 출제 논점)를 알 수 있습니다. 방대한 헌법에서 출제 포인트를 안다는 것은 보다 효과적으로 헌법을 공부할 수 있는 필요조건이라 하겠습니다.
둘째, 문제 유형을 알 수 있습니다. 기출문제를 통해 각각의 출제 포인트에서 어떤 유형의 문제가 주로 출제되는지 알 수 있고, 이를 통해 각 출제 포인트에서 어느 부분을 중점적으로 공부해야 하는지를 알게 합니다.
셋째, 기본서를 통해 공부하는 헌법 내용이 어떤 지문으로 구성되는지를 알 수 있습니다. 헌법 문제를 출제하는 교수님들께서 중요한 헌법적 지식을 어떤 형식으로 구성하여 질문하는지를 알게 됩니다.

본서는 위와 같은 수험적 이익을 수험생들에게 제공하기 위하여, 국가직과 지방직 7급, 5급 공채, 국회직 8급 문제를 상세한 해설을 붙여 단원별로 정리한 수험 필독서입니다. 5급 공채 문제는 최신 판례의 출제 비중이 높고, 5급 공채 문제는 상대적으로 헌법 조문 문제를 많이 출제하며, 경찰 채용 문제는 헌법총론과 기본권론에 있어서 매우 정선된 해석형 지문을 볼 수 있는 문제입니다.

공무원 시험을 목표로 헌법을 처음 공부하시는 수험생들이 기본서와 병행하여 공부하시거나 시험을 앞둔 수험생들이 그동안 공부한 내용을 정리하고 확인하시는 목적으로 본서를 활용하시면 매우 효과적인 공부가 되리라 생각됩니다. 여러분들의 소중한 목표와 꿈이 합격이라는 결실로 이루어지길 진심으로 기원합니다.

2025년 4월
박문각 공무원 및 경찰학원 헌법대표교수 박충신

이 책의 차례
CONTENTS

7급 II 통치구조

Chapter 01 통치구조 총론 … 06

Chapter 02 통치기구 … 09

제1절 국회 … 09
  제1항 국회의 구성과 조직 … 09
  제2항 국회의 운영 … 19
  제3항 국회의 권한 … 39
    1. 입법에 관한 권한 … 39
    2. 재정에 관한 권한 … 42
    3. 국정 통제에 관한 권한 … 50
    4. 기타 국회의 권한 … 63
  제4항 국회의원 … 65

제2절 대통령 … 76
  제1항 대통령의 선거와 신분 … 76
  제2항 대통령의 권한 … 78
    1. 비상대권적 권한 … 78
    2. 헌법기관 구성권 … 83
    3. 입법에 관한 권한 … 84
    4. 사면권 … 96
    5. 대통령의 권한 일반 … 97
  제3항 대통령 일반 … 100

제3절 정부 … 111
  제1항 국무총리 … 111
  제2항 국무회의·국무위원·행정각부 … 116
  제3항 감사원 … 120
  제4항 행정부 일반 … 126

제4절 선거관리위원회 … 133

제5절 법원 … 140
  제1항 법원의 지위 … 140
  제2항 법원의 구성·조직과 운영 … 146
  제3항 법원의 권한 … 159

제6절 헌법재판소 … 165
  제1항 헌법재판소의 구성과 조직 … 165
  제2항 헌법재판소의 심판절차 … 168
  제3항 헌법재판소의 권한 … 180
    1. 위헌법률심판 … 180
    2. 권한쟁의심판 … 188
    3. 헌법소원심판 … 203

※ 7급 공무원·8급 국회직 수험생은 단원별 기출문제집 경찰·7급 I(헌법총론, 기본권론)과 함께 학습하시기 바랍니다.

박충신 헌법 7급॥
단원별 기출문제집

7급 II

통치구조

chapter 01 통치구조 총론
chapter 02 통치기구

Chapter 01 통치구조 총론

01 대의제도에 대한 설명으로 옳은 것은? (다툼이 있는 경우 판례에 의함) 21. 5급 공채(행정)

① 국회의원이 계속 특정 상임위원회에서 활동하기를 원하고 있다면 그 위원회와 관련하여 위법하거나 부당한 행위를 한 사실이 인정되는 경우가 아닌 한 본인의 의사에 반하여 강제로 위원회에서 사임시킬 수는 없다.
② 국민의 국회의원 선거권은 국회의원을 보통·평등·직접·비밀선거에 의하여 국민의 대표자로 선출하는 권리에 그치는 것이기 때문에 유권자가 설정한 국회의석 분포에 국회의원들을 기속시키는 것은 대의제도의 본질에 반하는 것이다.
③ 대의제를 보완하는 직접민주주의 요소로서 우리 헌법은 국민투표만을 규정하였을 뿐 우리 헌정사상 국민발안제나 국민소환제를 채택한 적은 없다.
④ 국민과 국회의원은 자유위임관계에 있는 것이 아니라 명령적 위임관계에 있다.

정답찾기

② [O] ④ [X] 대의제 민주주의하에서 국민의 국회의원 선거권이란 국회의원을 보통·평등·직접·비밀선거에 의하여 국민의 대표자로 선출하는 권리에 그치며, 국민과 국회의원은 명령적 위임관계에 있는 것이 아니라 자유위임관계에 있으므로, 유권자가 설정한 국회의석 분포에 국회의원들을 기속시키고자 하는 내용의 "국회구성권"이라는 기본권은 오늘날 이해되고 있는 대의제도의 본질에 반하는 것이어서 헌법상 인정될 여지가 없다(헌재 1998. 10. 29. 96헌마186).
① [X] 당론과 다른 견해를 가진 소속 국회의원을 당해 교섭단체의 필요에 따라 다른 상임위원회로 전임(사·보임)하는 조치는 특별한 사정이 없는 한 헌법상 용인될 수 있는 "정당내부의 사실상 강제"의 범위 내에 해당한다(헌재 2003. 10. 30. 2002헌라1).
③ [X] 1954년 제2차 개정헌법은 "헌법개정의 제안은 대통령, 민의원 또는 참의원의 재적의원 3분의 1 이상 또는 민의원의 원선거권자 50만인 이상의 찬성으로써 한다"고 규정하여(제98조 제1항) 국민발안제를 도입하였다.

02 권력분립원칙에 대한 설명으로 옳지 않은 것은? (다툼이 있는 경우 판례에 의함)   15. 국가직 7급

① 방송통신위원회의 「정보통신망 이용촉진 및 정보보호 등에 관한 법률」상 불법정보에 대한 취급거부·정지·제한명령은 행정처분으로서 행정소송을 통한 사법적 사후심사가 보장되어 있고, 그 자체가 법원의 재판이나 고유한 사법작용이 아니므로 사법권을 법원에 둔 권력분립원칙에 위반되지 않는다.

② 역대 헌법은 권력분립제도 및 견제와 균형제도를 규정하여 1948년 헌법에서는 대통령이 국무총리를 임명 후 국회의 승인을 얻어야 했으며, 1952년 헌법에서는 민의원의 국무원 불신임권이 인정되었다.

③ 권력분립은 국민주권과 더불어 근대헌법의 기본원리를 구성하지만, 국민주권은 단일하고 불가분하다는 근대국가 시기의 이론에 근거하는 데 반하여 권력분립은 하나의 기관에 권력을 집중시키지 않는 것으로써, 국민주권의 자연스런 귀결이 아니라 자유주의적 조직원리로서 발전된 것이다.

④ 정치적 중립성을 엄격하게 지켜야 할 대법원장을 정치적 사건을 담당하게 될 특별검사 임명에 관여시키는 내용을 담고 있는 국회의 입법은 헌법상 권력분립원칙에 위반된다.

정답찾기

④ [X] 정치적 중립성을 엄격하게 지켜야 할 대법원장의 지위에 비추어 볼 때, 정치적 사건을 담당하게 될 특별검사의 임명에 대법원장을 관여시키는 것이 과연 바람직한 것인지에 대하여 논란이 있을 수 있으나, 그렇다고 국회의 이러한 정치적·정책적 판단이 헌법상 권력분립의 원칙에 어긋난다거나 입법재량의 범위에 속하지 않는다고는 할 수 없다. 결국 이 사건 법률 제3조는 헌법상 권력분립의 원칙에 위배되지 않는다(헌재 2008. 1. 10. 2007헌마1468).

① [O] 방송통신위원회의 취급거부·정지·제한명령은 행정처분으로서 행정소송을 통한 사법적 사후심사가 보장되어 있고, 그 자체가 법원의 재판이나 고유한 사법작용이 아니므로 사법권을 법원에 둔 권력분립원칙에 위반되지 아니한다(헌재 2014. 9. 25. 2012헌바325).

② [O] 국무총리는 대통령이 임명하고 국회의 승인을 얻어야 한다(제헌헌법 제69조 제1항). 민의원에서 국무원불신임결의를 하였거나 민의원의원총선거 후 최초에 집회된 민의원에서 신임결의를 얻지 못한 때에는 국무원은 총사직을 하여야 한다(1952년 헌법 제70조의2 제1항).

③ [O] 권력분립원칙은 국가기능을 입법·행정·사법으로 분할하여 이를 각각 독립된 국가기관에 귀속시키고, 국가기관 상호 간의 견제와 균형을 통하여 국가권력을 통제함으로써 국민의 자유와 권리를 보호하고자 하는 원리이다.

Answer   01 ②   02 ④

03 정부형태에 대한 설명으로 옳지 않은 것은?

20. 국가직 7급

① 대통령제는 대통령의 임기를 보장하기 때문에 행정부의 안정성을 유지할 수 있는 장점이 있지만, 대통령과 국회가 충돌할 때 이를 조정할 수 있는 제도적 장치의 구비가 상대적으로 미흡하다.
② 대통령제에서는 국민이 대통령과 의회의 의원을 각각 선출하므로, 국가 권력에게 민주적 정당성을 부여하는 방식이 이원화되어 있다.
③ 의원내각제에서 일반적으로 국민의 대표기관인 의회는 행정부 불신임권으로 행정부를 견제하고 행정부는 의회해산권으로 이에 대응한다.
④ 우리 헌정사에서 1960년 6월 개정헌법은 의원내각제를 채택한 헌법으로서, 국가의 원수이며 의례상 국가를 대표하는 대통령이 민의원해산권을 행사하도록 규정하였다.

정답찾기

④ [X] 1960년 6월 헌법은 "국무원은 민의원에서 국무원에 대한 불신임결의안을 가결한 때에는 10일 이내에 민의원해산을 결의하지 않는 한 총사직하여야 한다"고 규정하여(제71조 제1항) 민의원해산권을 국무원에게 부여하였다.
① [O] 대통령제는 집행부의 안정과 권위 유지, 법률안 거부권에 의한 국회의 졸속입법의 방지 등이 장점이 있음에 반해 대통령의 독재화의 경향, 엄격한 권력분립에 따른 국정의 통일적 수행의 방해 등이 단점이다.
② [O] 대통령제는 대통령을 의회가 선출하지 않고 대통령을 중심으로 한 집행부의 구성원들이 의회에 대하여 정치적 책임을 지지 않는 대신, 의회의 조직과 활동도 집행부와 완전히 독립해서 독자적으로 이루어지고 대통령의 의회해산권이 인정되지 않는 독립성의 원리가 지배한다는 것이 대통령제의 본질적 요소이다. 독립성의 원리가 지배하는 대통령제에서는 대통령과 의회 의원을 각각 국민이 직접 선거를 통해 선출하므로 민주적 정당성이 이원화된다.
③ [O] 의원내각제는 집행부의 장인 수상이 의회에 의해서 선출되고, 수상에 의해 선출된 각료들이 집행업무를 담당하지만 수상과 함께 의회에 대하여 정치적 책임을 지는 것이 의원내각제의 제도적 징표이다. 따라서 의회의 내각불신임권과 내각의 의회해산권, 의원직과 각료직의 겸직허용, 내각의 법률안 제출권과 각료의 자유로운 의회출석·발언권, 내각 내에서의 수상의 우월적 지위, 잠재적 여당으로서의 소수의 보호제도 등이 의원내각제의 본질적 요소에 속한다.

Answer 03 ④

Chapter 02 통치기구

제1절 국회

제1항 국회의 구성과 조직

01 국회의장과 부의장에 대한 설명으로 옳은 것은? 20. 지방직 7급

① 임시의장은 무기명투표로 선거하고 재적의원 과반수의 출석과 출석의원 다수득표자를 당선자로 한다.
② 국회의원 총선거 후 처음 선출된 의장과 부의장의 임기는 의원의 임기 개시 후 2년이 되는 날까지로 하며, 보궐선거로 당선된 의장 또는 부의장의 임기는 선출된 날로부터 2년으로 한다.
③ 의장은 국회를 대표하고 의사를 정리하며, 질서를 유지하고 사무를 감독한다. 의장은 위원회에 출석하여 발언할 수 있고, 표결에 참가할 수 있다.
④ 의장이 심신상실 등 부득이한 사유로 의사표시를 할 수 없게 되어 직무대리자를 지정할 수 없는 때에는 나이가 많은 부의장의 순으로 의장의 직무를 대행한다.

정답찾기

① [O] 임시의장은 무기명투표로 선거하고 재적의원 과반수의 출석과 출석의원 다수득표자를 당선자로 한다(「국회법」 제17조).
② [X] 의장과 부의장의 임기는 2년으로 한다. 다만, 국회의원 총선거 후 처음 선출된 의장과 부의장의 임기는 그 선출된 날부터 개시하여 의원의 임기 개시 후 2년이 되는 날까지로 한다(「국회법」 제9조 제1항). 보궐선거로 당선된 의장 또는 부의장의 임기는 전임자 임기의 남은 기간으로 한다(「국회법」 제9조 제2항).
③ [X] 의장은 국회를 대표하고 의사를 정리하며, 질서를 유지하고 사무를 감독한다(「국회법」 제10조). 의장은 위원회에 출석하여 발언할 수 있다. 다만, 표결에는 참가할 수 없다(「국회법」 제11조).
④ [X] 의장이 심신상실 등 부득이한 사유로 의사표시를 할 수 없게 되어 직무대리자를 지정할 수 없을 때에는 소속 의원 수가 많은 교섭단체 소속 부의장의 순으로 의장의 직무를 대행한다(「국회법」 제12조 제2항).

Answer 01 ①

02 국회의장과 부의장에 대한 설명으로 옳지 않은 것은?
20. 5급 공채(행정)

① 국회의장과 부의장은 국회의 동의를 받아 그 직을 사임할 수 있다.
② 국회의장과 부의장은 특별히 법률로 정한 경우를 제외하고는 국회의원 외의 직을 겸할 수 없다.
③ 국회의원이 국회의장 또는 부의장으로 당선된 때에는 당선된 다음 날부터 국회의장 또는 부의장으로 재직하는 동안은 당적을 가질 수 없다.
④ 국회의장은 위원회에 출석하여 발언할 수 있으나 표결에는 참가할 수 없다.

> 정답찾기

③ [X] 의원이 의장으로 당선된 때에는 당선된 다음 날부터 의장으로 재직하는 동안은 당적을 가질 수 없다. 다만, 국회의원 총선거에서 「공직선거법」 제47조에 따른 정당추천후보자로 추천을 받으려는 경우에는 의원 임기만료일 90일 전부터 당적을 가질 수 있다(「국회법」 제20조의2 제1항).
① [O] 의장과 부의장은 국회의 동의를 받아 그 직을 사임할 수 있다(「국회법」 제19조).
② [O] 의장과 부의장은 특별히 법률로 정한 경우를 제외하고는 의원 외의 직을 겸할 수 없다(「국회법」 제20조 제1항).
④ [O] 의장은 국회를 대표하고 의사를 정리하며, 질서를 유지하고 사무를 감독한다(「국회법」 제10조). 의장은 위원회에 출석하여 발언할 수 있다. 다만, 표결에는 참가할 수 없다(「국회법」 제11조).

03 헌법기관의 권한대행에 대한 설명으로 옳은 것은?
19. 5급 공채(행정)

① 국무총리 사고 시 대통령이 지명하는 국무위원이 그 권한을 대행한다.
② 국회의장의 사고 시 권한대행자는 의장이 지정하는 부의장이고 의장과 부의장 모두 사고가 있을 때에는 임시의장을 선출한다.
③ 대법원장의 궐위 시 대법관 중 최연장자가 그 권한을 대행한다.
④ 헌법재판소장의 궐위 시 임명일자 순으로 권한대행을 하며 임명일자가 같을 시에는 연장자 순으로 한다.

> 정답찾기

② [O] 의장이 사고(事故)가 있을 때에는 의장이 지정하는 부의장이 그 직무를 대리한다(「국회법」 제12조 제1항). 의장과 부의장이 모두 사고가 있을 때에는 임시의장을 선출하여 의장의 직무를 대행하게 한다(「국회법」 제12조 제2항).
① [X] 국무총리가 사고로 직무를 수행할 수 없는 경우에는 기획재정부장관이 겸임하는 부총리, 교육부장관이 겸임하는 부총리의 순으로 직무를 대행하고, 국무총리와 부총리가 모두 사고로 직무를 수행할 수 없는 경우에는 대통령의 지명이 있으면 그 지명을 받은 국무위원이, 지명이 없는 경우에는 제26조 제1항에 규정된 순서에 따른 국무위원이 그 직무를 대행한다(「정부조직법」 제22조).
③ [X] 대법원장이 궐위되거나 부득이한 사유로 직무를 수행할 수 없을 때에는 선임대법관이 그 권한을 대행한다(「법원조직법」 제13조 제3항).
④ [X] 헌법재판소장이 일시적인 사고로 인하여 직무를 수행할 수 없을 때에는 헌법재판소 재판관 중 임명일자 순으로 그 권한을 대행한다. 다만, 임명일자가 같을 때에는 연장자 순으로 대행한다(「헌법재판소장의 권한대행에 관한 규칙」 제2조). 헌법재판소장이 궐위되거나 1개월 이상 사고로 인하여 직무를 수행할 수 없을 때에는 헌법재판소 재판관 중 재판관회의에서 선출된 사람이 그 권한을 대행한다. 다만, 그 대행자가 선출될 때까지는 제2조에 해당하는 사람이 헌법재판소장의 권한을 대행한다(「헌법재판소장의 권한대행에 관한 규칙」 제3조 제1항).

04 국회의 구성 및 조직에 대한 설명으로 옳은 것은? 18. 국가직 7급

① 현행 「국회법」상 예산결산특별위원회와 윤리특별위원회는 활동기간을 정하여 구성되지 아니하므로 상설로 운영된다.
② 국회의장과 부의장은 정치적 중립의무를 지므로, 국회의원은 의장 또는 부의장으로 당선된 다음 날부터 그 직에 있는 동안 당적을 가질 수 없다.
③ 교섭단체는 정당소속 의원들의 원내 행동 통일을 통하여 정당의 정책을 의안심의에 최대한 반영하는 기능을 갖는 단체로서 「국회법」상 동일한 정치적 신념을 가진 정당소속 의원들로 구성할 수 있으므로 무소속 의원 20인으로 하나의 교섭단체를 구성할 수는 없다.
④ 상임위원은 교섭단체 소속 의원 수의 비율에 따라 각 교섭단체 대표의원의 요청으로 의장이 선임하거나 개선하고, 어느 교섭단체에도 속하지 아니하는 의원의 상임위원 선임은 의장이 한다.

정답찾기

④ [O] 상임위원은 교섭단체 소속 의원 수의 비율에 따라 각 교섭단체 대표의원의 요청으로 의장이 선임하거나 개선한다. 이 경우 각 교섭단체 대표의원은 국회의원 총선거 후 첫 임시회의 집회일부터 2일 이내에 의장에게 상임위원 선임을 요청하여야 하고, 처음 선임된 상임위원의 임기가 만료되는 경우에는 그 임기만료일 3일 전까지 의장에게 상임위원 선임을 요청하여야 하며, 이 기한까지 요청이 없을 때에는 의장이 상임위원을 선임할 수 있다(「국회법」 제48조 제1항). 어느 교섭단체에도 속하지 아니하는 의원의 상임위원 선임은 의장이 한다(「국회법」 제48조 제2항).
① [X] 예산결산특별위원회는 "예산결산특별위원회 위원의 임기는 1년으로 한다. 다만, 국회의원 총선거 후 처음 선임된 위원의 임기는 선임된 날부터 개시하여 의원의 임기 개시 후 1년이 되는 날까지로 하며, 보임되거나 개선된 위원의 임기는 전임자 임기의 남은 기간으로 한다"고 규정하여(「국회법」 제46조 제3항) 상설로 운영된다. 반면 윤리특별위원회와 관련하여 국회는 2018. 7. 17. 「국회법」을 "의원의 자격심사·징계에 관한 사항을 심사하기 위하여 제44조 제1항에 따라 윤리특별위원회를 구성한다"는 내용으로 개정하였는데(「국회법」 제46조 제1항), 「국회법」 제44조 제1항에 의하면 "국회는 둘 이상의 상임위원회와 관련된 안건이거나 특히 필요하다고 인정한 안건을 효율적으로 심사하기 위하여 본회의의 의결로 특별위원회를 둘 수 있다"고 하면서 동조 제2항에 의하면 "제1항에 따른 특별위원회를 구성할 때에는 그 활동기간을 정하여야 한다. 다만, 본회의 의결로 그 기간을 연장할 수 있다"고 규정하고 있으므로 윤리특별위원회는 비상설위원회로 운영하게 되었다.
② [X] 의원이 의장으로 당선된 때에는 당선된 다음 날부터 의장으로 재직하는 동안은 당적을 가질 수 없다. 다만, 국회의원 총선거에서 「공직선거법」 제47조에 따른 정당추천후보자로 추천을 받으려는 경우에는 의원 임기만료일 90일 전부터 당적을 가질 수 있다(「국회법」 제20조의2 제1항).
③ [X] 국회에 20명 이상의 소속 의원을 가진 정당은 하나의 교섭단체가 된다. 다만, 다른 교섭단체에 속하지 아니하는 20명 이상의 의원으로 따로 교섭단체를 구성할 수 있다(「국회법」 제33조 제1항).

Answer 02 ③ 03 ② 04 ④

05 국회에 대한 설명으로 옳은 것은? 17. 지방직 7급

① 예산결산특별위원회의 위원장은 위원회에서 호선하고, 위원의 선임은 교섭단체 소속 의원 수의 비율과 상임위원회의 위원 수의 비율에 의하여 각 교섭단체 대표의원의 요청으로 국회부의장이 행한다.
② 정보위원회 위원은 국회부의장이 각 교섭단체 대표의원으로부터 당해 교섭단체 소속 의원 중에서 후보를 추천받아 각 교섭단체 대표의원과 협의하여 선임 또는 개선한다.
③ 어느 상임위원회에도 속하지 아니하는 사항은 국회의장이 국회운영위원회와 협의하여 소관상임위원회를 정하며, 국민권익위원회에 관한 사항은 국회운영위원회의 소관사무에 속한다.
④ 각 교섭단체 대표의원이 추천하는 윤리심사자문위원회의 자문위원 수는 교섭단체 소속 의원 수의 비율에 따른다. 이 경우 소속의원 수가 가장 많은 교섭단체 대표의원이 추천하는 자문위원 수는 그 밖의 교섭단체 대표의원이 추천하는 자문위원 수와 같아야 한다.

> 정답찾기

④ [O] 각 교섭단체 대표의원이 추천하는 자문위원 수는 교섭단체 소속 의원 수의 비율에 따른다. 이 경우 소속 의원 수가 가장 많은 교섭단체 대표의원이 추천하는 자문위원 수는 그 밖의 교섭단체 대표의원이 추천하는 자문위원 수와 같아야 한다(「국회법」 제46조의2 제4항).
① [X] 예산결산특별위원회의 위원장은 예산결산특별위원회의 위원 중에서 임시의장 선거의 예에 준하여 본회의에서 선거한다(「국회법」 제45조 제4항).
② [X] 정보위원회의 위원은 의장이 각 교섭단체 대표의원으로부터 해당 교섭단체 소속 의원 중에서 후보를 추천받아 부의장 및 각 교섭단체 대표의원과 협의하여 선임하거나 개선한다. 다만, 각 교섭단체 대표의원은 정보위원회의 위원이 된다(「국회법」 제48조 제3항).
③ [X] 의장은 안건이 어느 상임위원회의 소관에 속하는지 명백하지 아니할 때에는 국회운영위원회와 협의하여 상임위원회에 회부하되, 협의가 이루어지지 아니할 때에는 의장이 소관 상임위원회를 결정한다(「국회법」 제81조 제2항). 국민권익위원회 소관에 속하는 사항은 정무위원회의 소관사무이다(「국회법」 제37조 제1항 제3호 마목).

06 국회의 위원회에 대한 설명으로 옳지 않은 것은? 19. 5급 공채(행정) 수정

① 국회상임위원회 중 정무위원회는 국민권익위원회 소관에 속하는 사항을 관장한다.
② 교섭단체에 소속되지 않은 의원의 상임위원 선임은 국회의장이 행한다.
③ 정보위원회는 소관 사항을 분담·심사하기 위하여 상설소위원회를 둘 수 없다.
④ 상임위원은 교섭단체 소속 의원 수의 비율에 따라 각 교섭단체 대표의원의 요청으로 의장이 선임하거나 개선한다.

> 정답찾기

③ [X] 구 「국회법」은 "정보위원회를 제외한 상임위원회는 그 소관사항을 분담·심사하기 위하여 상설소위원회를 둘 수 있다"고 규정하고 있었는데(「국회법」 제57조 제2항), 국회는 2019. 4. 16. 「국회법」을 "위원회는 소관 사항을 분담·심사하기 위하여 상설소위원회를 둘 수 있고, 필요한 경우 특정한 안건의 심사를 위하여 소위원회를 둘 수 있다"는 내용으로 개정하여 이제는 정보위원회도 상설소위원회를 둘 수 있게 되었다.
① [O] 국민권익위원회 소관에 속하는 사항은 정무위원회의 소관사항이다(「국회법」 제37조 제1항 제3호 마목).
② [O] 어느 교섭단체에도 속하지 아니하는 의원의 상임위원 선임은 의장이 한다(「국회법」 제48조 제2항).
④ [O] 상임위원은 교섭단체 소속 의원 수의 비율에 따라 각 교섭단체 대표의원의 요청으로 의장이 선임하거나 개선한다(「국회법」 제48조 제1항).

07 국회의 위원회에 대한 설명으로 옳은 것은?   21. 5급 공채(행정)

① 정보위원회의 위원은 의장이 각 교섭단체 대표의원으로부터 해당 교섭단체 소속 의원 중에서 후보를 추천받아 부의장 및 각 교섭단체 대표의원과 협의하여 선임하거나 개선하며, 각 교섭단체 대표의원은 정보위원회의 위원이 된다.
② 예산결산특별위원회와 윤리특별위원회는 활동기한을 정해서 그 기한의 종료 시까지만 존속한다.
③ 정무위원회는 대통령비서실과 국무총리비서실의 소관사항을 관장한다.
④ 소위원회는 폐회 중에는 활동할 수 없으며, 법률안을 심사하는 소위원회는 매월 2회 이상 개회한다.

> 정답찾기

① [O] 정보위원회의 위원은 의장이 각 교섭단체 대표의원으로부터 해당 교섭단체 소속 의원 중에서 후보를 추천받아 부의장 및 각 교섭단체 대표의원과 협의하여 선임하거나 개선한다. 다만, 각 교섭단체 대표의원은 정보위원회의 위원이 된다(「국회법」 제48조 제3항).
② [X] 예산결산특별위원회는 "예산결산특별위원회 위원의 임기는 1년으로 한다. 다만, 국회의원 총선거 후 처음 선임된 위원의 임기는 선임된 날부터 개시하여 의원의 임기 개시 후 1년이 되는 날까지로 하며, 보임되거나 개선된 위원의 임기는 전임자 임기의 남은 기간으로 한다"고 규정하여(「국회법」 제46조 제3항) 상설로 운영된다.
③ [X] 정무위원회의 소관 사무는 국무조정실, 국무총리비서실 소관에 속하는 사항, 국가보훈부 소관에 속하는 사항, 공정거래위원회 소관에 속하는 사항, 금융위원회 소관에 속하는 사항, 국민권익위원회 소관에 속하는 사항이다(「국회법」 제37조 제1항 3호). 대통령비서실 소관에 속하는 사항은 국회운영위원회 소관 사무이다(「국회법」 제37조 제1항 1호).
④ [X] 소위원회는 폐회 중에도 활동할 수 있으며, 법률안을 심사하는 소위원회는 매월 3회 이상 개회한다. 다만, 국회운영위원회, 정보위원회 및 여성가족위원회의 법률안을 심사하는 소위원회의 경우에는 소위원장이 개회 횟수를 달리 정할 수 있다(「국회법」 제57조 제6항).

Answer 05 ④ 06 ③ 07 ①

08 국회의 위원회에 대한 설명으로 옳지 <u>않은</u> 것은? (다툼이 있는 경우 헌법재판소 판례에 의함) 22. 국회 8급

① 국회의장은 국회를 대표하고 의사를 정리하며 질서를 유지하고 사무를 감독할 지위에 있고, 위원회 위원의 선임 및 개선은 이와 같은 국회의장의 직무 중 의사정리 권한에 속한다.
② 대체토론은 안건에 대한 전반적인 문제점과 당부에 관한 일반적인 의견을 제시하는 것으로, 그 목적은 소위원회 회부 전에 소위원회에서 심의할 방향이나 문제점의 시정을 위한 여러 가지 수정방향을 제시해 주는 데 있다.
③ 상임위원장은 해당 상임위원 중에서 임시의장 선거의 예에 준하여 국회의 본회의에서 선거하고 의장의 허가를 받아 사임한다.
④ 국회사무처 소관에 속하는 사항에 대한 의안은 국회운영위원회에서 심사한다.
⑤ 상임위원회의 위원 정수(定數)는 국회규칙으로 정한다. 다만, 정보위원회의 위원 정수는 12명으로 한다.

정답찾기

③ [X] 상임위원장은 제48조 제1항부터 제3항까지에 따라 선임된 해당 상임위원 중에서 임시의장 선거의 예에 준하여 본회의에서 선거한다(「국회법」 제41조 제2항). 상임위원장은 본회의의 동의를 받아 그 직을 사임할 수 있다. 다만, 폐회 중에는 의장의 허가를 받아 사임할 수 있다(「국회법」 제41조 제5항).
① [O] 국회의장은 국회를 대표하고 의사를 정리하며, 질서를 유지하고 사무를 감독할 지위에 있고(「국회법」 제10조), 위원회 위원의 선임 및 개선은 이와 같은 국회의장의 직무 중 의사정리 권한에 속하는 것이다(헌재 2020. 5. 27. 2019헌라3).
② [O] 대체토론은 안건에 대한 전반적인 문제점과 당부에 관한 일반적인 의견을 제시하는 것으로, 그 목적은 소위 회부 전에 소위에서 심의할 방향이나 문제점의 시정을 위한 여러 가지 수정방향을 제시해 주는 데 있다(헌재 2010. 12. 28. 2008헌라7).
④ [O] 국회운영위원회는 국회 운영에 관한 사항, 「국회법」과 국회규칙에 관한 사항, 국회사무처 소관에 속하는 사항, 국회도서관 소관에 속하는 사항, 국회예산정책처 소관에 속하는 사항, 국회입법조사처 소관에 속하는 사항, 대통령비서실, 국가안보실, 대통령경호처 소관에 속하는 사항, 국가인권위원회 소관에 속하는 사항을 소관 사항으로 한다(「국회법」 제37조 제1항 제1호).
⑤ [O] 상임위원회의 위원 정수(定數)는 국회규칙으로 정한다. 다만, 정보위원회의 위원 정수는 12명으로 한다(「국회법」 제38조).

09 국회에 대한 설명으로 옳은 것은? 23. 국회 8급

① 국회는 의장 1인과 부의장 2인을 두며, 의장이 사고가 있을 경우 소속 의원 수가 많은 교섭단체 소속의 부의장이 직무를 대리한다.

② 위원회는 재적위원 4분의 1 이상의 출석으로 개회하고, 재적위원 과반수의 출석과 출석위원 과반수의 찬성으로 의결한다.

③ 소관 위원회는 다른 위원회와 협의하여 연석회의를 열고 의견을 교환하거나 표결을 할 수 있으며, 세입예산안과 관련 있는 법안을 회부받은 위원회는 예산결산특별위원회 위원장의 요청이 있을 경우에는 연석회의를 열어야 한다.

④ 위원회는 소관 사항을 분담·심사하기 위하여 상설소위원회를 둘 수 있고, 필요한 경우 특정한 안건의 심사를 위하여 소위원회를 둘 수 있다. 특히 예산결산특별위원회는 소위원회 외에 심사를 위하여 필요한 경우에는 이를 여러 개의 분과위원회로 나눌 수 있다.

⑤ 국회는 위원회의 심사를 거치거나 위원회가 제안한 의안 중 정부조직에 관한 법률안, 조세 또는 국민에게 부담을 주는 법률안 등 주요 의안의 본회의 상정 전이나 본회의 상정 후에 재적의원 4분의 1 이상이 요구할 때 전원위원회를 개회할 수 있으며, 전원위원회는 의안에 대한 수정안을 제출할 수 없다.

정답찾기

④ [O] 위원회는 소관 사항을 분담·심사하기 위하여 상설소위원회를 둘 수 있고, 필요한 경우 특정한 안건의 심사를 위하여 소위원회를 둘 수 있다(「국회법」 제57조 제1항). 예산결산특별위원회는 제1항의 소위원회 외에 심사를 위하여 필요한 경우에는 이를 여러 개의 분과위원회로 나눌 수 있다(「국회법」 제57조 제9항).

① [X] 국회는 의장 1인과 부의장 2인을 선출한다(헌법 제48조). 의장이 사고가 있을 때에는 의장이 지정하는 부의장이 그 직무를 대리하고(「국회법」 제12조 제1항), 의장이 심신상실 등 부득이한 사유로 의사표시를 할 수 없게 되어 직무대리자를 지정할 수 없을 때에는 소속 의원 수가 많은 교섭단체 소속 부의장의 순으로 의장의 직무를 대행한다(「국회법」 제12조 제2항).

② [X] 위원회는 재적위원 5분의 1 이상의 출석으로 개회하고, 재적위원 과반수의 출석과 출석위원 과반수의 찬성으로 의결한다(「국회법」 제54조).

③ [X] 소관 위원회는 다른 위원회와 협의하여 연석회의(連席會議)를 열고 의견을 교환할 수 있다. 다만, 표결은 할 수 없다(「국회법」 제63조 제1항). 세입예산안과 관련 있는 법안을 회부받은 위원회는 예산결산특별위원회 위원장의 요청이 있을 때에는 연석회의를 열어야 한다(「국회법」 제63조 제4항).

⑤ [X] 국회는 위원회의 심사를 거치거나 위원회가 제안한 의안 중 정부조직에 관한 법률안, 조세 또는 국민에게 부담을 주는 법률안 등 주요 의안의 본회의 상정 전이나 본회의 상정 후에 재적의원 4분의 1 이상이 요구할 때에는 그 심사를 위하여 의원 전원으로 구성되는 전원위원회를 개회할 수 있다(「국회법」 제63조의2 제1항). 전원위원회는 제1항에 따른 의안에 대한 수정안을 제출할 수 있다. 이 경우 해당 수정안은 전원위원장이 제안자가 된다(「국회법」 제63조의2 제2항).

Answer 08 ③ 09 ④

10 국회의 회의 운영에 대한 설명으로 옳지 않은 것은? 19. 5급 공채(행정)

① 국회는 휴회 중이라도 대통령의 요구가 있을 때, 의장이 긴급한 필요가 있다고 인정할 때 또는 재적의원 4분의 1 이상의 요구가 있을 때에는 국회의 회의를 재개한다.
② 국회의원 총선거 후 첫 임시회는 의원의 임기 개시 후 7일에 집회하며, 처음 선출된 의장의 임기가 폐회 중에 만료되는 경우에는 늦어도 임기만료일 5일 전까지 집회한다. 다만, 그날이 공휴일인 때에는 그 다음 날에 집회한다.
③ 국회의 회의는 공개하는 것이 원칙이지만, 의장이 국가의 안전보장을 위하여 필요하다고 인정할 때에는 공개하지 아니할 수 있다.
④ 국회운영위원회는 본회의 의결이 있거나 의장이 필요하다고 인정하여 각 교섭단체 대표의원과 협의한 경우를 제외하고는 본회의 중에는 개회할 수 없다.

> 정답찾기

④ [X] 위원회는 본회의 의결이 있거나 의장이 필요하다고 인정하여 각 교섭단체 대표의원과 협의한 경우를 제외하고는 본회의 중에는 개회할 수 없다. 다만, 국회운영위원회는 그러하지 아니하다(「국회법」 제56조).
① [O] 국회는 휴회 중이라도 대통령의 요구가 있을 때, 의장이 긴급한 필요가 있다고 인정할 때 또는 재적의원 4분의 1 이상의 요구가 있을 때에는 국회의 회의(이하 "본회의"라 한다)를 재개한다(「국회법」 제8조 제2항).
② [O] 국회의원 총선거 후 첫 임시회는 의원의 임기 개시 후 7일에 집회하며, 처음 선출된 의장의 임기가 폐회 중에 만료되는 경우에는 늦어도 임기만료일 5일 전까지 집회한다. 다만, 그 날이 공휴일인 때에는 그 다음 날에 집회한다(「국회법」 제5조 제3항).
③ [O] 국회의 회의는 공개한다. 다만, 출석의원 과반수의 찬성이 있거나 의장이 국가의 안전보장을 위하여 필요하다고 인정할 때에는 공개하지 아니할 수 있다(헌법 제50조 제1항).

11 국회의 권한에 대한 설명으로 옳지 않은 것은? (다툼이 있는 경우 헌법재판소 판례에 의함) 22. 국회 8급

① 국가기관의 권한쟁의심판 청구를 소권의 남용이라고 평가하기 위해서는 그것이 권한쟁의심판 제도의 취지와 전혀 부합되지 않는다고 볼 극히 예외적인 사정이 인정되어야 할 것이므로, 국회의원들이 자신들의 정치적 의사를 관철하려는 의도로 소속 정당 당직자 등의 회의개최 방해행위를 종용하거나 방조하였다 하더라도, 그들의 권한쟁의심판청구를 소권의 남용이라고 볼 수 없다.

② 상임위원회 위원장이 질서유지권을 발동하여 소수당 의원들의 회의장 출입을 봉쇄한 상태에서 상임위원회 전체 회의를 개의하여 의안을 상정하고 법안심사소위원회에 회부하였다면, 상임위원회 의사절차의 주재자로서 질서유지권과 의사정리권의 귀속주체인 상임위원회 위원장에게 권한쟁의심판청구의 피청구인적격이 인정된다.

③ 우리나라 국회의 의안심의는 본회의 중심이 아닌 소관 상임위원회를 중심으로 이루어지는 '위원회 중심주의'를 채택하고 있는데, 위원회의 역할은 국회의 예비적 심사기관으로서 회부된 안건을 심사하고 그 결과를 본회의에 보고하여 본회의의 판단자료를 제공하는 것이다.

④ 국회의원의 의안에 대한 심의·표결권은 국민에 의하여 선출된 국가기관인 국회의원이 그 본연의 업무를 수행하기 위하여 가지고 있는 본질적 권한이라고 할 것이므로, 국회의원의 개별적인 의사에 따라 포기할 수 있는 성질의 것이 아니다.

⑤ 국회 상임위원회가 그 소관에 속하는 의안, 청원 등을 심사하는 권한은 법률상 부여된 위원회의 고유한 권한이 아니라 국회의장이 안건을 위원회에 회부함으로써 위임된 것이다.

정답찾기

⑤ [X] 상임위원회는 그 소관에 속하는 의안, 청원 등을 심사하므로, 국회의장이 안건을 위원회에 회부함으로써 상임위원회에 심사권이 부여되는 것이 아니고, 심사권 자체는 법률상 부여된 위원회의 고유한 권한으로 볼 수 있다(「국회법」제36조, 제37조)(헌재 2010. 12. 28. 2008헌라7).

① [O] 국가기관의 권한쟁의심판 청구를 소권의 남용이라고 평가하기 위해서는, 그것이 권한쟁의심판 제도의 취지와 전혀 부합되지 않는다고 볼 극히 예외적인 사정이 인정되어야 할 것인바, 설령 청구인들 중 일부가 자신들의 정치적 의사를 관철하려는 의도로 민주당 당직자 등의 회의개최 방해행위를 종용하거나 방조하였다 하더라도, 그러한 사정만으로 이 사건 심판청구 자체가 권한쟁의심판 제도의 취지와 전혀 부합하지 않는 소권의 남용에 해당되어 심판청구의 이익이 없어 부적법하다고 볼 수는 없다(헌재 2009. 10. 29. 2009헌라8).

② [O] 국회의 의결을 요하는 안건에 대하여 의장이 본회의 의결에 앞서 소관위원회에 안건을 회부하는 것은 국회의 심의권을 위원회에 위양하는 것이 아니고, 그 안건이 본회의에 최종적으로 부의되기 이전의 한 단계로서, 소관위원회가 발의 또는 제출된 의안에 대한 심사권한을 행사하여 사전 심사를 할 수 있도록 소관위원회에 송부하는 행위라 할 수 있다. 상임위원회는 그 소관에 속하는 의안, 청원 등을 심사하므로, 국회의장이 안건을 위원회에 회부함으로써 상임위원회에 심사권이 부여되는 것이 아니고, 심사권 자체는 법률상 부여된 위원회의 고유한 권한으로 볼 수 있다(「국회법」제36조, 제37조). 따라서 국회 상임위원회 위원장이 위원회를 대표해서 의안을 심사하는 권한이 국회의장으로부터 위임된 것임을 전제로 한 국회의장에 대한 이 사건 심판청구는 피청구인적격이 없는 자를 상대로 한 청구로서 부적법하다(헌재 2010. 12. 28. 2008헌라7).

③ [O] 우리나라 국회의 의안심의는 본회의 중심이 아닌 소관 상임위원회 중심으로 이루어지며, 이른바 '위원회 중심주의'를 채택하고 있다(헌재 2003. 10. 30. 2002헌라1). 위원회의 역할은 국회의 예비적 심사기관으로서 회부된 안건을 심사하고 그 결과를 본회의에 보고하여 본회의의 판단자료를 제공하는 데 있다(헌재 2010. 12. 28. 2008헌라7).

④ [O] 국회의원의 의안에 대한 심의·표결권은 국민에 의하여 선출된 국가기관인 국회의원이 그 본연의 업무를 수행하기 위하여 가지고 있는 본질적 권한이라고 할 것이므로, 국회의원의 개별적인 의사에 따라 포기할 수 있는 성질의 것이 아니라 할 것이다(헌재 2010. 12. 28. 2008헌라7).

Answer 10 ④ 11 ⑤

12 헌법기관의 구성과 국회의 인사절차에 대한 설명으로 옳지 않은 것은?   22. 지방직 7급

① 대법원장이 지명하는 헌법재판관 3인은 법제사법위원회의 인사청문회를 거쳐야 하나 대통령의 임명에 국회의 동의가 필요한 것은 아니다.
② 국회에서 선출하는 헌법재판관 3인은 인사청문특별위원회의 인사청문회를 거쳐야 한다.
③ 국회에서 선출하는 중앙선거관리위원회 위원 3인은 인사청문특별위원회의 인사청문회를 거쳐야 한다.
④ 대법원장이 지명하는 중앙선거관리위원회 위원 3인은 법제사법위원회의 인사청문회를 거쳐야 하며 대통령의 임명에 국회의 동의가 필요하다.

정답찾기

④ [X] 대법원장이 지명하는 중앙선거관리위원회 위원의 후보자는 상임위원회에서 인사청문회를 연다(「국회법」 제65조의2 제2항 3호). 다만 중앙선거관리위원회는 대통령이 임명하는 3인, 국회에서 선출하는 3인과 대법원장이 지명하는 3인의 위원으로 구성한다(헌법 제114조 제2항).
① [O] 헌법재판소 재판관은 대통령이 임명하되, 재판관 중 3인은 국회에서 선출하는 자를, 3인은 대법원장이 지명하는 자를 임명한다(헌법 제111조 제2항, 제3항). 한편, 대법원장이 지명하는 헌법재판소 재판관 후보자는 상임위원회에서 인사청문회를 연다(「국회법」 제65조의2 제2항 3호).
② [O] 헌법에 따라 국회에서 선출하는 헌법재판소 재판관은 인사청문특별위원회의 인사청문회를 거친다(「국회법」 제46조의3 제1항 2호).
③ [O] 헌법에 따라 국회에서 선출하는 중앙선거관리위원회 위원 3인은 인사청문특별위원회의 인사청문회를 거친다(「국회법」 제46조의3 제1항 2호).

13 국회의 인사청문회제도에 대한 설명으로 옳은 것은?   24. 지방직 7급

① 대법원장·헌법재판소장·국무총리·국무위원·감사원장 및 대법관 후보자에 대한 인사청문 요청이 있는 경우 실시하는 인사청문회는 국회 인사청문특별위원회에서 실시한다.
② 대통령 당선인은 대통령 임기 시작 전에 국무총리 후보자를 지명할 수 있으며, 이 경우 국회의장에게 인사청문의 실시를 요청하여야 한다.
③ 국무총리, 감사원장, 대법원장, 헌법재판소장은 국회의 동의를 얻어 대통령이 임명하는데, 인사청문회에서 부동의로 보고를 하면 임명동의안은 부결된다.
④ 대통령이 임명하는 헌법재판소 재판관, 중앙선거관리위원회 위원, 국무위원, 방송통신위원회 위원장, 국가정보원장 등 공직후보자에 대한 인사청문 요청으로 인사청문회가 실시되는 경우, 대통령은 국회 인사청문회의 결정에 구속된다.

정답찾기

② [O] 대통령 당선인은 국무총리 및 국무위원 후보자를 지명한 경우에는 국회의장에게 인사청문의 실시를 요청하여야 한다(대통령직인수법 제5조 제2항).

① [X] 국회는 헌법에 따라 그 임명에 국회의 동의가 필요한 대법원장·헌법재판소장·국무총리·감사원장 및 대법관에 대한 임명동의안 또는 헌법에 따라 국회에서 선출하는 헌법재판소 재판관 및 중앙선거관리위원회 위원에 대한 의장이 각 교섭단체 대표의원과 협의하여 제출한 선출안 등을 심사하기 위하여 인사청문특별위원회를 둔다. 다만, 「대통령직인수에 관한 법률」에 따라 대통령 당선인이 국무총리 후보자에 대한 인사청문의 실시를 요청하는 경우에 의장은 각 교섭단체 대표의원과 협의하여 그 인사청문을 실시하기 위한 인사청문특별위원회를 둔다(「국회법」 제46조의3 제1항).

③ [X] 의장은 임명동의안 등이 제출된 때에는 즉시 본회의에 보고하고 위원회에 회부하며, 그 심사 또는 인사청문이 끝난 후 본회의에 부의하거나 위원장으로 하여금 본회의에 보고하도록 한다. 다만, 폐회 또는 휴회 등으로 본회의에 보고할 수 없을 때에는 이를 생략하고 회부할 수 있다(「인사청문회법」 제6조 제1항). 국회는 임명동의안 등이 제출된 날부터 20일 이내에 그 심사 또는 인사청문을 마쳐야 한다(「인사청문회법」 제6조 제2항). 그런데 국무총리, 감사원장, 대법원장, 헌법재판소장에 대한 임명동의권은 국회의 권한이므로 인사청문회에서 부동의로 보고를 하면 임명동의안이 부결되는 것이 아니다.

④ [X] 국회는 임명동의안 등이 제출된 날부터 20일 이내에 그 심사 또는 인사청문을 마쳐야 한다(「인사청문회법」 제6조 제2항). 부득이한 사유로 20일 이내에 헌법재판소 재판관·중앙선거관리위원회 위원·국무위원·방송통신위원회 위원장·국가정보원장·공정거래위원회 위원장·금융위원회 위원장·국가인권위원회 위원장·고위공직자범죄수사처장·국세청장·검찰총장·경찰청장·합동참모의장·한국은행 총재·특별감찰관 또는 한국방송공사 사장(헌법재판소재판관 등)의 후보자에 대한 인사청문회를 마치지 못하여 국회가 인사청문경과보고서를 송부하지 못한 경우에 대통령·대통령당선인 또는 대법원장은 그 기간의 다음 날부터 10일 이내의 범위에서 기간을 정하여 인사청문경과보고서를 송부하여 줄 것을 국회에 요청할 수 있고(「인사청문회법」 제6조 제3항), 이 기간 이내에 헌법재판소재판관 등의 후보자에 대한 인사청문경과보고서를 국회가 송부하지 아니한 경우에 대통령 또는 대법원장은 헌법재판소재판관 등으로 임명 또는 지명할 수 있다(「인사청문회법」 제6조 제4항).

제2항 국회의 운영

14 국회의 구성 및 운영에 대한 설명으로 옳지 않은 것은?   국가직 7급 22.

① 각 교섭단체의 대표의원은 국회운영위원회의 위원 및 정보위원회의 위원이 된다.
② 상임위원회의 위원 정수는 국회규칙으로 정한다. 다만, 정보위원회의 위원 정수는 12명으로 한다.
③ 대통령이 임시회의 집회를 요구할 때에는 기간과 집회요구의 이유를 명시하여야 한다.
④ 연간 국회 운영 기본일정에 따라 국회는 2월·3월·4월·5월·6월 및 8월의 1일에 임시회를 집회한다.

정답찾기

④ [X] 2월·3월·4월·5월 및 6월 1일과 8월 16일에 임시회를 집회한다. 다만, 국회의원 총선거가 있는 경우 임시회를 집회하지 아니하며, 집회일이 공휴일인 경우에는 그 다음 날에 집회한다(「국회법」 제5조의2 제2항 1호).

① [O] 각 교섭단체 대표의원은 국회운영위원회의 위원이 되며(「국회법」 제39조 제2항), 교섭단체 대표의원은 정보위원회의 위원이 된다(「국회법」 제48조 제3항 단서).

② [O] 상임위원회의 위원 정수(定數)는 국회규칙으로 정한다. 다만, 정보위원회의 위원 정수는 12명으로 한다(「국회법」 제38조).

③ [O] 대통령이 임시회의 집회를 요구할 때에는 기간과 집회요구의 이유를 명시하여야 한다(헌법 제47조 제3항).

Answer 12 ④ 13 ② 14 ④

15 국회에 대한 설명으로 옳지 않은 것은?

24. 국회 8급

① 국회 환경노동위원회 위원장이 국회의장에게 「노동조합 및 노동관계조정법」 일부개정법률안의 본회의 부의를 요구한 행위는 국회 법제사법위원회 소속 국회의원들의 법률안에 대한 심의·표결권을 침해하지 않는다.
② 「국회법」 제5조의3 제1항은 정부는 매년 2월 말일까지 해당 연도에 제출할 법률안에 관한 계획을 국회에 통지하여야 한다고 규정하고 있다.
③ 국회에 청원하는 방법으로 일정한 기간 동안 일정한 수 이상의 국민의 동의를 받도록 정한 「국회법」 제123조 제1항 중 '국회규칙으로 정하는 기간 동안 국회규칙으로 정하는 일정한 수 이상의 국민의 동의를 받아' 부분은 포괄위임금지원칙에 위반되지 않는다.
④ 「국회법」 제3조는 국회의원의 의석은 국회의장이 각 교섭단체 대표의원과 협의하여 정하고, 협의가 이루어지지 아니할 때에는 국회의장이 잠정적으로 이를 정한다고 규정하고 있다.
⑤ 「국회법」 제54조는 위원회는 재적위원 5분의 1 이상의 출석으로 개회하고, 재적위원 과반수의 출석과 출석위원 과반수의 찬성으로 의결한다고 규정하고 있다.

정답찾기

② [X] 정부는 부득이한 경우를 제외하고는 매년 1월 31일까지 해당 연도에 제출할 법률안에 관한 계획을 국회에 통지하여야 한다(「국회법」 제5조의3 제1항).
① [O] 환노위 위원장의 이 사건 본회의 부의 요구행위는 「국회법」 제86조 제3항의 절차를 준수하여 이루어졌고, 그 정당성이 「국회법」 제86조 제4항이 정하고 있는 본회의 내에서의 표결절차를 통해 인정되었다. 따라서 환노위 위원장의 이 사건 본회의 부의 요구행위에는 「국회법」을 위반한 위법이 없다. 한편, 법사위 전체 회의의 기재내용에 의하면, 법사위는 체계·자구 심사를 위해 반드시 필요하다고 보기 어려운 절차를 반복하면서 체계·자구 심사절차를 지연시키고 있었던 것으로 보이고, 달리 국회 내의 사정에 비추어 법사위가 심사절차를 진행하는 것이 현저히 곤란하거나 심사기간 내에 심사를 마치는 것이 물리적으로 불가능하였다고 볼만한 사정도 인정되지 아니하므로, 「국회법」 제86조 제3항의 '이유 없이'를 실체적으로 판단하더라도 법사위의 심사지연에는 여전히 이유가 없다. 따라서 피청구인 환노위 위원장의 이 사건 본회의 부의 요구행위는 청구인들의 법률안 심의·표결권을 침해하지 아니한다(헌재 2023. 10. 26. 2023헌라3).
③ [O] 국민의 의견을 효과적으로 반영하여 청원제도의 목적을 높은 수준으로 달성하기 위해서는 회기 국회의 한정된 자원과 심의역량 등을 고려하여 국민동의기간이나 인원 등 국민동의 요건을 탄력적으로 정할 필요가 있으므로, 그 구체적인 내용을 하위법령에 위임할 필요성이 인정된다. 아울러 국회규칙에서는 국회가 처리할 수 있는 범위 내에서 국민의 의견을 취합하여 국민 다수가 동의하는 의제가 효과적으로 국회의 논의 대상이 될 수 있도록 적정한 수준으로 구체적인 국민동의 요건과 절차가 설정될 것임을 예측할 수 있다. 따라서 국민동의조항은 포괄위임금지원칙에 위반되어 청원권을 침해하지 않는다(헌재 2023. 3. 23. 2018헌마460).
④ [O] 국회의원의 의석은 국회의장이 각 교섭단체 대표의원과 협의하여 정한다. 다만, 협의가 이루어지지 아니할 때에는 의장이 잠정적으로 이를 정한다(「국회법」 제3조).
⑤ [O] 위원회는 재적위원 5분의 1 이상의 출석으로 개회하고, 재적위원 과반수의 출석과 출석위원 과반수의 찬성으로 의결한다(「국회법」 제54조).

16 국회의 의사공개원칙에 대한 설명으로 옳지 않은 것은? (다툼이 있는 경우 판례에 의함) 22. 지방직 7급

① 국민은 헌법상 보장된 알권리의 한 내용으로서 국회에 대하여 입법과정의 공개를 요구할 권리를 가지며, 국회의 의사에 대하여는 직접적인 이해관계 유무와 상관없이 일반적 정보공개청구권을 가진다고 할 수 있다.
② 본회의는 공개하며, 의장의 제의 또는 의원 10명 이상의 연서에 의한 동의(動議)로 본회의 의결이 있거나 의장이 각 교섭단체 대표의원과 협의하여 국가의 안전보장을 위하여 필요하다고 인정할 때에는 공개하지 아니할 수 있다.
③ 헌법은 국회 회의의 공개 여부에 관하여 회의 구성원의 자율적 판단을 허용하고 있으므로, 소위원회 회의의 공개여부 또한 소위원회 또는 소위원회가 속한 위원회에서 여러 가지 사정을 종합하여 합리적으로 결정할 수 있다 할 것이다.
④ 국회 정보위원회의 모든 회의는 실질적으로 국가기밀에 관한 사항과 직·간접적으로 관련되어 있으므로 국가안전보장을 위하여 회의 일체를 비공개로 하더라도 정보취득의 제한을 이유로 알권리에 대한 침해로 볼 수는 없다.

정답찾기

④ [X] 헌법 제50조 제1항으로부터 일체의 공개를 불허하는 절대적인 비공개가 허용된다고 볼 수는 없는바, 특정한 내용의 국회의 회의나 특정 위원회의 회의를 일률적으로 비공개한다고 정하면서 공개의 여지를 차단하는 것은 헌법 제50조 제1항에 부합하지 아니한다. 심판대상조항은 정보위원회의 회의 일체를 비공개 하도록 정함으로써 정보위원회 활동에 대한 국민의 감시와 견제를 사실상 불가능하게 하고 있다. 또한 헌법 제50조 제1항 단서에서 정하고 있는 비공개사유는 각 회의마다 충족되어야 하는 요건으로 입법과정에서 재적의원 과반수의 출석과 출석의원 과반수의 찬성으로 의결되었다는 사실만으로 헌법 제50조 제1항 단서의 '출석위원 과반수의 찬성'이라는 요건이 충족되었다고 볼 수도 없다. 따라서 심판대상조항은 헌법 제50조 제1항에 위배되는 것으로 과잉금지원칙 위배 여부에 대해서는 더 나아가 판단할 필요 없이 청구인들의 알 권리를 침해한다(헌재 2022. 1. 27. 2018헌마1162).
① [O] 국회 의사공개의 원칙은 대의민주주의 정치에 있어서 공공정보의 공개를 통해 국정에 대한 국민의 참여도를 높이고 국정운영의 투명성을 확보하기 위하여 필요불가결한 요소이다. 이 같은 헌법규정의 취지를 고려하면, 국민은 헌법상 보장된 알 권리의 한 내용으로서 국회에 대하여 입법과정의 공개를 요구할 권리를 가지며, 국회의 의사에 대하여는 직접적인 이해관계 유무와 상관없이 일반적 정보공개청구권을 가진다고 할 수 있다(헌재 2009. 9. 24. 2007헌바17).
② [O] 본회의는 공개한다. 다만, 의장의 제의 또는 의원 10명 이상의 연서에 의한 동의(動議)로 본회의 의결이 있거나 의장이 각 교섭단체 대표의원과 협의하여 국가의 안전보장을 위하여 필요하다고 인정할 때에는 공개하지 아니할 수 있다(「국회법」제75조 제1항).
③ [O] 소위원회의 회의도 가능한 한 국민에게 공개하는 것이 바람직하나, 전문성과 효율성을 위한 제도인 소위원회의 회의를 공개할 경우 우려되는 부정적 측면도 외면할 수 없고, 헌법은 국회회의의 공개여부에 관하여 회의 구성원의 자율적 판단을 허용하고 있으므로, 소위원회 회의의 공개여부 또한 소위원회 또는 소위원회가 속한 위원회에서 여러 가지 사정을 종합하여 합리적으로 결정할 수 있다(헌재 2000. 6. 29. 98헌마443).

17 국회의 의사원칙에 대한 설명으로 옳지 않은 것은? 17. 5급 공채(행정)

① 국회의 회의는 공개한다. 다만, 출석의원 4분의 1 이상의 찬성이 있거나 의장이 국가의 안전보장을 위하여 필요하다고 인정할 때에는 공개하지 아니할 수 있다.
② 국회는 헌법 또는 법률에 특별한 규정이 없는 한 재적의원 과반수의 출석과 출석의원 과반수의 찬성으로 의결한다. 가부동수인 때에는 부결된 것으로 본다.
③ 국회에 제출된 법률안은 회기 중에 의결되지 못한 이유로 폐기되지 아니한다. 다만, 국회의원의 임기가 만료된 때에는 그러하지 아니하다.
④ 법률안에 대한 대통령의 재의의 요구가 있을 때에는 국회는 재의에 붙이고, 재적의원 과반수의 출석과 출석의원 3분의 2 이상의 찬성으로 전과 같은 의결을 하면 그 법률안은 법률로서 확정된다.

정답찾기

① [X] 국회의 회의는 공개한다. 다만, 출석의원 과반수의 찬성이 있거나 의장이 국가의 안전보장을 위하여 필요하다고 인정할 때에는 공개하지 아니할 수 있다(헌법 제50조 제1항).
② [O] 국회는 헌법 또는 법률에 특별한 규정이 없는 한 재적의원 과반수의 출석과 출석의원 과반수의 찬성으로 의결한다. 가부동수인 때에는 부결된 것으로 본다(헌법 제49조).
③ [O] 국회에 제출된 법률안 기타의 의안은 회기 중에 의결되지 못한 이유로 폐기되지 아니한다. 다만, 국회의원의 임기가 만료된 때에는 그러하지 아니하다(헌법 제51조).
④ [O] 재의의 요구가 있을 때에는 국회는 재의에 붙이고, 재적의원 과반수의 출석과 출석의원 3분의2 이상의 찬성으로 전과 같은 의결을 하면 그 법률안은 법률로서 확정된다(헌법 제53조 제4항).

18 국회의 의사원칙에 대한 설명으로 옳지 않은 것은? (다툼이 있는 경우 판례에 의함) 19. 지방직 7급

① 의안이 발의되고 부결된 경우 회기를 달리하여 그 의안을 다시 발의할 수 있다.
② 헌법은 국회에 제출된 법률안 기타의 의안은 회기 중에 의결되지 못한 이유로 폐기되지 아니한다고 하여 회기계속의 원칙을 채택하고 있지만, 국회의원의 임기가 만료된 때에는 그러하지 아니하다는 규정을 두고 있다.
③ 헌법은 출석의원 과반수의 찬성으로 국회의 회의를 공개하지 않는 경우에 대해서는 사후공개를 정당화하는 사유를 명시적으로 언급하고 있다.
④ 위원회에서 의원 아닌 사람의 방청허가에 관한 「국회법」 규정은 위원회의 공개원칙을 전제로 한 것이지, 비공개를 원칙으로 하여 위원장의 자의에 따라 공개여부를 결정케 한 것이 아닌바, 회의의 질서유지를 위하여 필요한 경우에 한하여 방청을 불허할 수 있는 것으로 제한적으로 풀이하여야 한다.

정답찾기

③ [X] 헌법 제50조 제1항 단서에서 "출석의원 과반수의 찬성이 있거나 의장이 국가의 안전보장을 위하여 필요하다고 인정할 때에는 공개하지 아니할 수 있다"라고 규정하여 의사공개의 원칙에 대하여 예외를 둔 것은 의사공개의 원칙 및 알권리에 대한 헌법유보에 해당한다. 동항 단서에서는 '출석의원 과반수의 찬성'에 의한 회의 비공개의 경우에 그 비공개 사유에 대하여는 아무런 제한을 두지 아니하여 의사의 공개 여부에 관한 국회의 재량을 인정하고 있다(헌재 2009. 9. 24. 2007헌바17).

① [O] 「국회법」은 "부결된 안건은 같은 회기 중에 다시 발의하거나 제출할 수 없다"고 하여(「국회법」 제92조) 일사부재의의 원칙을 채택하고 있다. 일사부재의원칙은 동일한 회기에서만 적용되는 것이므로 발의된 의안이 부결된 경우 회기를 달리하여 그 의안을 발의하는 것은 일사부재의원칙에 저촉되지 않는다.
② [O] 국회에 제출된 법률안 기타의 의안은 회기 중에 의결되지 못한 이유로 폐기되지 아니한다. 다만, 국회의원의 임기가 만료된 때에는 그러하지 아니하다(헌법 제51조).
④ [O] 「국회법」 제55조 제1항은 위원회의 공개원칙을 전제로 한 것이지, 비공개를 원칙으로 하여 위원장의 자의에 따라 공개여부를 결정케 한 것이 아닌바, 위원장이라고 하여 아무런 제한없이 임의로 방청불허 결정을 할 수 있는 것이 아니라, 회의장의 장소적 제약으로 불가피한 경우, 회의의 원활한 진행을 위하여 필요한 경우 등 결국 회의의 질서유지를 위하여 필요한 경우에 한하여 방청을 불허할 수 있는 것으로 제한적으로 풀이되어야 한다(헌재 2000. 6. 29. 98헌마443).

19 국회의 운영원리 및 입법절차에 대한 설명으로 옳은 것은? (다툼이 있는 경우 판례에 의함) 21. 국가직 7급

① 국회의 위임 의결이 없더라도 국회의장은 국회에서 의결된 법률안의 조문이나 자구·숫자, 법률안의 체계나 형식 등의 정비가 필요한 경우 의결된 내용이나 취지를 변경하지 않는 범위 안에서 이를 정리할 수 있다고 봄이 상당하고, 이렇듯 국회의장이 국회의 위임 없이 법률안을 정리하더라도 그러한 정리가 국회에서 의결된 법률안의 실질적 내용에 변경을 초래하는 것이 아닌 한 헌법이나 「국회법」상의 입법절차에 위반된다고 볼 수 없다.
② 의사공개의 원칙은 방청 및 보도의 자유와 회의록의 공표를 그 내용으로 하지만 출석의원 3분의 1 이상의 찬성이 있거나 의장이 국가의 안전보장을 위하여 필요하다고 인정할 때에는 공개하지 아니한다.
③ 일반정족수는 다수결의 원리를 실현하는 국회의 의결방식으로서 헌법상의 원칙에 해당한다.
④ 일사부재의의 원칙은 의회에서 일단 부결된 의안은 동일 회기 중에 다시 발의하거나 심의하지 못한다는 원칙을 말하는데, 현행헌법은 일사부재의의 원칙을 명시적으로 규정하고 있다.

정답찾기

① [O] 국회의 위임 의결이 없더라도 국회의장은 국회에서 의결된 법률안의 조문이나 자구·숫자, 법률안의 체계나 형식 등의 정비가 필요한 경우 의결된 내용이나 취지를 변경하지 않는 범위 안에서 이를 정리할 수 있다고 봄이 상당하고(「국회법」 제97조), 다만 국회의장이 국회에서 의결된 법률안의 실질적 내용에 변경을 초래하는 경우에는 헌법 및 「국회법」상의 입법절차에 위반된다(헌재 2009. 6. 25. 2007헌마451).
② [X] 의사공개의 원칙은 방청 및 보도의 자유와 회의록의 공표를 그 내용으로 하는데, 다만, 의사공개의 원칙은 절대적인 것이 아니므로, 출석의원 과반수의 찬성이 있거나 의장이 국가의 안전보장을 위하여 필요하다고 인정할 때에는 공개하지 아니할 수 있다(헌법 제50조 제1항 단서)(헌재 2000. 6. 29. 98헌마443).
③ [X] 일반정족수는 국회의 의결이 유효하기 위한 최소한의 출석의원 또는 찬성의원의 수를 의미하므로, 의결 대상 사안의 중요성과 의미에 따라 헌법이나 법률에 의결의 요건을 달리 규정할 수 있다. 즉 일반정족수는 다수결의 원리를 실현하는 국회의 의결방식 중 하나로서 국회의 의사결정시 합의에 도달하기 위한 최소한의 기준일 뿐 이를 헌법상 절대적 원칙이라고 보기는 어렵다(헌재 2016. 5. 26. 2015헌라1).
④ [X] 부결된 안건은 같은 회기 중에 다시 발의하거나 제출할 수 없다(「국회법」 제92조).

Answer 17 ① 18 ③ 19 ①

20 회의 의결정족수에 대한 설명으로 옳은 것은? 15. 지방직 7급

① 헌법재판소 재판관에 대한 탄핵소추 의결은 국회 재적의원 3분의 1 이상의 찬성이 필요하다.
② 국회의장 선출에 필요한 득표수와 국회의원 제명처분 의결에 필요한 정족수는 동일하다.
③ 국무위원 해임건의 의결과 계엄해제 요구 의결을 위해서는 국회 재적의원 과반수의 찬성이 필요하다.
④ 대통령이 거부권을 행사한 법률안에 대한 재의결과 회기 중의 국회의원 체포 동의의 의결에 필요한 정족수는 동일하다.

> 정답찾기

③ [O] 국무위원 해임건의는 국회 재적의원 3분의 1 이상의 발의에 의하여 국회 재적의원 과반수의 찬성이 있어야 하고(헌법 제63조 제2항), 국회가 계엄의 해제를 요구하려면 재적의원 과반수의 찬성이 있어야 한다(헌법 제77조 제5항).
① [X] 헌법재판소 재판관에 대한 탄핵소추는 국회 재적의원 3분의 1 이상의 발의가 있어야 하며, 그 의결은 국회 재적의원 과반수의 찬성이 있어야 한다(헌법 제65조 제2항).
② [X] 국회의장은 재적의원 과반수의 득표로 당선되고(「국회법」 15조 제1항), 의원을 제명하려면 국회 재적의원 3분의 2 이상의 찬성이 있어야 한다(헌법 제64조 제3항).
④ [X] 대통령이 거부권을 행사한 법률안에 대한 재의결은 재적의원 과반수의 출석과 출석의원 3분의 2 이상의 찬성이 필요하고(헌법 제53조 제4항), 국회의원 체포 동의의 의결은 일반의결정족수에 의한다.

21 헌법상 국회의 특별정족수에 대한 설명으로 옳지 않은 것은? 17. 5급 공채(행정)

① 헌법재판소 재판관에 대한 탄핵소추는 국회 재적의원 3분의 1 이상의 발의와 재적의원 과반수의 찬성이 있어야 한다.
② 국무총리 해임건의는 국회 재적의원 과반수의 발의와 재적의원 3분의 2 이상의 찬성이 있어야 한다.
③ 국회의원을 제명하려면 국회 재적의원 3분의 2 이상의 찬성이 있어야 한다.
④ 헌법개정안에 대한 국회의 의결은 재적의원 3분의 2 이상의 찬성을 얻어야 한다.

> 정답찾기

② [X] 국무총리 해임건의는 국회 재적의원 3분의 1 이상의 발의에 의하여 국회 재적의원 과반수의 찬성이 있어야 한다(헌법 제63조 제2항).
① [O] 헌법재판소 재판관에 대한 탄핵소추는 국회 재적의원 3분의 1 이상의 발의가 있어야 하며, 그 의결은 국회 재적의원 과반수의 찬성이 있어야 한다(헌법 제65조 제2항).
③ [O] 의원을 제명하려면 국회 재적의원 3분의 2 이상의 찬성이 있어야 한다(헌법 제64조 제3항).
④ [O] 국회는 헌법개정안이 공고된 날로부터 60일 이내에 의결하여야 하며, 국회의 의결은 재적의원 3분의 2 이상의 찬성을 얻어야 한다(헌법 제130조 제1항).

22 헌법상 정족수가 같은 것으로만 묶은 것은?   21. 국가직 7급

① 국무총리·국무위원 해임 건의 발의, 법관에 대한 탄핵소추 발의, 국회 임시회 소집 요구
② 국회의원 제명, 대통령에 대한 탄핵소추 의결, 법률안 재의결
③ 계엄해제 요구, 법관에 대한 탄핵소추 의결, 헌법개정안 의결
④ 헌법개정안 발의, 국무총리·국무위원 해임 건의 의결, 대통령에 대한 탄핵소추 발의

정답찾기

④ [O] 헌법개정은 국회 재적의원 과반수 또는 대통령의 발의로 제안된다(헌법 제128조 제1항). 국무총리, 국무위원에 대한 해임건의는 국회 재적의원 3분의 1 이상의 발의에 의하여 국회 재적의원 과반수의 찬성이 있어야 한다(헌법 제63조 제2항). 대통령에 대한 탄핵소추는 국회 재적의원 과반수의 발의와 국회 재적의원 3분의 2 이상의 찬성이 있어야 한다(헌법 제65조 제2항).

① [X] 국무총리, 국무위원에 대한 해임건의는 국회 재적의원 3분의 1 이상의 발의에 의하여 국회 재적의원 과반수의 찬성이 있어야 한다(헌법 제63조 제2항). 탄핵소추는 국회 재적의원 3분의 1 이상의 발의가 있어야 하며, 그 의결은 국회 재적의원 과반수의 찬성이 있어야 한다(헌법 제65조 제2항 본문). 국회의 임시회는 대통령 또는 국회 재적의원 4분의 1 이상의 요구에 의하여 집회된다(헌법 제47조 제1항).

② [X] 의원을 제명하려면 국회 재적의원 3분의 2 이상의 찬성이 있어야 한다(헌법 제64조 제3항). 대통령에 대한 탄핵소추는 국회 재적의원 과반수의 발의와 국회 재적의원 3분의 2 이상의 찬성이 있어야 한다(헌법 제65조 제2항). 재의의 요구가 있을 때에는 국회는 재의에 붙이고, 재적의원 과반수의 출석과 출석의원 3분의 2 이상의 찬성으로 전과 같은 의결을 하면 그 법률안은 법률로서 확정된다(헌법 제53조 제4항).

③ [X] 국회가 재적의원 과반수의 찬성으로 계엄의 해제를 요구한 때에는 대통령은 이를 해제하여야 한다(헌법 제77조 제5항). 탄핵소추는 국회 재적의원 3분의 1 이상의 발의가 있어야 하며, 그 의결은 국회 재적의원 과반수의 찬성이 있어야 한다(헌법 제65조 제2항 본문). 국회는 헌법개정안이 공고된 날로부터 60일 이내에 의결하여야 하며, 국회의 의결은 재적의원 3분의 2 이상의 찬성을 얻어야 한다(헌법 제130조 제1항).

Answer 20 ③   21 ②   22 ④

23. 국회와 관련된 정족수가 다른 것으로 연결된 것은?

21. 지방직 7급

① 계엄의 해제 요구 - 헌법개정안 발의
② 국회의 임시회 집회 요구 - 국무위원의 해임건의 발의
③ 국무총리의 해임건의 의결 - 법관에 대한 탄핵소추 의결
④ 국회의원의 제명 의결 - 대통령에 대한 탄핵소추 의결

정답찾기

② [X] 국회의 정기회는 법률이 정하는 바에 의하여 매년 1회 집회되며, 국회의 임시회는 대통령 또는 국회 재적의원 4분의 1 이상의 요구에 의하여 집회된다(헌법 제47조 제1항). 제1항의 해임건의는 국회 재적의원 3분의 1 이상의 발의에 의하여 국회 재적의원 과반수의 찬성이 있어야 한다(헌법 제63조 제2항).
① [O] 국회가 재적의원 과반수의 찬성으로 계엄의 해제를 요구한 때에는 대통령은 이를 해제하여야 한다(헌법 제77조 제5항). 헌법개정은 국회 재적의원 과반수 또는 대통령의 발의로 제안된다(헌법 제128조 제1항).
③ [O] 제1항의 해임건의는 국회 재적의원 3분의 1 이상의 발의에 의하여 국회 재적의원 과반수의 찬성이 있어야 한다(헌법 제63조 제2항). 제1항의 탄핵소추는 국회 재적의원 3분의 1 이상의 발의가 있어야 하며, 그 의결은 국회 재적의원 과반수의 찬성이 있어야 한다. 다만, 대통령에 대한 탄핵소추는 국회 재적의원 과반수의 발의와 국회 재적의원 3분의 2 이상의 찬성이 있어야 한다(헌법 제65조 제2항).
④ [O] 의원을 제명하려면 국회 재적의원 3분의 2 이상의 찬성이 있어야 한다(헌법 제64조 제3항). 제1항의 탄핵소추는 국회 재적의원 3분의 1 이상의 발의가 있어야 하며, 그 의결은 국회 재적의원 과반수의 찬성이 있어야 한다. 다만, 대통령에 대한 탄핵소추는 국회 재적의원 과반수의 발의와 국회 재적의원 3분의 2 이상의 찬성이 있어야 한다(헌법 제65조 제2항).

24. 국회의 운영에 대한 설명으로 옳지 않은 것은?

20. 지방직 7급

① 본회의는 오후 2시(토요일은 오전 10시)에 개의하지만, 의장은 각 상임위원회 위원장과 협의하여 그 개의시를 변경할 수 있다.
② 국회는 휴회 중이라도 대통령의 요구가 있을 때, 의장이 긴급한 필요가 있다고 인정할 때 또는 재적의원 4분의 1 이상의 요구가 있는 때에는 국회의 회의를 재개한다.
③ 정부가 본회의 또는 위원회에서 의제가 된 정부제출의 의안을 수정 또는 철회할 때에는 본회의 또는 위원회의 동의를 얻어야 한다.
④ 정부는 부득이한 경우를 제외하고는 매년 1월 31일까지 해당 연도에 제출할 법률안에 관한 계획을 국회에 통지하여야 한다.

정답찾기

① [X] 본회의는 오후 2시(토요일은 오전 10시)에 개의한다. 다만, 의장은 각 교섭단체 대표의원과 협의하여 그 개의시(開議時)를 변경할 수 있다(「국회법」 제72조).
② [O] 국회는 휴회 중이라도 대통령의 요구가 있을 때, 의장이 긴급한 필요가 있다고 인정할 때 또는 재적의원 4분의 1 이상의 요구가 있을 때에는 국회의 회의(본회의)를 재개한다(「국회법」 제8조 제2항).
③ [O] 정부가 본회의 또는 위원회에서 의제가 된 정부제출 의안을 수정하거나 철회할 때에는 본회의 또는 위원회의 동의를 받아야 한다(「국회법」 제90조 제3항).
④ [O] 정부는 부득이한 경우를 제외하고는 매년 1월 31일까지 해당 연도에 제출할 법률안에 관한 계획을 국회에 통지하여야 한다(「국회법」 제5조의3 제1항).

25 국회의 입법절차 및 의사절차에 대한 설명으로 옳지 <u>않은</u> 것은? (다툼이 있는 경우 판례에 의함)

21. 지방직 7급

① 「국회법」에 따른 국회의장의 직권상정권한은 국회의 수장이 국회의 비상적인 헌법적 장애상태를 회복하기 위하여 가지는 권한으로 국회의장의 의사정리권에 속하고, 의안심사에 관하여 위원회중심주의를 채택하고 있는 우리 국회에서는 비상적·예외적 의사절차에 해당한다.
② 국회의 회의는 국회의 활동을 주권자인 국민이 알 수 있도록 하는 데 필요하므로, 공개하여야 한다. 다만 정보위원회는 공개하지 아니한다.
③ 국회의장이 국회의 위임 없이 법률안을 정리하더라도 그러한 정리가 국회에서 의결된 법률안의 실질적 내용에 변경을 초래하는 것이 아닌 한 헌법이나 「국회법」상의 입법절차에 위반된다고 볼 수 없다.
④ 본회의는 안건을 심의할 때 그 안건을 심사한 위원장의 심사보고를 듣고 질의·토론을 거쳐 표결하나, 다만 위원회의 심사를 거치지 아니한 안건에 대해서는 제안자가 그 취지를 설명하여야 하고, 위원회의 심사를 거친 안건에 대해서는 의결로 질의와 토론을 모두 생략하거나 그중 하나를 생략할 수 있다.

> **정답찾기**

② [X] 헌법 제50조 제1항으로부터 일체의 공개를 불허하는 절대적인 비공개가 허용된다고 볼 수는 없는바, 특정한 내용의 국회의 회의나 특정 위원회의 회의를 일률적으로 비공개한다고 정하면서 공개의 여지를 차단하는 것은 헌법 제50조 제1항에 부합하지 아니한다. 심판대상조항은 정보위원회의 회의 일체를 비공개하도록 정함으로써 정보위원회 활동에 대한 국민의 감시와 견제를 사실상 불가능하게 하고 있다. 또한 헌법 제50조 제1항 단서에서 정하고 있는 비공개 사유는 각 회의마다 충족되어야 하는 요건으로 입법과정에서 재적의원 과반수의 출석과 출석의원 과반수의 찬성으로 의결되었다는 사실만으로 헌법 제50조 제1항 단서의 '출석위원 과반수의 찬성'이라는 요건이 충족되었다고 볼 수도 없다. 따라서 심판대상조항은 헌법 제50조 제1항에 위배되는 것으로 과잉금지원칙 위배 여부에 대해서는 더 나아가 판단할 필요 없이 청구인들의 알 권리를 침해한다(헌재 2022. 1. 27. 2018헌마1162).
① [O] 「국회법」상 의장은 천재지변의 경우, 전시·사변 또는 이에 준하는 국가비상사태의 경우, 의장이 각 교섭단체 대표의원과 합의하는 경우 중 어느 하나에 해당하는 경우에만 위원회에 회부하는 안건 또는 회부된 안건에 대하여 심사기간을 지정할 수 있고(제85조 제1항), 위원회가 이유 없이 그 기간 내에 심사를 마치지 아니한 때에는 의장은 중간보고를 들은 후 다른 위원회에 회부하거나 바로 본회의에 부의할 수 있다(같은 조 제2항). 이는 국회의 수장이 국회의 비상적인 헌법적 장애상태를 회복하기 위하여 가지는 권한으로 국회의장의 의사정리권에 속하고, 의안 심사에 관하여 위원회 중심주의를 채택하고 있는 우리 국회에서는 비상적·예외적 의사절차에 해당한다(헌재 2016. 5. 26. 2015헌라1).
③ [O] 국회의 위임 의결이 없더라도 국회의장은 국회에서 의결된 법률안의 조문이나 자구·숫자, 법률안의 체계나 형식 등의 정비가 필요한 경우 의결된 내용이나 취지를 변경하지 않는 범위 안에서 이를 정리할 수 있다고 봄이 상당하고, 이렇듯 국회의장이 국회의 위임 없이 법률안을 정리하더라도 그러한 정리가 국회에서 의결된 법률안의 실질적 내용에 변경을 초래하는 것이 아닌 한 헌법이나 「국회법」상의 입법절차에 위반된다고 볼 수 없다(헌재 2009. 6. 25. 2007헌마451).
④ [O] 「국회법」 제93조 본문은 본회의는 안건을 심의함에 있어 그 안건을 심사한 위원장의 심사보고를 듣고 질의·토론을 거쳐 표결하도록 하고, 같은 조 단서는 위원회의 심사를 거치지 아니한 안건에 대하여는 제안자가 그 취지를 설명하고 질의·토론을 거쳐 표결하여야 하며, 위원회의 심사를 거친 안건에 대하여는 의결로 질의와 토론 또는 그중의 하나를 생략할 수 있다고 함으로써 질의 및 토론이 입법절차에서 반드시 거쳐야 하는 사전절차임을 명확히 하고 있다. 따라서 비록 위원회의 심사를 거친 안건이라 하더라도 '질의 또는 토론 신청이 있는 경우'에는 질의 및 토론 또는 그중 하나를 생략하기 위해서는 반드시 본회의 의결을 거쳐야 하는 것이다(헌재 2009. 10. 29. 2009헌라8).

Answer 23 ② 24 ① 25 ②

26 국회의 의사절차에 대한 설명으로 옳지 않은 것은? (다툼이 있는 경우 판례에 의함) 22. 국가직 7급

① 팩스로 제출이 시도되었던 법률안의 접수가 완료되지 않아 동일한 법률안을 제출하기 전에 철회 절차가 필요 없다고 보는 것은 발의된 법률안을 철회하는 요건을 정한 「국회법」 규정에 반하지 않는다.

② 헌법상 의사공개원칙은 모든 국회의 회의를 항상 공개하여야 하는 것은 아니나 이를 공개하지 아니할 경우에는 헌법에서 정하고 있는 일정한 요건을 갖추어야 함을 의미한다.

③ 국민은 헌법상 보장된 알 권리의 한 내용으로서 국회에 대하여 입법과정의 공개를 요구할 권리를 가지며, 국회의 의사에 대하여는 직접적인 이해관계 유무와 상관없이 일반적 정보공개청구권을 가진다고 할 수 있다.

④ 사법개혁특별위원회의 신속처리안건 지정동의안에 대한 표결 전에 그 대상이 되는 법안의 배포나 별도의 질의·토론 절차를 거치지 않았다면 그 표결은 절차상 위법하다.

정답찾기

④ [X] 신속처리안건 지정동의안의 심의는 그 대상이 된 위원회 회부 안건 자체의 심의가 아니라, 이를 신속처리대상안건으로 지정하여 의사절차의 단계별 심사기간을 설정할 것인지 여부를 심의하는 것이다. 「국회법」 제85조의2 제1항에서 요건을 갖춘 지정동의가 제출된 경우 의장 또는 위원장은 '지체없이' 무기명투표로 표결하도록 규정하고 있고, 이 밖에 신속처리안건 지정동의안의 표결 전에 「국회법」상 질의나 토론이 필요하다는 규정은 없다. 이 사건 사개특위의 신속처리안건 지정동의안에 대한 표결 전에 그 대상이 되는 법안의 배포나 별도의 질의·토론 절차를 거치지 않았다는 이유로 그 표결이 절차상 위법하다고 볼 수 없다(헌재 2020. 5. 27. 2019헌라3).

① [O] 의안의 발의와 접수의 세부적인 절차는 국회의 의사자율권의 영역에 있으므로, 발의된 법률안이 철회의 대상이 될 수 있는 시점에 대해서도 국회가 의사자율의 영역에서 규칙 또는 자율적인 법해석으로 정할 수 있다. 따라서 팩스로 제출이 시도되었던 법률안의 접수가 완료되지 않아 동일한 법률안을 제출하기 전에 철회 절차가 필요 없다고 보는 것은 「국회법」 제90조에 반하지 않는다(헌재 2020. 5. 27. 2019헌라3).

② [O] 헌법 제50조 제1항은 본문에서 국회의 회의를 공개한다는 원칙을 규정하면서, 단서에서 '출석의원 과반수의 찬성이 있거나 의장이 국가의 안전보장을 위하여 필요하다고 인정할 때'에는 이를 공개하지 아니할 수 있다는 예외를 두고 있다. 이러한 헌법 제50조 제1항의 구조에 비추어 볼 때, 헌법상 의사공개원칙은 모든 국회의 회의를 항상 공개하여야 하는 것은 아니나 이를 공개하지 아니할 경우에는 헌법에서 정하고 있는 일정한 요건을 갖추어야 함을 의미한다(헌재 2022. 1. 27. 2018헌마1162).

③ [O] 국회 의사공개의 원칙은 대의민주주의 정치에 있어서 공공정보의 공개를 통해 국정에 대한 국민의 참여도를 높이고 국정운영의 투명성을 확보하기 위하여 필요불가결한 요소이다. 이 같은 헌법규정의 취지를 고려하면, 국민은 헌법상 보장된 알권리의 한 내용으로서 국회에 대하여 입법과정의 공개를 요구할 권리를 가지며, 국회의 의사에 대하여는 직접적인 이해관계 유무와 상관없이 일반적 정보공개청구권을 가진다고 할 수 있다(헌재 2009. 9. 24. 2007헌바17).

27 국회의 안건의 신속처리에 대한 설명으로 옳은 것은? 21. 5급 공채(행정)

① 신속처리안건에 대한 지정동의가 소관 위원회 위원장에게 제출된 경우 안건의 소관 위원회 위원장은 지체 없이 신속처리안건 지정동의를 기명투표로 표결한다.
② 소관 위원회는 원칙적으로 신속처리대상안건에 대한 심사를 그 지정일부터 90일 이내에 마쳐야 한다.
③ 법제사법위원회가 신속처리대상안건에 대하여 그 지정일부터 60일 이내에 심사를 마치지 아니하였을 때에는 그 기간이 끝난 다음 날에 법제사법위원회에서 심사를 마치고 바로 본회의에 부의된 것으로 본다.
④ 신속처리대상안건을 심사하는 안건조정위원회는 그 안건이 관련 규정에 따라 법제사법위원회에 회부되거나 바로 본회의에 부의된 것으로 보는 경우에는 안건조정위원회의 활동기한이 남았더라도 그 활동을 종료한다.

> 정답찾기

④ 【O】 제85조의2 제2항에 따른 신속처리대상안건을 심사하는 조정위원회는 그 안건이 같은 조 제4항 또는 제5항에 따라 법제사법위원회에 회부되거나 바로 본회의에 부의된 것으로 보는 경우에는 제2항에 따른 활동기한이 남았더라도 그 활동을 종료한다(「국회법」 제57조의2 제9항).
① 【X】 위원회에 회부된 안건(체계·자구 심사를 위하여 법제사법위원회에 회부된 안건 포함)을 제2항에 따른 신속처리대상안건으로 지정하려는 경우 의원은 재적의원 과반수가 서명한 신속처리대상안건 지정요구 동의(動議)를 의장에게 제출하고, 안건의 소관 위원회 소속 위원은 소관 위원회 재적위원 과반수가 서명한 신속처리안건 지정동의를 소관 위원회 위원장에게 제출하여야 한다. 이 경우 의장 또는 안건의 소관 위원회 위원장은 지체 없이 신속처리안건 지정동의를 무기명투표로 표결하되, 재적의원 5분의 3 이상 또는 안건의 소관 위원회 재적위원 5분의 3 이상의 찬성으로 의결한다(「국회법」 제85조의2 제1항).
② 【X】 위원회는 신속처리대상안건에 대한 심사를 그 지정일부터 180일 이내에 마쳐야 한다. 다만, 법제사법위원회는 신속처리대상안건에 대한 체계·자구 심사를 그 지정일, 제4항에 따라 회부된 것으로 보는 날 또는 제86조 제1항에 따라 회부된 날부터 90일 이내에 마쳐야 한다(「국회법」 제85조의2 제3항).
③ 【X】 법제사법위원회가 신속처리대상안건(체계·자구 심사를 위하여 법제사법위원회에 회부되었거나 제4항 본문에 따라 회부된 것으로 보는 신속처리대상안건 포함)에 대하여 제3항 단서에 따른 기간(90일) 내에 심사를 마치지 아니하였을 때에는 그 기간이 끝난 다음 날에 법제사법위원회에서 심사를 마치고 바로 본회의에 부의된 것으로 본다(「국회법」 제85조의2 제5항).

Answer   26 ④   27 ④

28 국회의 의안처리 과정에 대한 설명으로 옳지 않은 것은?

22. 국회 8급

① 입법예고기간은 10일 이상으로 한다. 다만, 위원장은 긴급히 입법을 하여야 하는 경우나 입법 내용의 성질 또는 그 밖의 사유로 입법예고가 필요 없거나 곤란하다고 판단되는 경우에는 간사와 협의 없이 직권으로 입법예고를 하지 아니할 수 있다.

② 위원회에서 본회의에 부의할 필요가 없다고 결정된 의안은 본회의에 부의하지 아니한다. 다만, 위원회의 결정이 본회의에 보고된 날부터 폐회 또는 휴회 중의 기간을 제외한 7일 이내에 의원 30명 이상의 요구가 있을 때에는 그 의안을 본회의에 부의하여야 한다.

③ 예산결산특별위원회는 예산안, 기금운용계획안 및 결산에 대하여 공청회를 개최하여야 한다. 다만, 추가경정예산안, 기금운용계획변경안 또는 결산의 경우에는 위원회의 의결로 공청회를 생략할 수 있다.

④ 위원회에 회부된 안건을 신속처리대상안건으로 지정하려는 경우, 의장 또는 안건의 소관 위원회 위원장은 지체없이 신속처리안건 지정동의를 무기명투표로 표결하되, 재적의원 5분의 3 이상 또는 안건의 소관 위원회 재적위원 5분의 3 이상의 찬성으로 의결한다.

⑤ 의원은 10명 이상의 찬성으로 의안을 발의할 수 있으며, 예산상 또는 기금상의 조치를 수반하는 의안을 발의하는 경우에는 그 의안의 시행에 수반될 것으로 예상되는 비용에 관한 국회예산정책처의 추계서 또는 국회예산정책처에 대한 추계요구서를 함께 제출하여야 한다.

정답찾기

① [X] 위원장은 간사와 협의하여 회부된 법률안(체계·자구 심사를 위하여 법제사법위원회에 회부된 법률안은 제외한다)의 입법 취지와 주요 내용 등을 국회공보 또는 국회 인터넷 홈페이지 등에 게재하는 방법 등으로 입법예고하여야 한다. 다만, 긴급히 입법을 하여야 하는 경우나 입법 내용의 성질 또는 그 밖의 사유로 입법예고가 필요 없거나 곤란하다고 판단되는 경우에는 위원장이 간사와 협의하여 입법예고를 하지 아니할 수 있다(「국회법」 제82조의2 제1항). 입법예고기간은 10일 이상으로 한다. 다만, 특별한 사정이 있는 경우에는 단축할 수 있다(「국회법」 제82조의2 제2항).

② [O] 위원회에서 본회의에 부의할 필요가 없다고 결정된 의안은 본회의에 부의하지 아니한다. 다만, 위원회의 결정이 본회의에 보고된 날부터 폐회 또는 휴회 중의 기간을 제외한 7일 이내에 의원 30명 이상의 요구가 있을 때에는 그 의안을 본회의에 부의하여야 한다(「국회법」 제87조 제1항).

③ [O] 예산결산특별위원회는 예산안, 기금운용계획안 및 결산에 대하여 공청회를 개최하여야 한다. 다만, 추가경정예산안, 기금운용계획변경안 또는 결산의 경우에는 위원회의 의결로 공청회를 생략할 수 있다(「국회법」 제84조의3).

④ [O] 위원회에 회부된 안건(체계·자구 심사를 위하여 법제사법위원회에 회부된 안건을 포함한다)을 제2항에 따른 신속처리대상안건으로 지정하려는 경우 의원은 재적의원 과반수가 서명한 신속처리대상안건 지정요구 동의(動議)를 의장에게 제출하고, 안건의 소관 위원회 소속 위원은 소관 위원회 재적위원 과반수가 서명한 신속처리안건 지정동의를 소관 위원회 위원장에게 제출하여야 한다. 이 경우 의장 또는 안건의 소관 위원회 위원장은 지체 없이 신속처리안건 지정동의를 무기명투표로 표결하되, 재적의원 5분의 3 이상 또는 안건의 소관 위원회 재적위원 5분의 3 이상의 찬성으로 의결한다(「국회법」 제85조의2 제1항).

⑤ [O] 의원은 10명 이상의 찬성으로 의안을 발의할 수 있고(「국회법」 제79조 제1항), 의원이 예산상 또는 기금상의 조치를 수반하는 의안을 발의하는 경우에는 그 의안의 시행에 수반될 것으로 예상되는 비용에 관한 국회예산정책처의 추계서 또는 국회예산정책처에 대한 추계요구서를 함께 제출하여야 한다(「국회법」 제79조의2 제1항).

29 국회에 대한 설명으로 옳지 않은 것은?

24. 지방직 7급

① 국회가 선출하여 임명된 헌법재판소 재판관 중 공석이 발생한 경우, 국회는 공정한 헌법재판을 받을 권리의 보장을 위하여 공석인 재판관의 후임자를 선출하여야 할 구체적 작위의무를 부담한다.

② 국회의원의 국민대표성을 중시하는 입장에서도 특정 정당에 소속된 국회의원이 정당기속 내지는 교섭단체의 결정(소위 '당론')에 위반하는 정치활동을 한 이유로 제재를 받는 경우, 국회의원 신분을 상실하게 할 수는 없으나 "정당내부의 사실상의 강제" 또는 소속 "정당으로부터의 제명"은 가능하다고 보고 있다.

③ 팩스로 제출이 시도되었던 법률안의 접수가 완료되지 않아 동일한 법률안을 제출하기 전에 철회 절차가 필요 없다고 보는 것은 발의된 법률안을 철회하는 요건을 정한 「국회법」 제90조에 반하지 않는다.

④ 국회의장은 국회의원의 체포 동의를 요청받은 후 처음 개의하는 본회의에 이를 보고하고, 본회의에 보고된 때부터 24시간 이후 72시간 이내에 표결하여야 하나, 체포동의안이 72시간 이내에 표결되지 아니하는 경우에는 그 체포동의안은 부결된 것으로 본다.

정답찾기

④ [X] 의장은 체포 동의를 요청받은 후 처음 개의하는 본회의에 이를 보고하고, 본회의에 보고된 때부터 24시간 이후 72시간 이내에 표결한다. 다만, 체포동의안이 72시간 이내에 표결되지 아니하는 경우에는 그 이후에 최초로 개의하는 본회의에 상정하여 표결한다(「국회법」 제26조 제2항).

① [O] 헌법 제27조가 보장하는 재판청구권에는 공정한 헌법재판을 받을 권리도 포함되고, 헌법 제111조 제2항은 헌법재판소가 9인의 재판관으로 구성된다고 명시하여 다양한 가치관과 헌법관을 가진 9인의 재판관으로 구성된 합의체가 헌법재판을 담당하도록 하고 있으며, 같은 조 제3항은 재판관 중 3인은 국회에서 선출하는 자를 임명한다고 규정하고 있다. 그렇다면 헌법 제27조, 제111조 제2항 및 제3항의 해석상, 피청구인이 선출하여 임명된 재판관 중 공석이 발생한 경우, 국회는 공정한 헌법재판을 받을 권리의 보장을 위하여 공석인 재판관의 후임자를 선출하여야 할 구체적 작위의무를 부담한다(헌재 2014. 4. 24. 2012헌마2).

② [O] 국회의원의 국민대표성을 중시하는 입장에서도 특정 정당에 소속된 국회의원이 정당기속 내지는 교섭단체의 결정(당론)에 위반하는 정치활동을 한 이유로 제재를 받는 경우, 국회의원 신분을 상실하게 할 수는 없으나 정당내부의 사실상의 강제 또는 소속 정당으로부터의 제명은 가능하다고 보고 있다(헌재 2003. 10. 30. 2002헌라1).

③ [O] 의안의 발의와 접수의 세부적인 절차는 국회의 의사자율권의 영역에 있으므로, 발의된 법률안이 철회의 대상이 될 수 있는 시점에 대해서도 국회가 의사자율의 영역에서 규칙 또는 자율적인 법해석으로 정할 수 있다. 따라서 팩스로 제출이 시도되었던 법률안의 접수가 완료되지 않아 동일한 법률안을 제출하기 전에 철회 절차가 필요 없다고 보는 것은 「국회법」 제90조에 반하지 않는다(헌재 2020. 5. 27. 2019헌라3).

30. 국회의 의사운영에 대한 설명으로 옳지 않은 것은?
18. 국가직 7급

① 위원회에서 본회의에 부의할 필요가 없다고 결정된 의안은 본회의에 부의하지 아니하나, 위원회의 결정이 본회의에 보고된 날부터 폐회 또는 휴회 중의 기간을 제외한 7일 이내에 의원 30명 이상의 요구가 있을 때에는 그 의안을 본회의에 부의하여야 한다.

② 위원회에서의 번안동의(飜案動議)는 위원의 동의(動議)로 그 안을 갖춘 서면으로 제출하되, 재적위원 과반수의 출석과 출석위원 3분의 2 이상의 찬성으로 의결하지만, 본회의에서 의제가 된 후에는 번안할 수 없다.

③ 본회의에서 부결된 안건은 같은 회기 중에 다시 발의하거나 제출할 수 없으나, 회기를 달리하여 이를 제출하는 것은 허용된다.

④ 국회 본회의는 공개하나, 의장의 제의 또는 의원 10명 이상의 연서에 의한 동의(動議)로 본회의 의결이 있는 경우 공개하지 아니할 수 있으며 그 제의나 동의에 대하여 토론을 거쳐 표결한다.

정답찾기

④ [X] 본회의는 공개한다. 다만, 의장의 제의 또는 의원 10명 이상의 연서에 의한 동의(動議)로 본회의 의결이 있거나 의장이 각 교섭단체 대표의원과 협의하여 국가의 안전보장을 위하여 필요하다고 인정할 때에는 공개하지 아니할 수 있다(「국회법」제75조 제1항). 제1항 단서에 따른 제의나 동의에 대해서는 <u>토론을 하지 아니하고 표결한다</u>(「국회법」제75조 제2항).

① [O] 위원회에서 본회의에 부의할 필요가 없다고 결정된 의안은 본회의에 부의하지 아니한다. 다만, 위원회의 결정이 본회의에 보고된 날부터 폐회 또는 휴회 중의 기간을 제외한 7일 이내에 의원 30명 이상의 요구가 있을 때에는 그 의안을 본회의에 부의하여야 한다(「국회법」제87조 제1항).

② [O] 위원회에서의 번안동의는 위원의 동의(動議)로 그 안을 갖춘 서면으로 제출하되, 재적위원 과반수의 출석과 출석위원 3분의 2 이상의 찬성으로 의결한다. 다만, 본회의에서 의제가 된 후에는 번안할 수 없다(「국회법」제91조 제2항).

③ [O] 부결된 안건은 같은 회기 중에 다시 발의하거나 제출할 수 없다(「국회법」제92조). 따라서 부결된 안건이라도 회기를 달리하는 경우에는 다시 제출할 수 있다.

31. 국회의 의사절차 및 입법절차에 대한 설명으로 옳지 않은 것은?
23. 지방직 7급

① 자유위임원칙은 헌법이 추구하는 가치를 보장하고 실현하기 위한 통치구조의 구성원리 중 하나이므로, 다른 헌법적 이익에 언제나 우선하는 것은 아니고, 국회의 기능 수행을 위해서 필요한 범위 내에서 제한될 수 있다.

② 일사부재의 원칙을 경직되게 적용하는 경우에는 국정운영이 왜곡되고 다수에 의해 악용되어 다수의 횡포를 합리화하는 수단으로 전락할 수도 있으므로, 일사부재의 원칙은 신중한 적용이 요청된다.

③ 국회의원이 국회 내에서 행하는 질의권·토론권 및 표결권 등은 입법권 등 공권력을 행사하는 국가기관인 국회의 구성원의 지위에 있는 국회의원 개인에게 헌법이 보장하는 권리, 즉 기본권으로 인정된 것이라고 할 수 있다.

④ 국회 본회의에서 수정동의를 지나치게 넓은 범위에서 인정할 경우, 국회가 의안 심의에 관한 국회운영의 원리로 채택하고 있는 위원회 중심주의를 저해할 우려가 있다.

정답찾기

③ [X] 입법권은 헌법 제40조에 의하여 국가기관으로서의 국회에 속하는 것이고, 국회의원이 국회 내에서 행사하는 질의권·토론권 및 표결권 등은 입법권 등 공권력을 행사하는 국가기관인 국회의 구성원의 지위에 있는 국회의원에게 부여된 권한으로서 국회의원 개인에게 헌법이 보장하는 권리 즉 기본권으로 인정된 것이라고 할 수는 없다(헌재 1995. 2. 23. 91헌마231).

① [O] 통치구조의 구성원리는 자기목적적인 것이 아니라 국민의 기본권과 헌법이 추구하는 가치를 보장하고 실현하기 위한 수단의 성격을 가지는 것이다. 따라서 자유위임원칙 역시 무제한적으로 보장되는 것은 아니며, 국회의 기능을 수행하기 위해서 필요한 범위 내에서 불가피하게 제한될 수밖에 없다(헌재 2020. 5. 27. 2019헌라1).

② [O] 일사부재의 원칙을 경직되게 적용하는 경우에는 국정운영이 왜곡되고 다수에 의해 악용되어 다수의 횡포를 합리화하는 수단으로 전락할 수도 있으므로, 일사부재의 원칙은 신중한 적용이 요청된다(헌재 2009. 10. 29. 2009헌라8).

④ [O] 「국회법」 제95조가 본회의에서 수정동의를 제출할 수 있도록 한 취지는 일정한 범위 내에서 국회의원이 본회의에 상정된 의안에 대한 수정의 의사를 위원회의 심사절차를 거치지 아니하고 곧바로 본회의의 심의과정에서 표시할 수 있도록 허용함으로써 의안 심의의 효율성을 제고하기 위한 것이다. 그런데 수정동의를 지나치게 넓은 범위에서 인정할 경우 국회가 의안 심의에 관한 국회운영의 원리로 채택하고 있는 위원회 중심주의를 저해할 우려가 있다. 「국회법」 제95조 제5항의 입법취지는 원안에 대한 위원회의 심사절차에서 심사가 이루어질 여지가 없는 경우에는 수정동의의 제출을 제한함으로써 위원회 중심주의를 공고히 하는 것이다(헌재 2020. 5. 27. 2019헌라6).

32 국회의 구성과 조직 및 운영에 대한 설명으로 옳은 것은? (다툼이 있는 경우 판례에 의함) 17. 국가직 7급

① 의장이 사고가 있을 때에는 의장이 지정하는 부의장이 그 직무를 대리하고, 의장이 심신상실 등 부득이한 사유로 의사표시를 할 수 없게 되어 직무대리자를 지정할 수 없는 때에는 연장자인 부의장의 순으로 의장의 직무를 대행한다.

② 의원 10인 이상의 연서에 의한 동의로 본회의의 의결이 있거나 의장이 각 교섭단체 대표의원과 협의하여 필요하다고 인정할 때에는 의장은 회기 전체 의사일정의 일부를 변경하거나 당일 의사일정의 안건 추가 및 순서 변경을 할 수 있다.

③ 국회는 의결로 기간을 정하여 휴회할 수 있으나, 휴회 중이라도 대통령의 요구가 있을 때, 의장이 긴급한 필요가 있다고 인정할 때 또는 재적의원 4분의 1 이상의 요구가 있을 때에는 회의를 재개한다.

④ 법안에 대한 투표가 종료된 결과 재적의원 과반수의 출석이라는 의결정족수에 미달된 경우에는 법안에 대한 국회의 의결이 유효하게 성립되었다고 할 수 없으므로, 국회의장이 법안에 대한 재표결을 실시하여 그 결과에 따라 법안의 가결을 선포한 것은 일사부재의의 원칙에 위배되지 않는다.

정답찾기

③ [O] 국회는 의결로 기간을 정하여 휴회할 수 있다. 국회는 휴회 중이라도 대통령의 요구가 있을 때, 의장이 긴급한 필요가 있다고 인정할 때 또는 재적의원 4분의 1 이상의 요구가 있을 때에는 국회의 회의(본회의)를 재개한다(「국회법」 제8조 제1항, 제2항).

① [X] 의장이 사고(事故)가 있을 때에는 의장이 지정하는 부의장이 그 직무를 대리한다. 의장이 심신상실 등 부득이한 사유로 의사표시를 할 수 없게 되어 직무대리자를 지정할 수 없을 때에는 소속 의원 수가 많은 교섭단체 소속 부의장의 순으로 의장의 직무를 대행한다(「국회법」 제12조 제1항, 제2항).

② [X] 의원 20명 이상의 연서에 의한 동의(動議)로 본회의 의결이 있거나 의장이 각 교섭단체 대표의원과 협의하여 필요하다고 인정할 때에는 의장은 회기 전체 의사일정의 일부를 변경하거나 당일 의사일정의 안건 추가 및 순서 변경을 할 수 있다. 이 경우 의원의 동의에는 이유서를 첨부하여야 하며, 그 동의에 대해서는 토론을 하지 아니하고 표결한다(「국회법」 제77조).

④ [X] 「방송법」 수정안에 대한 1차 투표가 종료되어 재적의원 과반수의 출석에 미달되었음이 확인된 이상, 「방송법」 수정안에 대한 국회의 의사는 부결로 확정되었다고 보아야 하므로, 피청구인이 이를 무시하고 재표결을 실시하여 그 표결 결과에 따라 방송법안의 가결을 선포한 행위는 일사부재의 원칙에 위배하여 청구인들의 표결권을 침해한 것이다(헌재 2009. 10. 29. 2009헌라8).

Answer 30 ④ 31 ③ 32 ③

33 국회에 대한 설명으로 옳지 <u>않은</u> 것은? (다툼이 있는 경우 판례에 의함) 22. 지방직 7급

① 본회의가 탄핵소추안을 법제사법위원회에 회부하기로 의결하지 아니한 경우에는 본회의에 보고된 때부터 24시간 이후 72시간 이내에 탄핵소추 여부를 무기명투표로 표결하되, 이 기간 내에 표결하지 아니한 탄핵소추안은 폐기된 것으로 본다.

② 지방자치단체 중 특별시·광역시·도에 대한 국정감사의 범위는 국가위임사무와 국가가 보조금 등 예산을 지원하는 사업으로 한정된다.

③ 정기회의 회기는 100일을, 임시회의 회기는 30일을 초과할 수 없으며, 정기회와 임시회를 합하여 연 150일을 초과할 수 없다.

④ 국회의원의 심의·표결권은 국회의 대내적인 관계에서 행사되고 침해될 수 있을 뿐 다른 국가기관과의 대외적인 관계에서는 침해될 수 없다.

> **정답찾기**

③ [X] 정기회의 회기는 100일을, 임시회의 회기는 30일을 초과할 수 없다(헌법 제47조 제2항). 연간총회기일수의 제한은 폐지되었다.
① [O] 본회의가 탄핵소추안을 법제사법위원회에 회부하기로 의결하지 아니한 경우에는 본회의에 보고된 때부터 24시간 이후 72시간 이내에 탄핵소추 여부를 무기명투표로 표결한다. 이 기간 내에 표결하지 아니한 탄핵소추안은 폐기된 것으로 본다(「국회법」제130조 제2항).
② [O] 지방자치단체 중 특별시·광역시·도. 다만, 그 감사범위는 국가위임사무와 국가가 보조금 등 예산을 지원하는 사업으로 한다(「국감국조법」제7조 2호).
④ [O] 국회의원의 심의·표결권은 국회의 대내적인 관계에서 행사되고 침해될 수 있을 뿐 다른 국가기관과의 대외적인 관계에서는 침해될 수 없는 것이므로, 대통령 등 국회 이외의 국가기관과의 사이에서는 권한침해의 직접적인 법적 효과를 발생시키지 아니한다(헌재 2015. 11. 26. 2013헌라3).

34 국회에 대한 설명으로 옳지 <u>않은</u> 것은? 23. 지방직 7급

① 「국회법」상 안건조정위원회의 활동기한 90일은 국회 소수세력의 안건처리 지연을 통한 의사 저지 수단을 제도적으로 보장한 것으로서 90일을 초과할 수 없고, 그 축소도 안건조정위원회를 구성할 때 안건조정위원회의 위원장과 간사가 합의한 경우에만 가능하므로, 안건조정위원회의 활동기한이 만료되기 전 안건조정위원회가 안건에 대한 조정 심사를 마쳐서 조정안을 의결하여 안건조정위원회 위원장이 그 조정안의 가결을 선포한 것은 「국회법」위반이다.

② 국회의 예비금은 사무총장이 관리하되, 국회운영위원회의 동의와 국회의장의 승인을 받아 지출한다. 다만, 폐회 중일 때에는 국회의장의 승인을 받아 지출하고 다음 회기 초에 국회운영위원회에 보고한다.

③ 국가기관의 부분 기관이 자신의 이름으로 소속기관의 권한을 주장할 수 있는 '제3자 소송담당'을 명시적으로 허용하는 법률의 규정이 없는 현행법 체계하에서는 국회의 구성원인 국회의원이 국회의 조약에 대한 체결·비준 동의권의 침해를 주장하는 권한쟁의심판을 청구할 수 없다.

④ 헌법은 국회회의의 공개 여부에 관하여 회의 구성원의 자율적 판단을 허용하고 있으므로, 소위원회 회의의 공개 여부 또한 소위원회 또는 소위원회가 속한 위원회에서 여러 가지 사정을 종합하여 합리적으로 결정할 수 있다.

정답찾기

① [X] 「국회법」상 안건조정위원회의 활동기한은 그 활동할 수 있는 기간의 상한을 의미한다고 보는 것이 타당하고, 안건조정위원회의 활동기한이 만료되기 전이라고 하더라도 안건조정위원회가 안건에 대한 조정 심사를 마치면 조정안을 의결할 수 있다. 이 사건에서 「국회법」상 90일 또는 신속처리대상안건의 심사기간과 같은 안건조정위원회의 활동기한이 도래하지 않았음에도 피청구인 조정위원장이 이 사건 조정안의 가결을 선포하였다는 사정만으로 「국회법」을 위반하였다고 볼 수는 없다(헌재 2020. 5. 27. 2019헌라5).
② [O] 국회의 예비금은 사무총장이 관리하되, 국회운영위원회의 동의와 의장의 승인을 받아 지출한다. 다만, 폐회 중일 때에는 의장의 승인을 받아 지출하고 다음 회기 초에 국회운영위원회에 보고한다(「국회법」 제23조 제4항).
③ [O] 권한쟁의심판에서 국회의원이 국회의 권한 침해를 주장하여 심판청구를 하는 이른바 '제3자 소송담당'을 허용하는 명문의 규정이 없고, 다른 법률의 준용을 통해서 이를 인정하기도 어려운 현행법 체계하에서, 국회의 의사가 다수결로 결정되었음에도 다수결의 결과에 반하는 소수의 국회의원에게 권한쟁의심판을 청구할 수 있게 하는 것은 다수결의 원리와 의회주의의 본질에 어긋날 뿐만 아니라, 국가기관이 기관 내부에서 민주적인 토론을 통해 기관의 의사를 결정하는 대신 모든 문제를 사법적 수단에 의해 해결하려는 방향으로 남용될 우려도 있다. 따라서 '제3자 소송담당'이 허용되지 않는 현행법하에서 국회의 구성원인 국회의원은 국회의 조약 체결·비준 동의권 침해를 주장하는 권한쟁의심판에서 청구인적격이 없다(헌재 2015. 11. 26. 2013헌라3).
④ [O] 헌법은 국회회의의 공개 여부에 관하여 회의 구성원의 자율적 판단을 허용하고 있으므로, 소위원회 회의의 공개 여부 또한 소위원회 또는 소위원회가 속한 위원회에서 여러 가지 사정을 종합하여 합리적으로 결정할 수 있다(헌재 2000. 6. 29. 98헌마443).

35 국회의 기관과 운영에 대한 설명으로 옳지 않은 것은? 18. 5급 공채(행정)

① 국회의장과 부의장은 국회에서 무기명투표로 선거하되, 재적의원 과반수 출석과 출석의원 과반수의 득표로 당선된다.
② 의안에 대한 수정동의는 그 안을 갖추고 이유를 붙여 국회의원 30인 이상의 찬성자와 연서하여 미리 국회의장에게 제출하여야 하나, 예산안에 대한 수정동의는 국회의원 50인 이상의 찬성이 있어야 한다.
③ 중요한 안건으로서 국회의장의 제의 또는 국회의원의 동의로 본회의의 의결이 있거나 재적의원 5분의 1 이상의 요구가 있을 때에는 기명·호명 또는 무기명투표로 표결한다.
④ 본회의는 공개하는 것이 원칙이나, 국회의원 10인 이상의 연서에 의한 동의로 본회의의 의결이 있는 경우 공개하지 아니할 수 있다.

정답찾기

① [X] 의장과 부의장은 국회에서 무기명투표로 선거하고 재적의원 과반수의 득표로 당선된다(「국회법」 제15조 제1항).
② [O] 의안에 대한 수정동의(修正動議)는 그 안을 갖추고 이유를 붙여 30명 이상의 찬성 의원과 연서하여 미리 의장에게 제출하여야 한다. 다만, 예산안에 대한 수정동의는 의원 50명 이상의 찬성이 있어야 한다(「국회법」 제95조 제1항).
③ [O] 중요한 안건으로서 의장의 제의 또는 의원의 동의(動議)로 본회의 의결이 있거나 재적의원 5분의 1 이상의 요구가 있을 때에는 기명투표·호명투표(呼名投票) 또는 무기명투표로 표결한다(「국회법」 제112조 제2항).
④ [O] 본회의는 공개한다. 다만, 의장의 제의 또는 의원 10명 이상의 연서에 의한 동의(動議)로 본회의 의결이 있거나 의장이 각 교섭단체 대표의원과 협의하여 국가의 안전보장을 위하여 필요하다고 인정할 때에는 공개하지 아니할 수 있다(「국회법」 제75조 제1항).

Answer 33 ③ 34 ① 35 ①

36 국회에 대한 설명으로 옳지 않은 것은?

24. 국가직 7급

① 의안에 대한 수정동의를 규정하고 있는 「국회법」 제95조 제5항 본문의 문언, 입법취지, 입법경과를 종합적으로 고려하면, 위원회의 심사를 거쳐 본회의에 부의된 법률안의 취지 및 내용과 직접 관련이 있는지 여부는 '원안에서 개정하고자 하는 조문에 관한 추가, 삭제 또는 변경으로서, 원안에 대한 위원회의 심사절차에서 수정안의 내용까지 심사할 수 있었는지 여부'를 기준으로 판단하는 것이 타당하다.

② '회기결정의 건'에 대하여 무제한 토론이 실시되면, 무제한 토론이 '회기결정의 건'의 처리 자체를 봉쇄하는 결과가 초래되며, 이는 당초 특정 안건에 대한 처리 자체를 불가능하게 하는 것이 아니라 처리를 지연시키는 수단으로 도입된 무제한 토론의 취지에 반할 뿐만 아니라, 「국회법」 제7조에도 정면으로 위반된다.

③ 위원회 위원의 의사에 반하는 개선(改選)을 허용한다면, 직접 국회의원이 자유위임원칙에 따라 정당이나 교섭단체의 의사와 달리 표결하거나 독자적으로 의안을 발의하거나 발언하는 것을 금지하게 된다.

④ 국회의장이 국회의 의사를 원활히 운영하기 위하여 상임위원회의 구성원인 위원의 선임 및 개선에 있어 교섭단체 대표의원과 협의하고 그의 '요청'에 응하는 것은 국회운영에 있어 본질적인 요소라고 아니할 수 없다.

정답찾기

③ [X] 위원의 의사에 반하는 개선을 허용하더라도, 직접 국회의원이 자유위임원칙에 따라 정당이나 교섭단체의 의사와 달리 표결하거나 독자적으로 의안을 발의하거나 발언하는 것까지 금지하게 되는 것은 아니다. 다만 정당 또는 교섭단체가 정당의 정책을 의안심의에서 최대한으로 반영하기 위하여 차기선거의 공천, 당직의 배분 등의 수단을 사용하는 것과 마찬가지로, 국회의원의 권한 행사에 간접적인 영향력을 행사하는 것에 불과하다(헌재 2020. 5. 27. 2019헌라1).

① [O] 「국회법」 제95조 제5항 본문의 문언, 입법취지, 입법경과를 종합적으로 고려하면, 위원회의 심사를 거쳐 본회의에 부의된 법률안의 취지 및 내용과 직접 관련이 있는지 여부는 '원안에서 개정하고자 하는 조문에 관한 추가, 삭제 또는 변경으로서, 원안에 대한 위원회의 심사절차에서 수정안의 내용까지 심사할 수 있었는지 여부'를 기준으로 판단하는 것이 타당하다(헌재 2020. 5. 27. 2019헌라6).

② [O] '회기결정의 건'에 대하여 무제한 토론이 실시되는 경우, 무제한 토론으로 인하여 '회기결정의 건'이 폐기되는 결과가 발생한다. 이는 무제한 토론이 '회기결정의 건'의 처리 자체를 봉쇄하는 것이어서, 당초 특정 안건에 대한 처리 자체를 불가능하게 하는 것이 아니라 최대 다음 회기까지 처리를 지연시키는 수단으로 도입된 무제한 토론 제도의 취지에 반할 뿐만 아니라, 국회가 집회 후 즉시 의결로 회기를 정하도록 규정한 「국회법」 제7조에도 정면으로 위배된다(헌재 2020. 5. 27. 2019헌라6).

④ [O] 오늘날 교섭단체가 정당국가에서 의원의 정당기속을 강화하는 하나의 수단으로 기능할 뿐만 아니라 정당소속 의원들의 원내 행동통일을 기함으로써 정당의 정책을 의안심의에서 최대한으로 반영하기 위한 기능도 갖는다는 점에 비추어 볼 때, 국회의장이 국회의 의사(議事)를 원활히 운영하기 위하여 상임위원회의 구성원인 위원의 선임 및 개선에 있어 교섭단체 대표의원과 협의하고 그의 "요청"에 응하는 것은 국회운영에 있어 본질적인 요소라고 아니할 수 없다(헌재 2003. 10. 30. 2002헌라1).

37 국회의 운영에 대한 설명으로 옳지 않은 것은?

20. 국가직 7급

① 의원이 다른 의원의 자격에 대하여 이의가 있을 때에는 30명 이상의 연서로 의장에게 자격심사를 청구할 수 있으며, 의원이 체포 또는 구금된 의원의 석방 요구를 발의할 때에는 재적의원 4분의 1 이상의 연서(連書)로 그 이유를 첨부한 요구서를 의장에게 제출하여야 한다.

② 발언한 의원은 회의록이 배부된 날의 다음 날 오후 5시까지 회의록에 적힌 자구의 정정을 의장에게 요구할 수 있으나, 발언의 취지를 변경할 수 없다.

③ 의장이 산회를 선포한 당일에는 다시 개의할 수 없으나, 내우외환, 천재지변 또는 중대한 재정·경제상의 위기, 국가의 안위에 관계되는 중대한 교전 상태나 전시·사변 또는 이에 준하는 국가비상사태의 경우에는 의장이 교섭단체 대표의원과 합의 없이도 회의를 다시 개의할 수 있다.

④ 의장이 토론에 참가할 때에는 의장석에서 물러나야 하며, 그 안건에 대한 표결이 끝날 때까지 의장석으로 돌아갈 수 없다.

정답찾기

③ [X] 산회를 선포한 당일에는 회의를 다시 개의할 수 없다. 다만, 내우외환, 천재지변 또는 중대한 재정·경제상의 위기, 국가의 안위에 관계되는 중대한 교전 상태나 전시·사변 또는 이에 준하는 국가비상사태로서 의장이 각 교섭단체 대표의원과 합의한 경우에는 그러하지 아니하다(「국회법」 제74조 제2항).

① [O] 의원이 다른 의원의 자격에 대하여 이의가 있을 때에는 30명 이상의 연서로 의장에게 자격심사를 청구할 수 있다(「국회법」 제138조). 의원이 체포 또는 구금된 의원의 석방 요구를 발의할 때에는 재적의원 4분의 1 이상의 연서(連書)로 그 이유를 첨부한 요구서를 의장에게 제출하여야 한다(「국회법」 제28조).

② [O] 발언한 의원은 회의록이 배부된 날의 다음 날 오후 5시까지 회의록에 적힌 자구의 정정을 의장에게 요구할 수 있다. 다만, 발언의 취지를 변경할 수 없다(「국회법」 제117조 제1항).

④ [O] 의장이 토론에 참가할 때에는 의장석에서 물러나야 하며, 그 안건에 대한 표결이 끝날 때까지 의장석으로 돌아갈 수 없다(「국회법」 제107조).

Answer 36 ③ 37 ③

38. 국회의 의사절차에 대한 설명으로 옳은 것은? (다툼이 있는 경우 판례에 의함) 　21. 국회 8급

① 2021년 2월의 임시회에서 의결하지 못한 법률안은 2021년 8월의 임시회에서 다시 의결하지 못한다.
② 헌법이 요구하는 의사공개의 원칙은 본회의에 적용되는 것이며 위원회와 소위원회에는 원칙적으로 적용되지 않는다.
③ 국회 본회의에서 260명의 국회의원이 출석하여 법률안에 대해 표결한 결과 찬성 130명, 반대 130명으로 의결이 이루어져 가부동수인 경우, 국회의장이 결정권을 가진다.
④ 국회에서 의결되어 정부에 이송된 법률안에 대해 대통령이 15일 이내에 공포나 재의 요구를 하지 않은 때에 그 법률안은 법률로서 확정되고, 이 경우에 공포 없이도 그 효력이 발생한다.
⑤ 국회에서 의결되어 정부에 이송된 법률안에 대해 대통령이 이의가 있을 때에는 이의서를 붙여 국회에 환부할 수 있지만, 그 법률안을 수정하여 재의를 요구할 수는 없다.

정답찾기

⑤ [O] 법률안에 이의가 있을 때에는 대통령은 제1항의 기간 내에 이의서를 붙여 국회로 환부하고, 그 재의를 요구할 수 있다. 국회의 폐회 중에도 또한 같다(헌법 제53조 제2항). 대통령은 법률안의 일부에 대하여 또는 법률안을 수정하여 재의를 요구할 수 없다(헌법 제53조 제3항).
① [X] 국회에 제출된 법률안 기타의 의안은 회기 중에 의결되지 못한 이유로 폐기되지 아니한다. 다만, 국회의원의 임기가 만료된 때에는 그러하지 아니하다(헌법 제51조). 따라서 국회의원의 임기가 만료된 경우가 아니라면 의결할 수 있다.
② [X] 의사공개원칙은 방청 및 보도의 자유와 회의록의 공표를 그 내용으로 한다. 의사공개원칙의 헌법적 의미를 고려할 때, 헌법 제50조 제1항 본문은 단순한 행정적 회의를 제외하고 국회의 헌법적 기능과 관련된 모든 회의는 원칙적으로 국민에게 공개되어야 함을 천명한 것으로, 국회 본회의뿐만 아니라 위원회의 회의에도 적용된다(헌재 2022. 1. 27. 2018헌마1162).
③ [X] 국회는 헌법 또는 법률에 특별한 규정이 없는 한 재적의원 과반수의 출석과 출석의원 과반수의 찬성으로 의결한다. 가부동수인 때에는 부결된 것으로 본다(헌법 제49조).
④ [X] 대통령이 제1항의 기간 내에 공포나 재의의 요구를 하지 아니한 때에도 그 법률안은 법률로서 확정된다(헌법 제53조 제5항). 법률은 특별한 규정이 없는 한 공포한 날로부터 20일을 경과함으로써 효력을 발생한다(헌법 제53조 제7항).

제3항　국회의 권한

1 입법에 관한 권한

39 국회의 입법권에 대한 설명으로 옳지 <u>않은</u> 것은?　　23. 지방직 7급

① 헌법 제40조 "입법권은 국회에 속한다."의 의미는 적어도 국민의 권리와 의무의 형성에 관한 사항을 비롯하여 국가의 통치조직과 작용에 관한 기본적이고 본질적인 사항은 반드시 국회가 정하여야 한다는 것이다.
② 헌법 제52조는 "20명 이상의 국회의원과 정부는 법률안을 제출할 수 있다."고 규정하고 있다.
③ 국회의원이 발의한 법률안 중 국회에서 의결된 제정법률안 또는 전부개정법률안을 공표하거나 홍보하는 경우에는 해당 법률안의 부제를 함께 표기할 수 있다.
④ 의안을 발의하는 국회의원은 그 안을 갖추고 이유를 붙여 찬성자와 연서하여 이를 국회의장에게 제출하여야 한다.

정답찾기

② [X] 국회의원과 정부는 법률안을 제출할 수 있다(헌법 제52조).
① [O] 헌법 제40조는 "입법권은 국회에 속한다."라고 규정하면서, 아울러 제75조는 "대통령은 법률에서 구체적으로 범위를 정하여 위임받은 사항과 법률을 집행하기 위하여 필요한 사항에 관하여 대통령령을 발할 수 있다"고 규정하고, 제95조는 "국무총리 또는 행정각부의 장은 소관 사무에 관하여 법률이나 대통령령의 위임 또는 직권으로 총리령 또는 부령을 발할 수 있다"고 각 규정함으로서 행정기관으로의 위임입법을 인정하고 있는데, 우리 헌법 제40조의 의미는 적어도 국민의 권리와 의무의 형성에 관한 사항을 비롯하여 국가의 통치조직과 작용에 관한 기본적이고 본질적인 사항은 반드시 국회가 정하여야 한다는 것이다(헌재 1998. 5. 28. 96헌마1).
③ [O] 국회의원이 발의한 법률안 중 국회에서 의결된 제정법률안 또는 전부개정법률안을 공표하거나 홍보하는 경우에는 해당 법률안의 부제를 함께 표기할 수 있다(「국회법」 제79조 제4항).
④ [O] 의안을 발의하는 국회의원은 그 안을 갖추고 이유를 붙여 찬성자와 연서하여 이를 의장에게 제출하여야 한다(「국회법」 제79조 제2항).

Answer　38 ⑤　39 ②

40 입법절차에 대한 설명으로 옳지 않은 것은? 18. 5급 공채(행정)

① 국회의원 10인 이상, 정부 또는 국회 상임위원회는 법률안을 제출할 수 있다.
② 국회의장이 특별한 사유로 각 교섭단체 대표의원과의 협의를 거쳐 정한 경우를 제외하고, 본회의는 위원회가 법률안에 대한 심사를 마치고 국회의장에게 그 보고서를 제출한 후 1일을 경과하지 아니한 때에는 이를 의사일정으로 상정할 수 없다.
③ 대통령이 법률안의 일부에 대하여 수정하여 국회에 재의를 요구할 때에는 이의서를 붙여 국회에 환부하여야 한다.
④ 정부가 법률안을 제출하고자 하는 경우, 그 법률안은 국무회의의 심의를 거쳐야 한다.

> **정답찾기**

③ [X] 대통령은 법률안의 일부에 대하여 또는 법률안을 수정하여 재의를 요구할 수 없다(헌법 제53조 제3항).
① [O] 국회의원과 정부는 법률안을 제출할 수 있다(헌법 제52조). 의원은 10명 이상의 찬성으로 의안을 발의할 수 있다(「국회법」 제79조 제1항). 위원회는 그 소관에 속하는 사항에 관하여 법률안과 그 밖의 의안을 제출할 수 있다(「국회법」 제51조 제1항).
② [O] 본회의는 위원회가 법률안에 대한 심사를 마치고 의장에게 그 보고서를 제출한 후 1일이 지나지 아니하였을 때에는 그 법률안을 의사일정으로 상정할 수 없다. 다만, 의장이 특별한 사유로 각 교섭단체 대표의원과의 협의를 거쳐 이를 정한 경우에는 그러하지 아니하다(「국회법」 제93조의2).
④ [O] 정부가 법률안을 제출하고자 하는 경우, 그 법률안은 국무회의의 심의를 거쳐야 한다(헌법 제89조 3호).

41 국회의 입법절차에 대한 설명으로 옳은 것은? 20. 국가직 7급

① 위원회는 일부개정법률안의 경우 의안이 그 위원회에 회부된 날부터 20일이 경과되지 아니한 때는 이를 상정할 수 없다.
② 위원회에 회부된 안건을 신속처리대상안건으로 지정하고자 하는 경우 의원은 재적의원 과반수가 서명한 신속처리안건지정동의를 의장에게 제출하여야 하고 의장은 지체없이 신속처리안건지정동의를 기명투표로 표결하되 재적의원 5분의 3 이상의 찬성으로 의결한다.
③ 제정법률안과 전부개정법률안에 대해서 위원회 의결로 축조심사를 생략할 수 있으나, 공청회 또는 청문회는 생략할 수 없다.
④ 의원은 무제한 토론을 실시하는 안건에 대하여 재적의원 3분의 1 이상의 서명으로 무제한 토론의 종결동의(終結動議)를 의장에게 제출할 수 있다.

④ [O] 의원은 무제한 토론을 실시하는 안건에 대하여 재적의원 3분의 1 이상의 서명으로 무제한 토론의 종결동의(終結動議)를 의장에게 제출할 수 있다(「국회법」 제106조의2 제5항).
① [X] 위원회는 일부개정법률안의 경우 의안이 그 위원회에 회부된 날부터 15일이 경과되지 아니한 때는 이를 상정할 수 없다(「국회법」 제59조 1호).
② [X] 위원회에 회부된 안건(체계·자구 심사를 위하여 법제사법위원회에 회부된 안건 포함)을 제2항에 따른 신속처리대상안건으로 지정하려는 경우 의원은 재적의원 과반수가 서명한 신속처리대상안건 지정요구 동의(動議)를 의장에게 제출하고, 안건의 소관 위원회 소속 위원은 소관 위원회 재적위원 과반수가 서명한 신속처리안건 지정동의를 소관 위원회 위원장에게 제출하여야 한다. 이 경우 의장 또는 안건의 소관 위원회 위원장은 지체 없이 신속처리안건 지정동의를 무기명투표로 표결하되, 재적의원 5분의 3 이상 또는 안건의 소관 위원회 재적위원 5분의 3 이상의 찬성으로 의결한다(「국회법」 제85조의2 제1항).
③ [X] 제1항에 따른 축조심사는 위원회의 의결로 생략할 수 있다. 다만, 제정법률안과 전부개정법률안에 대해서는 그러하지 아니하다(「국회법」 제58조 제5항). 위원회는 제정법률안과 전부개정법률안에 대해서는 공청회 또는 청문회를 개최하여야 한다. 다만, 위원회의 의결로 이를 생략할 수 있다(「국회법」 제58조 제6항).

42 법률의 제·개정절차에 대한 설명으로 옳지 않은 것은? 23. 국가직 7급

① 국회는 헌법 또는 법률에 특별한 규정이 없는 한 재적의원 과반수의 출석과 출석의원 과반수의 찬성으로 의결하며, 가부동수인 때에는 가결된 것으로 본다.
② 국회에 제출된 법률안은 회기 중에 의결되지 못한 이유로 폐기되지 않지만, 국회의원의 임기가 만료된 때에는 그러하지 아니하다.
③ 법률은 특별한 규정이 없는 한 공포한 날로부터 20일을 경과함으로써 효력을 발생한다.
④ 대통령은 법률안의 일부에 대하여 또는 법률안을 수정하여 재의를 요구할 수 없다.

① [X] 국회는 헌법 또는 법률에 특별한 규정이 없는 한 재적의원 과반수의 출석과 출석의원 과반수의 찬성으로 의결한다. 가부동수인 때에는 부결된 것으로 본다(헌법 제49조).
② [O] 국회에 제출된 법률안 기타의 의안은 회기 중에 의결되지 못한 이유로 폐기되지 아니한다. 다만, 국회의원의 임기가 만료된 때에는 그러하지 아니하다(헌법 제51조).
③ [O] 법률은 특별한 규정이 없는 한 공포한 날로부터 20일을 경과함으로써 효력을 발생한다(헌법 제53조 제7항).
④ [O] 대통령은 법률안의 일부에 대하여 또는 법률안을 수정하여 재의를 요구할 수 없다(헌법 제53조 제3항).

Answer 40 ③ 41 ④ 42 ①

❷ 재정에 관한 권한

43 조세법률주의에 대한 설명으로 옳지 않은 것은? (다툼이 있는 경우 판례에 의함) 17. 국가직 7급

① 미신고 또는 누락된 상속세에 대하여 상속세 부과요건이 성립된 시점인 상속이 개시된 때가 아니라 상속세 부과 당시의 가액을 과세대상인 상속재산의 가액으로 하는 것은 일정한 제재의 의미도 가미되어 있으므로 조세법률주의에 위반되지 않는다.

② 조세법률주의를 견지하면서도 조세평등주의와의 조화를 위하여 경제 현실에 응하여 공정한 과세를 할 수 있게 하고 탈법적인 조세회피행위에 대처하기 위해서는, 납세의무의 중요한 사항 내지 본질적인 내용에 관련된 것이라 하더라도 그중 경제 현실의 변화나 전문적 기술의 발달 등에 즉응하여야 하는 세부적인 사항에 관하여는 국회제정의 형식적 법률보다 더 탄력성이 있는 행정입법에 이를 위임할 필요가 있다.

③ 과세요건 명확주의는 과세요건을 법률로 규정하였다고 하더라도 그 규정내용이 지나치게 추상적이고 불명확하면 과세관청의 자의적인 해석과 집행을 초래할 염려가 있으므로 그 규정 내용이 명확하고 일의적이어야 한다는 것이다.

④ 조세법률주의가 지배하는 조세법의 영역에서는 경과규정의 미비라는 명백한 입법의 공백을 방지하고 형평성의 왜곡을 시정하는 것은 원칙적으로 입법자의 권한이고 책임이지 법문의 한계 안에서 법률을 해석·적용하는 법원이나 과세관청의 몫은 아니다.

> **정답찾기**

① 【X】 과세관청이 과세처분을 언제 하느냐에 따라 그 상속재산(증여재산)의 가액평가를 달리 할 수 있는 것이어서 과세관청의 의사나 업무처리시가에 따라 과세표준의 평가기준 그 자체가 달라지고, 나아가서는 과세표준과 세율이 달라지며 끝내는 세금액이 달라지게 된다. 그렇다면 과세표준과 세율 등 과세요건이 조세법률주의에 의하여 법률로 결정되는 것이 아니라 과세관청(행정청)의 의사나 행위에 따라 좌우되는 결과가 될 것이고, 이는 과세관청의 자의에 의한 과세를 방지하고 국민의 경제생활에 법적안정성과 예측가능성을 부여하기 위하여 헌법이 선언하고 있는 조세법률주의에 정면으로 위반된다(헌재 1992. 12. 24. 90헌바21).

② 【O】 조세법률주의를 철저하게 관철하고자 하면 복잡다양하고도 끊임없이 변천하는 경제상황에 대처하여 적확하게 과세대상을 포착하고 적정하게 과세표준을 산출하기 어려워 담세력에 따른 공평과세의 목적을 달성할 수 없게 되는 경우가 생길 수 있으므로, 조세법률주의를 지키면서도 경제현실에 따라 공정한 과세를 하고 탈법적인 조세회피행위에 대처하기 위하여는 납세의무의 본질적인 내용에 관한 사항이라 하더라도 그중 경제 현실의 변화나 전문적 기술의 발달 등에 즉응하여야 하는 세부적인 사항에 관하여는 국회제정의 형식적 법률보다 더 탄력성이 있는 대통령령 등 하위법규에 이를 위임할 필요가 있다(헌재 1995. 11. 30. 94헌바40).

③ 【O】 과세요건 명확주의란 과세요건을 법률로 규정하였다고 하더라도 그 규정내용이 지나치게 추상적이고 불명확하면 과세관청의 자의적인 해석과 집행을 초래할 염려가 있으므로 그 규정 내용이 명확하고, 일의적이어야 한다는 것을 말한다(헌재 1995. 11. 30. 94헌바40).

④ 【O】 과세요건 법정주의 및 과세요건 명확주의를 포함하는 조세법률주의가 지배하는 조세법의 영역에서는 경과규정의 미비라는 명백한 입법의 공백을 방지하고 형평성의 왜곡을 시정하는 것은 원칙적으로 입법자의 권한이고 책임이지 법문의 한계 안에서 법률을 해석·적용하는 법원이나 과세관청의 몫은 아니다(헌재 2012. 5. 31. 2009헌바123).

44 조세법률주의에 대한 설명으로 옳지 않은 것은? (다툼이 있는 경우 판례에 의함)   19. 5급 공채(행정)

① 세금의 사용에 대해 이의를 제기하거나 잘못된 사용의 중지를 요구하는 내용의 기본권은 인정되지 않는다.
② 조세법규 등 국민의 기본권을 직접적으로 제한하거나 침해할 소지가 있는 법규에서는 구체성·명확성의 요구가 강화되어 그 위임의 요건과 범위가 일반적인 급부행정법규의 경우보다 더 엄격하게 제한적으로 규정되어야 한다.
③ 조세법률주의는 납세의무를 성립시키는 납세의무자, 과세물건, 과세표준, 과세기간, 세율 등의 모든 과세요건과 조세의 부과·징수절차는 모두 국민의 대표기관인 국회가 제정한 법률로 이를 규정하여야 한다는 과세요건 법정주의를 내용으로 한다.
④ 실효된 법률조항을 유효한 것으로 해석하여 과세의 근거로 삼는 것은 관련 당사자가 공평에 반하는 이익을 얻을 가능성을 막기 위한 것으로 헌법상 권력분립원칙과 조세법률주의의 원칙에 반하지 않는다.

정답찾기

④ [X] 관련 당사자가 공평에 반하는 이익을 얻을 가능성이 있다 하여 이미 실효된 법률조항을 유효한 것으로 해석하여 과세의 근거로 삼는 것은 과세근거의 창설을 국회가 제정하는 법률에 맡기고 있는 헌법상 권력분립원칙과 조세법률주의의 원칙에 반한다. 따라서, 이 사건 전부 개정법의 시행에도 불구하고 이 사건 부칙조항이 실효되지 않은 것으로 해석하는 것은 헌법상 권력분립원칙과 조세법률주의 원칙에 위배되어 헌법에 위반된다(헌재 2012. 5. 31. 2009헌바123 한정위헌).

① [O] 헌법상 조세의 효율성과 타당한 사용에 대한 감시는 국회의 주요 책무이자 권한으로 규정되어 있어 재정지출의 효율성 또는 타당성과 관련된 문제에 대한 국민의 관여는 선거를 통한 간접적이고 보충적인 것에 한정되며, 재정지출의 합리성과 타당성 판단은 재정분야의 전문성을 필요로 하는 정책판단의 영역으로서 사법적으로 심사하는 데에 어려움이 있을 수 있다. 게다가 재정지출에 대한 국민의 직접적 감시권을 기본권으로 인정하게 되면 재정지출을 수반하는 정부의 모든 행위를 개별 국민이 헌법소원으로 다툴 수 있게 되는 문제가 발생할 수 있다. 따라서 청구인이 주장하는 재정사용의 합법성과 타당성을 감시하는 납세자의 권리를 헌법에 열거되지 않은 기본권으로 볼 수 없다(헌재 2005. 11. 24. 2005헌마579).

② [O] 처벌법규나 조세법규와 같이 국민의 기본권을 직접적으로 제한하거나 침해할 소지가 있는 법규에서는 구체성·명확성의 요구가 강화되어 그 위임의 요건과 범위가 일반적인 급부행정의 경우보다 더 엄격하게 제한적으로 규정되어야 하는 반면에, 규율대상이 지극히 다양하거나 수시로 변화하는 성질의 것일 때에는 위임의 구체성·명확성의 요건이 완화될 수 있다(헌재 1996. 6. 26. 93헌바2).

③ [O] 조세법률주의는 조세는 국민의 재산권을 침해하는 것이 되므로 납세의무를 성립시키는 납세의무자, 과세물건, 과세표준, 과세기간, 세율 등의 모든 과세요건과 조세의 부과·징수절차는 모두 국민의 대표기관인 국회가 제정한 법률로 이를 규정하여야 한다는 것(과세요건 법정주의)과 또 과세요건을 법률로 규정하였다고 하더라도 그 규정내용이 지나치게 추상적이고 불명확하면 과세관청의 자의적(恣意的)인 해석과 집행을 초래할 염려가 있으므로 그 규정내용이 명확하고 일의적(一義的)이어야 한다는 것(과세요건 명확주의)을 그 핵심적 내용으로 하고 있다(헌재 1992. 12. 24. 90헌바21).

Answer 43 ① 44 ④

45 예산에 대한 설명으로 옳은 것은? (다툼이 있는 경우 판례에 의함) 22. 지방직 7급

① 예산 역시 일종의 법규범이고 법률과 마찬가지로 국회의 의결을 거쳐 제정되므로 국가기관과 국민을 모두 구속한다.
② 정부는 예산안을 국회에 제출한 후 부득이한 사유로 인하여 그 내용의 일부를 수정하고자 하는 때에는 국무회의의 심의를 거쳐 국무총리의 승인을 얻은 수정예산안을 국회에 제출할 수 있다.
③ 국회는 정부의 동의 없이 정부가 제출한 지출예산 각 항의 금액을 증가할 수 있으나 새 비목을 설치할 수는 없다.
④ 세출예산은 예산으로 성립하여 있다고 하더라도 그 경비의 지출을 인정하는 법률이 없는 경우 정부는 지출행위를 할 수 없다.

> 정답찾기

④ [O] 법치행정의 원칙상 세출예산은 예산으로 성립하여 있다고 하더라도 그 경비의 지출을 인정하는 법률이 없는 경우 정부는 지출행위를 할 수 없다.
① [X] 예산은 일종의 법규범이고 법률과 마찬가지로 국회의 의결을 거쳐 제정되지만 법률과 달리 국가기관만을 구속할 뿐 일반 국민을 구속하지 않는다(헌재 2006. 4. 25. 2006헌마409).
② [X] 정부는 예산안을 국회에 제출한 후 부득이한 사유로 인하여 그 내용의 일부를 수정하고자 하는 때에는 국무회의의 심의를 거쳐 대통령의 승인을 얻은 수정예산안을 국회에 제출할 수 있다(「국가재정법」 제35조).
③ [X] 국회는 정부의 동의 없이 정부가 제출한 지출예산 각 항의 금액을 증가하거나 새 비목을 설치할 수 없다(헌법 제57조).

46 예산에 대한 설명으로 옳지 않은 것은? 24. 지방직 7급

① 헌법상 정부는 회계연도마다 예산안을 편성하여 회계연도 개시 90일 전까지 국회에 제출하고, 국회는 회계연도 개시 30일 전까지 이를 의결하여야 한다.
② 정부는 예산안을 국회에 제출한 후 부득이한 사유로 인하여 그 내용의 일부를 수정하고자 하는 때에는 국무회의의 심의를 거쳐 대통령의 승인을 얻은 수정예산안을 국회에 제출할 수 있다.
③ 국회가 의결한 예산 또는 국회의 예산안 의결은 「헌법재판소법」 제68조 제1항 소정의 공권력의 행사에 해당하므로 헌법소원의 대상이 된다.
④ 국회의장은 예산안과 결산을 소관상임위원회에 회부할 때에는 심사기간을 정할 수 있으며, 상임위원회가 이유 없이 그 기간 내에 심사를 마치지 아니한 때에는 이를 바로 예산결산특별위원회에 회부할 수 있다.

정답찾기

③ [X] 예산은 일종의 법규범이고 법률과 마찬가지로 국회의 의결을 거쳐 제정되지만 법률과 달리 국가기관만을 구속할 뿐 일반 국민을 구속하지 않는다. 국회가 의결한 예산 또는 국회의 예산안 의결은 「헌법재판소법」 제68조 제1항 소정의 '공권력의 행사'에 해당하지 않고 따라서 헌법소원의 대상이 되지 아니한다(헌재 2006. 4. 25. 2006헌마409).
① [O] 정부는 회계연도마다 예산안을 편성하여 회계연도 개시 90일 전까지 국회에 제출하고, 국회는 회계연도 개시 30일 전까지 이를 의결하여야 한다(헌법 제54조 제2항).
② [O] 정부는 예산안을 국회에 제출한 후 부득이한 사유로 인하여 그 내용의 일부를 수정하고자 하는 때에는 국무회의의 심의를 거쳐 대통령의 승인을 얻은 수정예산안을 국회에 제출할 수 있다(「국가재정법」 제35조).
④ [O] 국회의장은 예산안과 결산을 소관상임위원회에 회부할 때에는 심사기간을 정할 수 있으며, 상임위원회가 이유 없이 그 기간 내에 심사를 마치지 아니한 때에는 이를 바로 예산결산특별위원회에 회부할 수 있다(「국회법」 제84조 제6항).

47 예산에 대한 설명으로 옳은 것은? 22. 국가직 7급

① 예산결산특별위원회의 위원 수는 50명으로 하고 위원장은 교섭단체 소속 의원 수의 비율과 상임위원회 위원 수의 비율에 따라 각 교섭단체 대표의원의 요청으로 위원을 선임한다.
② 새로운 회계연도가 개시될 때까지 예산안이 의결되지 못한 경우, 이미 예산으로 승인된 사업의 계속을 위한 경비에 대해서는 국회에서 예산안이 의결될 때까지 정부는 아직 의결되지 못한 그 예산안에 따라 집행할 수 있다.
③ 국회는 정부의 동의 없이 정부가 제출한 지출예산 각 항의 금액을 증가할 수는 없지만, 새 비목은 설치할 수 있다.
④ 정부는 회계연도마다 예산안을 편성하여 회계연도 개시 90일 전까지 국회에 제출하고, 국회는 회계연도 개시 30일 전까지 이를 의결하여야 한다.

정답찾기

④ [O] 정부는 회계연도마다 예산안을 편성하여 회계연도 개시 90일 전까지 국회에 제출하고, 국회는 회계연도 개시 30일 전까지 이를 의결하여야 한다(헌법 제54조 제2항).
① [X] 예산결산특별위원회의 위원 수는 50명으로 한다. 이 경우 의장은 교섭단체 소속 의원 수의 비율과 상임위원회 위원 수의 비율에 따라 각 교섭단체 대표의원의 요청으로 위원을 선임한다(「국회법」 제45조 제2항).
② [X] 새로운 회계연도가 개시될 때까지 예산안이 의결되지 못한 때에는 정부는 국회에서 예산안이 의결될 때까지 헌법이나 법률에 의하여 설치된 기관 또는 시설의 유지·운영, 법률상 지출의무의 이행, 이미 예산으로 승인된 사업의 계속을 위한 경비는 전년도 예산에 준하여 집행할 수 있다(헌법 제54조 제3항).
③ [X] 국회는 정부의 동의 없이 정부가 제출한 지출예산 각 항의 금액을 증가하거나 새 비목을 설치할 수 없다(헌법 제57조).

Answer 45 ④ 46 ③ 47 ④

48 예산과 재정에 대한 설명으로 옳지 않은 것은? 17. 국가직 7급

① 국회의원 또는 정부가 세입예산안에 부수하는 법률안을 발의 또는 제출하는 경우 세입예산안 부수 법률안 여부를 표시하여야 하고, 국회의장은 국회예산정책처의 의견을 들어 세입예산안 부수 법률안으로 지정한다.

② 정부는 법령에 따라 국가가 지급하여야 하는 지출이 발생하거나 증가하여 이미 확정된 예산에 변경을 가할 필요가 있는 경우에는 추가경정예산안을 편성할 수 있으며, 국회에서 추가경정예산안이 확정되기 전에 이를 미리 배정하거나 집행할 수 없다.

③ 「국가재정법」에서는 정부가 예산안을 편성하여 회계연도 개시 120일 전까지 국회에 제출하도록 규정하고 있지만, 헌법은 회계연도 개시 90일 전까지 국회에 제출하고, 국회는 회계연도 개시 전까지 이를 의결하도록 규정하고 있다.

④ 정부는 예측할 수 없는 예산 외 지출 또는 예산초과지출에 충당하기 위하여 일반회계 예산총액의 100분의 1 이내의 금액을 예비비로 계상할 수 있는데, 공무원의 보수 인상을 위한 인건비 충당을 위하여는 예비비 사용목적을 지정할 수 없다.

정답찾기

③ [X] 정부는 제32조의 규정에 따라 대통령의 승인을 얻은 예산안을 회계연도 개시 120일 전까지 국회에 제출하여야 한다(「국가재정법」 제33조). 정부는 회계연도마다 예산안을 편성하여 회계연도 개시 90일 전까지 국회에 제출하고, 국회는 회계연도 개시 30일 전까지 이를 의결하여야 한다(헌법 제54조 제2항).

① [O] 의원이나 정부가 세입예산안에 부수하는 법률안을 발의하거나 제출하는 경우 세입예산안 부수 법률안 여부를 표시하여야 하고, 의장은 국회예산정책처의 의견을 들어 세입예산안 부수 법률안으로 지정한다(「국회법」 제85조의3 제4항).

② [O] 정부는 법령에 따라 국가가 지급하여야 하는 지출이 발생하거나 증가하여 이미 확정된 예산에 변경을 가할 필요가 있는 경우에는 추가경정예산안을 편성할 수 있으며(「국가재정법」 제89조 제1항 3호), 국회에서 추가경정예산안이 확정되기 전에 이를 미리 배정하거나 집행할 수 없다(「국가재정법」 제89조 제2항).

④ [O] 정부는 예측할 수 없는 예산 외의 지출 또는 예산초과지출에 충당하기 위하여 일반회계 예산총액의 100분의 1 이내의 금액을 예비비로 세입세출예산에 계상할 수 있다. 다만, 예산총칙 등에 따라 미리 사용목적을 지정해 놓은 예비비는 본문에도 불구하고 별도로 세입세출예산에 계상할 수 있다(「국가재정법」 제22조 제1항). 제1항 단서에도 불구하고 공무원의 보수 인상을 위한 인건비 충당을 위하여는 예비비의 사용목적을 지정할 수 없다(「국가재정법」 제22조 제2항).

49 예산에 대한 설명으로 옳지 않은 것은?

18. 지방직 7급

① 정부는 회계연도마다 예산안을 편성하여 회계연도 개시 90일 전까지 국회에 제출하고, 국회는 회계연도 개시 30일 전까지 이를 의결하여야 한다.
② 국회는 정부의 동의없이 정부가 제출한 지출예산 각 항의 금액을 증가하거나 새 비목을 설치할 수 없다.
③ 「국회법」은 예산결산특별위원회의 위원 수를 국회규칙으로 정하도록 하고 있으며, 국회의장은 교섭단체 소속 의원 수의 비율과 상임위원회 위원 수의 비율에 따라 각 교섭단체 대표의원의 요청으로 예산결산특별위원회 위원을 선임한다.
④ 새로운 회계연도가 개시될 때까지 예산안이 의결되지 못한 때에는 정부는 국회에서 예산안이 의결될 때까지 헌법이나 법률에 의하여 설치된 기관 또는 시설의 유지·운영, 법률상 지출의무의 이행, 이미 예산으로 승인된 사업의 계속을 위한 경비는 전년도 예산에 준하여 집행할 수 있다.

정답찾기

③ 【X】 예산결산특별위원회의 위원 수는 50명으로 한다. 이 경우 의장은 교섭단체 소속 의원 수의 비율과 상임위원회 위원 수의 비율에 따라 각 교섭단체 대표의원의 요청으로 위원을 선임한다(「국회법」 제45조 제2항).
① 【O】 정부는 회계연도마다 예산안을 편성하여 회계연도 개시 90일 전까지 국회에 제출하고, 국회는 회계연도 개시 30일 전까지 이를 의결하여야 한다(헌법 제54조 제2항).
② 【O】 국회는 정부의 동의없이 정부가 제출한 지출예산 각 항의 금액을 증가하거나 새 비목을 설치할 수 없다(헌법 제57조).
④ 【O】 새로운 회계연도가 개시될 때까지 예산안이 의결되지 못한 때에는 정부는 국회에서 예산안이 의결될 때까지 헌법이나 법률에 의하여 설치된 기관 또는 시설의 유지·운영, 법률상 지출의무의 이행, 이미 예산으로 승인된 사업의 계속을 위한 경비는 전년도 예산에 준하여 집행할 수 있다(헌법 제54조 제3항).

50 예산과 결산에 대한 설명으로 옳은 것은?

18. 5급 공채(행정)

① 예비비는 항목별로 국회의 의결을 얻어야 하며, 예비비의 지출은 사전에 국회의 동의를 얻어야 한다.
② 국회의원과 정부가 국회에 예산안을 제출할 수 있으며, 정부가 제출하는 예산안은 국무회의의 심의사항이다.
③ 새로운 회계연도가 개시될 때까지 예산안이 의결되지 못한 경우, 정부는 국회에서 예산안이 의결될 때까지 법률상 지출의무를 위한 경비를 아직 의결되지 못한 예산안에 따라 집행할 수 있다.
④ 국회는 정부의 동의없이 정부가 제출한 지출예산 각 항의 금액을 증가하거나 새 비목을 설치할 수 없다.

정답찾기

④ 【O】 국회는 정부의 동의없이 정부가 제출한 지출예산 각 항의 금액을 증가하거나 새 비목을 설치할 수 없다(헌법 제57조).
① 【X】 예비비는 총액으로 국회의 의결을 얻어야 한다. 예비비의 지출은 차기국회의 승인을 얻어야 한다(헌법 제55조 제2항).
② 【X】 정부는 회계연도마다 예산안을 편성하여 회계연도 개시 90일 전까지 국회에 제출하고, 국회는 회계연도 개시 30일 전까지 이를 의결하여야 한다(헌법 54조 제2항). 정부가 제출하는 예산안은 국무회의의 심의사항이다(헌법 제89조 4호).
③ 【X】 새로운 회계연도가 개시될 때까지 예산안이 의결되지 못한 때에는 정부는 국회에서 예산안이 의결될 때까지 헌법이나 법률에 의하여 설치된 기관 또는 시설의 유지·운영, 법률상 지출의무의 이행, 이미 예산으로 승인된 사업의 계속을 위한 경비는 전년도 예산에 준하여 집행할 수 있다(헌법 제54조 제3항).

Answer 48 ③ 49 ③ 50 ④

51 국회의 재정권에 대한 설명으로 옳지 않은 것은? 15. 지방직 7급

① 정부가 국채를 모집하거나 예산 외에 국가에 부담이 될 계약을 체결한 때에는 지체 없이 국회에 보고하고 그 승인을 얻어야 한다.
② 국회는 정부가 제출한 기금운용계획안의 주요 항목 지출금액을 증액하거나 새로운 과목을 설치하고자 하는 때에는 미리 정부의 동의를 얻어야 한다.
③ 정부는 독립기관의 예산을 편성함에 있어 당해 독립기관의 장의 의견을 최대한 존중하여야 하며, 국가재정상황 등에 따라 조정이 필요한 때에는 당해 독립기관의 장과 미리 협의하여야 한다.
④ 정부는 예산안을 국회에 제출한 후 부득이한 사유로 인하여 그 내용의 일부를 수정하고자 하는 때에는 국무회의의 심의를 거쳐 대통령의 승인을 얻은 수정예산안을 국회에 제출할 수 있다.

> 정답찾기

① [X] 국채를 모집하거나 예산 외에 국가의 부담이 될 계약을 체결하려 할 때에는 정부는 미리 국회의 의결을 얻어야 한다 (헌법 제58조).
② [O] 국회는 정부가 제출한 기금운용계획안의 주요 항목 지출금액을 증액하거나 새로운 과목을 설치하고자 하는 때에는 미리 정부의 동의를 얻어야 한다(「국가재정법」 제69조).
③ [O] 정부는 독립기관의 예산을 편성할 때 해당 독립기관의 장의 의견을 최대한 존중하여야 하며, 국가재정상황 등에 따라 조정이 필요한 때에는 해당 독립기관의 장과 미리 협의하여야 한다(「국가재정법」 제40조 제1항).
④ [O] 정부는 예산안을 국회에 제출한 후 부득이한 사유로 인하여 그 내용의 일부를 수정하고자 하는 때에는 국무회의의 심의를 거쳐 대통령의 승인을 얻은 수정예산안을 국회에 제출할 수 있다(「국가재정법」 제35조).

52 국회의 재정에 대한 권한으로 옳지 않은 것은? (다툼이 있는 경우 판례에 의함) 20. 국가직 7급

① 특정인이나 특정 계층에 대하여 정당한 이유없이 조세감면의 우대조치를 하는 것은 특정한 납세자군이 조세의 부담을 다른 납세자군의 부담으로 떠맡기는 것에 다름아니므로 조세감면의 근거 역시 법률로 정하여야만 하는 것이 국민주권주의나 법치주의의 원리에 부응하는 것이다.
② 어떤 공과금이 조세인지 아니면 부담금인지는 단순히 법률에서 그것을 무엇으로 성격 규정하고 있느냐를 기준으로 할 것이 아니라, 그 실질적인 내용을 결정적인 기준으로 삼아야 한다.
③ 한 회계연도를 넘어 계속하여 지출할 필요가 있을 때에는 정부는 연한을 정함이 없이 계속비로서 국회의 의결을 얻어 지출할 수 있다.
④ 「의료사고 피해구제 및 의료분쟁 조정 등에 관한 법률」 규정상 보상의 전제가 되는 의료사고에 관한 사항들은 의학의 발전 수준 등에 따라 변할 수 있으므로, 분담금 납부의무자의 범위와 보상재원의 분담비율을 반드시 법률에서 정해야 한다고 보기는 어렵다.

정답찾기

③ [X] 한 회계연도를 넘어 계속하여 지출할 필요가 있을 때에는 정부는 연한을 정하여 계속비로서 국회의 의결을 얻어야 한다(헌법 제55조 제1항).
① [O] 특정인이나 특정 계층에 대하여 정당한 이유없이 조세감면의 우대조치를 하는 것은 특정한 납세자군이 조세의 부담을 다른 납세자군의 부담으로 떠맡기는 것에 지나지 않아 조세감면의 근거 역시 법률로 정하여야만 하는 것이 국민주권주의나 법치주의의 원리에 부응하는 것이다(헌재 1996. 6. 26. 93헌바2).
② [O] 어떤 공과금이 조세인지 아니면 부담금인지는 단순히 법률에서 그것을 무엇으로 성격 규정하고 있느냐를 기준으로 할 것이 아니라, 그 실질적인 내용을 결정적인 기준으로 삼아야 한다(헌재 2004. 7. 15. 2002헌바42).
④ [O] 보상의 전제가 되는 의료사고에 관한 사항들은 의학의 발전 수준 등에 따라 변할 수 있으므로, 분담금 납부의무자의 범위와 보상재원의 분담비율을 반드시 법률에서 정해야 한다고 보기는 어렵다. 따라서 심판대상조항은 법률유보원칙에 위반되지 않는다(헌재 2018. 4. 26. 2015헌가13).

53 국회의 재정권한에 대한 설명으로 옳지 않은 것은? (다툼이 있는 경우 판례에 의함) 20. 5급 공채(행정)

① 어떤 공적 과제에 관한 재정을 조달할 경우 조세와 부담금 중 어느 형식을 이용할 것인지를 입법자가 자유롭게 선택해서는 안 된다.
② 예산총계주의는 국가재정의 모든 수지를 예산에 반영함으로써 그 전체를 분명하게 하고 국회와 국민에 의한 재정상의 감독을 용이하게 하려는 것이다.
③ 예산은 일종의 법규범이고 법률과 마찬가지로 국회의 의결을 거쳐 제정되고 국가기관과 일반 국민을 모두 구속하므로, 국회의 예산안 의결은 헌법소원의 대상이 된다.
④ 국회는 정부의 동의 없이 정부가 제출한 지출예산 각 항의 금액을 증가하거나 새 비목을 설치할 수 없다.

정답찾기

③ [X] 예산은 일종의 법규범이고 법률과 마찬가지로 국회의 의결을 거쳐 제정되지만 법률과 달리 국가기관만을 구속할 뿐 일반 국민을 구속하지 않는다. 국회가 의결한 예산 또는 국회의 예산안 의결은 「헌법재판소법」 제68조 제1항 소정의 '공권력의 행사'에 해당하지 않고 따라서 헌법소원의 대상이 되지 아니한다(헌재 2006. 4. 25. 2006헌마409).
① [O] 부담금은 조세에 대한 관계에서 어디까지나 예외적으로만 인정되어야 하며, 어떤 공적 과제에 관한 재정 조달을 조세로 할 것인지 아니면 부담금으로 할 것인지에 관하여 입법자의 자유로운 선택권을 허용하여서는 안 된다(헌재 2004. 7. 15. 2002헌바42).
② [O] 「예산회계법」 제18조 제2항 본문은 "세입세출은 모두 예산에 계상하여야 한다"고 하여 예산총계주의원칙을 취하고 있다. 이는 국가재정의 모든 수지를 예산에 반영함으로써 그 전체를 분명하게 함과 동시에 국회와 국민에 의한 재정상의 감독을 용이하게 하자는 데 그 의의가 있다(헌재 2003. 1. 30. 2002헌바5).
④ [O] 국회는 정부의 동의 없이 정부가 제출한 지출예산 각 항의 금액을 증가하거나 새 비목을 설치할 수 없다(헌법 제57조).

Answer 51 ① 52 ③ 53 ③

3 국정 통제에 관한 권한

54 탄핵심판에 대한 설명으로 옳은 것은? 　　　　　　21. 5급 공채(행정)

① 탄핵의 대상이 되는 공직자는 대통령, 국무총리, 국무위원, 행정각부의 장, 헌법재판소 재판관, 법관, 중앙선거관리위원회위원, 감사원장, 감사위원 기타 법률이 정한 공무원이다.
② 대통령에 대한 탄핵소추는 국회 재적의원 3분의 1 이상의 발의와 국회 재적의원 과반수의 찬성에 의한 의결로 이루어지고, 탄핵의 결정에는 헌법재판소 재판관 6인 이상의 찬성이 있어야 한다.
③ 탄핵심판이 있을 때까지 탄핵소추의 의결을 받은 자의 권한행사가 정지되는지 여부에 대하여 헌법상 명문으로 규정하고 있지 않다.
④ 탄핵심판은 고위공직자에 의한 헌법침해로부터 헌법을 보호하기 위한 헌법재판제도로서, 제5차 개정헌법에서 최초 도입된 이래로 존속되어 온 제도이다.

> **정답찾기**
> ① [O] 대통령, 국무총리, 국무위원, 행정각부의 장, 헌법재판소 재판관, 법관, 중앙선거관리위원회 위원, 감사원장, 감사위원 기타 법률이 정한 공무원이 그 직무집행에 있어서 헌법이나 법률을 위배한 때에는 국회는 탄핵의 소추를 의결할 수 있다(헌법 제65조 제1항).
> ② [X] 제1항의 탄핵소추는 국회 재적의원 3분의 1 이상의 발의가 있어야 하며, 그 의결은 국회 재적의원 과반수의 찬성이 있어야 한다. 다만, 대통령에 대한 탄핵소추는 국회 재적의원 과반수의 발의와 국회 재적의원 3분의 2 이상의 찬성이 있어야 한다(헌법 제65조 제2항).
> ③ [X] 탄핵소추의 의결을 받은 자는 탄핵심판이 있을 때까지 그 권한행사가 정지된다(헌법 제65조 제3항).
> ④ [X] 제헌헌법 제46조 제1항은 "대통령, 부통령, 국무총리, 국무위원, 심계원장, 법관 기타 법률이 정하는 공무원의 그 직무수행에 관하여 헌법 또는 법률에 위배한 때에는 국회는 탄핵의 소추를 결의할 수 있다"고 하여 탄핵제도를 규정하고 있다.

55 탄핵제도에 대한 설명으로 옳은 것은? (다툼이 있는 경우 판례에 의함) 　　　　　　19. 지방직 7급

① 검사와 각군 참모총장은 헌법규정에 탄핵대상자로 명시되어 있다.
② 탄핵결정은 공직으로부터 파면함에 그치므로 이에 의하여 형사상 책임은 면제된다.
③ 국무총리에 대한 탄핵소추발의와 해임건의발의를 위한 정족수는 동일하다.
④ 국가기관이 국민과의 관계에서 공권력을 행사함에 있어서 준수해야 할 법원칙으로서 형성된 적법절차의 원칙을 국가기관에 대하여 헌법을 수호하고자 하는 탄핵소추절차에 직접 적용할 수 있다.

> **정답찾기**
> ③ [O] 국무총리에 대한 탄핵소추발의와 해임건의발의를 위한 정족수는 모두 국회 재적의원 3분의 1 이상이다(헌법 제65조 제2항, 헌법 제63조 제2항).
> ① [X] 헌법이 직접 탄핵의 대상으로 규정하고 있는 고위공직자는 대통령, 국무총리, 국무위원, 행정각부의 장, 헌법재판소 재판관, 법관, 중앙선거관리위원회 위원, 감사원장, 감사위원이다(헌법 제65조 제1항).
> ② [X] 탄핵결정은 공직으로부터 파면함에 그친다. 그러나, 이에 의하여 민사상이나 형사상의 책임이 면제되지는 아니한다(헌법 제65조 제4항).

④ [X] 탄핵소추절차는 국회와 대통령이라는 헌법기관 사이의 문제이고, 국회의 탄핵소추의결에 따라 사인으로서 대통령 개인의 기본권이 침해되는 것이 아니며 국가기관으로서 대통령의 권한행사가 정지될 뿐이다. 따라서 국가기관이 국민에 대하여 공권력을 행사할 때 준수하여야 하는 법원칙으로 형성된 적법절차의 원칙을 국가기관에 대하여 헌법을 수호하고자 하는 탄핵소추절차에 직접 적용할 수 없다(헌재 2004. 5. 14. 2004헌나1).

56 국회의 탄핵소추권에 대한 설명으로 옳지 않은 것은?

24. 국회 8급

① 국회가 탄핵소추 사유에 대하여 별도의 조사를 하지 않았다거나 국정조사결과나 특별검사의 수사 결과를 기다리지 않고 탄핵소추안을 의결하였다면 그 의결은 헌법이나 법률을 위반한 것이라고 볼 수 있다.
② 탄핵소추가 의결되었을 때에는 국회의장은 지체 없이 소추의결서 정본을 법제사법위원장인 소추위원에게 송달하고, 그 등본을 헌법재판소, 소추된 사람과 그 소속기관의 장에게 송달한다.
③ 헌법재판소는 원칙적으로 국회의 소추의결서에 기재된 소추사유에 의하여 구속을 받고, 소추의결서에 기재되지 아니한 소추 사유를 판단의 대상으로 삼을 수 없다.
④ 여러 개 탄핵사유가 포함된 하나의 탄핵소추안을 발의하고 안건 수정 없이 그대로 본회의에 상정된 경우에, 국회의장에게는 '표결할 안건의 제목을 선포'할 권한만 있는 것이지, 직권으로 이 사건 탄핵소추안에 포함된 개개 소추 사유를 분리하여 여러 개의 탄핵소추안으로 만든 다음 이를 각각 표결에 부칠 수는 없다.
⑤ 대통령·국무총리·국무위원·행정각부의 장·헌법재판소 재판관·법관·중앙선거관리위원회위원·감사원장·감사위원 기타 법률이 정한 공무원이 그 직무집행에 있어서 헌법이나 법률을 위배한 때에는 국회는 탄핵의 소추를 의결할 수 있다.

정답찾기

① [X] 국회가 탄핵소추를 하기 전에 소추사유에 관하여 충분한 조사를 하는 것이 바람직하나, 「국회법」 제130조 제1항에 의하면 "탄핵소추의 발의가 있은 때에는 …본회의는 의결로 법제사법위원회에 회부하여 조사하게 할 수 있다."고 하여, 조사의 여부를 국회의 재량으로 규정하고 있으므로, 이 사건에서 국회가 별도의 조사를 하지 않았다 하더라도 헌법이나 법률을 위반하였다고 할 수 없다(헌재 2004. 5. 14. 2004헌나1).
② [O] 탄핵소추가 의결되었을 때에는 의장은 지체 없이 소추의결서 정본(正本)을 법제사법위원장인 소추위원에게 송달하고, 그 등본(謄本)을 헌법재판소, 소추된 사람과 그 소속 기관의 장에게 송달한다(「국회법」 제134조 제1항).
③ [O] 헌법재판소는 사법기관으로서 원칙적으로 탄핵소추기관인 국회의 탄핵소추의결서에 기재된 소추사유에 의하여 구속을 받는다. 따라서 헌법재판소는 탄핵소추의결서에 기재되지 아니한 소추 사유를 판단의 대상으로 삼을 수 없다(헌재 2004. 5. 14. 2004헌나1).
④ [O] 국회 재적의원 과반수에 해당하는 171명의 의원이 여러 개 탄핵사유가 포함된 하나의 탄핵소추안을 마련한 다음 이를 발의하고 안건 수정 없이 그대로 본회의에 상정된 경우에는 그 탄핵소추안에 대하여 찬반 표결을 하게 된다. 그리고 본회의에 상정된 의안에 대하여 표결절차에 들어갈 때 국회의장에게는 '표결할 안건의 제목을 선포'할 권한만 있는 것이지(「국회법」 제110조 제1항), 직권으로 이 사건 탄핵소추안에 포함된 개개 소추 사유를 분리하여 여러 개의 탄핵소추안으로 만든 다음 이를 각각 표결에 부칠 수는 없다(헌재 2017. 3. 10. 2016헌나1).
⑤ [O] 대통령, 국무총리, 국무위원, 행정각부의 장, 헌법재판소 재판관, 법관, 중앙선거관리위원회 위원, 감사원장, 감사위원 기타 법률이 정한 공무원이 그 직무집행에 있어서 헌법이나 법률을 위배한 때에는 국회는 탄핵의 소추를 의결할 수 있다(헌법 제65조 제1항).

Answer 54 ① 55 ③ 56 ①

57 탄핵심판에 대한 설명으로 옳은 것만을 모두 고르면? (다툼이 있는 경우 판례에 의함) 20. 국가직 7급

㉠ 헌법재판소는 소추 사유의 판단에 있어서 국회의 탄핵소추의결서에서 분류된 소추 사유의 체계에 의하여 구속을 받지 않으므로, 소추 사유를 어떠한 연관관계에서 법적으로 고려할 것인가의 문제는 전적으로 헌법재판소의 판단에 달려있다.
㉡ 피청구인에 대한 탄핵심판 청구와 동일한 사유로 형사소송이 진행되고 있는 경우에는 재판부는 심판절차를 정지할 수 있다.
㉢ 피청구인이 결정 선고 전에 해당 공직에서 파면되었을 때에는 헌법재판소는 심판청구를 각하하여야 한다.
㉣ 「국회법」 제130조 제1항이 탄핵소추의 발의가 있을 때 그 사유 등에 대한 조사 여부를 국회의 재량으로 규정하고 있더라도, 국회가 탄핵소추사유에 대하여 별도의 조사를 하지 않았다거나 국정조사 결과나 특별검사의 수사 결과를 기다리지 않고 탄핵소추안을 의결하였다면 헌법이나 법률을 위반한 것이다.

① ㉠, ㉡
② ㉡, ㉢
③ ㉠, ㉡, ㉣
④ ㉠, ㉢, ㉣

정답찾기

㉠ [O] 헌법재판소는 소추 사유의 판단에 있어서 국회의 탄핵소추의결서에서 분류된 소추 사유의 체계에 의하여 구속을 받지 않으므로, 소추 사유를 어떠한 연관관계에서 법적으로 고려할 것인가의 문제는 전적으로 헌법재판소의 판단에 달려있다(헌재 2004. 5. 14. 2004헌나1).
㉡ [O] 피청구인에 대한 탄핵심판 청구와 동일한 사유로 형사소송이 진행되고 있는 경우에는 재판부는 심판절차를 정지할 수 있다(「헌법재판소법」 제51조).
㉢ [X] 피청구인이 결정 선고 전에 해당 공직에서 파면되었을 때에는 헌법재판소는 심판청구를 기각하여야 한다(「헌법재판소법」 제53조 제2항).
㉣ [X] 국회가 탄핵소추를 하기 전에 소추 사유에 관하여 충분한 조사를 하는 것이 바람직하나, 「국회법」 제130조 제1항에 의하면 "탄핵소추의 발의가 있은 때에는 …본회의는 의결로 법제사법위원회에 회부하여 조사하게 할 수 있다."고 하여, 조사의 여부를 국회의 재량으로 규정하고 있으므로, 이 사건에서 국회가 별도의 조사를 하지 않았다 하더라도 헌법이나 법률을 위반하였다고 할 수 없다(헌재 2004. 5. 14. 2004헌나1).

58 탄핵심판에 대한 설명으로 옳지 않은 것은? (다툼이 있는 경우 판례에 의함)   20. 지방직 7급

① 탄핵결정에 의하여 파면된 사람은 결정 선고가 있은 날부터 5년이 지나지 아니하면 공무원이 될 수 없다.
② 탄핵사유가 되는 직무집행에서 직무는 법제상 소관 직무에 속하는 고유 업무 및 통념상 이와 관련된 업무를 말한다. 따라서 직무상의 행위란 법령·조례 또는 행정관행·관례에 의하여 그 지위의 성질상 필요로 하거나 수반되는 모든 행위나 활동을 의미한다.
③ 탄핵의 결정을 하기 위해서는 재판관 6인 이상의 찬성이 있어야 하는데, 헌법재판관 1인이 결원이 되어 8인의 재판관으로 재판부가 구성되면 결원 상태인 1인의 재판관은 사실상 탄핵에 찬성하지 않는 의견을 표명한 것과 같은 결과를 가져오므로, 8인의 재판관으로 구성된 재판부는 탄핵심판을 심리하고 결정할 수 없다.
④ 헌법재판소의 탄핵심판절차는 법적 관점에서 단지 탄핵사유의 존부만을 판단하는 것이므로, 피청구인이 직책을 성실히 수행하였는지 여부는 그 자체로 소추 사유가 될 수 없어, 탄핵심판절차의 판단대상이 되지 아니한다.

정답찾기

③ [X] 헌법재판은 9인의 재판관으로 구성된 재판부에 의하여 이루어지는 것이 원칙이다. 그러나 현실적으로는 일부 재판관이 재판에 참여할 수 없는 경우가 발생할 수밖에 없다. 이에 헌법과「헌법재판소법」은 재판관 중 결원이 발생한 경우에도 헌법재판소의 헌법 수호 기능이 중단되지 않도록 7명 이상의 재판관이 출석하면 사건을 심리하고 결정할 수 있음을 분명히 하고 있다. 그렇다면 헌법재판관 1인이 결원이 되어 8인의 재판관으로 재판부가 구성되더라도 탄핵심판을 심리하고 결정하는 데 헌법과 법률상 아무런 문제가 없다(헌재 2017. 3. 10. 2016헌나1).
① [O] 탄핵결정에 의하여 파면된 사람은 결정 선고가 있은 날부터 5년이 지나지 아니하면 공무원이 될 수 없다(「헌법재판소법」제54조 제2항).
② [O] '직무집행에 있어서'의 '직무'란 법제상 소관 직무에 속하는 고유 업무 및 통념상 이와 관련된 업무를 말하므로, 직무상의 행위란 법령·조례 또는 행정관행·관례에 의하여 그 지위의 성질상 필요로 하거나 수반되는 모든 행위나 활동을 의미한다(헌재 2004. 5. 14. 2004헌나1).
④ [O] 대통령의 '성실한 직책수행의무'는 헌법적 의무에 해당하나, '헌법을 수호해야 할 의무'와는 달리, 규범적으로 그 이행이 관철될 수 있는 성격의 의무가 아니므로 원칙적으로 사법적 판단의 대상이 될 수 없다. 한편, 헌법 제65조 제1항은 탄핵사유를 '헌법이나 법률에 위배한 때'로 제한하고 있고, 헌법재판소의 탄핵심판절차는 법적인 관점에서 단지 탄핵사유의 존부만을 판단하는 것이므로, 정치적 무능력이나 정책결정상의 잘못 등 직책수행의 성실성여부는 그 자체로서 소추 사유가 될 수 없어, 탄핵심판절차의 판단대상이 되지 아니한다(헌재 2004. 5. 14. 2004헌나1).

Answer 57 ① 58 ③

59. 탄핵심판에 대한 설명으로 옳지 않은 것은?

① 헌법 제65조 제1항은 탄핵사유를 '헌법이나 법률을 위배한 때'로 규정하고 있는데, '헌법'에는 명문의 헌법규정만이 포함되고, 헌법재판소의 결정에 의하여 형성되어 확립된 불문헌법은 포함되지 않는다.
② 탄핵심판에서는 국회 법제사법위원회 위원장이 소추위원이 되고, 소추위원은 헌법재판소에 소추의 결서 정본을 제출하여 탄핵심판을 청구하며, 심판의 변론에서 피청구인을 신문할 수 있다.
③ 헌법 제65조 제1항은 '직무집행에 있어서'라고 하여, 탄핵사유의 요건을 '직무' 집행으로 한정하고 있으므로, 대통령의 직위를 보유하고 있는 상태에서 범한 법위반행위만 소추 사유가 될 수 있다.
④ 국회의 탄핵소추절차는 국회와 대통령이라는 헌법기관 사이의 문제이고, 국회의 탄핵소추의결에 의하여 사인으로서의 대통령의 기본권이 침해되는 것이 아니라, 국가기관으로서의 대통령의 권한행사가 정지되는 것이므로, 국가기관이 국민과의 관계에서 공권력을 행사함에 있어서 준수해야 할 법원칙으로서 형성된 적법절차의 원칙을 국가기관에 대하여 헌법을 수호하고자 하는 탄핵소추절차에는 직접 적용할 수 없다.

정답찾기

① 【X】'헌법'에는 명문의 헌법규정뿐만 아니라 헌법재판소의 결정에 의하여 형성되어 확립된 불문헌법도 포함되고, '법률'이란 형식적 의미의 법률 및 그와 동등한 효력을 가지는 국제조약, 일반적으로 승인된 국제법규 등을 의미한다(헌재 2004. 5. 14. 2004헌나1).
② 【O】 탄핵심판에서는 국회 법제사법위원회의 위원장이 소추위원이 된다. 소추위원은 헌법재판소에 소추의결서의 정본을 제출하여 탄핵심판을 청구하며, 심판의 변론에서 피청구인을 신문할 수 있다(「헌법재판소법」 제49조 제1항, 제2항).
③ 【O】 헌법 제65조 제1항은 '대통령이 그 직무집행에 있어서'라고 하여, 탄핵사유의 요건을 '직무' 집행으로 한정하고 있으므로, 위 규정의 해석상 대통령의 직위를 보유하고 있는 상태에서 범한 법 위반행위만이 소추 사유가 될 수 있다고 보아야 한다. 따라서 당선 후 취임 시까지의 기간에 이루어진 대통령의 행위도 소추 사유가 될 수 없다(헌재 2004. 5. 14. 2004헌나1).
④ 【O】 국회의 탄핵소추절차는 국회와 대통령이라는 헌법기관 사이의 문제이고, 국회의 탄핵소추의결에 의하여 사인으로서의 대통령의 기본권이 침해되는 것이 아니라, 국가기관으로서의 대통령의 권한행사가 정지되는 것이다. 따라서 국가기관이 국민과의 관계에서 공권력을 행사함에 있어서 준수해야 할 법원칙으로서 형성된 적법절차의 원칙을 국가기관에 대하여 헌법을 수호하고자 하는 탄핵소추절차에는 직접 적용할 수 없다(헌재 2004. 5. 14. 2004헌나1).

60 탄핵심판제도에 대한 헌법재판소의 판시내용으로 적절하지 <u>않은</u> 것은?   23. 국회 8급

① 국가기관이 국민과의 관계에서 공권력을 행사함에 있어서 준수해야 할 법원칙으로서 형성된 적법절차원칙은 국가기관에 대하여 헌법을 수호하고자 하는 탄핵소추절차에는 직접 적용할 수 없다.
② 헌법과 「헌법재판소법」은 재판관 중 결원이 발생한 경우에도 헌법재판소의 헌법 수호 기능이 중단되지 않도록 8명 이상의 재판관이 출석하면 사건을 심리하고 결정할 수 있음을 분명히 하고 있다.
③ 탄핵심판절차에서는 법적인 관점에서 탄핵사유의 존부만을 판단하는 것이므로 직책수행의 성실성 여부는 그 자체로서 소추 사유가 될 수 없어 탄핵심판절차의 판단대상이 되지 않는다.
④ 헌법 제65조는 대통령이 '그 직무집행에 있어서 헌법이나 법률을 위배한 때'를 탄핵사유로 규정하고 있다. 여기에서 '직무'란 법제상 소관 직무에 속하는 고유 업무와 사회통념상 이와 관련된 업무를 말하고, 법령에 근거한 행위뿐만 아니라 대통령의 지위에서 국정수행과 관련하여 행하는 모든 행위를 포괄하는 개념이다.
⑤ 탄핵소추의결서에서 그 위반을 주장하는 '법 규정의 판단'에 관하여 헌법재판소는 원칙적으로 구속을 받지 않으므로 청구인이 그 위반을 주장하는 법 규정 외에 다른 관련 법 규정에 근거하여 탄핵의 원인이 된 사실관계를 판단할 수 있다.

정답찾기

② [X] 재판부는 재판관 <u>7명 이상의 출석</u>으로 사건을 심리한다(「헌법재판소법」 제23조 제1항).
① [O] 국회의 탄핵소추절차는 국회와 대통령이라는 헌법기관 사이의 문제이고, 국회의 탄핵소추의결에 의하여 사인으로서의 대통령의 기본권이 침해되는 것이 아니라, 국가기관으로서의 대통령의 권한행사가 정지되는 것이다. 따라서 국가기관이 국민과의 관계에서 공권력을 행사함에 있어서 준수해야 할 법원칙으로서 형성된 적법절차의 원칙을 국가기관에 대하여 헌법을 수호하고자 하는 탄핵소추절차에는 직접 적용할 수 없다(헌재 2004. 5. 14. 2004헌나1).
③ [O] 헌법 제65조 제1항은 탄핵사유를 '헌법이나 법률에 위배한 때'로 제한하고 있고, 헌법재판소의 탄핵심판절차는 법적인 관점에서 단지 탄핵사유의 존부만을 판단하는 것이므로, 정치적 무능력이나 정책결정상의 잘못 등 직책수행의 성실성여부는 그 자체로서 소추 사유가 될 수 없어, 탄핵심판절차의 판단대상이 되지 아니한다(헌재 2004. 5. 14. 2004헌나1).
④ [O] 직무집행에 있어서의 '직무'란 법제상 소관 직무에 속하는 고유 업무 및 통념상 이와 관련된 업무를 말하므로, '직무상의 행위'란 법령·조례 또는 행정관행·관례에 의하여 그 지위의 성질상 필요로 하거나 수반되는 모든 행위나 활동을 의미한다. 따라서 대통령의 직무상 행위는 법령에 근거한 행위뿐만 아니라, '대통령의 지위에서 국정수행과 관련하여 행하는 모든 행위'를 포괄하는 개념으로서, 예컨대 각종 단체·산업현장 등 방문행위, 준공식·공식만찬 등 각종 행사에 참석하는 행위, 대통령이 국민의 이해를 구하고 국가정책을 효율적으로 수행하기 위하여 방송에 출연하여 정부의 정책을 설명하는 행위, 기자회견에 응하는 행위 등을 모두 포함한다(헌재 2004. 5. 14. 2004헌나1).
⑤ [O] 탄핵소추의결서에서 그 위반을 주장하는 '법 규정의 판단'에 관하여 헌법재판소는 원칙적으로 구속을 받지 않으므로, 청구인이 그 위반을 주장한 법 규정 외에 다른 관련 법규정에 근거하여 탄핵의 원인이 된 사실관계를 판단할 수 있다. 또한, 헌법재판소는 소추 사유의 판단에 있어서 국회의 탄핵소추의결서에서 분류된 소추 사유의 체계에 의하여 구속을 받지 않으므로, 소추 사유를 어떠한 연관관계에서 법적으로 고려할 것인가의 문제는 전적으로 헌법재판소의 판단에 달려있다(헌재 2004. 5. 14. 2004헌나1).

61 국정감사·조사에 대한 설명으로 옳지 않은 것은?

17. 지방직 7급

① 국회는 재적의원 4분의 1 이상의 요구가 있는 때에는 특별위원회 또는 상임위원회로 하여금 국정의 특정사안에 관하여 조사를 시행하게 한다.
② 국정감사제도는 제헌헌법에 규정되었다가 1972년 헌법(제7차 개정헌법)에서 폐지되었으나 1980년 헌법(제8차 개정헌법)에서 다시 도입되었다.
③ 조사위원회의 위원장이 사고가 있거나 그 직무를 수행하기를 거부 또는 기피하여 조사위원회가 활동하기 어려운 때에는 위원장이 소속하지 아니하는 교섭단체 소속의 간사 중에서 소속 의원 수가 많은 교섭단체 소속인 간사의 순으로 위원장의 직무를 대행한다.
④ 본회의는 의결로써 조사위원회의 활동기간을 연장할 수 있다.

정답찾기

② [X] 국정감사제도는 제헌헌법에 규정되었다가 1972년 헌법(제7차 개정헌법)에서 폐지된 후 현행헌법(1987년 헌법)에서 다시 규정하였다.
① [O] 국회는 재적의원 4분의 1 이상의 요구가 있는 때에는 특별위원회 또는 상임위원회로 하여금 국정의 특정사안에 관하여 국정조사를 하게 한다(「국감국조법」 제3조 제1항).
③ [O] 조사위원회의 위원장이 사고가 있거나 그 직무를 수행하기를 거부 또는 기피하여 조사위원회가 활동하기 어려운 때에는 위원장이 소속하지 아니하는 교섭단체 소속의 간사 중에서 소속 의원 수가 많은 교섭단체 소속인 간사의 순으로 위원장의 직무를 대행한다(「국감국조법」 제4조 제3항).
④ [O] 조사위원회의 활동기간 연장은 본회의 의결로 할 수 있다(「국감국조법」 제9조 제1항).

62 국회의 국정감사·조사권에 대한 설명으로 옳지 않은 것은?

18. 지방직 7급

① 국회는 매년 정기회 집회일 이전에 국정감사 시작일부터 30일 이내의 기간을 정하여 국정감사를 실시하나, 본회의 의결이 있으면 정기회 기간 중에 국정감사를 실시할 수 있다.
② 조사위원회의 위원장이 사고가 있거나 그 직무를 수행하기를 거부 또는 기피하여 조사위원회가 활동하기 어려운 때에는 위원장이 소속한 교섭단체 소속의 간사가 위원장의 직무를 대행한다.
③ 특별시·광역시·도에 대한 국정감사범위는 국가위임사무와 국가가 보조금 등 예산을 지원하는 사업에 한정된다.
④ 국정감사·조사는 수사 중인 사건의 소추에 관여할 목적으로 행사되어서는 안 된다.

정답찾기

② [X] 조사위원회의 위원장이 사고가 있거나 그 직무를 수행하기를 거부 또는 기피하여 조사위원회가 활동하기 어려운 때에는 위원장이 소속하지 아니하는 교섭단체 소속의 간사 중에서 소속 의원 수가 많은 교섭단체 소속인 간사의 순으로 위원장의 직무를 대행한다(「국감국조법」 제4조 제3항).
① [O] 국회는 국정 전반에 관하여 소관 상임위원회별로 매년 정기회 집회일 이전에 국정감사 시작일부터 30일 이내의 기간을 정하여 감사를 실시한다. 다만, 본회의 의결로 정기회 기간 중에 감사를 실시할 수 있다(「국감국조법」 제2조 제1항).
③ [O] 지방자치단체 중 특별시·광역시·도에 대한 국정감사에 있어서 그 감사범위는 국가위임사무와 국가가 보조금 등 예산을 지원하는 사업으로 한다(「국감국조법」 제7조 2호 단서).
④ [O] 감사 또는 조사는 개인의 사생활을 침해하거나 계속 중인 재판 또는 수사 중인 사건의 소추(訴追)에 관여할 목적으로 행사되어서는 아니 된다(「국감국조법」 제8조).

63 국정감사 및 국정조사에 대한 설명으로 옳지 않은 것은?   24. 지방직 7급

① 국회는 재적의원 4분의 1 이상의 요구가 있는 때에는 특별위원회 또는 상임위원회로 하여금 국정의 특정사안에 관하여 국정조사를 하게 한다.
② 지방자치단체에 대한 국정감사는 특별시·광역시·도의 국가위임사무에 한정된다.
③ 국회는 국정 전반에 관하여 소관 상임위원회별로 매년 정기회 집회일 이전에 국정감사 시작일부터 30일 이내의 기간을 정하여 감사를 실시하지만, 본회의 의결로 정기회 기간 중에 감사를 실시할 수 있다.
④ 국회는 감사 또는 조사 결과 위법하거나 부당한 사항이 있을 때에는 그 정도에 따라 정부 또는 해당 기관에 변상, 징계조치, 제도개선, 예산조정 등 시정을 요구하고, 정부 또는 해당 기관에서 처리함이 타당하다고 인정되는 사항은 정부 또는 해당 기관에 이송한다.

> 정답찾기

② [X] 국회는 지방자치단체 중 특별시·광역시·도 이외의 지방자치단체에 대해서도 국정감사를 할 수 있는데 다만 이 경우 본회의가 특히 필요하다고 의결한 경우로 한정한다(「국감국조법」 제7조 제4호).
① [O] 국회는 재적의원 4분의 1 이상의 요구가 있는 때에는 특별위원회 또는 상임위원회로 하여금 국정의 특정사안에 관하여 국정조사를 하게 한다(「국감국조법」 제3조 제1항).
③ [O] 국회는 국정 전반에 관하여 소관 상임위원회별로 매년 정기회 집회일 이전에 국정감사 시작일부터 30일 이내의 기간을 정하여 감사를 실시한다. 다만, 본회의 의결로 정기회 기간 중에 감사를 실시할 수 있다(「국감국조법」 제2조 제1항).
④ [O] 국회는 감사 또는 조사 결과 위법하거나 부당한 사항이 있을 때에는 그 정도에 따라 정부 또는 해당 기관에 변상, 징계조치, 제도개선, 예산조정 등 시정을 요구하고, 정부 또는 해당 기관에서 처리함이 타당하다고 인정되는 사항은 정부 또는 해당 기관에 이송한다(「국감국조법」 제16조 제3항).

Answer 61 ②   62 ②   63 ②

64 국정감사 및 조사에 대한 설명으로 옳지 않은 것은?   19. 국가직 7급

① 국정조사위원회는 조사를 하기 전에 전문위원이나 그 밖의 국회사무처 소속 직원 또는 조사대상기관의 소속이 아닌 전문가 등으로 하여금 예비조사를 하게 할 수 있다.
② 국회 본회의가 특히 필요하다고 의결한 경우라도 「감사원법」에 따른 감사원의 감사대상기관에 대하여 국정감사를 실시할 수는 없다.
③ 지방자치단체 중 특별시·광역시·도에 대한 국정감사에 있어서 그 감사범위는 국가위임사무와 국가가 보조금 등 예산을 지원하는 사업으로 한다.
④ 국회는 감사 또는 조사 결과 위법하거나 부당한 사항이 있을 때에는 그 정도에 따라 정부 또는 해당 기관에 변상, 징계조치, 제도개선, 예산조정 등 시정을 요구하고, 정부 또는 해당 기관에서 처리함이 타당하다고 인정되는 사항은 정부 또는 해당 기관에 이송한다.

> **정답찾기**
>
> ② [X] 국회 본회의가 특히 필요하다고 의결한 경우 「감사원법」에 따른 감사원의 감사대상기관에 대하여 국정감사를 실시할 수 있다(「국감국조법」 제7조 4호).
> ① [O] 위원회는 조사를 하기 전에 전문위원이나 그 밖의 국회사무처 소속 직원 또는 조사대상기관의 소속이 아닌 전문가 등으로 하여금 예비조사를 하게 할 수 있다(「국감국조법」 제9조의2).
> ③ [O] 지방자치단체 중 특별시·광역시·도에 대한 국정감사에 있어서 그 감사범위는 국가위임사무와 국가가 보조금 등 예산을 지원하는 사업으로 한다(「국감국조법」 제7조 2호 단서).
> ④ [O] 국회는 감사 또는 조사 결과 위법하거나 부당한 사항이 있을 때에는 그 정도에 따라 정부 또는 해당 기관에 변상, 징계조치, 제도개선, 예산조정 등 시정을 요구하고, 정부 또는 해당 기관에서 처리함이 타당하다고 인정되는 사항은 정부 또는 해당 기관에 이송한다(「국감국조법」 제16조 제2항).

65 국정감사 및 국정조사에 대한 설명으로 옳지 않은 것은?   20. 지방직 7급

① 「국정감사 및 조사에 관한 법률」에 따르면 본회의는 조사위원회의 중간보고를 받고 조사를 장기간 계속할 필요가 없다고 인정되는 경우에는 의결 없이 조사위원회의 활동기간을 단축할 수 있다.
② 조사위원회의 위원장이 사고가 있거나 그 직무를 수행하기를 거부 또는 기피하여 조사위원회가 활동하기 어려운 때에는 위원장이 소속하지 아니하는 교섭단체 소속의 간사 중에서 소속 의원 수가 많은 교섭단체 소속인 간사의 순으로 위원장의 직무를 대행한다.
③ 국정조사는 국회 재적의원 4분의 1 이상의 요구가 있는 때에 특별위원회 또는 상임위원회가 국정의 특정사안에 대해 행한다.
④ 「국정감사 및 조사에 관한 법률」에 따르면 국정감사의 대상기관 중 지방자치단체는 본회의가 특히 필요하다고 의결하지 않은 이상 특별시·광역시·도이다.

정답찾기

① [X] 본회의는 조사위원회의 중간보고를 받고 조사를 장기간 계속할 필요가 없다고 인정되는 경우에는 의결로 조사위원회의 활동기간을 단축할 수 있다(「국감국조법」 제9조 제2항).
② [O] 조사위원회의 위원장이 사고가 있거나 그 직무를 수행하기를 거부 또는 기피하여 조사위원회가 활동하기 어려운 때에는 위원장이 소속하지 아니하는 교섭단체 소속의 간사 중에서 소속 의원 수가 많은 교섭단체 소속인 간사의 순으로 위원장의 직무를 대행한다(「국감국조법」 제3조 제1항).
③ [O] 국회는 재적의원 4분의 1 이상의 요구가 있는 때에는 특별위원회 또는 상임위원회로 하여금 국정의 특정사안에 관하여 국정조사를 하게 한다(「국감국조법」 제3조 제1항).
④ [O] 「국정감사 및 조사에 관한 법률」에 따르면 국정감사의 대상기관 중 지방자치단체는 본회의가 특히 필요하다고 의결하지 않은 이상 특별시·광역시·도이다(「국감국조법」 제7조2호).

66 국정감사 및 국정조사에 대한 설명으로 옳은 것은? (다툼이 있는 경우 판례에 의함) 21. 국가직 7급

① 국정감사권과 국정조사권은 국회의원의 권한일뿐 국회의 권한이라 할 수 없으므로 국회의원은 법원을 상대로 국정감사권 또는 국정조사권 자체에 관한 침해를 이유로 권한쟁의심판을 청구할 수 있다.
② 국회는 본회의의 의결로써 조사위원회의 활동기간을 연장할 수 있으나 이를 단축할 수는 없다.
③ 국정조사는 소관 상임위원회별로 시행하나, 국정감사는 특별위원회를 구성하여 시행할 수 있다.
④ 국정조사를 할 특별위원회를 교섭단체 의원 수의 비율에 따라 구성하여야 하나, 조사에 참여하기를 거부하는 교섭단체의 의원은 제외할 수 있다.

정답찾기

④ [O] 제3조 제3항의 특별위원회는 교섭단체 의원 수의 비율에 따라 구성하여야 한다. 다만, 조사에 참여하기를 거부하는 교섭단체의 의원은 제외할 수 있다(「국감국조법」 제4조 제1항).
① [X] "국정감사권"과 "국정조사권"은 국회의 권한이고, 국회의원의 권한이라 할 수 없으므로 국회의원인 청구인으로서는 국정감사권 또는 국정조사권 자체에 관한 침해를 들어 권한쟁의심판을 청구할 수 없다(헌재 2010. 7. 29. 2010헌라1).
② [X] 본회의는 조사위원회의 중간보고를 받고 조사를 장기간 계속할 필요가 없다고 인정되는 경우에는 의결로 조사위원회의 활동기간을 단축할 수 있다(「국감국조법」 제9조 제2항).
③ [X] 국회는 재적의원 4분의 1 이상의 요구가 있는 때에는 특별위원회 또는 상임위원회로 하여금 국정의 특정사안에 관하여 국정조사를 하게 한다(「국감국조법」 제3조 제1항). 국회는 국정 전반에 관하여 소관 상임위원회별로 매년 정기회 집회일 이전에 국정감사 시작일부터 30일 이내의 기간을 정하여 감사를 실시한다. 다만, 본회의 의결로 정기회 기간 중에 감사를 실시할 수 있다(「국감국조법」 제2조 제1항).

Answer 64 ② 65 ① 66 ④

67 국정감사 및 조사에 대한 설명으로 옳지 않은 것은? (다툼이 있는 경우 판례에 의함)   21. 국회 8급

① 1948년 제헌헌법에는 국정감사만 있을 뿐 국정조사는 없었고 1980년 개정헌법부터 국정조사제도를 두었다.
② 국회는 국정 전반에 관하여 소관상임위원회별로 매년 정기회 집회일 이전에 감사 시작일부터 30일 이내의 기간을 정하여 감사를 실시하므로, 정기회 기간 중에는 국정조사만 인정된다.
③ 「형법」상 위증죄보다 국회에서의 위증을 무거운 법정형으로 정한 국회에서의 증언·감정 등에 관한 법률조항은 형벌체계상의 정당성과 균형성을 상실한 것이 아니다.
④ 지방자치단체 중 특별시·광역시·도는 국정감사 및 조사의 대상기관이 되며, 다만 그 감사범위는 국가위임사무와 국가가 보조금 등 예산을 지원하는 사업에 한정된다.
⑤ 조사위원회는 조사의 목적, 조사할 사안의 범위와 조사방법, 조사에 필요한 기간 및 소요경비 등을 기재한 조사계획서를 본회의에 제출하여 승인을 받아 조사를 한다.

정답찾기

② [X] 국회는 국정 전반에 관하여 소관 상임위원회별로 매년 정기회 집회일 이전에 국정감사 시작일부터 30일 이내의 기간을 정하여 감사를 실시한다. 다만, 본회의 의결로 정기회 기간 중에 감사를 실시할 수 있다(「국감국조법」 제2조 제1항).
① [O] 국회는 국정을 감사하기 위하여 필요한 서류를 제출케 하며 증인의 출석과 증언 또는 의견의 진술을 요구할 수 있다(제헌헌법 제48조). 국회는 특정한 국정사안에 관하여 조사할 수 있으며, 그에 직접 관련된 서류의 제출, 증인의 출석과 증언이나 의견의 진술을 요구할 수 있다. 다만, 재판과 진행 중인 범죄수사·소추에 간섭할 수 없다(제8차 개정헌법 제97조).
③ [O] 심판대상조항은 「형법」상 위증죄보다 무거운 법정형을 정하고 있으나, 국회에서의 위증죄가 지니는 불법의 중대성, 별도의 엄격한 고발 절차를 거쳐야 처벌될 수 있는 점 등을 고려할 때 형벌체계상의 정당성이나 균형성을 상실하고 있지 아니하므로 평등원칙에 위배된다고 할 수 없다(헌재 2015. 9. 24. 2012헌바410).
④ [O] 지방자치단체 중 특별시·광역시·도. 다만, 그 감사 범위는 국가위임사무와 국가가 보조금 등 예산을 지원하는 사업으로 한다(「국감국조법」 제7조 제2호).
⑤ [O] 조사위원회는 조사의 목적, 조사할 사안의 범위와 조사방법, 조사에 필요한 기간 및 소요경비 등을 기재한 조사계획서를 본회의에 제출하여 승인을 받아 조사를 한다(「국감국조법」 제3조 제3항).

68 국회의 국정통제에 대한 설명으로 옳은 것으로만 묶은 것은?   21. 국가직 7급

㉠ 본회의는 의결로 국무총리, 국무위원 또는 정부위원의 출석을 요구할 수 있으며, 이 경우 그 발의는 의원 10명 이상이 이유를 구체적으로 밝힌 서면으로 하여야 한다.
㉡ 국회에서 탄핵소추가 발의된 자는 그때부터 헌법재판소의 탄핵심판이 있을 때까지 권한행사가 정지된다.
㉢ 상임위원회는 위원회 또는 상설소위원회를 정기적으로 개회하여 그 소관 중앙행정기관이 제출한 대통령령·총리령 및 부령의 법률 위반 여부 등을 검토하여야 한다.
㉣ 「대통령직 인수에 관한 법률」 제5조 제2항에 따라 대통령 당선인이 국무총리 후보자에 대한 인사청문의 실시를 요청하는 경우에 국회의장은 각 교섭단체 대표의원과 협의하여 그 인사청문을 실시하기 위한 인사청문특별위원회를 둔다.

① ㉠, ㉡   ② ㉠, ㉣   ③ ㉡, ㉢   ④ ㉢, ㉣

정답찾기

㉠ [X] 본회의는 의결로 국무총리, 국무위원 또는 정부위원의 출석을 요구할 수 있다. 이 경우 그 발의는 의원 20명 이상이 이유를 구체적으로 밝힌 서면으로 하여야 한다.
㉡ [X] 탄핵소추의 의결을 받은 사람은 헌법재판소의 심판이 있을 때까지 그 권한행사가 정지된다.
㉢ [O] 상임위원회는 위원회 또는 상설소위원회를 정기적으로 개회하여 그 소관 중앙행정기관이 제출한 대통령령·총리령 및 부령(이하 이 조에서 "대통령령 등"이라 한다)의 법률 위반 여부 등을 검토하여야 한다(「국회법」 제98조의2 제3항).
㉣ [O] 국회는 다음 각 호의 임명동의안 또는 의장이 각 교섭단체 대표의원과 협의하여 제출한 선출안 등을 심사하기 위하여 인사청문특별위원회를 둔다. 다만, 「대통령직 인수에 관한 법률」 제5조 제2항에 따라 대통령 당선인이 국무총리 후보자에 대한 인사청문의 실시를 요청하는 경우에 의장은 각 교섭단체 대표의원과 협의하여 그 인사청문을 실시하기 위한 인사청문특별위원회를 둔다(「국회법」 제46조의3 제1항).

69 국회의 통제권한에 대한 설명으로 옳지 않은 것은?   15. 국가직 7급

① 국회는 국정 전반에 관하여 소관 상임위원회별로 매년 정기회 집회일 이전에 감사 시작일부터 30일 이내의 기간을 정하여 감사를 실시하지만 본회의 의결로 정기회 기간 중에 감사를 실시할 수 있다.
② 국무총리 또는 국무위원의 해임건의안이 발의된 때에는 본회의에 보고된 때로부터 24시간 이후 72시간 이내에 무기명투표로 표결하며 이 기간 내에 표결하지 아니한 때에는 그 해임건의안은 폐기된 것으로 본다.
③ 국회의 탄핵소추의 대상이 되는 고위직 공무원의 범위에 대한 헌법규정은 예시규정이며 검사는 헌법에 명시되어 있지 않지만 탄핵소추의 대상이 된다.
④ 대통령이 국무총리·대법원장·헌법재판소장·감사원장·국가정보원장·검찰총장 후보자에 대한 인사청문을 요청한 경우 인사청문특별위원회에서 인사청문을 실시한다.

정답찾기

④ [X] 국회는 헌법에 의하여 그 임명에 국회의 동의를 요하는 대법원장·헌법재판소장·국무총리·감사원장 및 대법관과 국회에서 선출하는 헌법재판소 재판관 및 중앙선거관리위원회 위원에 대한 임명동의안 또는 의장이 각 교섭단체 대표의원과 협의하여 제출한 선출안 등을 심사하기 위하여 인사청문특별위원회를 둔다. 다만, 「대통령직 인수에 관한 법률」에 의하여 대통령 당선인이 국무총리 후보자에 대한 인사청문의 실시를 요청하는 경우에 의장은 각 교섭단체 대표의원과 협의하여 그 인사청문을 실시하기 위한 인사청문특별위원회를 둔다(「국회법」 제46조의3).
① [O] 국회는 국정 전반에 관하여 소관 상임위원회별로 매년 정기회 집회일 이전에 국정감사 시작일부터 30일 이내의 기간을 정하여 감사를 실시한다. 다만, 본회의 의결로 정기회 기간 중에 감사를 실시할 수 있다(「국감국조법」 제2조 제1항).
② [O] 국무총리 또는 국무위원의 해임건의안이 발의된 때에는 의장은 그 해임건의안이 발의된 후 처음 개의하는 본회의에 이를 보고하고, 본회의에 보고된 때로부터 24시간 이후 72시간 이내에 무기명투표로 표결하며, 이 기간 내에 표결하지 아니한 경우 그 해임건의안은 폐기된 것으로 본다(「국회법」 제112조 제7항).
③ [O] 검사는 탄핵이나 금고 이상의 형을 선고받은 경우를 제외하고는 파면되지 아니하며, 징계처분이나 적격심사에 의하지 아니하고는 해임·면직·정직·감봉·견책 또는 퇴직의 처분을 받지 아니한다(「검찰청법」 제37조).

Answer 67 ② 68 ④ 69 ④

70 국회의 권한에 대한 내용으로 옳은 것(○)과 옳지 않은 것(×)을 바르게 조합한 것은? (다툼이 있는 경우 판례에 의함)

16. 국가직 7급

> ㉠ 국회의원 10인 이상의 찬성으로 회기 중 현안이 되고있는 중요한 사항을 대상으로 정부에 대하여 질문할 것을 의장에게 요구할 수 있다.
> ㉡ 국채를 모집하거나 예산 외에 국가의 부담이 될 계약을 체결하려 할 때에는 정부는 미리 국회의 의결을 얻어야 한다.
> ㉢ 국회는 재적의원 4분의 1 이상의 요구가 있는 때에는 특별위원회 또는 상임위원회로 하여금 국정의 특정사안에 관하여 조사를 시행하게 한다.
> ㉣ 대통령의 탄핵소추사유는 헌법이나 법률을 위반한 때로 제한되고, 정치적 무능력이나 정책결정상의 잘못 등 직책수행의 성실성 여부는 그 자체로서 소추 사유가 되지 않는다.
> ㉤ 국회 재적의원 3분의 1 이상의 발의와 국회 재적의원 과반수의 찬성이 있으면 국회는 국무총리나 국무위원의 해임을 대통령에게 건의할 수 있지만, 그 해임건의는 대통령에게 법적 구속력이 없다.

	㉠	㉡	㉢	㉣	㉤
①	○	○	×	○	○
②	×	○	○	○	○
③	×	○	○	○	×
④	○	×	×	×	○

정답찾기

㉠ [×] 의원은 20명 이상의 찬성으로 회기 중 현안이 되고 있는 중요한 사항을 대상으로 정부에 대하여 질문(긴급현안질문)을 할 것을 의장에게 요구할 수 있다(「국회법」 제122조 제1항).
㉡ [○] 국채를 모집하거나 예산 외에 국가의 부담이 될 계약을 체결하려 할 때에는 정부는 미리 국회의 의결을 얻어야 한다(헌법 제58조).
㉢ [○] 국회는 재적의원 4분의 1 이상의 요구가 있는 때에는 특별위원회 또는 상임위원회로 하여금 국정의 특정사안에 관하여 국정조사를 하게 한다(국감조법 제3조 제1항).
㉣ [○] 헌법 제65조 제1항은 탄핵사유를 '헌법이나 법률에 위배한 때'로 제한하고 있고, 헌법재판소의 탄핵심판절차는 법적인 관점에서 단지 탄핵사유의 존부만을 판단하는 것이므로, 정치적 무능력이나 정책결정상의 잘못 등 직책수행의 성실성여부는 그 자체로서 소추사유가 될 수 없어, 탄핵심판절차의 판단대상이 되지 아니한다(헌재 2004. 5. 14. 2004헌나1).
㉤ [○] 국회는 국무총리나 국무위원의 해임을 건의할 수 있으나(헌법 63조), 국회의 해임건의는 대통령을 기속하는 해임결의권이 아니라, 아무런 법적 구속력이 없는 단순한 해임건의에 불과하다. 우리 헌법 내에서 '해임건의권'의 의미는, 임기 중 아무런 정치적 책임을 물을 수 없는 대통령 대신에 그를 보좌하는 국무총리·국무위원에 대하여 정치적 책임을 추궁함으로써 대통령을 간접이나마 견제하고자 하는 것에 지나지 않는다(헌재 2004. 5. 14. 2004헌나1).

4 기타 국회의 권한

71 국회의 권한에 대한 설명으로 옳지 않은 것은? 19. 5급 공채(행정)

① 국회가 의원의 자격유무를 심사하여 그 자격이 없는 것으로 의결할 때에는 재적의원 3분의 2 이상의 찬성이 있어야 한다.
② 국정조사위원회는 의결로써 국회의 폐회 중에도 활동할 수 있고 조사와 관련한 보고 또는 서류의 제출을 요구하거나 조사를 위한 증인의 출석을 요구하는 경우에는 의장을 경유하여야 한다.
③ 국채를 모집하거나 예산 외에 국가의 부담이 될 계약을 체결하려 할 때에는 정부는 미리 국회의 의결을 얻어야 한다.
④ 국회는 중요한 국제조직에 관한 조약의 체결·비준에 대한 동의권을 가진다.

정답찾기

② [X] 조사위원회는 의결로써 국회의 폐회 중에도 활동할 수 있고 조사와 관련한 보고 또는 서류 및 해당 기관이 보유한 사진·영상물(서류 등)의 제출을 요구하거나 조사를 위한 증인·감정인·참고인의 출석을 요구하는 경우에는 의장을 경유하지 아니할 수 있다(「국감국조법」 제4조 제4항).
① [O] 본회의는 심사대상 의원의 자격유무를 의결로 결정하되, 그 자격이 없는 것으로 의결할 때에는 재적의원 3분의 2 이상의 찬성이 있어야 한다(「국회법」 제142조 제3항).
③ [O] 국채를 모집하거나 예산 외에 국가의 부담이 될 계약을 체결하려 할 때에는 정부는 미리 국회의 의결을 얻어야 한다(헌법 제58조).
④ [O] 국회는 상호원조 또는 안전보장에 관한 조약, 중요한 국제조직에 관한 조약, 우호통상항해조약, 주권의 제약에 관한 조약, 강화조약, 국가나 국민에게 중대한 재정적 부담을 지우는 조약 또는 입법사항에 관한 조약의 체결·비준에 대한 동의권을 가진다(헌법 제60조 제1항).

Answer 70 ② 71 ②

72 국회에 대한 설명으로 옳지 않은 것은?
20. 5급 공채(행정)

① 국회는 본회의 의결로 국무총리, 국무위원 또는 정부위원의 출석을 요구할 수 있다.
② 정기회의 회기는 100일을, 임시회의 회기는 30일을 초과할 수 없고, 임시회는 대통령 또는 국회 재적의원 5분의 1 이상의 요구에 의하여 집회된다.
③ 탄핵심판에서는 국회 법제사법위원회의 위원장이 소추위원이 된다.
④ 국회는 매년 정기회 집회일 이전에 국정감사 시작일부터 30일 이내의 기간을 정하여 국정감사를 실시하나, 본회의 의결로 정기회 기간 중에 국정감사를 실시할 수 있다.

정답찾기

② [X] 국회의 정기회는 법률이 정하는 바에 의하여 매년 1회 집회되며, 국회의 임시회는 대통령 또는 국회 재적의원 4분의 1 이상의 요구에 의하여 집회된다(헌법 제47조 제1항). 정기회의 회기는 100일을, 임시회의 회기는 30일을 초과할 수 없다(헌법 제47조 제2항).
① [O] 본회의는 의결로 국무총리, 국무위원 또는 정부위원의 출석을 요구할 수 있다. 이 경우 그 발의는 의원 20명 이상이 이유를 구체적으로 밝힌 서면으로 하여야 한다(「국회법」 제121조 제1항).
③ [O] 탄핵심판에서는 국회 법제사법위원회의 위원장이 소추위원이 된다(「헌법재판소법」 제49조).
④ [O] 국회는 국정 전반에 관하여 소관 상임위원회별로 매년 정기회 집회일 이전에 국정감사 시작일부터 30일 이내의 기간을 정하여 감사를 실시한다. 다만, 본회의 의결로 정기회 기간 중에 감사를 실시할 수 있다(「국감국조법」 제2조 제1항).

73 국회에 대한 설명으로 옳지 않은 것은?
21. 5급 공채(행정)

① 국회는 정부의 동의없이 정부가 제출한 지출예산 각 항의 금액을 증가하거나 새 비목을 설치할 수 없다.
② 국회의원의 자격심사 청구, 예산안에 대한 수정동의는 각각 의원 50명 이상의 찬성이 있어야 한다.
③ 국회의원이 본회의에 부의된 안건에 대하여 '무제한 토론'을 하려는 경우에는 재적의원 3분의 1 이상이 서명한 요구서를 의장에게 제출하여야 한다.
④ 국회의 경호업무는 의장의 지휘를 받아 수행하되, 경위는 회의장 건물 안에서, 경찰공무원은 회의장 건물 밖에서 경호한다.

정답찾기

② [X] 의원이 다른 의원의 자격에 대하여 이의가 있을 때에는 30명 이상의 연서로 의장에게 자격심사를 청구할 수 있다(「국회법」 제138조). 의안에 대한 수정동의(修正動議)는 그 안을 갖추고 이유를 붙여 30명 이상의 찬성의원과 연서하여 미리 의장에게 제출하여야 한다. 다만, 예산안에 대한 수정동의는 의원 50명 이상의 찬성이 있어야 한다(「국회법」 제95조 제1항).
① [O] 국회는 정부의 동의없이 정부가 제출한 지출예산 각 항의 금액을 증가하거나 새 비목을 설치할 수 없다(헌법 제57조).
③ [O] 의원이 본회의에 부의된 안건에 대하여 이 법의 다른 규정에도 불구하고 시간의 제한을 받지 아니하는 토론(무제한 토론)을 하려는 경우에는 재적의원 3분의 1 이상이 서명한 요구서를 의장에게 제출하여야 한다. 이 경우 의장은 해당 안건에 대하여 무제한 토론을 실시하여야 한다(「국회법」 제106조의2 제1항).
④ [O] 경호업무는 의장의 지휘를 받아 수행하되, 경위는 회의장 건물 안에서, 경찰공무원은 회의장 건물 밖에서 경호한다(「국회법」 제144조 제3항).

제4항 국회의원

74 국회의원에 대한 설명으로 옳지 않은 것은? (다툼이 있는 경우 판례에 의함)   18. 5급 공채(행정)

① 국무위원의 직을 겸한 국회의원은 국회 상임위원회의 위원을 사임할 수 있다.
② 국회의원의 법률안 심의·표결권은 비록 헌법에는 이에 관한 명문의 규정이 없지만, 의회민주주의의 원리 및 여러 헌법 규정에 근거하여 당연히 도출되는 헌법상의 권한이다.
③ 국회의원은 자기의 징계안에 관한 본회의 또는 위원회에 출석하여 변명할 수 있으나, 다른 의원으로 하여금 변명하게 할 수는 없다.
④ 보궐선거에 의한 국회의원의 임기는 당선이 결정된 때부터 개시되며, 그 임기는 전임자의 잔임기간으로 한다.

> 정답찾기

③ [X] 의원은 자기의 징계안에 관한 본회의 또는 위원회에 출석하여 변명하거나 <u>다른 의원으로 하여금 변명하게 할 수 있다</u>. 이 경우 의원은 변명이 끝난 후 회의장에서 퇴장하여야 한다(「국회법」 제160조).
① [O] 국무총리 또는 국무위원의 직을 겸한 의원은 상임위원을 사임할 수 있다(「국회법」 제39조 제4항).
② [O] 국회의원의 법률안 심의·표결권은 의회민주주의의 원리, 입법권을 국회에 귀속시키고 있는 헌법 제40조, 국민에 의하여 선출되는 국회의원으로 국회를 구성한다고 규정한 헌법 제41조 제1항 및 국회의결에 관하여 규정한 헌법 제49조로부터 당연히 도출되는 헌법상의 권한이고, 이러한 국회의원의 법률안 심의·표결권은 헌법기관으로서의 국회의원 각자에게 모두 보장된다는 것 또한 의문의 여지가 없다(헌재 1997. 7. 16. 96헌라2).
④ [O] 국회의원과 지방의회의원의 임기는 총선거에 의한 전임의원의 임기만료일의 다음 날부터 개시된다. 다만, 의원의 임기가 개시된 후에 실시하는 선거와 지방의회의원의 증원선거에 의한 의원의 임기는 당선이 결정된 때부터 개시되며 전임자 또는 같은 종류의 의원의 잔임기간으로 한다(「공직선거법」 제14조 제2항).

Answer 72 ② 73 ② 74 ③

75 국회의원의 심의·표결권에 대한 설명으로 옳지 않은 것은? (다툼이 있는 경우 판례에 의함) 16. 지방직 7급

① 국회의원의 심의·표결권은 국회의 대내적인 관계에서 행사되고 침해될 수 있을 뿐이고 다른 국가기관과의 대외적인 관계에서는 침해될 수 없다.

② 국회의원의 심의·표결권은 성질상 일신전속적인 것으로 당사자가 사망한 경우 승계되거나 상속될 수 없어 그에 관련된 권한쟁의심판절차 또한 수계될 수 없으므로, 권한쟁의심판청구는 청구인의 사망과 동시에 그 심판절차가 종료된다.

③ 국회부의장이 국회의장의 직무를 대리하여 법률안 가결선포행위를 한 경우, 국회의원은 심의·표결권이 침해되었다는 이유로 국회부의장을 상대로 권한쟁의심판을 청구할 수 있다.

④ 국회 본회의는 위원장의 보고를 받은 후 필요하다고 인정할 때에는 그 의결로 다시 그 안건을 같은 위원회 또는 다른 위원회에 회부할 수 있다.

정답찾기

③ [X] 국회의장은 헌법 제48조에 따라 국회에서 선출되는 헌법상의 국가기관으로서 헌법과 법률에 의하여 국회를 대표하고 의사를 정리하며, 질서를 유지하고 사무를 감독할 지위에 있고, 이러한 지위에서 의안의 상정, 의안의 가결선포 등의 권한(「국회법」 제10조, 제110조, 제113조)을 갖는 주체이므로 피청구인 적격이 인정된다. 이와 달리, 국회부의장은 국회의장의 위임에 따라 그 직무를 대리하여 법률안 가결선포행위를 할 수 있을 뿐(「국회법」 제12조 제1항), 법률안 가결선포행위에 따른 법적 책임을 지는 주체가 될 수 없으므로 권한쟁의심판청구의 피청구인 적격이 인정되지 아니한다(헌재 2009. 10. 29. 2009헌라8).

① [O] 국회의원의 심의·표결권은 국회의 대내적인 관계에서 행사되고 침해될 수 있을 뿐 다른 국가기관과의 대외적인 관계에서는 침해될 수 없는 것이므로, 대통령 등 국회 이외의 국가기관과의 사이에서는 권한침해의 직접적인 법적 효과를 발생시키지 아니한다. 따라서 피청구인 대통령이 조약 체결·비준에 대한 국회의 동의를 요구하지 않았다고 하더라도 국회의원인 청구인들의 심의·표결권이 침해될 가능성은 없다(헌재 2015. 11. 26. 2013헌라3).

② [O] 청구인이 법률안 심의·표결권의 주체인 국가기관으로서의 국회의원 자격으로 권한쟁의심판을 청구하였다가 심판절차 계속 중 사망한 경우, 국회의원의 법률안 심의·표결권은 성질상 일신전속적인 것으로 당사자가 사망한 경우 승계되거나 상속될 수 없어 그에 관련된 권한쟁의심판절차 또한 수계될 수 없으므로, 권한쟁의심판청구는 청구인의 사망과 동시에 당연히 그 심판절차가 종료된다(헌재 2010. 11. 25. 2009헌라12).

④ [O] 본회의는 위원장의 보고를 받은 후 필요하다고 인정할 때에는 의결로 다시 안건을 같은 위원회 또는 다른 위원회에 회부할 수 있다(「국회법」 제94조).

---

76 국회의원의 헌법상 지위와 특권에 대한 설명으로 옳지 않은 것은? (다툼이 있는 경우 판례에 의함)

15. 지방직 7급

① 국회의원의 국민대표성을 중시하는 입장에서도 특정 정당에 소속된 국회의원에 대하여 정당 내부의 사실상의 강제 또는 소속 정당으로부터의 제명은 가능하다.

② 헌법은 국회의원의 제명에 필요한 요건을 헌법과 법률을 위반한 경우로 한정하고 있고, 제명된 국회의원은 그로 인하여 결원된 의원의 보궐선거에 입후보할 수 없다.

③ 국회의원의 청렴의 의무, 지위남용의 금지는 헌법상 의무이고, 품위유지의 의무와 영리업무종사 금지는 「국회법」상의 의무이다.

④ 계엄 시행 중 국회의원은 현행범인인 경우를 제외하고는 체포 또는 구금되지 아니한다.

정답찾기

② [X] 의원을 제명하려면 국회 재적의원 3분의 2 이상의 찬성이 있어야 한다(헌법 제64조 제3항). 헌법은 국회의원의 제명에 필요한 요건은 규정하지 않고 있다.
① [O] 국회의원의 국민대표성을 중시하는 입장에서도 특정 정당에 소속된 국회의원이 정당기속 내지는 교섭단체의 결정(소위 '당론')에 위반하는 정치활동을 한 이유로 제재를 받는 경우, 국회의원 신분을 상실하게 할 수는 없으나 "정당 내부의 사실상의 강제" 또는 소속 "정당으로부터의 제명"은 가능하다고 보고 있다(헌재 2003. 10. 30. 2002헌라1).
③ [O] 국회의원의 청렴의 의무(헌법 제46조 제1항), 지위남용의 금지(헌법 제46조 제3항)는 헌법상 의무이고, 품위유지의 의무(「국회법」제25조)와 영리업무종사 금지(「국회법」제29조의2)는 「국회법」상의 의무이다.
④ [O] 계엄 시행 중 국회의원은 현행범인인 경우를 제외하고는 체포 또는 구금되지 아니한다(「계엄법」제13조).

77 국회의원에 대한 설명으로 옳지 않은 것은? (다툼이 있는 경우 판례에 의함)   19. 지방직 7급

① 현대의 민주주의가 순수한 대의제 민주주의에서 정당국가적 민주주의의 경향으로 변화하여 사실상 정당에 의하여 국회가 운영되고 있다고 하더라도 국회의원의 전체국민대표성 자체를 부정할 수는 없다.
② 국회의원의 원내활동을 기본적으로 각자에게 맡기는 자유위임은 의회 내에서의 정치의사형성에 정당의 협력을 배척하는 것은 아니지만, 적어도 국회의원이 정당과 교섭단체의 지시에 기속되는 것을 배제하는 근거가 된다.
③ 국회의원은 자신의 사적인 이해관계와 국민에 대한 공적인 이해관계가 충돌할 경우 당연히 후자를 우선하여야 할 이해충돌회피의무 내지 직무전념의무를 지게 되는바, 이를 국회의원 개개인의 양심에만 맡겨둘 것이 아니라 국가가 제도적으로 보장할 필요성 또한 인정된다.
④ 「국회법」에 따라 제명된 사람은 그로 인하여 궐원된 의원의 보궐선거에서 후보자가 될 수 없다.

정답찾기

② [X] 자유위임은 의회 내에서의 정치의사형성에 정당의 협력을 배척하는 것이 아니며, 의원이 정당과 교섭단체의 지시에 기속되는 것을 배제하는 근거가 되는 것도 아니다(헌재 2003. 10. 30. 2002헌라1).
① [O] 오늘날 독일·영국·프랑스·일본 등 자유민주주의 국가에서는 거의가 헌법에 국회의원을 전 국민의 대표자라고 규정하여 자유위임 하에 두는 제도를 채택하고 있다. 자유위임제도를 명문으로 채택하고 있는 헌법하에서는 국회의원은 선거모체인 선거구의 선거인이나 정당의 지령에도 법적으로 구속되지 아니하며, 정당의 이익보다 국가의 이익을 우선한 양심에 따라 그 직무를 집행하여야 하며, 국회의원의 정통성은 정당과 독립된 정통성이다. 헌법 제7조 제1항의 "공무원은 국민 전체에 대한 봉사자이며, 국민에 대해 책임을 진다."라는 규정, 제45조의 "국회의원은 국회에서 직무상 행한 발언과 표결에 관하여 국회 외에서 책임을 지지 아니한다."라는 규정 및 제46조 제2항의 "국회의원은 국가이익을 우선하여 양심에 따라 직무를 행한다."라는 규정들을 종합하여 볼 때, 헌법은 국회의원을 자유위임의 원칙 하에 두었다고 할 것이다(헌재 1994. 4. 28. 92헌마153).
③ [O] 국회의원은 자신의 사적인 이해관계와 국민에 대한 공적인 이해관계가 충돌할 경우 당연히 후자를 우선하여야 할 이해충돌회피의무 내지 직무전념의무를 지게 되는바, 이를 국회의원 개개인의 양심에만 맡겨둘 것이 아니라 국가가 제도적으로 보장할 필요성 또한 인정된다(헌재 2012. 8. 23. 2010헌가65).
④ [O] 제163조에 따른 징계로 제명된 사람은 그로 인하여 궐원된 의원의 보궐선거에서 후보자가 될 수 없다(「국회법」제164조).

Answer 75 ③ 76 ② 77 ②

78. 국회에 대한 설명으로 옳은 것은? (다툼이 있는 경우 판례에 의함) 15. 국가직 7급

① 국회 상임위원회 위원장이 조약비준동의안을 심의함에 있어서 야당 소속 상임위원회 위원들의 출입을 봉쇄한 상태에서 상임위원회 전체 회의를 개의하여 안건을 상정하고 소위원회로 안건심사를 회부한 행위는 야당 소속 상임위원회 위원들의 조약비준동의안에 대한 심의권을 침해한 것으로 무효이다.

② 헌법 제41조 제1항의 "국회는 국민의 보통·평등·직접·비밀선거에 의하여 선출된 국회의원으로 구성한다."라는 규정은 단순히 국회의원을 국민의 직접선거에 의하여 선출한다는 의미를 넘어 국민의 직접선거에 의하여 무소속을 포함한 국회의 정당 간의 의석분포를 결정하는 권리까지 포함한다.

③ 국회의원이 보유한 직무관련성 있는 주식의 매각 또는 백지 신탁을 명하고 있는 구 「공직자윤리법」 조항은 과잉금지원칙에 위반되어 국회의원의 재산권을 침해하는 것이다.

④ 비례대표 국회의원 당선인이 선거범죄로 비례대표 국회의원직을 상실하여 비례대표 국회의원에 결원이 생긴 경우에 소속 정당의 비례대표 국회의원 후보자명부상 차순위자의 의원직 승계를 인정하지 않는 「공직선거법」 조항은 과잉금지원칙에 위배되어 그 정당의 비례대표 국회의원 후보자명부상의 차순위 후보자의 공무담임권을 침해한다.

정답찾기

④ [O] 심판대상조항은 왜곡된 선거인의 의사를 바로잡고 선거의 공정성 확보라는 구체적 입법목적 달성에 기여하는 것이라기보다는 오로지 선거범죄에 대한 엄정한 제재를 통한 공명한 선거 분위기의 창출이라는 추상적이고도 막연한 구호에 이끌려 비례대표 지방의회의원선거를 통하여 표출된 선거권자들의 정치적 의사표명을 무시, 왜곡하는 결과를 초래할 뿐이라 할 것이므로, 수단의 적합성 요건을 충족한 것으로 보기 어렵다. 또한, 선거범죄 예방을 통한 선거의 공정성 확보라는 입법목적은 선거범죄를 규정한 각종 처벌조항과 선거범죄를 범한 당선인의 당선을 무효로 하는 것만으로도 어느 정도 달성될 수 있는 것이고, 선거권자의 의사를 최대한 반영하면서도 덜 제약적인 대체수단을 통해서도 입법목적의 달성이 가능한 것이므로, 심판대상조항은 필요 이상의 지나친 규제를 정하고 있는 것이라고 보지 않을 수 없다. 따라서 심판대상조항은 과잉금지원칙에 위배하여 청구인의 공무담임권을 침해한 것이다(헌재 2009. 6. 25. 2007헌마40).

① [X] 이 사건 상정·회부행위는, 국회의원의 조약비준동의안 심의·표결의 전제가 되는 회의장 출석 자체를 봉쇄함으로써 의안 심의권의 한 내용을 이루는 대체토론권을 침해한 잘못이 있고, 그러한 절차상의 하자는 결코 가볍다고 할 수 없다. 그러나 「헌법재판소법」 제66조 제2항이 권한침해 처분의 취소나 무효확인에 관하여 헌법재판소에 재량적 판단여지를 부여하고 있는 이상, 종국결정 당시를 기준으로 현저히 공공복리에 적합하지 않은 예외적인 경우에는 행정소송에서의 사정판결의 법리를 유추 적용하여 처분의 취소나 무효확인을 하지 아니함으로써 처분의 효력을 유지하도록 할 수도 있다. 따라서, 비록 이 사건 상정·회부행위가 청구인들의 이 사건 동의안 심의권을 침해하는 중대한 하자를 지니고 있지만, 이 사건 동의안에 대한 사후의 진행경과, 현재의 제반 상황, 이 사건 상정·회부 행위에 존재하는 하자가 본회의 심사에서 치유될 가능성 등을 감안하여, 이 부분 청구는 기각함이 상당하다(헌재 2010. 12. 28. 2008헌라7).

② [X] 대의제 민주주의하에서 국민의 국회의원 선거권이란 국회의원을 보통·평등·직접·비밀선거에 의하여 국민의 대표자로 선출하는 권리에 그치며, 국민과 국회의원은 명령적 위임관계에 있는 것이 아니라 자유위임관계에 있으므로, 유권자가 설정한 국회의석 분포에 국회의원들을 기속시키고자 하는 내용의 "국회구성권"이라는 기본권은 오늘날 이해되고 있는 대의제도의 본질에 반하는 것이어서 헌법상 인정될 여지가 없다(헌재 1998. 10. 29. 96헌마186).

③ [X] 이 사건 법률조항은 국회의원이 보유한 모든 주식에 대해 적용되는 것이 아니라 직무관련성이 인정되는 금 3천만 원 이상의 주식에 대하여 적용되어 그 적용범위를 목적달성에 필요한 범위 내로 최소화하고 있는 점, 당사자에 대한 사후적 제재수단인 형사처벌이나 부당이득환수, 또는 보다 완화된 사전적 이해충돌회피수단이라 할 수 있는 직무회피나 단순보관신탁만으로는 이 사건 법률조항과 같은 수준의 입법목적 달성효과를 가져올 수 있을지 단정할 수 없다는 점에 비추어 최소침해성원칙에 반한다고 볼 수 없고, 국회의원의 공정한 직무수행에 대한 국민의 신뢰확보는 가히 돈으로 환산할 수 없는 가치를 지니는 점 등을 고려해 볼 때, 이 사건 법률조항으로 인한 사익의 침해가 그로 인해 확보되는 공익보다 반드시 크다고는 볼 수 없으므로 법익균형성원칙 역시 준수하고 있다. 따라서 이 사건 법률조항은 당해사건 원고의 재산권을 침해하지 아니한다(헌재 2012. 8. 23. 2010헌가65).

79 국회의원의 면책특권과 불체포특권에 대한 설명으로 옳은 것은? (다툼이 있는 경우 판례에 의함)

19. 국가직 7급

① 면책특권의 대상이 되는 행위는 국회의 직무수행에 필수적인 국회의원의 국회 내에서의 직무상 발언과 표결이라는 의사표현행위 자체에만 국한되는 것이므로, 이에 통상적으로 부수하여 행하여지는 행위까지 포함하는 것은 아니다.
② 정부는 체포 또는 구금된 의원이 있을 때에는 지체없이 의장에게 영장 사본을 첨부하여 이를 통지하여야 하나, 구속기간이 연장되었을 때에는 그러하지 아니한다.
③ 국회의장은 정부로부터 체포동의를 요청받은 후 처음 개의하는 본회의에 이를 보고하고, 본회의에 보고된 때부터 24시간 이후 72시간 이내에 표결하여야 하는데, 체포동의안이 72시간 이내에 표결되지 아니한 경우에는 체포동의안은 폐기된 것으로 본다.
④ 국회의원이 국회 예산결산위원회 회의장에서 법무부장관을 상대로 대정부질의를 하던 중 대통령 측근에 대한 대선자금 제공 의혹과 관련하여 이에 대한 수사를 촉구하는 과정에서 한 발언은 국회의원의 면책특권의 대상이 된다.

정답찾기

④ [O] 국회의원인 피고는 국회 예산결산위원회 회의장에서 법무부장관을 상대로 대정부질의를 하던 중, 당시 제기되어 있던 '(그룹명 생략) 그룹'측의 노무현 대통령 측근에 대한 대선자금 제공 의혹과 관련하여 이에 대한 수사를 촉구하는 과정에서 이 사건 발언을 하였고, 이 사건 발언 이후 위 의혹에 대하여 특별검사의 수사가 이루어지기도 했던 사실을 알 수 있는바, 이 사건 발언이 이루어진 전후 경위 및 그 내용 등에 비추어 보면, 피고로서는 이 사건 발언 내용이 허위라고 생각하면서도 발언을 하였다기보다는 당시 대통령을 둘러싼 정치자금 의혹이 제기되어 있던 상황에서 이에 대한 수사를 촉구하기 위하여 미처 진위여부를 정확하게 파악하지 못하거나 다소 근거가 부족한 채로 이 사건 발언을 하였다고 봄이 상당하고, 따라서 이 사건 발언이 면책특권의 범위를 벗어나는 것이라고 보기는 어렵다(대판 2007. 1. 12. 2005다57752).
① [X] 면책특권의 대상이 되는 행위는 국회의 직무수행에 필수적인 국회의원의 국회 내에서의 직무상 발언과 표결이라는 의사표현행위 자체에만 국한되지 않고 이에 통상적으로 부수하여 행하여지는 행위까지 포함된다(대판 1996. 11. 8. 96도1742).
② [X] 정부는 체포 또는 구금된 의원이 있을 때에는 지체 없이 의장에게 영장 사본을 첨부하여 이를 통지하여야 한다. 구속기간이 연장되었을 때에도 또한 같다(「국회법」제27조).
③ [X] 의장은 제1항에 따른 체포동의를 요청받은 후 처음 개의하는 본회의에 이를 보고하고, 본회의에 보고된 때부터 24시간 이후 72시간 이내에 표결한다. 다만, 체포동의안이 72시간 이내에 표결되지 아니하는 경우에는 그 이후에 최초로 개의하는 본회의에 상정하여 표결한다(「국회법」제26조 제2항).

80 국회 및 국회의원에 대한 설명으로 옳지 않은 것은? (다툼이 있는 경우 판례에 의함) 17. 지방직 7급

① 정부가 예산 또는 기금 상의 조치를 수반하는 의안을 제출하는 경우에는 그 의안의 시행에 수반될 것으로 예상되는 비용에 대한 추계서와 이에 상응하는 재원조달방안에 관한 자료를 의안에 첨부하여야 한다.
② 국회 의사 절차상 하자인 날치기통과에 대하여 국회의원은 헌법상 국가기관에 해당하므로 권한쟁의심판을 청구할 수 있다.
③ 국회의원 면책특권의 목적 및 취지 등에 비추어 볼 때, 발언 내용이 허위라는 점을 인식하지 못하였더라도 발언 내용에 근거가 부족하거나 진위 여부를 확인하기 위한 조사를 제대로 하지 않았다면 그것이 직무수행의 일환으로 이루어진 것일지라도 이는 면책특권의 대상이 되지 아니한다.
④ 국회의원의 심의·표결권은 국회의 대내적인 관계에서 행사되고 침해될 수 있을 뿐 다른 국가기관과의 대외적인 관계에서는 침해될 수 없는 것이다.

정답찾기

③ [X] 면책특권의 목적 및 취지 등에 비추어 볼 때, 발언 내용 자체에 의하더라도 직무와는 아무런 관련이 없음이 분명하거나, 명백히 허위임을 알면서도 허위의 사실을 적시하여 타인의 명예를 훼손하는 경우 등까지 면책특권의 대상이 될 수는 없지만, 발언 내용이 허위라는 점을 인식하지 못하였다면 비록 발언 내용에 다소 근거가 부족하거나 진위 여부를 확인하기 위한 조사를 제대로 하지 않았다고 하더라도, 그것이 직무 수행의 일환으로 이루어진 것인 이상 이는 면책특권의 대상이 된다(대판 2007. 1. 12. 2005다57752).
① [O] 정부가 예산상 또는 기금상의 조치를 수반하는 의안을 제출하는 경우에는 그 의안의 시행에 수반될 것으로 예상되는 비용에 관한 추계서와 이에 상응하는 재원조달방안에 관한 자료를 의안에 첨부하여야 한다(「국회법」 제79조의2 제3항).
② [O] 헌법 제111조 제1항 제4호 소정의 "국가기관"에 해당하는지 여부는 그 국가기관이 헌법에 의하여 설치되고 헌법과 법률에 의하여 독자적인 권한을 부여받고 있는지, 헌법에 의하여 설치된 국가기관 상호 간의 권한쟁의를 해결할 수 있는 적당한 기관이나 방법이 있는지 등을 종합적으로 고려하여야 할 것인바, 이러한 의미에서 국회의원과 국회의장은 위 헌법조항 소정의 "국가기관"에 해당하므로 권한쟁의심판의 당사자가 될 수 있다(헌재 1997. 7. 16. 96헌라2).
④ [O] 국회의원의 심의·표결권은 국회의 대내적인 관계에서 행사되고 침해될 수 있을 뿐 다른 국가기관과의 대외적인 관계에서는 침해될 수 없는 것이므로, 대통령 등 국회 이외의 국가기관과의 사이에서는 권한침해의 직접적인 법적 효과를 발생시키지 아니한다(헌재 2015. 11. 26. 2013헌라3).

81 국회의원에 대한 설명으로 옳지 않은 것은? (다툼이 있는 경우 판례에 의함) 22. 국가직 7급

① 국회의원을 체포하거나 구금하기 위하여 국회의 동의를 받으려고 할 때에는 관할법원의 판사는 영장을 발부하기 전에 체포동의 요구서를 국회에 제출하여야 한다.

② 국회의원은 국회 내 의안 처리 과정에서 질의권·토론권 및 표결권을 침해받았음을 이유로 「헌법재판소법」 제68조 제1항의 헌법소원을 청구할 수 없다.

③ 국회의원이 국회 내에서 하는 정부·행정기관에 대한 자료제출의 요구는 그것이 직무상 질문이나 질의를 준비하기 위한 것인 경우에 직무상 발언에 부수하여 행하여진 것으로서 면책특권이 인정되어야 한다.

④ 구 「공직자윤리법」상 매각 또는 백지신탁의 대상이 되는 주식의 보유한도액을 결정함에 있어 국회의원 본인뿐만 아니라 본인과 일정한 친족관계가 있는 자들의 보유주식 역시 포함하도록 하고 있는 것은 본인과 친족 사이의 실질적·경제적 관련성에 근거한 것이지, 실질적으로 의미 있는 관련성이 없음에도 오로지 친족관계 그 자체만으로 불이익한 처우를 가하는 것이 아니므로 헌법 제13조 제3항에 위배되지 아니한다.

정답찾기

① [X] 의원을 체포하거나 구금하기 위하여 국회의 동의를 받으려고 할 때에는 관할법원의 판사는 영장을 발부하기 전에 체포동의 요구서를 정부에 제출하여야 하며, 정부는 이를 수리한 후 지체 없이 그 사본을 첨부하여 국회에 체포 동의를 요청하여야 한다(「국회법」 제26조 제1항).

② [O] 입법권은 헌법 제40조에 의하여 국가기관으로서의 국회에 속하는 것이고, 국회의원이 국회 내에서 행사하는 질의권·토론권 및 표결권 등은 입법권 등 공권력을 행사하는 국가기관인 국회의 구성원의 지위에 있는 국회의원에게 부여된 권한으로서 국회의원 개인에게 헌법이 보장하는 권리 즉 기본권으로 인정된 것이라고 할 수는 없다(헌재 1995. 2. 23. 91헌마231).

③ [O] 국회의원이 국회 내에서 하는 정부·행정기관에 대한 자료제출의 요구는 국회의원이 입법 및 국정통제 활동을 수행하기 위하여 필요로 하는 것이므로 그것이 직무상 질문이나 질의를 준비하기 위한 것인 경우에는 직무상 발언에 부수하여 행하여진 것으로서 면책특권이 인정되어야 한다(대판 1996. 11. 8. 96도1742).

④ [O] 이 사건 법률조항이 매각 또는 백지신탁의 대상이 되는 주식의 보유한도액을 결정함에 있어 국회의원 본인뿐만 아니라 본인과 일정한 친족관계가 있는 자들의 보유주식 역시 포함하도록 하고 있는 것은 본인과 친족 사이의 실질적·경제적 관련성에 근거한 것이지, 실질적으로 의미 있는 관련성이 없음에도 오로지 친족관계 그 자체만으로 불이익한 처우를 가하는 것이 아니므로 헌법 제13조 제3항에 위배되지 아니한다(헌재 2012. 8. 23. 2010헌가65).

Answer 80 ③ 81 ①

82. 국회의원에 대한 설명으로 옳은 것만을 모두 고르면? (다툼이 있는 경우 판례에 의함)   21. 지방직 7급

> ㉠ 국회의원의 의안에 대한 심의·표결권은 국회의원 개인의 전속적 권한이므로, 국회의원의 개별적인 의사에 따라 포기할 수 있다.
> ㉡ 국회의원이 체포 또는 구금된 국회의원의 석방 요구를 발의할 때에는 재적의원 4분의 1 이상의 연서(連書)로 그 이유를 첨부한 요구서를 의장에게 제출하여야 한다.
> ㉢ 국회의원은 국무총리 또는 국무위원직 외의 다른 직을 겸할 수 없으나, 다른 법률에서 국회의원이 임명·위촉되도록 정한 직은 겸할 수 있다.
> ㉣ 국회의원은 그 직무 외에 영리를 목적으로 하는 업무에 종사할 수 없으나, 다만 국회의원 본인 소유의 토지·건물 등의 재산을 활용한 임대업 등 영리업무를 하는 경우로서 국회의원 직무수행에 지장이 없는 경우에는 그러하지 아니하다.

① ㉠, ㉡
② ㉡, ㉢
③ ㉢, ㉣
④ ㉡, ㉢, ㉣

정답찾기

㉠ [X] 국회의원의 법률안 심의·표결권은 국민에 의하여 선출된 국가기관으로서 국회의원이 그 본질적 임무인 입법에 관한 직무를 수행하기 위하여 보유하는 권한으로서의 성격을 갖고 있으므로 국회의원의 개별적인 의사에 따라 포기할 수 있는 것은 아니다(헌재 2009. 10. 29. 2009헌라8).

㉡ [O] 의원이 체포 또는 구금된 의원의 석방 요구를 발의할 때에는 재적의원 4분의 1 이상의 연서(連書)로 그 이유를 첨부한 요구서를 의장에게 제출하여야 한다(「국회법」 제28조).

㉢ [O] 의원은 국무총리 또는 국무위원직 외의 다른 직을 겸할 수 없다. 다만, 다음 각 호의 어느 하나에 해당하는 경우에는 그러하지 아니하다. 1. 공익 목적의 명예직 2. 다른 법률에서 의원이 임명·위촉되도록 정한 직 3. 「정당법」에 따른 정당의 직(「국회법」 제29조 제1항).

㉣ [O] 의원은 그 직무 외에 영리를 목적으로 하는 업무에 종사할 수 없다. 다만, 의원 본인 소유의 토지·건물 등의 재산을 활용한 임대업 등 영리업무를 하는 경우로서 의원 직무수행에 지장이 없는 경우에는 그러하지 아니하다(「국회법」 제29조의2 제1항).

83 국회의원에 대한 설명으로 옳은 것은?

23. 국가직 7급

① 국회의원을 제명하려면 국회 재적의원 과반수 출석과 출석의원 3분의 2 이상의 찬성이 있어야 한다.
② 국회의원이 다른 의원의 자격에 대하여 이의가 있을 때에는 30명 이상의 연서로 의장에게 자격심사를 청구할 수 있다.
③ 국회의원의 법률안 심의·표결권은 국회의원 각자에게 보장되는 법률상 권한이라는 것 또한 의문의 여지가 없으므로, 이는 국회의원의 개별적 의사에 따라 포기할 수 있는 성질의 것이다.
④ 국회의 구성원인 국회의원이 국회를 위하여 국회의 권한침해를 주장하는 권한쟁의심판의 청구는 그 권능이 권력분립원칙과 소수자보호의 이념으로부터 도출될 수 있으므로, 「헌법재판소법」에 명문의 규정이 없더라도 적법하다고 보아야 한다.

정답찾기

② [O] 의원이 다른 의원의 자격에 대하여 이의가 있을 때에는 30명 이상의 연서로 의장에게 자격심사를 청구할 수 있다(「국회법」 제138조).
① [X] 의원을 제명하려면 국회 재적의원 3분의 2 이상의 찬성이 있어야 한다(헌법 제64조 제3항).
③ [X] 국회의원의 법률안 심의·표결권은 국민에 의하여 선출된 국가기관으로서 국회의원이 그 본질적 임무인 입법에 관한 직무를 수행하기 위하여 보유하는 권한으로서의 성격을 갖고 있으므로 국회의원의 개별적인 의사에 따라 포기할 수 있는 것은 아니다(헌재 2009. 10. 29. 2009헌라8).
④ [X] 권한쟁의심판에 있어 '제3자 소송담당'을 허용하는 법률의 규정이 없는 현행법 체계하에서 국회의 구성원인 청구인들은 국회의 조약에 대한 체결·비준 동의권의 침해를 주장하는 권한쟁의심판을 청구할 수 없다 할 것이므로, 청구인들의 이 부분 심판청구는 청구인적격이 없어 부적법하다(헌재 2007. 7. 26. 2005헌라8).

Answer 82 ④ 83 ②

84 국회의원의 지위 및 권리에 대한 설명으로 옳은 것만을 〈보기〉에서 모두 고르면? (다툼이 있는 경우 판례에 의함)

21. 국회 8급

― 〈 보기 〉―

㉠ 지방의회의원으로 하여금 지방공사의 직원을 겸직할 수 없도록 한 조항이 국회의원으로 하여금 국무위원이 될 수도 있도록 하고 있는 조항과 비교하여 차별한 것은 아닌지의 문제가 제기된 헌법소원 심판사건에서 헌법재판소는 지방의원과 국회의원을 합리적 사유가 없이 차별한 것으로서 평등권을 침해한다고 하였다.
㉡ 국회의원은 국무총리 및 국무위원 이외의 다른 직의 겸직이 금지되지만 공익목적의 명예직이나 정당법에 따른 정당의 직 등은 허용된다.
㉢ 국회의원은 현행범인 경우를 제외하고는 회기 중 국회의 동의 없이 체포 또는 구금되지 아니하고 국회의원이 회기 전에 체포 또는 구금된 때에는 현행범이 아닌 국회의 요구가 있으면 회기 중 석방된다.
㉣ 국회의원은 그 지위를 남용하여 국가·공공단체 또는 기업체와의 계약이나 그 처분에 의하여 재산상의 권리·이익 또는 직위를 취득하거나 타인을 위하여 그 취득을 알선할 수 없다.
㉤ 면책특권의 대상이 되는 행위는 국회의 직무수행에 필수적인 국회의원의 국회 내에서의 직무상 발언과 표결이라는 의사표현행위에 국한된다.

① ㉠, ㉡, ㉢
② ㉠, ㉣, ㉤
③ ㉡, ㉢, ㉣
④ ㉡, ㉢, ㉤
⑤ ㉡, ㉣, ㉤

정답찾기

㉠【X】지방공사와 지방자치단체, 지방의회의 관계에 비추어 볼 때, 지방공사 직원의 직을 겸할 수 없도록 함에 있어 지방의회의원과 국회의원은 본질적으로 동일한 비교집단이라고 볼 수 없으므로, 양자를 달리 취급하였다고 할지라도 이것이 지방의회의원인 청구인의 평등권을 침해한 것이라고 할 수는 없다(헌재 2012. 4. 24. 2010헌마605).
㉡【O】의원은 국무총리 또는 국무위원직 외의 다른 직을 겸할 수 없다. 다만, 공익 목적의 명예직, 다른 법률에서 의원이 임명·위촉되도록 정한 직, 「정당법」에 따른 정당의 직의 경우에는 그러하지 아니하다(「국회법」 제29조 제1항).
㉢【O】국회의원은 현행범인 경우를 제외하고는 회기 중 국회의 동의 없이 체포 또는 구금되지 아니한다(헌법 제44조 제1항). 국회의원이 회기 전에 체포 또는 구금된 때에는 현행범이 아닌 한 국회의 요구가 있으면 회기 중 석방된다(헌법 제44조 제2항).
㉣【O】국회의원은 그 지위를 남용하여 국가·공공단체 또는 기업체와의 계약이나 그 처분에 의하여 재산상의 권리·이익 또는 직위를 취득하거나 타인을 위하여 그 취득을 알선할 수 없다(헌법 제46조 제3항).
㉤【X】국회의원의 면책특권의 대상이 되는 행위는 직무상의 발언과 표결이라는 의사표현행위 자체에 국한되지 아니하고 이에 통상적으로 부수하여 행하여지는 행위까지 포함하고 그와 같은 부수행위인지 여부는 결국 구체적인 행위의 목적, 장소, 태양 등을 종합하여 개별적으로 판단할 수밖에 없다(대판 1992. 9. 22. 91도3317).

85 「국회법」상 국회의원 및 국회의 운영에 대한 설명으로 옳지 않은 것은? 24. 국가직 7급

① 국회의원은 그 직무 외에 영리를 목적으로 하는 업무에 종사할 수 없지만, 국회의원 본인 소유의 토지·건물 등의 재산을 활용한 임대업 등 영리업무를 하는 경우로서 국회의원 직무수행에 지장이 없는 경우에는 그러하지 아니하다.
② 보임(補任)되거나 개선(改選)된 상임위원의 임기는 전임자 임기의 남은 기간으로 한다.
③ 위원회에서의 질의는 일문일답의 방식으로 하지만, 위원장의 허가가 있는 경우 일괄질의의 방식으로 한다.
④ 본회의는 공개하지만, 국회의장의 제의 또는 국회의원 10명 이상의 연서에 의한 동의로 본회의 의결이 있거나 국회의장이 각 교섭단체 대표의원과 협의하여 국가의 안전보장을 위하여 필요하다고 인정할 때에는 공개하지 아니할 수 있다.

> 정답찾기

③ [X] 위원회에서의 질의는 일문일답(一問一答)의 방식으로 한다. 다만, 위원회의 의결이 있는 경우 일괄질의의 방식으로 할 수 있다(「국회법」 제60조 제2항).
① [O] 의원은 그 직무 외에 영리를 목적으로 하는 업무에 종사할 수 없다. 다만, 의원 본인 소유의 토지·건물 등의 재산을 활용한 임대업 등 영리업무를 하는 경우로서 의원 직무수행에 지장이 없는 경우에는 그러하지 아니하다(「국회법」 제29조의2 제1항).
② [O] 보임(補任)되거나 개선(改選)된 상임위원의 임기는 전임자 임기의 남은 기간으로 한다(「국회법」 제40조 제2항).
④ [O] 본회의는 공개한다. 다만, 의장의 제의 또는 의원 10명 이상의 연서에 의한 동의(動議)로 본회의 의결이 있거나 의장이 각 교섭단체 대표의원과 협의하여 국가의 안전보장을 위하여 필요하다고 인정할 때에는 공개하지 아니할 수 있다(「국회법」 제75조 제1항).

Answer 84 ③   85 ③

제2절 대통령

제1항 대통령의 선거와 신분

86 대통령 선거에 대한 설명으로 옳은 것은?   23. 국가직 7급

① 대통령 후보자가 1인일 때에는 그 득표수가 선거권자 총수의 과반수가 아니면 대통령으로 당선될 수 없다.
② 대통령선거 예비후보자등록을 신청하는 사람에게 대통령선거 기탁금의 100분의 20에 해당하는 금액인 6,000만 원을 기탁금으로 납부하도록 한 「공직선거법」 조항 중 해당부분은 경제력이나 조직력이 약한 사람의 예비후보자등록을 억제하거나 예비후보자로 나서는 것 자체를 원천적으로 차단하게 되어 대통령선거 예비후보자의 공무담임권을 침해한다.
③ 헌법은 대통령의 임기가 만료되는 때에는 임기만료 70일 내지 40일 전에 후임자를 선거하고, 대통령이 궐위된 때 또는 대통령 당선자가 사망하거나 판결 기타의 사유로 그 자격을 상실한 때에는 60일 이내에 후임자를 선거한다고 규정한다.
④ 전임자의 임기가 만료된 후에 실시하는 선거와 궐위로 인한 선거에 의한 대통령의 임기는 선거일의 다음날 0시부터 개시된다.

정답찾기

③ [O] 대통령의 임기가 만료되는 때에는 임기만료 70일 내지 40일 전에 후임자를 선거한다. 대통령이 궐위된 때 또는 대통령 당선자가 사망하거나 판결 기타의 사유로 그 자격을 상실한 때에는 60일 이내에 후임자를 선거한다(헌법 제68조 제1항, 제2항).
① [X] 대통령 후보자가 1인일 때에는 그 득표수가 선거권자 총수의 3분의 1 이상이 아니면 대통령으로 당선될 수 없다(헌법 제67조 제3항).
② [X] 예비후보자 기탁금제도는 예비후보자의 무분별한 난립을 막고 책임성과 성실성을 담보하기 위한 것인데, 선거권자 추천제도 역시 상당한 숫자의 선거권자로부터 추천을 받는 데에 적지 않은 노력과 비용이 소요될 것이므로 예비후보자의 수를 적정한 범위로 제한하는 방법으로서 덜 침해적인 것이라고 단정할 수 없다. 대통령선거는 가장 중요한 국가권력 담당자를 선출하는 선거로서 후보난립의 유인이 다른 선거에 비해 훨씬 더 많으며, 본선거의 후보자로 등록하고자 하는 예비후보자에게 예비후보자 기탁금은 본선거 기탁금의 일부를 미리 납부하는 것에 불과하다는 점 등을 고려하면 기탁금 액수가 과다하다고도 할 수 없으므로 심판대상조항이 과잉금지원칙에 위배되어 공무담임권을 침해한다고 볼 수 없다(헌재 2015. 7. 30. 2012헌마402).
④ [X] 대통령의 임기는 전임대통령의 임기만료일의 다음날 0시부터 개시된다. 다만, 전임자의 임기가 만료된 후에 실시하는 선거와 궐위로 인한 선거에 의한 대통령의 임기는 당선이 결정된 때부터 개시된다(「공직선거법」 제14조 제1항).

87 대통령 선거에 대한 설명으로 옳지 않은 것은? 20. 5급 공채(행정)

① 대통령 후보자가 1인일 때에는 그 득표수가 선거권자 총수의 3분의 1 이상이 아니면 대통령으로 당선될 수 없다.
② 대통령으로 선거될 수 있는 자는 국회의원의 피선거권이 있고 선거일 현재 45세에 달하여야 한다.
③ 헌법은 대통령의 임기가 만료되는 때에는 임기만료 70일 내지 40일 전에 후임자를 선거한다고 규정하고 있다.
④ 대통령이 궐위된 때 또는 대통령 당선자가 사망하거나 판결 기타의 사유로 그 자격을 상실한 때에는 60일 이내에 후임자를 선거한다.

정답찾기

② [X] 대통령으로 선거될 수 있는 자는 국회의원의 피선거권이 있고 선거일 현재 40세에 달하여야 한다(헌법 제67조 제4항).
① [O] 대통령 후보자가 1인일 때에는 그 득표수가 선거권자 총수의 3분의 1 이상이 아니면 대통령으로 당선될 수 없다(헌법 제67조 제3항).
③ [O] 대통령의 임기가 만료되는 때에는 임기만료 70일 내지 40일전에 후임자를 선거한다(헌법 제68조 제1항).
④ [O] 대통령이 궐위된 때 또는 대통령 당선자가 사망하거나 판결 기타의 사유로 그 자격을 상실한 때에는 60일 이내에 후임자를 선거한다(헌법 제68조 제2항).

Answer 86 ③ 87 ②

88. 대통령에 대한 설명으로 옳은 것만을 〈보기〉에서 모두 고르면?

21. 국회 8급

— 〈 보기 〉 —

㉠ 대통령은 국가의 안위에 관계되는 중대한 교전상태에 있어서 국가를 보위하기 위하여 긴급한 조치가 필요하고 국회의 집회가 불가능한 때에 한하여 법률의 효력을 가지는 명령을 발할 수 있다.
㉡ 대통령은 사법부를 구성할 권한을 가지므로, 국회의 동의를 얻어 대법원장과 대법관을 임명하며, 대법원장의 제청으로 일반법관을 임명한다.
㉢ 대통령직인수위원회는 대통령 임기 시작일 이후 30일의 범위에서 존속한다.
㉣ 대통령은 외교사절을 신임·접수 또는 파견하고, 이를 위해서는 국회의 동의가 필요하다.
㉤ 대통령의 임기가 만료되는 때에는 임기 만료 70일 내지 30일 전에 후임자를 선거한다.

① ㉠, ㉢
② ㉠, ㉣
③ ㉡, ㉣
④ ㉡, ㉤
⑤ ㉢, ㉤

정답찾기

㉠ [O] 대통령은 국가의 안위에 관계되는 중대한 교전상태에 있어서 국가를 보위하기 위하여 긴급한 조치가 필요하고 국회의 집회가 불가능한 때에 한하여 법률의 효력을 가지는 명령을 발할 수 있다(헌법 제76조 제2항).
㉡ [X] 대법원장은 국회의 동의를 얻어 대통령이 임명한다(헌법 제104조 제1항). 대법관은 대법원장의 제청으로 국회의 동의를 얻어 대통령이 임명한다(헌법 제104조 제2항). 대법원장과 대법관이 아닌 법관은 대법관회의의 동의를 얻어 대법원장이 임명한다(헌법 제104조 제3항).
㉢ [O] 위원회는 대통령 임기 시작일 이후 30일의 범위에서 존속한다(「대통령직인수법」 제6조 제2항).
㉣ [X] 대통령은 조약을 체결·비준하고, 외교사절을 신임·접수 또는 파견하며, 선전포고와 강화를 한다(헌법 제73조). 외교사절을 신임·접수 또는 파견할 때 국회의 동의가 필요한 것은 아니다.
㉤ [X] 대통령의 임기가 만료되는 때에는 임기 만료 70일 내지 40일 전에 후임자를 선거한다(헌법 제68조 제1항).

제2항 | 대통령의 권한

1 비상대권적 권한

89. 대통령의 국가긴급권에 대한 설명으로 옳은 것은?

17. 5급 공채(행정)

① 헌법상 대통령의 계엄선포권은 '국가의 안위에 관계되는 중대한 교전상태'를 발동요건으로 한다.
② 헌법상 대통령이 발한 긴급명령에 대하여 국회의 승인을 얻지 못한 경우 그 명령은 소급하여 효력을 상실한다.
③ 헌법상 대통령의 긴급재정경제처분 및 명령권은 '국회의 집회가 불가능한 때'에 한하여 발할 수 있다.
④ 헌법상 비상계엄이 선포된 때에는 법률이 정하는 바에 의하여 영장제도, 언론·출판·집회·결사의 자유, 정부나 법원의 권한에 관하여 특별한 조치를 할 수 있다.

정답찾기

④ [O] 비상계엄이 선포된 때에는 법률이 정하는 바에 의하여 영장제도, 언론·출판·집회·결사의 자유, 정부나 법원의 권한에 관하여 특별한 조치를 할 수 있다(헌법 제77조 제3항).
① [X] 대통령은 전시·사변 또는 이에 준하는 국가비상사태에 있어서 병력으로써 군사상의 필요에 응하거나 공공의 안녕질서를 유지할 필요가 있을 때에는 법률이 정하는 바에 의하여 계엄을 선포할 수 있다(헌법 제77조 제1항).
② [X] 제3항의 승인을 얻지 못한 때에는 그 처분 또는 명령은 그때부터 효력을 상실한다. 이 경우 그 명령에 의하여 개정 또는 폐지되었던 법률은 그 명령이 승인을 얻지 못한 때부터 당연히 효력을 회복한다(헌법 제76조 제4항).
③ [X] 대통령은 내우·외환·천재·지변 또는 중대한 재정·경제상의 위기에 있어서 국가의 안전보장 또는 공공의 안녕질서를 유지하기 위하여 긴급한 조치가 필요하고 국회의 집회를 기다릴 여유가 없을 때에 한하여 최소한으로 필요한 재정·경제상의 처분을 하거나 이에 관하여 법률의 효력을 가지는 명령을 발할 수 있다(헌법 제76조 제1항).

90 계엄에 대한 설명으로 옳은 것은? 　　　　　　　　　　　　　　　　　　　　　18. 지방직 7급

① 대통령이 계엄을 선포하였을 때에는 지체 없이 국회에 통고하여야 하는데, 이 때 국회가 폐회 중인 경우에는 대통령이 국회에 집회를 요구하지 않아도 된다.
② 대통령이 계엄을 선포할 때에는 국무회의의 심의를 거쳐야 하나, 계엄을 변경하고자 할 때에는 국무회의의 심의를 거칠 필요가 없다.
③ 국회가 재적의원 과반수의 출석과 출석의원 과반수의 찬성으로 계엄의 해제를 요구한 때에는 대통령은 이를 해제하여야 한다.
④ 비상계엄이 선포된 때에는 법률이 정하는 바에 의하여 영장제도, 영장제도, 언론·출판·집회·결사의 자유, 정부나 법원의 권한에 관하여 특별한 조치를 할 수 있다.

정답찾기

④ [O] 비상계엄이 선포된 때에는 법률이 정하는 바에 의하여 영장제도, 언론·출판·집회·결사의 자유, 정부나 법원의 권한에 관하여 특별한 조치를 할 수 있다(헌법 제77조 제3항).
① [X] 대통령이 계엄을 선포하였을 때에는 지체 없이 국회에 통고(通告)하여야 한다(「계엄법」 제4조 제1항). 제1항의 경우에 국회가 폐회 중일 때에는 대통령은 지체 없이 국회에 집회를 요구하여야 한다(「계엄법」 제4조 제2항).
② [X] 대통령이 계엄을 선포하거나 변경하고자 할 때에는 국무회의의 심의를 거쳐야 한다(「계엄법」 제2조 제5항).
③ [X] 국회가 재적의원 과반수의 찬성으로 계엄의 해제를 요구한 때에는 대통령은 이를 해제하여야 한다(헌법 제77조 제5항).

91. 계엄에 대한 설명으로 옳은 것으로만 묶은 것은? (다툼이 있는 경우 판례에 의함)   21. 국가직 7급

㉠ 계엄이 해제된 후에는 계엄 하에서 행해진 위반행위의 가벌성이 소멸된다고 보아야 하므로, 계엄기간 중의 계엄포고위반행위에 대해서는 행위당시의 법령에 따라 처벌할 수 없다.
㉡ 계엄을 선포할 때에는 국무회의의 심의를 거쳐야 하나, 계엄을 해제할 때에는 국무회의의 심의를 거치지 않아도 된다.
㉢ 국회가 재적의원 과반수의 찬성으로 계엄의 해제를 요구한 때에는 대통령은 이를 해제하여야 한다.
㉣ 비상계엄이 선포된 때에는 법률이 정하는 바에 의하여 영장제도, 언론·출판·집회·결사의 자유, 정부나 법원의 권한에 관하여 특별한 조치를 할 수 있다.

① ㉠, ㉡
② ㉠, ㉢
③ ㉡, ㉣
④ ㉢, ㉣

정답찾기

㉠ [X] 계엄령의 해제는 사태의 호전에 따른 조치이고 계엄령은 부당하다는 반성적 고찰에서 나온 조치는 아니므로 계엄이 해제되었다고 하여 계엄 하에서 행해진 위반행위의 가벌성이 소멸된다고는 볼 수 없는 것으로서 계엄기간 중의 계엄포고위반의 죄는 계엄해제 후에도 행위당시의 법령에 따라 처벌되어야 하고 계엄의 해제를 범죄 후 법령의 개폐로 형이 폐지된 경우와 같이 볼 수 없다(대판 1985. 5. 28. 81도1045).
㉡ [X] 대통령이 제1항에 따라 계엄을 해제하려는 경우에는 국무회의의 심의를 거쳐야 한다(「계엄법」 제11조 제2항).
㉢ [O] 국회가 재적의원 과반수의 찬성으로 계엄의 해제를 요구한 때에는 대통령은 이를 해제하여야 한다(헌법 제77조 제5항).
㉣ [O] 비상계엄이 선포된 때에는 법률이 정하는 바에 의하여 영장제도, 언론·출판·집회·결사의 자유, 정부나 법원의 권한에 관하여 특별한 조치를 할 수 있다(헌법 제77조 제3항).

92. 대통령의 국가긴급권에 대한 설명으로 옳은 것은? (다툼이 있는 경우 판례에 의함)   19. 국가직 7급

① 대통령의 긴급재정경제명령은 중대한 재정 경제상의 위기에 처하여 국회의 집회를 기다릴 여유가 없을 때에 국가의 안전보장 또는 공공의 안녕질서를 유지하기 위하여 필요한 경우에 발동되는 일종의 국가긴급권으로서 대통령의 고도의 정치적 결단을 요하는 국가작용이므로 헌법재판소의 심판대상이 될 수 없다.
② 긴급재정경제명령은 위기가 발생할 우려가 있다는 이유로 사전적·예방적으로 발할 수 없고, 공공복리의 증진과 같은 적극적 목적을 위하여도 발할 수 없다.
③ 국가긴급권은 비상적인 위기상황을 극복하고 헌법질서를 수호하기 위해 헌법질서에 대한 예외를 허용하는 것이기 때문에 그 본질상 일시적·잠정적으로만 행사되어야 한다는 한계가 적용될 수 없다.
④ 대통령은 내우·외환·천재·지변 또는 중대한 재정·경제상의 위기에 있어서 국가의 안전보장 또는 공공의 안녕질서를 유지하기 위하여 긴급한 조치가 필요하고 국회의 집회를 기다릴 여유가 없을 때에 한하여 최소한으로 필요한 재정·경제상의 처분을 하거나 이에 관하여 법률의 효력을 가지는 명령을 발할 수 있으며, 이 경우 국회가 폐회 중일 때에는 대통령은 지체 없이 국회에 집회를 요구하여야 한다.

정답찾기

② [O] 긴급재정경제명령은 정상적인 재정운용·경제운용이 불가능한 중대한 재정·경제상의 위기가 현실적으로 발생하여(그러므로 위기가 발생할 우려가 있다는 이유로 사전적·예방적으로 발할 수는 없다) 긴급한 조치가 필요함에도 국회의 폐회 등으로 국회가 현실적으로 집회될 수 없고 국회의 집회를 기다려서는 그 목적을 달할 수 없는 경우에 이를 사후적으로 수습함으로써 기존질서를 유지·회복하기 위하여(그러므로 공공복리의 증진과 같은 적극적 목적을 위하여는 발할 수 없다) 위기의 직접적 원인의 제거에 필수불가결한 최소의 한도 내에서 헌법이 정한 절차에 따라 행사되어야 한다. 그리고 긴급재정경제명령은 평상시의 헌법 질서에 따른 권력행사방법으로서는 대처할 수 없는 중대한 위기상황에 대비하여 헌법이 인정한 비상수단으로서 의회주의 및 권력분립의 원칙에 대한 중대한 침해가 되므로 위 요건은 엄격히 해석되어야 할 것이다(헌재 1996. 2. 29. 93헌마186).

① [X] 대통령의 긴급재정경제명령은 국가긴급권의 일종으로서 고도의 정치적 결단에 의하여 발동되는 행위이고 그 결단을 존중하여야 할 필요성이 있는 행위라는 의미에서 이른바 통치행위에 속한다고 할 수 있으나, 통치행위를 포함하여 모든 국가작용은 국민의 기본권적 가치를 실현하기 위한 수단이라는 한계를 반드시 지켜야 하는 것이고, 헌법재판소는 헌법의 수호와 국민의 기본권 보장을 사명으로 하는 국가기관이므로 비록 고도의 정치적 결단에 의하여 행해지는 국가작용이라고 할지라도 그것이 국민의 기본권 침해와 직접 관련되는 경우에는 당연히 헌법재판소의 심판대상이 된다(헌재 1996. 2. 29. 93헌마186).

③ [X] 국가긴급권의 행사는 헌법질서에 대한 중대한 위기상황의 극복을 위한 것이기 때문에, 본질적으로 위기상황의 직접적인 원인을 제거하는데 필수불가결한 최소한도 내에서만 행사되어야 한다는 목적상 한계가 있다. 또한 국가긴급권은 비상적인 위기상황을 극복하고 헌법질서를 수호하기 위해 헌법질서에 대한 예외를 허용하는 것이기 때문에 그 본질상 일시적·잠정적으로만 행사되어야 한다는 시간적 한계가 있다(헌재 2015. 3. 26. 2014헌가5).

④ [X] 대통령은 내우·외환·천재·지변 또는 중대한 재정·경제상의 위기에 있어서 국가의 안전보장 또는 공공의 안녕질서를 유지하기 위하여 긴급한 조치가 필요하고 국회의 집회를 기다릴 여유가 없을 때에 한하여 최소한으로 필요한 재정·경제상의 처분을 하거나 이에 관하여 법률의 효력을 가지는 명령을 발할 수 있다(헌법 제76조 제1항). 국회가 폐회 중일 때에는 대통령은 지체 없이 국회에 집회를 요구하여야 한다는 규정은 없다.

93 대통령의 국가긴급권에 대한 설명으로 옳지 않은 것은? (다툼이 있는 경우 판례에 의함)   20. 5급 공채(행정)

① 대통령은 국가의 안위에 관계되는 중대한 교전상태에 있어서 국가를 보위하기 위하여 긴급한 조치가 필요하고 국회의 집회를 기다릴 여유가 없는 때에 한하여 법률의 효력을 가지는 명령을 발할 수 있다.
② 대통령은 긴급명령을 한 때에는 지체 없이 국회에 보고하여 그 승인을 얻어야 한다.
③ 대통령이 긴급명령을 발하기 위해서는 국무회의의 심의를 거쳐야 한다.
④ 대통령의 긴급재정경제명령은 국가긴급권의 일종으로서 고도의 정치적 결단에 의하여 발동되는 행위이고 그 결단을 존중하여야 할 필요성이 있는 행위라는 의미에서 통치행위에 속한다.

정답찾기

① [X] 대통령은 국가의 안위에 관계되는 중대한 교전상태에 있어서 국가를 보위하기 위하여 긴급한 조치가 필요하고 국회의 집회가 불가능한 때에 한하여 법률의 효력을 가지는 명령을 발할 수 있다(헌법 제76조 제2항).
② [O] 대통령은 제1항과 제2항의 처분 또는 명령을 한 때에는 지체 없이 국회에 보고하여 그 승인을 얻어야 한다(헌법 제76조 제3항).
③ [O] 대통령이 긴급명령을 발하기 위해서는 국무회의의 심의를 거쳐야 한다(헌법 제89조5호).
④ [O] 대통령의 긴급재정경제명령은 국가긴급권의 일종으로서 고도의 정치적 결단에 의하여 발동되는 행위이고 그 결단을 존중하여야 할 필요성이 있는 행위라는 의미에서 이른바 통치행위에 속한다고 할 수 있다(헌재 1996. 2. 29. 93헌마186).

Answer 91 ④ 92 ② 93 ①

94. 대통령의 국가긴급권에 대한 설명으로 옳지 않은 것은? 〈24. 국가직 7급〉

① 대통령은 국가의 안위에 관계되는 중대한 교전상태에 있어서 국가를 보위하기 위하여 긴급한 조치가 필요하고 국회의 집회가 불가능한 때에 한하여 법률의 효력을 가지는 명령을 발할 수 있다.
② 대통령은 전시·사변 또는 이에 준하는 국가비상사태에 있어서 병력으로써 군사상의 필요에 응하거나 공공의 안녕질서를 유지할 필요가 있을 때에는 법률이 정하는 바에 의하여 계엄을 선포할 수 있다.
③ 「계엄법」상 대통령은 전시·사변 또는 이에 준하는 국가비상사태 시 사회질서가 교란되어 일반 행정기관만으로는 치안을 확보할 수 없는 경우에 공공의 안녕질서를 유지하기 위하여 비상계엄을 선포한다.
④ 대통령은 내우·외환·천재·지변 또는 중대한 재정·경제상의 위기에 있어서 국가의 안전보장 또는 공공의 안녕질서를 유지하기 위하여 긴급한 조치가 필요하고 국회의 집회를 기다릴 여유가 없을 때에 한하여 최소한으로 필요한 재정·경제상의 처분을 하거나 이에 관하여 법률의 효력을 가지는 명령을 발할 수 있다.

정답찾기

③ 【X】 경비계엄은 대통령이 전시·사변 또는 이에 준하는 국가비상사태 시 사회질서가 교란되어 일반 행정기관만으로는 치안을 확보할 수 없는 경우에 공공의 안녕질서를 유지하기 위하여 선포한다(「계엄법」 제2조 제3항).
① 【O】 대통령은 국가의 안위에 관계되는 중대한 교전상태에 있어서 국가를 보위하기 위하여 긴급한 조치가 필요하고 국회의 집회가 불가능한 때에 한하여 법률의 효력을 가지는 명령을 발할 수 있다(헌법 제76조 제2항).
② 【O】 대통령은 전시·사변 또는 이에 준하는 국가비상사태에 있어서 병력으로써 군사상의 필요에 응하거나 공공의 안녕질서를 유지할 필요가 있을 때에는 법률이 정하는 바에 의하여 계엄을 선포할 수 있다(헌법 제77조 제1항).
④ 【O】 대통령은 내우·외환·천재·지변 또는 중대한 재정·경제상의 위기에 있어서 국가의 안전보장 또는 공공의 안녕질서를 유지하기 위하여 긴급한 조치가 필요하고 국회의 집회를 기다릴 여유가 없을 때에 한하여 최소한으로 필요한 재정·경제상의 처분을 하거나 이에 관하여 법률의 효력을 가지는 명령을 발할 수 있다(헌법 제76조 제1항).

95. 헌법 제72조의 국민투표에 대한 설명으로 옳지 않은 것은? 〈23. 지방직 7급〉

① 대통령은 필요하다고 인정할 때에는 외교·국방·통일 기타 국가안위에 관한 중요정책을 국민투표에 붙일 수 있다.
② 대통령이 위헌적인 재신임 국민투표를 단지 제안만 하였을 뿐 국민투표를 시행하지는 않았다면, 대통령의 이러한 제안은 헌법 제72조에 위반되는 것이 아니다.
③ 재외선거인은 대의기관을 선출할 권리가 있는 국민으로서 대의기관의 의사결정에 대해 승인할 권리가 있으므로, 국민투표권자에는 재외선거인이 포함된다.
④ 헌법 제72조의 국민투표권은 대통령이 어떠한 정책을 국민투표에 부의한 경우에 비로소 행사가 가능한 기본권이라 할 수 있다.

정답찾기

② [X] 대통령이 위헌적인 재신임 국민투표를 단지 제안만 하였을 뿐 강행하지는 않았으나, 헌법상 허용되지 않는 재신임 국민투표를 국민들에게 제안한 것은 그 자체로서 헌법 제72조에 반하는 것으로 헌법을 실현하고 수호해야 할 대통령의 의무를 위반한 것이다(헌재 2004. 5. 14. 2004헌나1).
① [O] 대통령은 필요하다고 인정할 때에는 외교·국방·통일 기타 국가안위에 관한 중요정책을 국민투표에 붙일 수 있다 (헌법 제72조).
③ [O] 재외선거인에게도 대통령선거권과 국회의원선거권이 인정되고 있다. 따라서 재외선거인은 대의기관을 선출할 권리가 있는 국민으로서 대의기관의 의사결정에 대해 승인할 권리가 있고, 국민투표권자에는 재외선거인이 포함된다고 보아야 한다(헌재 2014. 7. 24. 2009헌마256).
④ [O] 헌법 제72조의 국민투표권은 대통령이 어떠한 정책을 국민투표에 부의한 경우에 비로소 행사가 가능한 기본권이다. 한·미무역협정에 대한 대통령의 국민투표 부의가 행해지지 않은 이상 헌법 제72조의 국민투표권의 침해 가능성은 인정되지 않는다(헌재 2013. 11. 28. 2012헌마166).

2 헌법기관 구성권

96 헌법기관의 구성에 대한 설명으로 옳지 않은 것은? 23. 국가직 7급

① 중앙선거관리위원회 위원은 모두 대통령이 임명하는데, 위원 중 3인은 국회에서 선출하는 자를, 3인은 대법원장이 지명하는 자를 임명한다.
② 헌법재판소 재판관은 모두 대통령이 임명하는데, 재판관 중 3인은 국회에서 선출하는 자를, 3인은 대법원장이 지명하는 자를 임명한다.
③ 대법원장은 국회의 동의를 얻어 대통령이 임명하고, 대법관은 대법원장의 제청으로 국회의 동의를 얻어 대통령이 임명한다.
④ 감사원장은 국회의 동의를 얻어 대통령이 임명하고, 감사위원은 감사원장의 제청으로 대통령이 임명한다.

정답찾기

① [X] 중앙선거관리위원회는 대통령이 임명하는 3인, 국회에서 선출하는 3인과 대법원장이 지명하는 3인의 위원으로 구성한다. 위원장은 위원 중에서 호선한다(헌법 제114조 제2항).
② [O] 헌법재판소는 법관의 자격을 가진 9인의 재판관으로 구성하며, 재판관은 대통령이 임명한다. 재판관 중 3인은 국회에서 선출하는 자를, 3인은 대법원장이 지명하는 자를 임명한다(헌법 제111조 제2항, 제3항).
③ [O] 대법원장은 국회의 동의를 얻어 대통령이 임명한다. 대법관은 대법원장의 제청으로 국회의 동의를 얻어 대통령이 임명한다(헌법 제104조 제1항, 제2항).
④ [O] 감사원장은 국회의 동의를 얻어 대통령이 임명하고, 감사위원은 감사원장의 제청으로 대통령이 임명한다(헌법 제98조 제2항, 제3항).

Answer 94 ③ 95 ② 96 ①

97 대통령의 헌법기관 구성 권한에 대한 설명으로 옳은 것은? 19. 지방직 7급

① 대통령은 국회의 동의를 얻어 대법원장을 임명하고, 대법관을 임명할 때에는 국회의 인사청문회를 거치는 것으로 국회 동의 절차를 갈음한다.
② 대통령은 9인의 헌법재판소 재판관 중 3인에 대해서만 임명권을 행사할 수 있고, 3인은 국회에서 선출하며, 3인은 대법원장이 지명한다.
③ 대통령은 국회의 동의 절차 없이 감사원장의 제청으로 감사위원을 임명한다.
④ 대통령은 「인사청문회법」 소정의 기간 이내에 국무위원 후보자에 대한 인사청문경과보고서를 국회가 송부하지 않은 경우 그 후보자를 국무위원으로 임명할 수 없다.

정답찾기

③ [O] 감사위원은 원장의 제청으로 대통령이 임명하고, 그 임기는 4년으로 하며, 1차에 한하여 중임할 수 있다(헌법 제98조 제3항).
① [X] 대법관은 대법원장의 제청으로 국회의 동의를 얻어 대통령이 임명하고(헌법 제104조 제2항), 대법원장과 대법관이 아닌 법관은 대법관회의의 동의를 얻어 대법원장이 임명한다(헌법 제104조 제3항).
② [X] 헌법재판소는 법관의 자격을 가진 9인의 재판관으로 구성하며, 재판관은 대통령이 임명한다(헌법 제111조 제2항).
④ [X] 제3항의 규정에 의한 기간 이내에 헌법재판소 재판관 등의 후보자에 대한 인사청문경과보고서를 국회가 송부하지 아니한 경우에 대통령 또는 대법원장은 헌법재판소재판관등으로 임명 또는 지명할 수 있다(「인사청문회법」 제6조 제3항).

3 입법에 관한 권한

98 대통령의 법률안 거부권에 대한 설명으로 옳은 것은? 17. 국가직 7급

① 법률안에 대한 대통령의 재의 요구가 있을 때에는 국회는 재의에 붙여야 하며, 이 경우 재적의원 3분의 2 이상의 찬성으로 전과 같은 의결을 해야 그 법률안은 법률로서 확정될 수 있다.
② 헌법은 법률안에 이의가 있을 경우 대통령이 15일 이내에 이의서를 붙여 국회로 환부하여 재의를 요구해야 하지만, 국회가 임기만료로 폐회된 경우에는 그러하지 아니하다고 규정하고 있다.
③ 대통령이 법률안의 일부 조항에 대해 이의가 있어 그 일부에 대해 거부권을 행사한 경우 국회는 그 일부 조항에 대해서만 재의에 붙여야 한다.
④ 국회에서 의결된 법률안이 정부에 이송되어 15일 이내에 대통령이 공포나 재의의 요구를 하지 아니한 때에도 그 법률안은 법률로서 확정된다.

정답찾기

④ [O] 국회에서 의결된 법률안은 정부에 이송되어 15일 이내에 대통령이 공포한다(헌법 제53조 제1항). 대통령이 제1항의 기간 내에 공포나 재의의 요구를 하지 아니한 때에도 그 법률안은 법률로서 확정된다(헌법 제53조 제5항).
① [X] 재의의 요구가 있을 때에는 국회는 재의에 붙이고, 재적의원 과반수의 출석과 출석의원 3분의 2 이상의 찬성으로 전과 같은 의결을 하면 그 법률안은 법률로서 확정된다(헌법 제53조 제4항).
② [X] 법률안에 이의가 있을 때에는 대통령은 제1항의 기간 내에 이의서를 붙여 국회로 환부하고, 그 재의를 요구할 수 있다. 국회의 폐회 중에도 또한 같다(헌법 제53조 제2항).
③ [X] 대통령은 법률안의 일부에 대하여 또는 법률안을 수정하여 재의를 요구할 수 없다(헌법 제53조 제3항).

99 대통령에 대한 설명으로 옳은 것은?

24. 국회 8급

① 국회에서 의결되어 정부에 이송된 법률안에 이의가 있을 때 대통령은 15일 이내에 이의서를 붙여 국회로 환부하고 그 재의를 요구할 수 있지만, 국회의 폐회 중에는 환부할 수 없다.

② 대통령은 법률안의 일부에 대하여 또는 법률안을 수정하여 재의를 요구할 수 있고, 재의의 요구가 있을 때에는 국회는 재의에 붙이고, 재적의원 과반수의 출석과 출석의원 3분의 2 이상의 찬성으로 전과 같은 의결을 하면 그 법률안은 법률로서 확정된다.

③ 국회에서 의결된 법률안이 정부에 이송되어 15일 이내에 대통령이 공포나 재의의 요구를 하지 아니한 때에는 그 법률안은 법률로서 확정되며, 이와 같이 확정된 법률은 그 법률이 확정된 후 7일 이내에 국회의장이 공포한다.

④ 대통령은 헌법과 법률이 정하는 바에 의하여 사면·감형 또는 복권을 명할 수 있고, 사면을 명하려면 국회의 동의를 얻어야 한다.

⑤ 대통령은 내우·외환·천재·지변 또는 중대한 재정·경제상의 위기에 있어서 국가의 안전보장 또는 공공의 안녕질서를 유지하기 위하여 긴급한 조치가 필요하고 국회의 집회를 기다릴 여유가 없을 때에 한하여 최소한으로 필요한 재정·경제상의 처분을 하거나 이에 관하여 법률의 효력을 가지는 명령을 발할 수 있다.

정답찾기

⑤ [O] 대통령은 내우·외환·천재·지변 또는 중대한 재정·경제상의 위기에 있어서 국가의 안전보장 또는 공공의 안녕질서를 유지하기 위하여 긴급한 조치가 필요하고 국회의 집회를 기다릴 여유가 없을 때에 한하여 최소한으로 필요한 재정·경제상의 처분을 하거나 이에 관하여 법률의 효력을 가지는 명령을 발할 수 있다(헌법 제76조 제1항).

① [X] 법률안에 이의가 있을 때에는 대통령은 제1항의 기간(15일) 내에 이의서를 붙여 국회로 환부하고, 그 재의를 요구할 수 있다. 국회의 폐회 중에도 또한 같다(헌법 제53조 제2항).

② [X] 대통령은 법률안의 일부에 대하여 또는 법률안을 수정하여 재의를 요구할 수 없다(헌법 제53조 제3항). 재의의 요구가 있을 때에는 국회는 재의에 붙이고, 재적의원 과반수의 출석과 출석의원 3분의 2 이상의 찬성으로 전과 같은 의결을 하면 그 법률안은 법률로서 확정된다(헌법 제53조 제4항).

③ [X] 대통령이 제1항의 기간(15일) 내에 공포나 재의의 요구를 하지 아니한 때에도 그 법률안은 법률로서 확정된다(헌법 제53조 제5항). 대통령은 제4항과 제5항의 규정에 의하여 확정된 법률을 지체없이 공포하여야 한다. 제5항에 의하여 법률이 확정된 후 또는 제4항에 의한 확정 법률이 정부에 이송된 후 5일 이내에 대통령이 공포하지 아니할 때에는 국회의장이 이를 공포한다(헌법 제53조 제6항).

④ [X] 대통령은 법률이 정하는 바에 의하여 사면·감형 또는 복권을 명할 수 있다(헌법 제79조 제1항). 일반사면을 명하려면 국회의 동의를 얻어야 한다(헌법 제79조 제2항).

Answer 97 ③ 98 ④ 99 ⑤

100 행정입법에 대한 설명으로 옳지 않은 것은? (다툼이 있는 경우 판례에 의함)   16. 지방직 7급

① 대통령령을 입법예고를 하는 때(입법예고를 생략하는 경우에는 법제처장에게 심사를 요청하는 때를 말함)에는 그 입법예고안을 10일 이내에 국회 소관상임위원회에 제출하여야 한다.

② 기본권을 제한하는 내용의 입법을 위임할 때에는 법규명령에 위임하는 것이 원칙이고, 고시와 같은 형식으로 입법위임을 할 때에는 법령이 전문적·기술적 사항이나 경미한 사항으로서 업무의 성질상 위임이 불가피한 사항에 한정된다.

③ 운전면허를 받은 사람이 자동차 등을 이용하여 살인 또는 강간 등 행정안전부령이 정하는 범죄행위를 한 때 운전면허를 취소하도록 하는 법률조항은 법률유보의 원칙에 위배되어 위헌이다.

④ 행정명령의 제정 또는 개정의 지체가 위법으로 되어 그에 대한 법적 통제가 가능하기 위해서는 첫째, 행정청에게 시행명령을 제정(개정)할 법적 의무가 있어야 하고 둘째, 상당한 기간이 지났음에도 불구하고 셋째, 명령제정(개정)권이 행사되지 않아야 한다.

정답찾기

③ [X] 자동차 등을 이용한 범죄행위의 모든 유형이 기본권 제한의 본질적인 사항으로서 입법자가 반드시 법률로써 규율하여야 하는 사항이라고 볼 수 없고, 법률에서 운전면허의 필요적 취소사유인 살인, 강간 등 자동차 등을 이용한 범죄행위에 대한 예측가능한 기준을 제시한 이상, 심판대상조항은 법률유보원칙에 위배되지 아니한다(헌재 2015. 5. 28. 2013헌가6).

① [O] 중앙행정기관의 장은 법률에서 위임한 사항이나 법률을 집행하기 위하여 필요한 사항을 규정한 대통령령·총리령·부령·훈령·예규·고시 등이 제정·개정 또는 폐지되었을 때에는 10일 이내에 이를 국회 소관 상임위원회에 제출하여야 한다. 다만, 대통령령의 경우에는 입법예고를 할 때(입법예고를 생략하는 경우에는 법제처장에게 심사를 요청할 때를 말한다)에도 그 입법예고안을 10일 이내에 제출하여야 한다(「국회법」 제98조의2 제1항).

② [O] 행정규칙은 법규명령과 같은 엄격한 제정 및 개정절차를 필요로 하지 아니하므로, 기본권을 제한하는 내용의 입법을 위임할 때에는 법규명령에 위임하는 것이 원칙이고, 고시와 같은 형식으로 입법위임을 할 때에는 법령이 전문적·기술적 사항이나 경미한 사항으로서 업무의 성질상 위임이 불가피한 사항에 한정된다(헌재 2016. 3. 31. 2014헌바382).

④ [O] 행정명령의 제정 또는 개정의 지체가 위법으로 되어 그에 대한 법적 통제가 가능하기 위하여는 첫째, 행정청에게 시행명령을 제정(개정)할 법적 의무가 있어야 하고 둘째, 상당한 기간이 지났음에도 불구하고 셋째, 명령제정(개정)권이 행사되지 않아야 한다(헌재 1998. 7. 16. 96헌마246).

101 행정입법에 대한 설명으로 옳은 것만을 모두 고르면? (다툼이 있는 경우 판례에 의함) 18. 국가직 7급

㉠ 법률에서 위임받은 사항을 전혀 규정하지 아니하고 그대로 재위임하는 것은 허용되지 않으며 위임받은 사항에 관하여 대강을 정하면서 특정 사항을 범위를 정하여 하위법령에 다시 위임하는 경우에만 재위임이 허용된다.
㉡ 법률에서 사용된 추상적 용어가 하위법령에 규정될 내용과는 별도로 독자적인 규율 내용을 정하기 위한 것이라면 별도로 명확성 원칙이 문제될 수 있으나, 그 추상적 용어가 하위법령에 규정될 내용의 범위를 구체적으로 정해주기 위한 역할을 하는 경우라면 명확성의 문제는 결국 포괄위임입법금지원칙 위반의 문제로 포섭될 것이다.
㉢ 오늘날 의회의 입법독점주의에서 입법중심주의로 전환하여 일정한 범위 안에서 행정입법을 허용하게 된 동기는 사회적 변화에 대응한 입법수요의 급증과 종래의 형식적 권력분립주의로는 현대사회에 대응할 수 없다는 기능적 권력분립론에 있다.
㉣ 대통령령에서 규정한 내용이 헌법에 위반될 경우 그 대통령령의 규정이 위헌일 것은 물론이지만, 반대로 하위법규인 대통령령의 내용이 합헌적이라고 하여 수권법률의 합헌성까지를 의미하는 것은 아니다.

① ㉠, ㉡
② ㉠, ㉢, ㉣
③ ㉡, ㉢, ㉣
④ ㉠, ㉡, ㉢, ㉣

정답찾기

㉠ [O] 법률에서 위임받은 사항을 전혀 규정하지 아니하고 그대로 재위임하는 것은 허용되지 않으며 위임받은 사항에 관하여 대강을 정하고 그 중의 특정 사항을 범위를 정하여 하위법령에 다시 위임하는 경우에만 재위임이 허용된다(헌재 1996. 2. 29. 94헌마213).
㉡ [O] 일반적으로 법률에서 일부 내용을 하위법령에 위임하고 있는 경우 위임을 둘러싼 법률 규정 자체에 대한 명확성의 문제는 포괄위임금지원칙 위반의 문제가 될 것이다. 다만 위임 규정이 하위 법령에 위임하고 있는 내용과는 무관하게 법률 자체에서 해당 부분을 완결적으로 정하고 있는 경우 포괄위임금지원칙 위반 여부와는 별도로 명확성의 원칙이 문제될 수 있다(헌재 2011. 12. 29. 2010헌바385).
㉢ [O] 오늘날 의회의 입법독점주의에서 입법중심주의로 전환하여 일정한 범위 안에서 행정입법을 허용하게 된 동기는 사회적 변화에 대응한 입법수요의 급증과 종래의 형식적 권력분립주의로는 현대사회에 대응할 수 없다는 기능적 권력분립론에 있다(헌재 2014. 7. 24. 2013헌바183).
㉣ [O] 위임입법의 한계의 법리는 헌법의 근본원리인 권력분립주의와 의회주의 내지 법치주의에 바탕을 두는 것이기 때문에 행정부에서 제정된 대통령령에서 규정한 내용이 정당한지 여부와는 직접적으로 관계가 없다고 하여야 할 것이다. 즉 대통령령에서 규정한 내용이 헌법에 위반될 경우 그 대통령령의 규정이 위헌일 것은 물론이지만, 반대로 하위법규인 대통령령의 내용이 합헌적이라고 하여 수권법률의 합헌성까지를 의미하는 것은 아니다(헌재 1995. 11. 30. 94헌바14).

Answer 100 ③ 101 ④

102 대통령령, 총리령 및 부령에 대한 설명으로 옳은 것은? 24. 국가직 7급

① 헌법은 대통령령안과 총리령안은 국무회의 심의사항으로 명시하고 있으나 부령안은 그러하지 아니하다.
② 헌법 제95조는 부령에의 위임근거를 마련하면서 헌법 제75조와 같이 '구체적으로 범위를 정하여'라는 문구를 사용하고 있지 않으므로, 법률의 위임에 의한 대통령령에 가해지는 헌법상의 제한은 법률의 위임에 의한 부령의 경우에는 적용되지 않는다.
③ 「법령 등 공포에 관한 법률」에 따르면 대통령령, 총리령 및 부령은 특별한 규정이 없으면 공포한 날부터 30일이 경과함으로써 효력을 발생한다.
④ 위임입법의 내용에 관한 헌법적 한계는 그 수범자가 누구냐에 따라 입법권자에 대한 한계와 수권법률에 의해 법규명령을 제정하는 수임자에 대한 한계로 구별할 수 있으며, 법률의 우위원칙에 따른 위임입법의 내용적 한계는 후자에 속한다.

> 정답찾기

④ [O] 위임입법의 내용에 관한 헌법적 한계는 그 수범자가 누구냐에 따라 입법권자에 대한 한계와 수권법률에 의해 법규명령을 제정하는 수임자에 대한 한계로 구별할 수 있다. 즉, 국회가 법률에 의하여 입법권을 위임하는 경우에도 헌법 등 상위규범에 위반해서는 아니된다는 것이 전자의 문제이고, 반면에 법률의 우위원칙에 따른 위임입법의 내용적 한계는 후자에 속한다(헌재 1997. 4. 24. 95헌마273).
① [X] 헌법개정안·국민투표안·조약안·법률안 및 대통령령안은 국무회의의 심의를 거쳐야 한다(헌법 제89조 제3호).
② [X] 헌법 제95조는 부령에의 위임근거를 마련하면서 '구체적으로 범위를 정하여'라는 문구를 사용하고 있지는 않지만, 법률의 위임에 의한 대통령령에 가해지는 헌법상의 제한은 당연히 법률의 위임에 의한 부령의 경우에도 적용된다(헌재 2023. 7. 20. 2020헌바330).
③ [X] 대통령령, 총리령 및 부령은 특별한 규정이 없으면 공포한 날부터 20일이 경과함으로써 효력을 발생한다(법령 등 공포에 관한 법률 제13조).

103 행정입법에 대한 설명으로 옳은 것은?

18. 5급 공채(행정)

① 행정각부의 장은 소관사무에 관하여 법률이나 대통령령의 위임으로 부령을 발할 수 있으나, 직권으로 부령을 발할 수는 없다.
② 국회 상임위원회는 소관 중앙행정기관의 장이 제출한 대통령령·총리령·부령 등 행정입법이 법률의 취지 또는 내용에 합치되지 아니한다고 판단되는 경우 소관 중앙행정기관의 장에게 수정·변경을 요구할 수 있다.
③ 대통령령, 총리령 및 부령은 특별한 규정이 없으면 공포한 날부터 30일이 경과함으로써 효력을 발생한다.
④ 대통령이 대통령령을 발하기 위해서는 국무회의의 심의를 거쳐서 국무총리와 관계 국무위원이 부서한 문서로써 한다.

정답찾기

④ [O] 대통령이 대통령령을 발하기 위해서는 국무회의의 심의를 거쳐서(헌법 제89조3호) 국무총리와 관계 국무위원이 부서한 문서로써 한다(헌법 제82조).
① [X] 국무총리 또는 행정각부의 장은 소관사무에 관하여 법률이나 대통령령의 위임 또는 직권으로 총리령 또는 부령을 발할 수 있다(헌법 제95조).
② [X] 상임위원회는 위원회 또는 상설소위원회를 정기적으로 개회하여 그 소관 중앙행정기관이 제출한 대통령령·총리령 및 부령(대통령령 등)의 법률 위반 여부 등을 검토하여야 한다(「국회법」 제98조의2 제3항). 상임위원회는 제3항에 따른 검토 결과 대통령령 또는 총리령이 법률의 취지 또는 내용에 합치되지 아니한다고 판단되는 경우에는 검토의 결과와 처리 의견 등을 기재한 검토결과보고서를 의장에게 제출하여야 한다(「국회법」 제98조의2 제4항).
③ [X] 대통령령, 총리령 및 부령은 특별한 규정이 없으면 공포한 날부터 20일이 경과함으로써 효력을 발생한다(법령 등 공포에 관한 법률 제13조).

Answer 102 ④ 103 ④

104 행정입법에 대한 설명으로 옳지 않은 것은? (다툼이 있는 경우 판례에 의함)   19. 지방직 7급

① 중앙행정기관의 장은 법률에서 위임한 사항이나 법률을 집행하기 위하여 필요한 사항을 규정한 대통령령·총리령·부령·훈령·예규·고시 등이 제정·개정 또는 폐지되었을 때에는 10일 이내에 이를 국회 소관 상임위원회에 제출하여야 한다.

② 법령의 직접적인 위임에 따라 수임행정기관이 그 법령을 시행하는 데 필요한 구체적 사항을 정한 것이면, 그 제정형식은 비록 법규명령이 아닌 고시, 훈령, 예규 등과 같은 행정규칙이더라도, 그것이 상위법령의 위임한계를 벗어나지 아니하는 한, 상위법령과 결합하여 대외적인 구속력을 갖는 법규명령으로서 기능하게 된다고 보아야 한다.

③ 부령의 제정·개정절차가 대통령령에 비하여 보다 용이한 점을 고려할 때 재위임에 의한 부령의 경우에도 위임에 의한 대통령령에 가해지는 헌법상의 제한이 당연히 적용되어야 할 것이다.

④ 포괄위임금지원칙은 법률에 이미 대통령령 등 하위법규에 규정될 내용 및 범위의 기본사항이 구체적으로 규정되어 있어서 누구라도 당해 법률로부터 하위법규에 규정될 내용의 대강을 예측할 수 있어야 함을 의미하는데, 위임입법이 대법원규칙인 경우에는 수권법률에서 이 원칙을 준수하여야 하는 것은 아니다.

> **정답찾기**

④ [X] 대법원은 헌법 제108조에 근거하여 입법권의 위임을 받아 규칙을 제정할 수 있다 할 것이고, 헌법 제75조에 근거한 포괄위임금지원칙은 법률에 이미 하위법규에 규정될 내용 및 범위의 기본사항이 구체적으로 규정되어 있어서 누구라도 당해 법률로부터 하위법규에 규정될 내용의 대강을 예측할 수 있어야 함을 의미하므로, <u>위임입법이 대법원규칙인 경우에도 수권법률에서 이 원칙을 준수하여야 함은 마찬가지이다</u>(헌재 2016. 6. 30. 2013헌바27).

① [O] 중앙행정기관의 장은 법률에서 위임한 사항이나 법률을 집행하기 위하여 필요한 사항을 규정한 대통령령·총리령·부령·훈령·예규·고시 등이 제정·개정 또는 폐지되었을 때에는 10일 이내에 이를 국회 소관 상임위원회에 제출하여야 한다(「국회법」 제98조의2 제1항).

② [O] 법령의 직접적인 위임에 따라 수임행정기관이 그 법령을 시행하는데 필요한 구체적 사항을 정한 것이면, 그 제정형식은 비록 법규명령이 아닌 고시, 훈령, 예규 등과 같은 행정규칙이더라도, 그것이 상위법령의 위임한계를 벗어나지 아니하는 한, 상위법령과 결합하여 대외적인 구속력을 갖는 법규명령으로서 기능하게 된다고 보아야 할 것인바, 청구인이 법령과 예규의 관계규정으로 말미암아 직접 기본권 침해를 받았다면 이에 대하여 바로 헌법소원심판을 청구할 수 있다(헌재 1992. 6. 26. 91헌마25).

③ [O] 부령의 제정·개정절차가 대통령령에 비하여 보다 용이한 점을 고려할 때 재위임에 의한 부령의 경우에도 위임에 의한 대통령령에 가해지는 헌법상의 제한이 당연히 적용되어야 할 것이다. 따라서 법률에서 위임받은 사항을 전혀 규정하지 아니하고 그대로 재위임하는 것은 허용되지 않으며 위임받은 사항에 관하여 대강을 정하고 그 중의 특정 사항을 범위를 정하여 하위법령에 다시 위임하는 경우에만 재위임이 허용된다(헌재 1996. 2. 29. 94헌마213).

105 행정입법에 대한 설명으로 옳은 것만을 모두 고르면? (다툼이 있는 경우 판례에 의함) 20. 국가직 7급

㉠ 위임입법에서 사용하고 있는 추상적 용어가 하위법령에 규정될 내용의 범위를 구체적으로 정해주기 위한 역할을 하는지, 아니면 그와는 별도로 독자적인 규율 내용을 정하기 위한 것인지 여부에 따라 별도로 명확성원칙 위반의 문제가 나타날 수도 있고, 그렇지 않을 수도 있게 된다.
㉡ 집행명령은 근거법령인 상위법령이 폐지되면 특별한 규정이 없는 이상 실효된다 할 것이나, 상위법령이 개정됨에 그친 경우에는 개정법령과 성질상 모순, 저촉되지 아니하고 개정된 상위법령의 시행에 필요한 사항을 규정하고 있는 이상 그 집행명령은 상위법령의 개정에도 불구하고 당연히 실효되지 아니하고 개정법령의 시행을 위한 집행명령이 제정, 발효될 때까지는 여전히 그 효력을 유지하는 것이라고 할 것이다.
㉢ 헌법 제75조는 일반적이고 포괄적인 위임입법이 허용되지 않음을 명백히 밝히고 있으나, 위임조항 자체에서 위임의 구체적 범위를 명확히 규정하고 있지 않더라도 당해 법률의 전반적 체계와 관련 규정에 비추어 위임조항의 내재적인 위임의 범위나 한계를 객관적으로 분명히 확정할 수 있다면 이를 일반적이고 포괄적인 백지위임에 해당하는 것으로 볼 수 없다.
㉣ 위임입법이 대법원규칙인 경우에도 수권법률에서 헌법 제75조에 근거한 포괄위임금지원칙을 준수하여야 하는 것은 마찬가지나, 위임의 구체성·명확성의 정도는 다른 규율 영역에 비해 완화될 수 있다.

① ㉠, ㉡
② ㉠, ㉢, ㉣
③ ㉡, ㉢, ㉣
④ ㉠, ㉡, ㉢, ㉣

정답찾기

㉠ [O] 위임 규정이 하위법령에 위임하고 있는 내용과는 무관하게 법률 자체에서 해당 부분을 완결적으로 정하고 있는 경우 포괄위임금지원칙 위반 여부와는 별도로 명확성의 원칙이 문제될 수 있는바, 위임입법에서 사용하고 있는 추상적 용어가 하위 법령에 규정될 내용의 범위를 구체적으로 정해주기 위한 역할을 하는지, 아니면 그와는 별도로 독자적인 규율 내용을 정하기 위한 것인지 여부에 따라 별도로 명확성원칙 위반의 문제가 나타날 수도 있고, 그렇지 않을 수도 있게 된다(헌재 2011. 12. 29. 2010헌바385).
㉡ [O] 상위법령의 시행에 필요한 세부적 사항을 정하기 위하여 행정관청이 일반적 직권에 의하여 제정하는 이른바 집행명령은 근거법령인 상위법령이 폐지되면 특별한 규정이 없는 이상 실효되는 것이나, 상위법령이 개정됨에 그친 경우에는 개정법령과 성질상 모순, 저촉되지 아니하고 개정된 상위법령의 시행에 필요한 사항을 규정하고 있는 이상 그 집행명령은 상위법령의 개정에도 불구하고 당연히 실효되지 아니하고 개정법령의 시행을 위한 집행명령이 제정, 발효될 때까지는 여전히 그 효력을 유지한다(대판 1989. 9. 12. 88누6962).
㉢ [O] 위임조항 자체에서 위임의 구체적 범위를 명백히 규정하고 있지 않다고 하더라도 당해 법률의 전반적 체계와 관련 규정에 비추어 위임조항의 내재적인 위임의 범위나 한계를 객관적으로 분명히 확정할 수 있다면 이를 포괄적인 백지위임에 해당하는 것으로는 볼 수 없다(헌재 2005. 4. 28. 2003헌가23).
㉣ [O] 대법원규칙으로 규율될 내용들은 소송에 관한 절차와 같이 법원의 전문적이고 기술적인 사무에 관한 것이 대부분일 것인바, 법원의 축적된 지식과 실제적 경험의 활용, 규칙의 현실적 적응성과 적시성의 확보라는 측면에서 수권법률에서의 위임의 구체성·명확성의 정도는 다른 규율 영역에 비해 완화될 수 있을 것이다(헌재 2016. 6. 30. 2013헌바370).

Answer 104 ④ 105 ④

106 행정입법에 대한 설명으로 옳은 것은? (다툼이 있는 경우 판례에 의함) 22. 국가직 7급

① 행정입법의 지체가 위법으로 되어 그에 대한 법적 통제가 가능하기 위하여는 우선 행정청에게 시행명령을 제정·개정할 법적 의무가 있어야 하고, 상당한 기간이 지났음에도 불구하고 명령제정·개정권이 행사되지 않아야 한다.
② 행정부에서 제정된 대통령령에서 규정한 내용이 정당한 것인지 여부와 위임의 적법성은 직접적인 관계가 있다.
③ 하위 행정입법의 제정 없이 상위법령의 규정만으로 집행이 이루어질 수 있는 경우에도 하위 행정입법을 하여야 할 헌법적 작위의무가 인정된다.
④ 헌법 제75조에 근거한 포괄위임금지원칙은 누구라도 당해 법률로부터 하위법규에 규정될 내용의 대강을 예측할 수 있어야 함을 의미하지만, 위임입법이 대법원규칙인 경우에는 수권법률에서 이 원칙을 준수하여야 하는 것은 아니다.

> 정답찾기

① [O] 행정권력의 부작위에 대한 헌법소원은 공권력의 주체에게 헌법에서 유래하는 작위의무가 특별히 구체적으로 규정되어 이에 의거하여 기본권의 주체가 행정행위를 청구할 수 있음에도 공권력의 주체가 그 의무를 해태하는 경우에 허용되고, 특히 행정명령의 제정 또는 개정의 지체가 위법으로 되어 그에 대한 법적 통제가 가능하기 위하여는 첫째, 행정청에게 시행명령을 제정(개정)할 법적 의무가 있어야 하고 둘째, 상당한 기간이 지났음에도 불구하고 셋째, 명령제정(개정)권이 행사되지 않아야 한다(헌재 1998. 7. 16. 96헌마246).
② [X] 위임입법의 법리는 헌법의 근본원리인 권력분립주의와 의회주의 내지 법치주의에 바탕을 두는 것이기 때문에 행정부에서 제정된 대통령령에서 규정한 내용이 정당한 것인지 여부와 위임의 적법성은 직접적인 관계가 없다. 즉, 수권법률 조항의 위임에 따라 대통령령으로 규정한 내용이 헌법에 위반될 경우 그 대통령령의 규정이 위헌으로 되는 것은 별론으로 하고 그로 인하여 정당하고 적법하게 입법권을 위임한 수권법률까지도 위헌으로 되는 것은 아니다(헌재 1996. 6. 26. 93헌바2).
③ [X] 삼권분립의 원칙, 법치행정의 원칙을 당연한 전제로 하고 있는 우리 헌법하에서 행정권의 행정입법 등 법집행의무는 헌법적 의무라고 보아야 할 것이다. 그런데 이는 행정입법의 제정이 법률의 집행에 필수불가결한 경우로서 행정입법을 제정하지 아니하는 것이 곧 행정권에 의한 입법권 침해의 결과를 초래하는 경우를 말하는 것이므로, 만일 하위 행정입법의 제정 없이 상위 법령의 규정만으로도 집행이 이루어질 수 있는 경우라면 하위 행정입법을 하여야 할 헌법적 작위의무는 인정되지 아니한다(헌재 2005. 12. 22. 2004헌마66).
④ [X] 대법원은 헌법 제108조에 근거하여 입법권의 위임을 받아 규칙을 제정할 수 있다 할 것이고, 헌법 제75조에 근거한 포괄위임금지원칙은 법률에 이미 하위법규에 규정될 내용 및 범위의 기본사항이 구체적으로 규정되어 있어서 누구라도 당해 법률로부터 하위법규에 규정될 내용의 대강을 예측할 수 있어야 함을 의미하므로, 위임입법이 대법원규칙인 경우에도 수권법률에서 이 원칙을 준수하여야 함은 마찬가지이다(헌재 2016. 6. 30. 2013헌바27).

107 위임입법에 대한 설명으로 옳지 않은 것은? (다툼이 있는 경우 판례에 의함)   15. 지방직 7급

① 법률이 자치적인 사항을 공법적 단체의 정관으로 정하도록 위임한 경우 헌법 제75조, 제95조의 포괄위임입법금지원칙이 적용되지 않는다.

② 위임입법의 한계의 법리는 헌법의 근본원리인 권력분립주의와 의회주의 내지 법치주의에 바탕을 두는 것이기 때문에 행정부에서 제정된 대통령령에서 규정한 내용이 정당한지 여부와는 직접적으로 관계가 없다.

③ 대통령령에서 규정한 내용이 헌법에 위반될 경우 그 대통령령의 규정이 위헌인 것은 물론이지만, 반대로 하위법규인 대통령령의 내용이 합헌적이라고 하여 수권법률의 합헌성까지를 의미하는 것은 아니다.

④ 범죄와 형벌에 관한 사항에 관해서는 위임입법의 근거와 한계에 관한 헌법 제75조가 적용될 수 없다.

> 정답찾기

④ [X] 위임입법에 관한 헌법 제75조는 처벌법규에도 적용되는 것이지만 법률에 의한 처벌법규의 위임은, 헌법이 특히 인권을 최대한으로 보장하기 위하여 죄형법정주의와 적법절차를 규정하고, 법률(형식적 의미의)에 의한 처벌을 특별히 강조하고 있는 기본권보장 우위사상에 비추어 바람직스럽지 못한 일이므로, 그 요건과 범위가 보다 엄격하게 제한적으로 적용되어야 한다(헌재 1991. 7. 8. 91헌가4).

① [O] 헌법 제75조, 제95조가 정하는 포괄적인 위임입법의 금지는, 그 문리해석상 정관에 위임한 경우까지 그 적용 대상으로 하고 있지 않고, 또 권력분립의 원칙을 침해할 우려가 없다는 점 등을 볼 때, 법률이 정관에 자치법적 사항을 위임한 경우에는 원칙적으로 적용되지 않는다(헌재 2001. 4. 26. 2000헌마122).

② [O] 위임입법의 법리는 헌법의 근본원리인 권력분립주의와 의회주의 내지 법치주의에 바탕을 두는 것이기 때문에 행정부에서 제정된 대통령령에서 규정한 내용이 정당한 것인지 여부와 위임의 적법성은 직접적인 관계가 없다(헌재 1996. 6. 26. 93헌바2).

③ [O] 대통령령에서 규정한 내용이 헌법에 위반될 경우 그 대통령령의 규정이 위헌일 것은 물론이지만, 반대로 하위법규인 대통령령의 내용이 합헌적이라고 하여 수권법률의 합헌성까지를 의미하는 것은 아니다(헌재 1995. 11. 30. 94헌바14).

Answer   106 ①   107 ④

108 위임입법에 대한 헌법재판소의 판시내용으로 적절하지 않은 것은?

23. 국회 8급

① 법률이 행정입법을 당연한 전제로 규정하고 있고 그 법률의 시행을 위하여 그러한 행정입법이 필요함에도 불구하고 행정권이 그 취지에 따라 행정입법을 하지 아니함으로써 법령의 공백상태를 방치하고 있는 경우에는 행정권에 의하여 입법권이 침해될 수 있다.

② 행정부가 위임입법에 따른 시행명령을 제정하지 않거나 개정하지 않은 것에 정당한 이유가 있다고 하려면 그 위임입법 자체가 헌법에 위반된다는 것이 누가 보아도 명백하거나, 위임입법에 따른 행정입법의 제정이나 개정이 당시 실시되고 있는 전체적인 법질서 체계와 조화되지 아니하여 그 위임입법에 따른 행정입법 의무의 이행이 오히려 헌법질서를 파괴하는 결과를 가져옴이 명백할 정도는 되어야 한다.

③ 처벌법규의 위임은 특히 긴급한 필요가 있거나 미리 법률로써 자세히 정할 수 없는 부득이한 사정이 있는 경우에 한정되어야 하고, 이러한 경우에도 법률에서 범죄의 구성요건은 처벌대상인 행위가 어떠한 것일 것이라고 이를 예측할 수 있을 정도로 구체적으로 정하고 형벌의 종류 및 그 상한과 폭을 명백히 규정하여야 한다.

④ 포괄위임금지는 법규적 효력을 가지는 행정입법의 자의적인 제정으로 국민들의 자유와 권리를 침해할 수 있는 가능성을 방지하고자 엄격한 헌법적 기속을 받게 하는 것을 요구하므로 법률이 정관에 자치법적 사항을 위임한 경우에도 포괄위임입법금지의 원칙이 적용되어야 한다.

⑤ 위임입법이란 형식적 의미의 법률(국회입법)에는 속하지 않지만 실질적으로는 행정에 의한 입법으로서 법률과 같은 성질을 갖는 법규의 정립이기 때문에 권력분립주의 내지 법치주의 원리에 비추어 반드시 구체적이며 명확한 법률의 위임을 요한다.

정답찾기

④ [X] 법률이 정관에 자치법적 사항을 위임한 경우에는 헌법 제75조, 제95조가 정하는 포괄위임금지는 원칙적으로 적용되지 않는다고 봄이 상당하다. 포괄위임금지는 법규적 효력을 가지는 행정입법의 제정을 그 주된 대상으로 하고, 이는 자의적인 제정으로 국민들의 자유와 권리를 침해할 수 있는 가능성을 방지하고자 엄격한 헌법적 기속을 받게 하는 것이다. 따라서 법률이 행정부에 속하지 않는 공법적 기관의 정관에 특정 사항을 정할 수 있다고 위임하는 경우에는 자치입법에 해당되는 영역으로 보아 자치적으로 정하도록 하는 것이 바람직하다(헌재 2021. 5. 27. 2019헌바332).

① [O] 삼권분립의 원칙, 법치행정의 원칙을 당연한 전제로 하고 있는 우리 헌법하에서 행정권의 행정입법 등 법집행의무는 헌법적 의무라고 보아야 한다. 왜냐하면 행정입법이나 처분의 개입 없이도 법률이 집행될 수 있거나 법률의 시행여부나 시행시기까지 행정권에 위임된 경우는 별론으로 하고, 이 사건과 같이 치과전문의제도의 실시를 법률 및 대통령이 규정하고 있고 그 실시를 위하여 시행규칙의 개정 등이 행해져야 함에도 불구하고 행정권이 법률의 시행에 필요한 행정입법을 하지 아니하는 경우에는 행정권에 의하여 입법권이 침해되는 결과가 되기 때문이다(헌재 1998. 7. 16. 96헌마246).

② [O] 행정부가 위임입법에 따른 시행명령을 제정하지 않거나 개정하지 않은 것에 정당한 이유가 있었다면 그런 경우에는 헌법재판소가 위헌확인을 할 수는 없다. 그러한 정당한 이유가 인정되기 위해서는 그 위임입법 자체가 헌법에 위반된다는 것이 명백하거나, 행정입법 의무의 이행이 오히려 헌법질서를 파괴하는 결과를 가져옴이 명백할 정도는 되어야 할 것이다(헌재 2004. 2. 26. 2001헌마718).

③ [O] 처벌법규의 위임은 첫째, 특히 긴급한 필요가 있거나 미리 법률로써 자세히 정할 수 없는 부득이한 사정이 있는 경우에 한정되어야 하고, 둘째, 이러한 경우에도 법률에서 범죄의 구성요건은 처벌대상인 행위가 어떠한 것일 거라고 이를 예측할 수 있을 정도로 구체적으로 정하고, 셋째, 형벌의 종류 및 상한과 폭을 명백히 규정하여야 한다(헌재 2008. 4. 24. 2005헌마373).

⑤ [O] 위임입법이란 법률 또는 상위명령에서 구체적으로 범위를 정하여 위임받은 사항에 관하여 법규로서의 성질을 가지는 일반적·추상적 규범을 정립하는 것을 의미하는 것으로서, 형식적 의미의 법률(국회입법)에는 속하지 않지만 실질적으로는 행정에 의한 입법으로서 법률과 같은 성질을 갖는 법규의 정립이기 때문에 권력분립주의 내지 법치주의 원리에 비추어 반드시 구체적이며 명확한 법률의 위임을 요하는 것이다(헌재 2021. 5. 27. 2019헌바332).

109 위임입법 및 위임입법의 한계에 대한 설명으로 옳지 않은 것은? (다툼이 있는 경우 판례에 의함)

17. 지방직 7급

① 헌법재판소의 판례에 따르면 헌법이 제75조 및 제95조에서 예정하고 있는 행정입법의 형식은 예시적인 것이다.
② 위임입법이 대법원규칙인 경우에도 수권법률에서 헌법 제75조에 근거한 포괄위임금지원칙을 준수하여야 하나, 대법원 규칙으로 규율될 내용들은 법원의 전문적이고 기술적인 사무에 관한 것이 대부분일 것이므로 수권법률에서의 위임의 구체성·명확성의 정도는 다른 규율 영역에 비해 완화될 수 있다.
③ 위임조항에서 위임의 구체적 범위를 명확히 규정하고 있지 않다고 하더라도 당해 법률의 전반적 체계와 관련 규정에 비추어 위임조항의 내재적인 위임의 범위나 한계를 객관적으로 분명히 확정할 수 있다면 이를 일반적으로 포괄적인 백지위임에 해당하는 것으로 볼 수 없다.
④ 법률이 대통령령으로 위임하는 경우 규정될 내용 및 범위의 기본사항이 구체적이고 명확하게 규정되어 있지 않더라도 관련 분야의 평균인이 볼 때 당해 법률로부터 대통령령에 규정될 내용의 대강을 예측할 수 있으면 위임입법의 한계를 넘은 것이 아니다.

정답찾기

④ [X] 법률로 대통령령에 위임을 하는 경우라도 적어도 법률의 규정에 의하여 대통령령으로 규정될 내용 및 범위의 기본사항을 구체적으로 규정함으로써 누구라도 당해 법률로부터 대통령령에 규정될 내용의 대강을 예측할 수 있도록 하여야 할 것인바 헌법 제75조에서 규정하는 "구체적으로 범위를 정하여"는 위와 같은 의미로 해석된다(헌재 1996. 2. 29. 94헌마213).
① [O] 오늘날 의회의 입법독점주의에서 입법중심주의로 전환하여 일정한 범위 안에서 행정입법을 허용하게 된 동기는 사회적 변화에 대응한 입법수요의 급증과 종래의 형식적 권력분립주의로는 현대사회에 대응할 수 없다는 기능적 권력분립론에 있다. 이러한 사정을 감안하여 헌법 제40조·제75조·제95조의 의미를 살펴보면, 국회가 입법으로 행정기관에게 구체적인 범위를 정하여 위임한 사항에 관하여는 당해 행정기관이 법 정립의 권한을 갖게 되고, 이때 입법자가 그 규율의 형식도 선택할 수 있다고 보아야 하므로, 헌법이 인정하고 있는 위임입법의 형식은 예시적인 것으로 보아야 한다(헌재 2016. 3. 31. 2014헌바382).
② [O] 대법원은 헌법 제108조에 근거하여 입법권의 위임을 받아 규칙을 제정할 수 있다 할 것이고, 헌법 제75조에 근거한 포괄위임금지원칙은 법률에 이미 하위법규에 규정될 내용 및 범위의 기본사항이 구체적으로 규정되어 있어서 누구라도 당해 법률로부터 하위법규에 규정될 내용의 대강을 예측할 수 있어야 함을 의미하므로, 위임입법이 대법원규칙인 경우에도 수권법률에서 이 원칙을 준수하여야 함은 마찬가지이다(헌재 2016. 6. 30. 2013헌바27). 대법원규칙으로 규율될 내용들은 소송에 관한 절차와 같이 법원의 전문적이고 기술적인 사무에 관한 것이 대부분일 것인바, 법원의 축적된 지식과 실제적 경험의 활용, 규칙의 현실적 적응성과 적시성의 확보라는 측면에서 수권법률에서의 위임의 구체성·명확성의 정도는 다른 규율 영역에 비해 완화될 수 있을 것이다(헌재 2016. 6. 30. 2013헌바370).
③ [O] 위임조항 자체에서 위임의 구체적 범위를 명백히 규정하고 있지 않다고 하더라도 당해 법률의 전반적 체계와 관련 규정에 비추어 위임조항의 내재적인 위임의 범위나 한계를 객관적으로 분명히 확정할 수 있다면 이를 포괄적인 백지위임에 해당하는 것으로는 볼 수 없다(헌재 2005. 4. 28. 2003헌가23).

Answer 108 ④ 109 ④

4 사면권

110 대통령의 사면권에 대한 설명으로 옳지 <u>않은</u> 것은? 19. 5급 공채(행정)

① 일반에 대한 감형에서는 특별한 규정이 없는 경우 형이 변경되지만, 특정한 자에 대한 감형에서는 특별한 사정이 있는 경우를 제외하고는 형의 집행이 경감된다.
② 일반사면뿐만 아니라 특별사면의 경우에도 국무회의의 심의를 거쳐야 한다.
③ 복권은 형의 집행이 끝나지 아니한 자 또는 집행이 면제되지 아니한 자에 대하여는 하지 아니한다.
④ 사면심사위원회는 위원장 1명을 포함한 9명의 위원으로 구성하며, 위원장은 법무부장관이 되고, 위원은 대통령이 임명하거나 위촉하되, 공무원이 아닌 위원을 4명 이상 위촉하여야 한다.

> 정답찾기

④ **[X]** 사면심사위원회는 위원장 1명을 포함한 9명의 위원으로 구성하며(「사면법」 제10조의2 제2항), 위원장은 법무부장관이 되고, 위원은 법무부장관이 임명하거나 위촉하되, 공무원이 아닌 위원을 4명 이상 위촉하여야 한다(「사면법」 제10조의2 제3항).
① **[O]** 일반에 대한 감형에서는 특별한 규정이 없는 경우 형이 변경되지만, 특정한 자에 대한 감형에서는 특별한 사정이 있는 경우를 제외하고는 형의 집행이 경감된다(「사면법」 제5조 제1항 3·4호).
② **[O]** 일반사면뿐만 아니라 특별사면의 경우에도 국무회의의 심의를 거쳐야 한다(헌법 제89조 9호).
③ **[O]** 복권은 형의 집행이 끝나지 아니한 자 또는 집행이 면제되지 아니한 자에 대하여는 하지 아니한다(「사면법」 제3조 3호).

111 사면 등에 대한 설명으로 옳지 <u>않은</u> 것은? (다툼이 있는 경우 판례에 의함) 21. 지방직 7급

① 법무부장관은 사면심사위원회의 심사를 거쳐 대통령에게 특별사면을 상신한다.
② 형의 집행유예를 선고받은 자에 대하여는 형 선고의 효력을 상실하게 하는 특별사면 또는 형을 변경하는 감형을 하거나 그 유예기간을 단축할 수 있다.
③ 유죄의 확정판결 후 형 선고의 효력을 상실케 하는 특별사면이 있었다면 이미 재심청구의 대상이 존재하지 아니하므로, 그러한 판결이 여전히 유효하게 존재함을 전제로 하는 재심청구는 부적법하다.
④ 특별사면은 국가원수인 대통령이 형의 집행을 면제하거나 선고의 효력을 상실케 하는 시혜적 조치로서, 형의 전부 또는 일부에 대하여 하거나, 중한 형 또는 가벼운 형에 대하여만 할 수도 있다.

> 정답찾기

③ **[X]** 유죄판결 확정 후에 형 선고의 효력을 상실케 하는 특별사면이 있었다고 하더라도, 형 선고의 법률적 효과만 장래를 향하여 소멸될 뿐이고 확정된 유죄판결에서 이루어진 사실인정과 그에 따른 유죄 판단까지 없어지는 것은 아니므로, 유죄판결은 형 선고의 효력만 상실된 채로 여전히 존재하는 것으로 보아야 하고, 한편 「형사소송법」 제420조 각 호의 재심사유가 있는 피고인으로서는 재심을 통하여 특별사면에도 불구하고 여전히 남아 있는 불이익, 즉 유죄의 선고는 물론 형 선고가 있었다는 기왕의 경력 자체 등을 제거할 필요가 있다. … 따라서 <u>특별사면으로 형 선고의 효력이 상실된 유죄의 확정판결도 「형사소송법」 제420조의 '유죄의 확정판결'에 해당하여 재심청구의 대상이 될 수 있다</u>(대판 2015. 5. 21. 2011도1932).

① [O] 법무부장관은 제1항에 따라 특별사면, 특정한 자에 대한 감형 및 복권을 상신할 때에는 제10조의2에 따른 사면심사위원회의 심사를 거쳐야 한다(「사면법」 제10조 제2항).
② [O] 형의 집행유예를 선고받은 자에 대하여는 형 선고의 효력을 상실하게 하는 특별사면 또는 형을 변경하는 감형을 하거나 그 유예기간을 단축할 수 있다(「사면법」 제7조).
④ [O] 「형법」 제41조, 「사면법」 제5조 제1항 제2호, 제7조 등의 규정의 내용 및 취지에 비추어 보면, 여러 개의 형이 병과된 사람에 대하여 그 병과형 중 일부의 집행을 면제하거나 그에 대한 형의 선고의 효력을 상실케 하는 특별사면이 있은 경우, 그 특별사면의 효력이 병과된 나머지 형에까지 미치는 것은 아니므로 징역형의 집행유예와 벌금형이 병과된 신청인에 대하여 징역형의 집행유예의 효력을 상실케 하는 내용의 특별사면이 그 벌금형의 선고의 효력까지 상실케 하는 것은 아니다(대결 1997. 10. 13. 96모33).

5 대통령의 권한 일반

112 대통령의 헌법상 권한에 대한 설명으로 옳지 않은 것은? 23. 지방직 7급

① 대통령은 법률에서 구체적으로 범위를 정하여 위임받은 사항과 법률을 집행하기 위하여 필요한 사항에 관하여 대통령령을 발할 수 있다.
② 대통령은 내우·외환·천재·지변 또는 중대한 재정·경제상의 위기에 있어서 국가의 안전보장 또는 공공의 안녕질서를 유지하기 위하여 긴급한 조치가 필요하고 국회의 집회를 기다릴 여유가 없을 때에 한하여 최소한으로 필요한 재정·경제상의 처분을 하거나 이에 관하여 법률의 효력을 가지는 명령을 발할 수 있다.
③ 대통령은 전시·사변 또는 이에 준하는 국가비상사태에 있어서 병력으로써 군사상의 필요에 응하거나 공공의 안녕질서를 유지할 필요가 있고 국회의 집회가 불가능한 때에 한하여 계엄을 선포할 수 있다.
④ 대통령은 국가의 안위에 관계되는 중대한 교전상태에 있어서 국가를 보위하기 위하여 긴급한 조치가 필요하고 국회의 집회가 불가능한 때에 한하여 법률의 효력을 가지는 명령을 발할 수 있다.

정답찾기

③ [X] 대통령은 전시·사변 또는 이에 준하는 국가비상사태에 있어서 병력으로써 군사상의 필요에 응하거나 공공의 안녕질서를 유지할 필요가 있을 때에는 법률이 정하는 바에 의하여 계엄을 선포할 수 있다(헌법 제77조 제1항). 국회의 집회가 불가능한 때라는 요건은 계엄의 요건이 아니다.
① [O] 대통령은 법률에서 구체적으로 범위를 정하여 위임받은 사항과 법률을 집행하기 위하여 필요한 사항에 관하여 대통령령을 발할 수 있다(헌법 제75조).
② [O] 대통령은 내우·외환·천재·지변 또는 중대한 재정·경제상의 위기에 있어서 국가의 안전보장 또는 공공의 안녕질서를 유지하기 위하여 긴급한 조치가 필요하고 국회의 집회를 기다릴 여유가 없을 때에 한하여 최소한으로 필요한 재정·경제상의 처분을 하거나 이에 관하여 법률의 효력을 가지는 명령을 발할 수 있다(헌법 제76조 제1항).
④ [O] 대통령은 국가의 안위에 관계되는 중대한 교전상태에 있어서 국가를 보위하기 위하여 긴급한 조치가 필요하고 국회의 집회가 불가능한 때에 한하여 법률의 효력을 가지는 명령을 발할 수 있다(헌법 제76조 제2항).

Answer 110 ④ 111 ③ 112 ③

113. 대통령의 권한에 대한 설명으로 옳지 않은 것은? (다툼이 있는 경우 판례에 의함) 16. 지방직 7급

① 법률안에 대한 대통령의 재의 요구가 있을 때에는 국회는 재의에 붙이고, 재적의원 과반수의 출석과 출석의원 3분의 2 이상의 찬성으로 전과 같은 의결을 하면 그 법률안은 법률로서 확정된다.

② 대통령의 긴급재정·경제명령이 유효하게 성립하였다 하더라도 그 발동의 원인이 된 내우·외환·천재·지변 또는 중대한 재정·경제상의 위기가 사라진 경우에는 곧바로 그 효력이 상실된다.

③ 유죄판결 확정 후에 형 선고의 효력을 상실케 하는 대통령의 특별사면이 있었다고 하더라도, 형 선고의 법률적 효과만 장래를 향하여 소멸될 뿐이고 확정된 유죄판결에서 이루어진 사실인정과 그에 따른 유죄 판단까지 없어지는 것은 아니다.

④ 특정의 국가정책에 대하여 다수의 국민들이 국민투표를 원하고 있음에도 불구하고 대통령이 이러한 희망과는 달리 국민투표에 회부하지 아니한다고 하여도 이를 헌법에 위반된다고 할 수 없고, 국민에게 특정의 국가정책에 관하여 국민투표에 회부할 것을 요구할 권리가 인정된다고 할 수도 없다.

정답찾기

② [X] 대통령은 제1항과 제2항의 처분 또는 명령을 한 때에는 지체없이 국회에 보고하여 그 승인을 얻어야 한다(헌법 제76조 제3항). 제3항의 승인을 얻지 못한 때에는 그 처분 또는 명령은 그때부터 효력을 상실한다. 이 경우 그 명령에 의하여 개정 또는 폐지되었던 법률은 그 명령이 승인을 얻지 못한 때부터 당연히 효력을 회복한다(헌법 제76조 제4항).

① [O] 재의의 요구가 있을 때에는 국회는 재의에 붙이고, 재적의원 과반수의 출석과 출석의원 3분의 2 이상의 찬성으로 전과 같은 의결을 하면 그 법률안은 법률로서 확정된다(헌법 제53조 제4항).

③ [O] 유죄판결 확정 후에 형 선고의 효력을 상실케 하는 특별사면이 있었다고 하더라도, 형 선고의 법률적 효과만 장래를 향하여 소멸될 뿐이고 확정된 유죄판결에서 이루어진 사실인정과 그에 따른 유죄 판단까지 없어지는 것은 아니다(대판 2015. 5. 21. 2011도1932).

④ [O] 특정의 국가정책에 대하여 다수의 국민들이 국민투표를 원하고 있음에도 불구하고 대통령이 이러한 희망과는 달리 국민투표에 회부하지 아니한다고 하여도 이를 헌법에 위반된다고 할 수 없고 국민에게 특정의 국가정책에 관하여 국민투표에 회부할 것을 요구할 권리가 인정된다고 할 수 없다(헌재 2005. 11. 24. 2005헌마579).

114 대통령의 권한에 대한 설명으로 옳은 것은? 20. 지방직 7급

① 대통령은 국회에 출석하여 발언할 수 있으나 서한으로 의견을 표시할 수는 없다.
② 계엄사령관은 계엄의 시행에 관하여 국방부장관의 지휘·감독을 받는다. 다만, 전국을 계엄지역으로 하는 경우와 대통령이 직접 지휘·감독을 할 필요가 있는 경우에는 대통령의 지휘·감독을 받는다.
③ 대통령은 내란 또는 외환의 죄를 범한 경우를 제외하고는 재직 중 형사상 소추와 민사상 책임을 지지 않는다.
④ 대통령은 법률이 정하는 바에 의하여 사면·감형 또는 복권을 명할 수 있으며, 일반사면의 경우 국회의 동의 없이 행할 수 있다.

정답찾기

② [O] 계엄사령관은 계엄의 시행에 관하여 국방부장관의 지휘·감독을 받는다. 다만, 전국을 계엄지역으로 하는 경우와 대통령이 직접 지휘·감독을 할 필요가 있는 경우에는 대통령의 지휘·감독을 받는다(「계엄법」 제6조 제1항).
① [X] 대통령은 국회에 출석하여 발언하거나 서한으로 의견을 표시할 수 있다(헌법 제81조).
③ [X] 대통령은 내란 또는 외환의 죄를 범한 경우를 제외하고는 재직 중 형사상의 소추를 받지 아니한다(헌법 제84조).
④ [X] 대통령은 법률이 정하는 바에 의하여 사면·감형 또는 복권을 명할 수 있다(헌법 제79조 제1항). 일반사면을 명하려면 국회의 동의를 얻어야 한다(헌법 제79조 제2항).

115 대통령 권한행사의 통제에 대한 설명으로 옳은 것은? 15. 지방직 7급

① 대통령의 국법상 행위는 문서로써 하며 이 문서에는 국무총리와 관계 국무위원이 부서를 하지만, 군사에 관한 것은 부서의 대상이 되지 않는다.
② 현행 헌법상 대통령의 자문에 응하기 위하여 둘 수 있는 임의기관에는 국가원로자문회의, 국가안전보장회의, 민주평화통일자문회의, 국민경제자문회의가 있다.
③ 대통령의 긴급재정경제처분은 처분으로서의 효력을 갖는 데 지나지 않으므로 국회의 승인을 요하지는 않으나 각급 법원에 의한 심사대상이 된다.
④ 법원은 대통령령이 헌법이나 법률에 위반되는지의 여부가 재판의 전제가 된 경우에 이를 심사함으로써 대통령의 권한행사를 통제한다.

정답찾기

④ [O] 명령·규칙 또는 처분이 헌법이나 법률에 위반되는 여부가 재판의 전제가 된 경우에는 대법원은 이를 최종적으로 심사할 권한을 가진다(헌법 제107조 제2항).
① [X] 대통령의 국법상 행위는 문서로써 하며, 이 문서에는 국무총리와 관계 국무위원이 부서한다. 군사에 관한 것도 또한 같다(헌법 제82조).
② [X] 국가안전보장에 관련되는 대외정책·군사정책과 국내 정책의 수립에 관하여 국무회의의 심의에 앞서 대통령의 자문에 응하기 위하여 국가안전보장회의를 둔다(헌법 제91조 제1항).
③ [X] 대통령은 제1항과 제2항의 처분 또는 명령을 한 때에는 지체없이 국회에 보고하여 그 승인을 얻어야 한다(헌법 제76조 제3항).

Answer 113 ② 114 ② 115 ④

제3항 | 대통령 일반

116 국회와 대통령에 대한 설명으로 옳은 것은? 　　　　　　　　　　　　　　　　23. 국가직 7급

① 대통령은 국회 임시회의 집회를 요구할 수 있으며, 집회를 요구할 때 집회기간을 명시하여야 하는 것은 아니다.
② 계엄을 선포한 때에는 대통령은 지체 없이 국회에 보고하여 승인을 얻어야 하며, 국회의 승인을 얻지 못한 때에는 계엄은 그때부터 효력을 상실한다.
③ 대통령은 국회에 출석하여 발언하거나 서한으로 의견을 표시할 수 있으나, 국회의 요구가 있을 때 국회에 출석·답변할 헌법상 의무가 있는 것은 아니다.
④ 대통령의 임기연장 또는 중임변경을 위한 헌법개정은 그 헌법개정 제안 당시의 대통령에 대하여 효력이 있다.

> **정답찾기**
> ③ [O] 대통령은 국회에 출석하여 발언하거나 서한으로 의견을 표시할 수 있다(헌법 제81조).
> ① [X] 대통령이 임시회의 집회를 요구할 때에는 기간과 집회요구의 이유를 명시하여야 한다(헌법 제47조 제3항).
> ② [X] 계엄을 선포한 때에는 대통령은 지체 없이 국회에 통고하여야 한다(헌법 제77조 제4항).
> ④ [X] 대통령의 임기연장 또는 중임변경을 위한 헌법개정은 그 헌법개정 제안 당시의 대통령에 대하여는 효력이 없다(헌법 제128조 제2항).

117 대통령에 대한 설명으로 옳지 않은 것은? (다툼이 있는 경우 판례에 의함) 　　　　22. 국가직 7급

① 대통령은 소속 정당원으로서 정치적 의견을 표시할 수 있지만, 국가기관의 신분에서 선거관련 발언을 하는 경우에는 선거에서의 정치적 중립의무의 구속을 받는다.
② 대통령은 계엄을 선포한 때에는 지체 없이 국회에 통고하여야 하며, 국회가 재적의원 과반수의 찬성으로 계엄의 해제를 요구한 때에는 대통령은 이를 해제하여야 한다.
③ 대통령의 '직책을 성실히 수행할 의무'는 헌법적 의무에 해당하지만, '헌법을 수호해야 할 의무'와는 달리 규범적으로 그 이행이 관철될 수 있는 성격의 의무가 아니므로 원칙적으로 사법적 판단의 대상이 되기 어렵다.
④ 대통령의 개성공단 운영 전면중단 조치는 국가안보와 관련된 대통령의 의사 결정을 포함하고, 그러한 의사결정은 고도의 정치적 결단을 요하는 문제이므로 사법심사의 대상이 될 수 없다.

정답찾기

④ [X] 개성공단 전면중단 조치가 고도의 정치적 결단을 요하는 문제이기는 하나, 조치 결과 개성공단 투자기업인 청구인들에게 기본권 제한이 발생하였고, 국민의 기본권 제한과 직접 관련된 공권력의 행사는 고도의 정치적 고려가 필요한 행위라도 헌법과 법률에 따라 결정하고 집행하도록 견제하는 것이 헌법재판소 본연의 임무이므로, 그 한도에서 헌법소원심판의 대상이 될 수 있다(헌재 2022. 1. 27. 2016헌마364).

① [O] 대통령은 소속 정당원으로서 정치적 의견을 표시할 수 있지만, 국가의 원수 및 행정부 수반으로서의 지위에서 직무를 수행하는 때에는 원칙적으로 정당정치적 의견표명을 삼가야 하며, 나아가 대통령이 국가기관의 신분에서 선거관련 발언을 하는 경우에는 선거에서의 정치적 중립의무의 구속을 받는다(헌재 2004. 5. 14. 2004헌나1).

② [O] 계엄을 선포한 때에는 대통령은 지체 없이 국회에 통고하여야 하며, 국회가 재적의원 과반수의 찬성으로 계엄의 해제를 요구한 때에는 대통령은 이를 해제하여야 한다(헌법 제77조 제4항, 제5항).

③ [O] 헌법 제69조는 대통령의 취임선서의무를 규정하면서, 대통령으로서 '직책을 성실히 수행할 의무'를 언급하고 있다. 비록 대통령의 '성실한 직책수행의무'는 헌법적 의무에 해당하나, '헌법을 수호해야 할 의무'와는 달리, 규범적으로 그 이행이 관철될 수 있는 성격의 의무가 아니므로, 원칙적으로 사법적 판단의 대상이 될 수 없다고 할 것이다(헌재 2004. 5. 14. 2004헌나1).

118 대통령에 대한 설명으로 옳지 않은 것만을 모두 고른 것은?

17. 국가직 7급

㉠ 국회가 재적의원 과반수의 찬성으로 계엄의 해제를 요구한 때에는 대통령은 이를 해제하여야 하는데, 이때 대통령은 계엄의 해제에 관하여 국무회의의 심의를 거쳐야 한다.
㉡ 대통령의 국법상 행위는 문서로써 하여야 하며, 이 문서에는 국무총리와 관계국무위원이 부서한다. 다만 군사에 관한 것은 그러하지 아니하다.
㉢ 대통령이 임명하는 헌법재판소 재판관은 모두 국회 인사청문특별위원회의 인사청문을 거쳐야 한다.
㉣ 전직 대통령이 재직 중 탄핵결정을 받아 퇴임한 경우와 금고 이상의 형이 확정된 경우 및 사퇴한 경우에는 필요한 기간의 경호 및 경비를 제외하고는 「전직 대통령 예우에 관한 법률」에 따른 전직 대통령으로서의 예우를 하지 아니한다.

① ㉠, ㉣ ② ㉡, ㉢ ③ ㉠, ㉡, ㉢ ④ ㉡, ㉢, ㉣

정답찾기

㉠ [O] 국회가 재적의원 과반수의 찬성으로 계엄의 해제를 요구한 때에는 대통령은 이를 해제하여야 하고(헌법 제77조 제5항), 대통령이 계엄을 선포하거나 변경하고자 할 때에는 국무회의의 심의를 거쳐야 한다(「계엄법」 제2조 제5항).

㉡ [X] 대통령의 국법상 행위는 문서로써 하며, 이 문서에는 국무총리와 관계국무위원이 부서한다. 군사에 관한 것도 또한 같다(헌법 제82조).

㉢ [X] 인사청문특별위원회의 인사청문을 받아야 하는 대상은 원칙적으로 헌법에 의해 국회의 동의가 필요한 대법원장·헌법재판소장·국무총리·감사원장 및 대법관과 국회에서 선출하는 헌법재판소 재판관 및 중앙선거관리위원회 위원이다(「국회법」 제46조의3 제1항). 따라서 대통령이 임명하는 헌법재판소 재판관 중 국회에서 선출하는 3인의 재판관만 인사청문특별위원회의 심사대상이 된다.

㉣ [X] 전직 대통령이 재직 중 탄핵결정을 받아 퇴임한 경우, 금고 이상의 형이 확정된 경우, 형사처분을 회피할 목적으로 외국정부에 도피처 또는 보호를 요청한 경우, 대한민국의 국적을 상실한 경우에는 제6조 제4항 제1호에 따른 예우를 제외하고는 이 법에 따른 전직 대통령으로서의 예우를 하지 아니한다(「전직 대통령 예우에 관한 법률」 제7조 제2항).

Answer 116 ③ 117 ④ 118 ④

119 대통령에 대한 설명으로 옳지 <u>않은</u> 것은? (다툼이 있는 경우 판례에 의함)   22. 지방직 7급

① 대통령은 행정부의 수반으로서 공정한 선거가 실시될 수 있도록 총괄·감독해야 할 의무가 있으므로, 당연히 선거에서의 중립의무를 지는 공직자에 해당하는 것이고, 이로써 「공직선거법」 제9조의 공무원에 포함된다.
② 대통령은 법률안에 이의가 있을 때에는 정부에 이송된 후 15일 이내에 이의서를 붙여 국회로 환부하고, 그 재의를 요구할 수 있으며, 국회의 폐회 중에도 또한 같다.
③ 「계엄법」상 대통령은 전시·사변 또는 이에 준하는 국가비상사태 시 사회질서가 교란되어 일반 행정기관만으로는 치안을 확보할 수 없는 경우에 공공의 안녕질서를 유지하기 위하여 비상계엄을 선포한다.
④ 대통령이 궐위된 때 또는 대통령 당선자가 사망하거나 판결 기타의 사유로 그 자격을 상실한 때에는 60일 이내에 후임자를 선거한다.

정답찾기

③ [X] 경비계엄은 대통령이 전시·사변 또는 이에 준하는 국가비상사태 시 사회질서가 교란되어 일반 행정기관만으로는 치안을 확보할 수 없는 경우에 공공의 안녕질서를 유지하기 위하여 선포한다(「계엄법」 제2조 제3항). 비상계엄은 대통령이 전시·사변 또는 이에 준하는 국가비상사태 시 적과 교전(交戰) 상태에 있거나 사회질서가 극도로 교란(攪亂)되어 행정 및 사법(司法) 기능의 수행이 현저히 곤란한 경우에 군사상 필요에 따르거나 공공의 안녕질서를 유지하기 위하여 선포한다(「계엄법」 제2조 제2항).
① [O] 대통령은 행정부의 수반으로서 공정한 선거가 실시될 수 있도록 총괄·감독해야 할 의무가 있으므로, 당연히 선거에서의 중립의무를 지는 공직자에 해당하는 것이고, 이로써 「공직선거법」 제9조의 '공무원'에 포함된다(헌재 2004. 5. 14. 2004헌나1).
② [O] 국회에서 의결된 법률안은 정부에 이송되어 15일 이내에 대통령이 공포한다. 법률안에 이의가 있을 때에는 대통령은 위 기간 내에 이의서를 붙여 국회로 환부하고, 그 재의를 요구할 수 있다. 국회의 폐회 중에도 또한 같다(헌법 제53조 제1항, 제2항).
④ [O] 대통령이 궐위된 때 또는 대통령 당선자가 사망하거나 판결 기타의 사유로 그 자격을 상실한 때에는 60일 이내에 후임자를 선거한다(헌법 제68조 제2항).

120 대통령에 대한 설명으로 옳지 <u>않은</u> 것은?   17. 5급 공채(행정)

① 대통령의 국법상 행위는 문서로써 하며, 이 문서에는 국무총리와 관계국무위원이 부서한다. 다만, 군사에 관한 것은 예외로 한다.
② 대통령은 내란 또는 외환의 죄를 범한 경우를 제외하고는 재직 중 형사상의 소추를 받지 아니한다.
③ 대통령은 법률이 정하는 바에 의하여 사면·감형 또는 복권을 명할 수 있으며, 일반사면을 명하려면 국회의 동의를 얻어야 한다.
④ 대통령 선거에 있어서 최고득표자가 2인 이상인 때에는 국회의 재적의원 과반수가 출석한 공개회의에서 다수표를 얻은 자를 당선자로 한다.

정답찾기

① [X] 대통령의 국법상 행위는 문서로써 하며, 이 문서에는 국무총리와 관계국무위원이 부서한다. 군사에 관한 것도 또한 같다(헌법 제82조).
② [O] 대통령은 내란 또는 외환의 죄를 범한 경우를 제외하고는 재직 중 형사상의 소추를 받지 아니한다(헌법 제84조).
③ [O] 대통령은 법률이 정하는 바에 의하여 사면·감형 또는 복권을 명할 수 있다(헌법 제79조 제1항). 일반사면을 명하려면 국회의 동의를 얻어야 한다(헌법 제79조 제2항).
④ [O] 제1항의 선거에 있어서 최고득표자가 2인 이상인 때에는 국회의 재적의원 과반수가 출석한 공개회의에서 다수표를 얻은 자를 당선자로 한다(헌법 제67조 제2항).

121 대통령에 대한 설명으로 옳지 않은 것은? (다툼이 있는 경우 판례에 의함) 19. 지방직 7급

① 대통령 선거에 있어서 최고득표자가 2인 이상인 때에는 국회의 재적의원 과반수가 출석한 공개회의에서 다수표를 얻은 자를 당선자로 한다.
② 대통령이 영전수여를 위해서는 국무회의의 심의를 거쳐야 하는 것은 아니다.
③ 대통령은 국회의 동의를 얻어 국무총리를 임명하며, 국무총리의 제청으로 국무위원을 임명한다.
④ 대통령은 국무회의의 의장으로서 회의를 소집하고 이를 주재하지만 대통령이 사고로 직무를 수행할 수 없는 경우에는 국무총리가 그 직무를 대행할 수 있고, 대통령이 해외 순방 중인 경우는 '사고'에 해당되므로, 대통령의 직무상 해외 순방 중 국무총리가 주재한 국무회의에서 이루어진 정당해산심판청구서 제출안에 대한 의결은 위법하지 아니하다.

정답찾기

② [X] 대통령이 영전수여를 위해서는 국무회의의 심의를 거쳐야 한다(헌법 제89조 8호).
① [O] 제1항의 선거에 있어서 최고득표자가 2인 이상인 때에는 국회의 재적의원 과반수가 출석한 공개회의에서 다수표를 얻은 자를 당선자로 한다(헌법 제67조 제2항).
③ [O] 국무총리는 국회의 동의를 얻어 대통령이 임명한다(헌법 제86조 제1항). 국무위원은 국무총리의 제청으로 대통령이 임명한다(헌법 제87조 제1항).
④ [O] 대통령은 국무회의의 의장으로서 회의를 소집하고 이를 주재하지만 대통령이 사고로 직무를 수행할 수 없는 경우에는 국무총리가 그 직무를 대행할 수 있고, 대통령이 해외 순방 중인 경우는 '사고'에 해당되므로, 대통령의 직무상 해외 순방 중 국무총리가 주재한 국무회의에서 이루어진 정당해산심판청구서 제출안에 대한 의결은 위법하지 아니하다(헌재 2014. 12. 19. 2013헌다1).

Answer 119 ③ 120 ① 121 ②

122 대통령에 대한 설명으로 옳지 않은 것은? (다툼이 있는 경우 판례에 의함)   21. 지방직 7급

① 대통령을 제외한 다른 공직자의 경우에는 파면결정으로 인한 효과가 일반적으로 적기 때문에 상대적으로 경미한 법위반행위에 의해서도 파면이 정당화될 가능성이 큰 반면, 대통령의 경우에는 파면결정의 효과가 지대하기 때문에 파면결정을 하기 위해서는 이를 압도할 수 있는 중대한 법위반이 존재해야 한다.

② 대통령은 행정부의 수반으로서 국가가 국민의 생명과 신체의 안전 보호의무를 충실하게 이행할 수 있도록 권한을 행사하고 직책을 수행하여야 하는 의무를 부담하지만, 국민의 생명이 위협받는 재난상황이 발생하였다고 하여 대통령이 직접 구조 활동에 참여하여야 하는 등 구체적이고 특정한 행위의무까지 바로 발생한다고 보기는 어렵다.

③ 대통령은 국가의 안위에 관계되는 중대한 교전상태에 있어서 국가를 보위하기 위하여 긴급한 조치가 필요하고 국회의 집회를 기다릴 여유가 없을 때에 한하여 법률의 효력을 가지는 긴급명령을 발할 수 있다.

④ 대통령의 임기가 만료되는 때에는 임기만료 70일 내지 40일 전에 후임자를 선거하고, 대통령이 궐위된 때 또는 대통령 당선자가 사망하거나 판결 기타의 사유로 그 자격을 상실한 때에는 60일 이내에 후임자를 선거한다.

정답찾기

③ [X] 대통령은 국가의 안위에 관계되는 중대한 교전상태에 있어서 국가를 보위하기 위하여 긴급한 조치가 필요하고 국회의 집회가 불가능한 때에 한하여 법률의 효력을 가지는 명령을 발할 수 있다(헌법 제76조 제2항).

① [O] 대통령을 제외한 다른 공직자의 경우에는 파면결정으로 인한 효과가 일반적으로 적기 때문에 상대적으로 경미한 법위반행위에 의해서도 파면이 정당화될 가능성이 큰 반면, 대통령의 경우에는 파면결정의 효과가 지대하기 때문에 파면결정을 하기 위해서는 이를 압도할 수 있는 중대한 법위반이 존재해야 한다(헌재 2004. 5. 14. 2004헌나1).

② [O] 대통령은 행정부의 수반으로서 국가가 국민의 생명과 신체의 안전 보호의무를 충실하게 이행할 수 있도록 권한을 행사하고 직책을 수행하여야 하는 의무를 부담한다. 하지만 국민의 생명이 위협받는 재난상황이 발생하였다고 하여 대통령이 직접 구조 활동에 참여하여야 하는 등 구체적이고 특정한 행위의무까지 바로 발생한다고 보기는 어렵다(헌재 2017. 3. 10. 2016헌나1).

④ [O] 대통령의 임기가 만료되는 때에는 임기만료 70일 내지 40일 전에 후임자를 선거한다. 대통령이 궐위된 때 또는 대통령 당선자가 사망하거나 판결 기타의 사유로 그 자격을 상실한 때에는 60일 이내에 후임자를 선거한다(헌법 제68조 제1항, 제2항).

123 대통령에 대한 설명으로 옳지 않은 것은? (다툼이 있는 경우 판례에 의함) 18. 국가직 7급

① 대통령이 자신에 대한 재신임을 헌법 제72조에 정한 국민투표의 형태로 묻고자 하는 것은 가능하나, 특정 정책과 자신의 신임을 연계하여 국민투표에 부치는 것은 허용되지 아니한다.
② 헌법이 군령과 군정에 관한 권한을 모두 국군의 통수권이라는 이름으로 대통령에게 부여하는 것은 군령·군정일원주의를 정하여 문민통제를 실현하는 것이다.
③ 대통령이 행하는 일반사면은 국무회의의 필수적 심의를 거친 후에 국회의 동의를 얻어 대통령령으로 한다.
④ 대통령도 국민의 한사람으로서 제한적으로나마 기본권의 주체가 될 수 있는바, 대통령은 소속 정당을 위하여 정당 활동을 할 수 있는 사인으로서의 지위와 국민 모두에 대한 봉사자로서 공익실현의 의무가 있는 헌법기관으로서의 지위를 동시에 갖는데 최소한 전자의 지위와 관련하여는 기본권 주체성을 갖는다.

정답찾기

① [X] 특정 정책을 국민투표에 붙이면서 이에 자신의 신임을 결부시키는 대통령의 행위도 위헌적인 행위로서 헌법적으로 허용되지 않는다. 물론, 대통령이 특정 정책을 국민투표에 붙인 결과 그 정책의 실시가 국민의 동의를 얻지 못한 경우, 이를 자신에 대한 불신임으로 간주하여 스스로 물러나는 것은 어쩔 수 없는 일이나, 정책을 국민투표에 붙이면서 이를 신임투표로 간주하고자 한다는 선언은 국민의 결정행위에 부당한 압력을 가하고 국민투표를 통하여 간접적으로 자신에 대한 신임을 묻는 행위로서, 대통령의 헌법상 권한을 넘어서는 것이다. 헌법은 대통령에게 국민투표를 통하여 직접적이든 간접적이든 자신의 신임여부를 확인할 수 있는 권한을 부여하지 않는다(헌재 2004. 5. 14. 2004헌나1).
② [O] 헌법은 "대통령은 헌법과 법률이 정하는 바에 의하여 국군을 통수한다. 국군의 조직과 편성은 법률로 정한다"고 규정하고 있는데(헌법 제74조 제1항), 이는 문민통제를 실현하기 위한 것이다.
③ [O] 사면은 국무회의의 심의사항이고(헌법 제89조 9호), 일반사면을 명하려면 국회의 동의를 얻어야 하며(헌법 제79조 제2항), 일반사면은 대통령령으로 한다(「사면법」 제8조).
④ [O] 대통령은 소속 정당을 위하여 정당활동을 할 수 있는 사인으로서의 지위와 국민 모두에 대한 봉사자로서 공익실현의 의무가 있는 헌법기관으로서의 지위를 동시에 갖는데 최소한 전자의 지위와 관련하여는 기본권 주체성을 갖는다(헌재 2008. 1. 17. 2007헌마700).

124. 대통령에 대한 설명으로 옳지 않은 것은? (다툼이 있는 경우 판례에 의함)   20. 국가직 7급

① 대통령 선거에서 당선의 효력에 이의가 있는 경우, 후보자를 추천한 정당 또는 후보자는 당선인결정일부터 30일 이내에 그 사유에 따라 당선인을 피고로 하거나 그 당선인을 결정한 중앙선거관리위원회 위원장 또는 국회의장을 피고로 하여 대법원에 소를 제기할 수 있다.

② 대통령은 헌법재판관, 대법관, 감사위원을 국회의 동의를 얻어 각각 임명한다.

③ 대통령 취임선서에서 규정한 '직책을 성실히 수행할 의무'는 헌법적 의무에 해당하지만, 규범적으로 그 이행이 관철될 수 있는 성격의 의무가 아니므로 원칙적으로 사법적 판단의 대상이 되기는 어렵다.

④ 대통령은 국민의 한사람으로서 제한적으로나마 기본권의 주체가 될 수 있는바, 대통령은 소속 정당을 위하여 정당활동을 할 수 있는 사인으로서의 지위와 국민 모두에 대한 봉사자로서 공익실현의 의무가 있는 헌법기관으로서의 지위를 동시에 갖는데 최소한 전자의 지위와 관련하여는 기본권 주체성을 갖는다고 할 수 있다.

정답찾기

② **[X]** 헌법재판소는 법관의 자격을 가진 9인의 재판관으로 구성하며, 재판관은 대통령이 임명한다(헌법 제111조 제2항). 대법관은 대법원장의 제청으로 국회의 동의를 얻어 대통령이 임명한다(헌법 제104조 제2항). <u>감사위원은 원장의 제청으로 대통령이 임명</u>하고, 그 임기는 4년으로 하며, 1차에 한하여 중임할 수 있다(헌법 제98조 제3항).

① **[O]** 대통령 선거 및 국회의원선거에 있어서 당선의 효력에 이의가 있는 정당(후보자를 추천한 정당) 또는 후보자는 당선인결정일부터 30일 이내에 제52조 제1항·제3항 또는 제192조 제1항부터 제3항까지의 사유에 해당함을 이유로 하는 때에는 당선인을, 제187조(대통령 당선인의 결정·공고·통지)제1항·제2항, 제188조(지역구 국회의원 당선인의 결정·공고·통지)제1항 내지 제4항, 제189조(비례대표 국회의원 의석의 배분과 당선인의 결정·공고·통지) 또는 제194조(당선인의 재결정과 비례대표 국회의원 의석 및 비례대표 지방의회의원 의석의 재배분) 제4항의 규정에 의한 결정의 위법을 이유로 하는 때에는 대통령 선거에 있어서는 그 당선인을 결정한 중앙선거관리위원회위원장 또는 국회의장을, 국회의원선거에 있어서는 당해 선거구선거관리위원회위원장을 각각 피고로 하여 대법원에 소를 제기할 수 있다(「공직선거법」제223조 제1항).

③ **[O]** 헌법 제69조는 대통령의 취임선서 의무를 규정하면서, 대통령으로서 '직책을 성실히 수행할 의무'를 언급하고 있다. 비록 대통령의 '성실한 직책수행의무'는 헌법적 의무에 해당하나, '헌법을 수호해야 할 의무'와는 달리, 규범적으로 그 이행이 관철될 수 있는 성격의 의무가 아니므로, 원칙적으로 사법적 판단의 대상이 될 수 없다고 할 것이다(헌재 2004. 5. 14. 2004헌나1).

④ **[O]** 대통령도 국민의 한사람으로서 제한적으로나마 기본권의 주체가 될 수 있는바, 대통령은 소속 정당을 위하여 정당활동을 할 수 있는 사인으로서의 지위와 국민 모두에 대한 봉사자로서 공익실현의 의무가 있는 헌법기관으로서의 지위를 동시에 갖는데 최소한 전자의 지위와 관련하여는 기본권 주체성을 갖는다(헌재 2008. 1. 17. 2007헌마700).

125 대통령에 대한 설명으로 옳지 않은 것은? (다툼이 있는 경우 판례에 의함) 21. 국가직 7급

① 선거일 현재 5년 이상 국내에 거주하고 있는 40세 이상의 국민은 대통령의 피선거권이 있다. 이 경우 공무로 외국에 파견된 기간과 국내에 주소를 두고 일정 기간 외국에 체류한 기간은 국내거주기간으로 본다.
② 대통령 선거에 있어서 최고득표자가 2인 이상인 때에는 국회의 공개회의에서 재적의원 과반수의 출석과 출석의원 과반수의 찬성을 얻은 자를 당선자로 한다.
③ 대통령의 임기는 전임 대통령 임기만료일의 다음날 0시부터 개시되나, 전임자의 임기가 만료된 후에 실시하는 선거와 궐위로 인한 선거에 의한 대통령의 임기는 당선이 결정된 때부터 개시된다.
④ 대통령이 헌법상 허용되지 않는 재신임 국민투표를 국민들에게 제안한 것은 그 자체로서 헌법 제72조에 반하는 것으로 헌법을 실현하고 수호해야 할 대통령의 의무를 위반한 것이다.

정답찾기

② [X] 대통령은 국민의 보통·평등·직접·비밀선거에 의하여 선출한다. 제1항의 선거에 있어서 최고득표자가 2인 이상인 때에는 국회의 재적의원 과반수가 출석한 공개회의에서 다수표를 얻은 자를 당선자로 한다(헌법 제67조 제1항, 제2항).
① [O] 선거일 현재 5년 이상 국내에 거주하고 있는 40세 이상의 국민은 대통령의 피선거권이 있다. 이 경우 공무로 외국에 파견된 기간과 국내에 주소를 두고 일정 기간 외국에 체류한 기간은 국내거주기간으로 본다(「공직선거법」 제16조 제1항).
③ [O] 대통령의 임기는 전임 대통령 임기만료일의 다음날 0시부터 개시된다. 다만, 전임자의 임기가 만료된 후에 실시하는 선거와 궐위로 인한 선거에 의한 대통령의 임기는 당선이 결정된 때부터 개시된다(「공직선거법」 제14조 제1항).
④ [O] 대통령이 위헌적인 재신임 국민투표를 단지 제안만 하였을 뿐 강행하지는 않았으나, 헌법상 허용되지 않는 재신임 국민투표를 국민들에게 제안한 것은 그 자체로서 헌법 제72조에 반하는 것으로 헌법을 실현하고 수호해야 할 대통령의 의무를 위반한 것이다(헌재 2004. 5. 14. 2004헌나1).

126 대통령에 대한 설명으로 옳지 않은 것은? (다툼이 있는 경우 판례에 의함) 20. 5급 공채(행정)

① 국회의 국무총리 해임건의는 대통령을 기속하는 해임결의권이 아니라, 아무런 법적 구속력이 없는 단순한 해임건의에 불과하다.
② 대통령은 내란 또는 외환의 죄를 범한 경우를 제외하고는 재직 중 형사상의 소추를 받지 아니한다.
③ 대통령은 통일과 관련한 중요정책에 대하여 자신의 신임과 연계하여 국민투표에 붙일 수 있다.
④ 대통령이 일반사면을 명하려면 국회의 동의를 얻어야 한다.

정답찾기

③ [X] 특정 정책을 국민투표에 붙이면서 이에 자신의 신임을 결부시키는 대통령의 행위도 위헌적인 행위로서 헌법적으로 허용되지 않는다(헌재 2004. 5. 14. 2004헌나1).
① [O] 국회는 국무총리나 국무위원의 해임을 건의할 수 있으나(헌법 63조), 국회의 해임건의는 대통령을 기속하는 해임결의권이 아니라, 아무런 법적 구속력이 없는 단순한 해임건의에 불과하다(헌재 2004. 5. 14. 2004헌나1).
② [O] 대통령은 내란 또는 외환의 죄를 범한 경우를 제외하고는 재직 중 형사상의 소추를 받지 아니한다(헌법 제84조).
④ [O] 일반사면을 명하려면 국회의 동의를 얻어야 한다(헌법 제79조 제2항).

Answer 124 ② 125 ② 126 ③

127 대통령에 대한 설명으로 옳지 않은 것은?

21. 5급 공채(행정)

① 대통령은 필요하다고 인정할 때에는 국회의 동의를 얻어 외교·국방·통일 기타 국가안위에 관한 중요정책을 국민투표에 붙인다.
② 대통령이 재직 중 탄핵결정을 받아 퇴임한 경우 '필요한 기간의 경호 및 경비'를 제외하고는 「전직 대통령 예우에 관한 법률」에 따른 전직 대통령으로서의 예우를 하지 아니한다.
③ 대통령은 조약을 체결·비준하고, 외교사절을 신임·접수 또는 파견하며, 선전포고와 강화를 한다.
④ 대통령은 조국의 평화적 통일을 위한 성실한 의무를 지며, 이에 대해 취임에 즈음하여 선서한다.

정답찾기

① [X] 대통령은 필요하다고 인정할 때에는 외교·국방·통일 기타 국가안위에 관한 중요정책을 국민투표에 붙일 수 있다(헌법 제72조). 국회의 동의를 요하지 않는다.
② [O] 대통령이 재직 중 탄핵결정을 받아 퇴임한 경우 '필요한 기간의 경호 및 경비'를 제외하고는 「전직 대통령 예우에 관한 법률」에 따른 전직 대통령으로서의 예우를 하지 아니한다(전직대통령 예우에 관한 법률 제7조 제2항 1호).
③ [O] 대통령은 조약을 체결·비준하고, 외교사절을 신임·접수 또는 파견하며, 선전포고와 강화를 한다(헌법 제73조).
④ [O] 대통령은 조국의 평화적 통일을 위한 성실한 의무를 지며(헌법 제66조 제3항), 이에 대해 취임에 즈음하여 선서한다(헌법 제69조).

128 대통령에 대한 설명으로 옳지 않은 것은?

24. 지방직 7급

① 대통령 선거에서 대통령 후보자가 1인일 때에는 그 득표수가 선거권자 총수의 3분의 1 이상이 아니면 대통령으로 당선될 수 없다.
② 대통령은 계엄을 선포한 때에는 지체 없이 국회에 통고하여야 하며, 국회가 재적의원 과반수의 출석과 출석의원 3분의 2 이상의 찬성으로 계엄의 해제를 요구한 때에는 대통령은 이를 해제하여야 한다.
③ 대통령은 국회의 동의를 얻어 감사원장을 임명하고, 감사원장의 제청으로 국회의 동의를 거치지 아니하고 감사위원을 임명한다.
④ 대통령의 국법상 행위는 문서로써 하며, 이 문서에는 국무총리와 관계 국무위원이 부서한다.

정답찾기

② [X] 계엄을 선포한 때에는 대통령은 지체 없이 국회에 통고하여야 한다(헌법 제77조 제4항). 국회가 재적의원 과반수의 찬성으로 계엄의 해제를 요구한 때에는 대통령은 이를 해제하여야 한다(헌법 제77조 제5항).
① [O] 대통령 후보자가 1인일 때에는 그 득표수가 선거권자 총수의 3분의 1 이상이 아니면 대통령으로 당선될 수 없다(헌법 제67조 제3항).
③ [O] 원장은 국회의 동의를 얻어 대통령이 임명하고, 그 임기는 4년으로 하며, 1차에 한하여 중임할 수 있다(헌법 제98조 제2항). 감사위원은 원장의 제청으로 대통령이 임명하고, 그 임기는 4년으로 하며, 1차에 한하여 중임할 수 있다(헌법 제98조 제3항).
④ [O] 대통령의 국법상 행위는 문서로써 하며, 이 문서에는 국무총리와 관계 국무위원이 부서한다. 군사에 관한 것도 또한 같다(헌법 제82조).

129. 대통령에 대한 설명으로 옳지 않은 것만을 〈보기〉에서 모두 고르면?

23. 국회 8급

─〈 보기 〉─

㉠ 대통령은 국무회의 의장으로서 회의를 소집하고 이를 주재하나, 사고로 직무를 수행할 수 없는 경우에는 부의장인 국무총리가 그 직무를 대행한다. 다만 의장과 부의장이 모두 사고로 직무를 수행할 수 없는 경우에는 기획재정부장관이 겸임하는 부총리, 교육부장관이 겸임하는 부총리 및 「정부조직법」 제26조 제1항에 규정된 순서에 따라 국무위원이 그 직무를 대행한다.
㉡ 대통령의 긴급재정·경제처분권과 긴급재정·경제명령권은 지체없이 국회에 보고를 하여 그 승인을 얻어야 하고, 승인을 얻지 못한 때에는 그 처분 또는 명령은 소급하여 그 효력을 상실한다.
㉢ 국회에서 의결되어 정부에 이송된 법률안 중 일부 조항에 대하여 위헌 논란이 있어 대통령이 국회에 재의를 요구하는 경우 그 일부조항을 수정하여 재의를 요구할 수 있다.
㉣ 정부에 이송된 법률안에 대하여 대통령이 재의를 요구하는 경우, 국회가 재적의원 3분의 2 이상의 찬성으로 전과 같은 의결을 하면 대통령은 더 이상 재의를 요구할 수 없고 지체 없이 공포하여야 하며, 대통령이 공포함으로써 법률안은 법률로서 확정된다.

① ㉡
② ㉢
③ ㉠, ㉣
④ ㉠, ㉢, ㉣
⑤ ㉡, ㉢, ㉣

정답찾기

㉠ [O] 의장이 사고로 직무를 수행할 수 없는 경우에는 부의장인 국무총리가 그 직무를 대행하고, 의장과 부의장이 모두 사고로 직무를 수행할 수 없는 경우에는 기획재정부장관이 겸임하는 부총리, 교육부장관이 겸임하는 부총리 및 제26조 제1항에 규정된 순서에 따라 국무위원이 그 직무를 대행한다(「정부조직법」 제12조 제2항).
㉡ [X] 대통령은 제1항과 제2항의 처분 또는 명령을 한 때에는 지체 없이 국회에 보고하여 그 승인을 얻어야 한다(헌법 제76조 제3항). 제3항의 승인을 얻지 못한 때에는 그 처분 또는 명령은 그때부터 효력을 상실한다. 이 경우 그 명령에 의하여 개정 또는 폐지되었던 법률은 그 명령이 승인을 얻지 못한 때부터 당연히 효력을 회복한다(헌법 제76조 제4항).
㉢ [X] 대통령은 법률안의 일부에 대하여 또는 법률안을 수정하여 재의를 요구할 수 없다(헌법 제53조 제3항).
㉣ [X] 재의의 요구가 있을 때에는 국회는 재의에 붙이고, 재적의원 과반수의 출석과 출석의원 3분의 2 이상의 찬성으로 전과 같은 의결을 하면 그 법률안은 법률로서 확정된다(헌법 제53조 제4항). 대통령이 제1항의 기간(15일) 내에 공포나 재의의 요구를 하지 아니한 때에도 그 법률안은 법률로서 확정된다(헌법 제53조 제5항).

Answer 127 ① 128 ② 129 ⑤

130 대통령과 행정부에 대한 설명으로 옳지 않은 것은? (다툼이 있는 경우 판례에 의함) 21. 국가직 7급

① 기본권을 제한하는 내용의 입법을 위임할 때에는 법규명령에 위임하는 것이 원칙이고, 고시와 같은 형식으로 입법위임을 할 때에는 법령이 전문적·기술적 사항이나 경미한 사항으로서 업무의 성질상 위임이 불가피한 사항에 한정된다.
② 입주자들이 국가나 사업주체의 관여없이 자치활동의 일환으로 구성한 입주자대표회의는 사법상의 단체로서, 그 구성에 필요한 사항을 대통령령에 위임하도록 한 것은 법률유보원칙에 위반되지 않는다.
③ 대통령은 국무총리와 중앙행정기관의 장의 명령이나 처분이 위법 또는 부당하다고 인정하면 국무회의의 심의를 거쳐 이를 중지 또는 취소하여야 한다.
④ 국무총리는 대통령의 명을 받아 각 중앙행정기관의 장을 지휘·감독한다.

정답찾기

③ [X] 대통령은 국무총리와 중앙행정기관의 장의 명령이나 처분이 위법 또는 부당하다고 인정하면 이를 중지 또는 취소할 수 있다(「정부조직법」 제11조 제2항).
① [O] 행정규칙은 법규명령과 같은 엄격한 제정 및 개정절차를 필요로 하지 아니하므로, 기본권을 제한하는 내용의 입법을 위임할 때에는 법규명령에 위임하는 것이 원칙이고, 고시와 같은 형식으로 입법위임을 할 때에는 법령이 전문적·기술적 사항이나 경미한 사항으로서 업무의 성질상 위임이 불가피한 사항에 한정된다(헌재 2016. 3. 31. 2014헌바382).
② [O] 입주자대표회의는 공법상의 단체가 아닌 사법상의 단체로서, 이러한 특정 단체의 구성원이 될 수 있는 자격을 제한하는 것이 국가적 차원에서 형식적 법률로 규율되어야 할 본질적 사항이라고 보기 어렵다. 또한, 입주자대표회의 구성에 있어서 본질적인 부분은 입주자들이 국가나 사업주체의 관여 없이 자치활동의 일환으로 입주자대표회의를 구성할 수 있다는 것인데, 주택법 제43조 제3항은 입주자가 입주자대표회의를 구성할 수 있다고 규정하고 있어 이미 본질적인 부분이 입법되어 있으므로 입주자대표회의의 구성원인 동별 대표자가 될 수 있는 자격이 반드시 법률로 규율하여야 하는 사항이라고 볼 수 없다. 따라서 심판대상조항은 법률유보원칙을 위반하지 아니한다(헌재 2016. 7. 28. 2014헌바158).
④ [O] 국무총리는 대통령의 명을 받아 각 중앙행정기관의 장을 지휘·감독한다(「정부조직법」 제18조 제1항).

131 대통령과 행정부에 대한 설명으로 옳은 것은? (다툼이 있는 경우 판례에 의함) 국가직 7급 16.

① 대통령은 국회의 집회가 불가능하고, 국가의 안위에 관계되는 중대한 교전상태가 발생했을 때 계엄을 선포할 수 있다.
② 대통령 당선인은 대통령 임기 시작 전에 국회의 인사청문 절차를 거치게 하기 위하여 국무총리 및 국무위원 후보자를 지명할 수 있으며, 이 경우 국무위원 후보자에 대하여는 국무총리 후보자의 추천이 있어야 한다.
③ 사면심사위원회는 위원장인 법무부장관을 포함한 9명의 위원으로 구성되며, 위원은 법무부장관이 임명하거나 위촉하되, 공무원이 아닌 위원 3명 이상을 위촉하여야 한다.
④ 헌법 제86조 제2항 및 제94조에서 말하는 국무총리의 통할을 받는 행정각부는 입법권자가 헌법 제96조의 위임을 받은 「정부조직법」 제26조에 의하여 설치하는 행정각부만을 의미하는 것은 아니다.

정답찾기

② [O] 대통령당선인은 대통령 임기 시작 전에 국회의 인사청문 절차를 거치게 하기 위하여 국무총리 및 국무위원 후보자를 지명할 수 있으며, 이 경우 국무위원 후보자에 대하여는 국무총리 후보자의 추천이 있어야 한다(「대통령직 인수에 관한 법률」 제5조 제1항).

① [X] 대통령은 전시·사변 또는 이에 준하는 국가비상사태에 있어서 병력으로써 군사상의 필요에 응하거나 공공의 안녕질서를 유지할 필요가 있을 때에는 법률이 정하는 바에 의하여 계엄을 선포할 수 있다(헌법 제77조 제1항).

③ [X] 사면심사위원회는 위원장 1명을 포함한 9명의 위원으로 구성하는데(「사면법」 제10조의2 제2항), 위원장은 법무부장관이 되고, 위원은 법무부장관이 임명하거나 위촉하되, 공무원이 아닌 위원을 4명 이상 위촉하여야 한다(「사면법」 제10조의2 제3항).

④ [X] 입법권자는 헌법 제96조에 의하여 법률로써 행정을 담당하는 행정기관을 설치함에 있어 그 기관이 관장하는 사무의 성질에 따라 국무총리가 대통령의 명을 받아 통할할 수 있는 기관으로 설치할 수도 있고 또는 대통령이 직접 통할하는 기관으로 설치할 수도 있다 할 것이므로 헌법 제86조 제2항 및 제94조에서 말하는 국무총리의 통할을 받는 행정각부는 입법권자가 헌법 제96조의 위임을 받은 「정부조직법」 제29조에 의하여 설치하는 행정각부만을 의미한다고 할 것이다(헌재 1994. 4. 28. 89헌마221).

제3절 정부

제1항 국무총리

132 국무총리의 지위와 권한에 대한 설명으로 옳은 것은? (다툼이 있는 경우 판례에 의함) 15. 지방직 7급

① 헌법재판소는 국무총리의 통할을 받는 행정각부에 모든 행정기관이 포함되는 것은 아니라고 보았다.
② 국무총리는 국무회의를 구성하는 국무위원으로서 국무회의부의장의 지위를 갖는다.
③ 국무총리는 중앙행정기관의 장의 명령이나 처분이 위법 또는 부당하다고 인정할 때에는 독자적으로 이를 중지할 수 있다.
④ 국무총리는 소관사무에 관하여 법률이나 대통령령의 위임이 없이는 총리령을 발할 수 없다.

정답찾기

① [O] 국무총리는 단지 대통령의 첫째가는 보좌기관으로서 행정에 관하여 독자적인 권한을 가지지 못하고 대통령의 명을 받아 행정각부를 통할하는 기관으로서의 지위만을 가지며, 행정권 행사에 대한 최후의 결정권자는 대통령이라고 해석하는 것이 타당하다고 할 것이다. 이와 같은 헌법상의 대통령과 국무총리의 지위에 비추어 보면 국무총리의 통할을 받는 행정각부에 모든 행정기관이 포함된다고 볼 수 없다(헌재 1994. 4. 28. 89헌마221).

② [X] 국무회의는 대통령·국무총리와 15인 이상 30인 이하의 국무위원으로 구성한다(헌법 제88조 제2항). 대통령은 국무회의의 의장이 되고, 국무총리는 부의장이 된다(헌법 제88조 제3항). 국무총리는 국무회의의 구성원이지만 국무위원은 아니다.

③ [X] 국무총리는 중앙행정기관의 장의 명령이나 처분이 위법 또는 부당하다고 인정될 경우에는 대통령의 승인을 받아 이를 중지 또는 취소할 수 있다(「정부조직법」 제18조 제2항).

④ [X] 국무총리 또는 행정각부의 장은 소관사무에 관하여 법률이나 대통령령의 위임 또는 직권으로 총리령 또는 부령을 발할 수 있다(헌법 제95조).

Answer 130 ③   131 ②   132 ①

133 국무총리에 대한 설명으로 옳지 않은 것은? (다툼이 있는 경우 판례에 의함)   22. 국가직 7급

① 대통령 직속의 헌법기관이 별도로 규정되어 있다는 이유만을 들어 법률에 의하더라도 헌법에 열거된 헌법기관 이외에는 대통령 직속의 행정기관을 설치할 수 없다든가 또는 모든 행정기관은 헌법상 예외적으로 열거된 경우 등 이외에는 반드시 국무총리의 통할을 받아야 한다고는 말할 수 없다.

② 국무총리는 중앙행정기관의 장의 명령이나 처분이 위법 또는 부당하다고 인정될 경우에는 직권으로 이를 중지 또는 취소할 수 있다.

③ 대통령의 국법상 행위는 문서로써 하며, 이 문서에는 국무총리와 관계 국무위원이 부서한다. 군사에 관한 것도 또한 같다.

④ 국무총리가 사고로 직무를 수행할 수 없는 경우에는 기획재정부장관이 겸임하는 부총리, 교육부장관이 겸임하는 부총리의 순으로 직무를 대행하고, 국무총리와 부총리가 모두 사고로 직무를 수행할 수 없는 경우에는 대통령의 지명이 있으면 그 지명을 받은 국무위원이 그 직무를 대행한다.

정답찾기

② [X] 국무총리는 대통령의 명을 받아 각 중앙행정기관의 장을 지휘·감독한다(「정부조직법」 제18조 제1항). 국무총리는 중앙행정기관의 장의 명령이나 처분이 위법 또는 부당하다고 인정될 경우에는 <u>대통령의 승인을 받아</u> 이를 중지 또는 취소할 수 있다(「정부조직법」 제18조 제2항).

① [O] 대통령 직속의 헌법기관이 별도로 규정되어 있다는 이유만을 들어 법률에 의하더라도 헌법에 열거된 헌법기관 이외에는 대통령 직속의 행정기관을 설치할 수 없다든가 또는 모든 행정기관은 헌법상 예외적으로 열거된 경우 등 이외에는 반드시 국무총리의 통할을 받아야 한다고는 말할 수 없다 할 것이고 이는 현행 헌법상 대통령중심제의 정부조직원리에도 들어맞는 것이라 할 것이다(헌재 1994. 4. 28. 89헌마221).

③ [O] 대통령의 국법상 행위는 문서로써 하며, 이 문서에는 국무총리와 관계 국무위원이 부서한다. 군사에 관한 것도 또한 같다(헌법 제82조).

④ [O] 국무총리가 사고로 직무를 수행할 수 없는 경우에는 기획재정부장관이 겸임하는 부총리, 교육부장관이 겸임하는 부총리의 순으로 직무를 대행하고, 국무총리와 부총리가 모두 사고로 직무를 수행할 수 없는 경우에는 대통령의 지명이 있으면 그 지명을 받은 국무위원이, 지명이 없는 경우에는 제26조 제1항에 규정된 순서에 따른 국무위원이 그 직무를 대행한다(「정부조직법」 제22조).

134 국무총리에 대한 설명으로 옳지 않은 것은?

16. 지방직 7급

① 국회나 그 위원회의 요구가 있을 때에는 국무총리·국무위원 또는 정부위원은 출석·답변하여야 하며, 국무총리 또는 국무위원이 출석요구를 받은 때에는 국무위원 또는 정부위원으로 하여금 출석·답변하게 할 수 있다.

② 헌법재판소에 따르면 국무총리는 단지 대통령의 첫째가는 보좌기관으로서 행정에 관하여 독자적인 권한을 가지지 못하고 대통령의 명을 받아 행정각부를 통할하는 기관으로서의 지위만을 가진다.

③ 국무총리는 중앙행정기관의 장의 명령이나 처분이 위법 또는 부당하다고 인정될 경우에는 대통령의 승인을 받아 이를 중지 또는 취소할 수 있다.

④ 국무총리 소속으로 인사혁신처를 두고, 인사혁신처에는 장관 1명과 차관 1명을 두되, 장관은 국무위원으로 보한다.

정답찾기

④ 【X】 공무원의 인사·윤리·복무 및 연금에 관한 사무를 관장하기 위하여 국무총리 소속으로 인사혁신처를 둔다(「정부조직법」 제22조의3 제1항). 인사혁신처에 처장 1명과 차장 1명을 두되, 처장은 정무직으로 하고, 차장은 고위공무원단에 속하는 일반직공무원으로 보한다(「정부조직법」 제22조의3 제2항).

① 【O】 국회나 그 위원회의 요구가 있을 때에는 국무총리·국무위원 또는 정부위원은 출석·답변하여야 하며, 국무총리 또는 국무위원이 출석요구를 받은 때에는 국무위원 또는 정부위원으로 하여금 출석·답변하게 할 수 있다(헌법 제62조 제2항).

② 【O】 국무총리는 단지 대통령의 첫째가는 보좌기관으로서 행정에 관하여 독자적인 권한을 가지지 못하고 대통령의 명을 받아 행정각부를 통할하는 기관으로서의 지위만을 가지며, 행정권 행사에 대한 최후의 결정권자는 대통령이라고 해석하는 것이 타당하다고 할 것이다. 이와 같은 헌법상의 대통령과 국무총리의 지위에 비추어 보면 국무총리의 통할을 받는 행정각부에 모든 행정기관이 포함된다고 볼 수 없다 할 것이다(헌재 1994. 4. 28. 89헌마221).

③ 【O】 국무총리는 중앙행정기관의 장의 명령이나 처분이 위법 또는 부당하다고 인정될 경우에는 대통령의 승인을 받아 이를 중지 또는 취소할 수 있다(「정부조직법」 제18조 제2항).

Answer 133 ② 134 ④

135 국무총리에 대한 설명으로 옳지 않은 것은? (다툼이 있는 경우 판례에 의함) 국가직 7급 19. 수정

① 인사혁신처, 법제처, 식품의약품안전처는 국무총리 소속기관이나 국가보훈처는 국무총리 소속기관이 아니다.
② 국무총리의 권한과 위상은 기본적으로 지리적인 소재지와는 직접적으로 관련이 있다고 할 수 없고, 국무총리의 소재지는 헌법적으로 중요한 기본적 사항이라 보기 어렵고 나아가 이러한 규범이 존재한다는 국민적 의식이 형성되었는지조차 명확하지 않으므로 이러한 관습헌법의 존재를 인정할 수 없다.
③ 국회에서 국무총리의 해임건의안이 발의되었을 때에는 국회의장은 그 해임건의안이 발의된 후 처음 개의하는 본회의에 그 사실을 보고하고, 본회의에 보고된 때부터 24시간 이후 48시간 이내에 기명투표로 표결한다.
④ 국회 본회의는 의결로 국무총리의 출석을 요구할 수 있으며, 이 경우 그 발의는 국회의원 20명 이상이 이유를 구체적으로 밝힌 서면으로 하여야 한다.

정답찾기

③ [X] 국무총리 또는 국무위원의 해임건의안이 발의되었을 때에는 의장은 그 해임건의안이 발의된 후 처음 개의하는 본회의에 그 사실을 보고하고, 본회의에 보고된 때부터 24시간 이후 72시간 이내에 무기명투표로 표결한다. 이 기간 내에 표결하지 아니한 해임건의안은 폐기된 것으로 본다(「국회법」제112조 제7항).
① [O] 인사혁신처(「정부조직법」22조의3 제1항), 법제처(「정부조직법」23조 제1항), 식품의약품안전처(「정부조직법」25조 제1항)는 국무총리 소속기관이다. 종전 국가보훈처도 국무총리 소속기관이었으나 「정부조직법」이 개정되면서 국가보훈처는 행정각부로 승격하였다(「정부조직법」제26조 제1항).
② [O] 국무총리의 권한과 위상은 기본적으로 지리적인 소재지와는 직접적으로 관련이 있다고 할 수 없고, 비록 이 사건 법률에 의하여 결과적으로 국무총리의 권한이 일부 강화될 가능성이 있다고 하더라도 이를 대통령제 정부형태를 다른 형태의 제도로 변경하는 것으로 볼 수는 없다. 청구인들은 국무총리제도가 채택된 이래 줄곧 대통령과 국무총리가 서울이라는 하나의 도시에 소재하고 있었다는 사실을 들어 이에 대한 관습헌법이 존재한다고 주장한다. 그러나 국무총리의 소재지는 헌법적으로 중요한 기본적 사항이라 보기 어렵고 나아가 이러한 규범이 존재한다는 국민적 의식이 형성되었는지 조차 명확하지 않으므로 이러한 관습헌법의 존재를 인정할 수 없다(헌재 2005. 11. 24. 2005헌마579).
④ [O] 본회의는 의결로 국무총리, 국무위원 또는 정부위원의 출석을 요구할 수 있다. 이 경우 그 발의는 의원 20명 이상이 이유를 구체적으로 밝힌 서면으로 하여야 한다(「국회법」제121조 제1항).

136 국무총리에 대한 설명으로 옳지 않은 것은?

18. 5급 공채(행정)

① 국무총리는 국무회의의 부의장이지만 국무위원이 아니며, 국회의원은 국무총리를 겸할 수 있다.
② 국무위원은 행정각부의 장 중에서 국무총리의 제청으로 대통령이 임명한다.
③ 국회나 그 위원회의 출석요구가 있을 때에는 국무총리는 출석·답변하여야 하며, 국무총리가 출석요구를 받은 때에는 국무위원으로 하여금 출석·답변하게 할 수 있다.
④ 대통령이 국회의 동의를 얻어 국무총리를 임명할 때, 국회 재적의원 과반수의 출석과 출석의원 과반수의 찬성을 얻어야 한다.

정답찾기

② [X] 행정각부의 장은 국무위원 중에서 국무총리의 제청으로 대통령이 임명한다(헌법 제94조). 행정각부의 장을 국무위원 중에서 임명하는 것이지 국무위원을 행정각부의 장 중에서 임명하는 것이 아니다.
① [O] 국무총리는 국무회의의 부의장이지만(헌법 제88조 제3항) 국무위원이 아니며(헌법 제88조 제2항), 국회의원은 국무총리를 겸할 수 있다(「국회법」제29조 제1항).
③ [O] 국회나 그 위원회의 요구가 있을 때에는 국무총리·국무위원 또는 정부위원은 출석·답변하여야 하며, 국무총리 또는 국무위원이 출석요구를 받은 때에는 국무위원 또는 정부위원으로 하여금 출석·답변하게 할 수 있다(헌법 제62조 제2항).
④ [O] 국무총리에 대한 국회의 동의권에 특별의결정족수 규정이 없으므로 일반의결정족수 규정에 따라 재적의원 과반수 출석에 출석의원 과반수의 찬성으로 의결한다.

137 국무총리에 대한 설명으로 옳지 않은 것은?

19. 5급 공채(행정)

① 국무총리는 국회나 그 위원회에 출석하여 국정처리상황을 보고하거나 의견을 진술하고 질문에 응답할 수 있다.
② 국무총리는 국무위원의 해임을 대통령에게 건의할 수 있다.
③ 국무총리는 국무회의의 의장이 되며, 행정에 관하여 대통령의 명을 받아 행정각부를 통할한다.
④ 국무총리는 소관 사무에 관하여 법률이나 대통령령의 위임 또는 직권으로 총리령을 발할 수 있다.

정답찾기

③ [X] 대통령은 국무회의의 의장이 되고, 국무총리는 부의장이 된다(헌법 제88조 제3항). 국무총리는 대통령을 보좌하며, 행정에 관하여 대통령의 명을 받아 행정각부를 통할한다(헌법 제86조 제2항).
① [O] 국무총리·국무위원 또는 정부위원은 국회나 그 위원회에 출석하여 국정처리상황을 보고하거나 의견을 진술하고 질문에 응답할 수 있다(헌법 제62조 제1항).
② [O] 국무총리는 국무위원의 해임을 대통령에게 건의할 수 있다(헌법 제87조 제3항).
④ [O] 국무총리 또는 행정각부의 장은 소관 사무에 관하여 법률이나 대통령령의 위임 또는 직권으로 총리령 또는 부령을 발할 수 있다(헌법 제95조).

Answer 135 ③　136 ②　137 ③

138 국무총리에 대한 설명으로 옳은 것은? (다툼이 있는 경우 판례에 의함)   20. 지방직 7급

① 국무총리가 사고로 직무를 수행할 수 없는 경우에는 교육부장관이 겸임하는 부총리, 기획재정부장관이 겸임하는 부총리 순으로 직무를 대행하고, 국무총리와 부총리가 모두 사고로 직무를 수행할 수 없는 경우에는 대통령의 지명이 있으면 그 지명을 받은 국무위원이 그 직무를 대행한다.
② 국무총리는 중앙행정기관의 장의 명령이나 처분이 위법 또는 부당하다고 인정할 때에는 대통령의 승인을 받아 이를 중지 또는 취소할 수 있다.
③ 국무총리는 국무회의의 부의장으로서 국무위원이다.
④ 헌법재판소는 국무총리는 대통령의 첫째가는 보좌기관으로서 행정에 관하여 독자적인 권한을 가지고 대통령의 명을 받아 행정각부를 통할하는 기관으로서의 지위를 가진다고 보았다.

> 정답찾기

② [O] 국무총리는 중앙행정기관의 장의 명령이나 처분이 위법 또는 부당하다고 인정될 경우에는 대통령의 승인을 받아 이를 중지 또는 취소할 수 있다(「정부조직법」 제18조 제2항).
① [X] 국무총리가 사고로 직무를 수행할 수 없는 경우에는 기획재정부장관이 겸임하는 부총리, 교육부장관이 겸임하는 부총리의 순으로 직무를 대행하고, 국무총리와 부총리가 모두 사고로 직무를 수행할 수 없는 경우에는 대통령의 지명이 있으면 그 지명을 받은 국무위원이, 지명이 없는 경우에는 제26조 제1항에 규정된 순서에 따른 국무위원이 그 직무를 대행한다(「정부조직법」 제22조).
③ [X] 국무회의는 대통령·국무총리와 15인 이상 30인 이하의 국무위원으로 구성한다(헌법 제88조 제2항). 대통령은 국무회의의 의장이 되고, 국무총리는 부의장이 된다(헌법 제88조 제3항). 국무총리는 국무회의의 구성원이지만 국무위원은 아니다.
④ [X] 국무총리는 단지 대통령의 첫째가는 보좌기관으로서 행정에 관하여 독자적인 권한을 가지지 못하고 대통령의 명을 받아 행정각부를 통할하는 기관으로서의 지위만을 가지며, 행정권 행사에 대한 최후의 결정권자는 대통령이라고 해석하는 것이 타당하다(헌재 1994. 4. 28. 89헌마221).

제2항 국무회의 · 국무위원 · 행정각부

139 국무위원과 행정각부의 장에 대한 설명으로 옳지 않은 것은?   18. 지방직 7급

① 행정각부의 장은 국무위원 중에서 임명해야 하므로, 행정각부의 장에 대한 임명에는 국무위원의 경우와 달리 국무총리의 제청이 별도로 요구되지 않는다.
② 국무위원은 국무총리의 제청으로 대통령이 임명하며, 군인도 현역을 면한 후에는 국무위원으로 임명될 수 있다.
③ 행정각부의 장은 소관사무에 관하여 법률이나 대통령령의 위임 또는 직권으로 부령을 발할 수 있으며, 소관사무에 관하여 지방행정의 장을 지휘·감독한다.
④ 국무위원은 국무회의의 구성원으로서, 국무회의 의안 제출권, 대통령의 국법상 행위에 대한 부서권, 국회 출석·발언권 등을 가진다.

> 정답찾기

① [X] 행정각부의 장은 국무위원 중에서 국무총리의 제청으로 대통령이 임명한다(헌법 제94조). 국무위원은 국무총리의 제청으로 대통령이 임명한다(헌법 제87조 제1항).
② [O] 국무위원은 국무총리의 제청으로 대통령이 임명한다(헌법 제87조 제1항). 군인은 현역을 면한 후가 아니면 국무위원으로 임명될 수 없다(헌법 제87조 제4항).
③ [O] 국무총리 또는 행정각부의 장은 소관사무에 관하여 법률이나 대통령령의 위임 또는 직권으로 총리령 또는 부령을 발할 수 있다(헌법 제95조). 장관은 소관사무에 관하여 지방행정의 장을 지휘·감독한다(「정부조직법」 제26조 제3항).
④ [O] 국무위원은 국무회의 구성원으로서(헌법 제87조 제2항), 국무회의 의안 제출권(국무회의 규정 제3조 제1항), 대통령의 국법상 행위에 대한 부서권(헌법 제82조), 국회 출석·발언권(헌법 제62조 제1항) 등을 가진다.

140 국무회의에 대한 설명으로 옳지 <u>않은</u> 것은? 17. 5급 공채(행정)

① 국무회의는 정부의 권한에 속하는 중요한 정책을 심의하며, 대통령·국무총리와 15인 이상 30인 이하의 국무위원으로 구성된다.
② 헌법재판소는 국무회의의 의결은 국가기관의 내부적 의사 결정행위에 불과하여 그 자체로 국민에 대하여 직접적인 법률효과를 발생시키는 행위가 아니라고 본다.
③ 국정처리상황의 평가·분석 및 정부에 제출 또는 회부된 정부의 정책에 관계되는 청원의 심사는 헌법상 국무회의의 필수적 심의사항이다.
④ 국무총리는 대통령을 보좌하는 최상위의 지위에서 국무회의의 의장으로서 이를 주재한다.

> 정답찾기

④ [X] 대통령은 국무회의의 의장이 되고, 국무총리는 부의장이 된다(헌법 제88조 제3항).
① [O] 국무회의는 정부의 권한에 속하는 중요한 정책을 심의하며(헌법 제88조 제1항), 대통령·국무총리와 15인 이상 30인 이하의 국무위원으로 구성된다(헌법 제88조 제2항).
② [O] 대통령이 국회에 파병동의안을 제출하기 전에 대통령을 보좌하기 위하여 파병 정책을 심의, 의결한 국무회의의 의결은 국가기관의 내부적 의사 결정행위에 불과하여 그 자체로 국민에 대하여 직접적인 법률효과를 발생시키는 행위가 아니므로 「헌법재판소법」 제68조 제1항에서 말하는 공권력의 행사에 해당하지 아니한다(헌재 2003. 12. 18. 2003헌마225).
③ [O] 국정처리상황의 평가·분석(헌법 제89조 12호) 및 정부에 제출 또는 회부된 정부의 정책에 관계되는 청원의 심사(헌법 제89조 15호)는 헌법상 국무회의의 필수적 심의사항이다.

Answer 138 ② 139 ① 140 ④

141 국무회의에 대한 설명으로 옳지 않은 것은? 19. 5급 공채(행정)

① 국무위원은 정무직으로 하며 의장에게 의안을 제출하고 국무회의 소집을 요구할 수 있다.
② 국유재산처분의 기본계획은 국무회의의 심의를 거쳐야 한다.
③ 국무회의와 국민경제자문회의는 헌법상 그 설치를 명문으로 규정하고 있는 필수적 헌법기관이다.
④ 국무조정실장·인사혁신처장·법제처장·식품의약품안전처장 그밖에 법률로 정하는 공무원은 필요한 경우 국무회의에 출석하여 발언할 수 있다.

정답찾기

③ [X] 국무회의는 정부의 권한에 속하는 중요한 정책을 심의한다(헌법 제88조 제1항). 국민경제의 발전을 위한 중요정책의 수립에 관하여 대통령의 자문에 응하기 위하여 국민경제자문회의를 둘 수 있다(헌법 제93조 제1항).
① [O] 국무위원은 정무직으로 하며 의장에게 의안을 제출하고 국무회의 소집을 요구할 수 있다(「정부조직법」 제12조 제3항).
② [O] 국유재산처분의 기본계획은 국무회의의 심의를 거쳐야 한다(헌법 제89조 4호).
④ [O] 국무조정실장·인사혁신처장·법제처장·식품의약품안전처장 그밖에 법률로 정하는 공무원은 필요한 경우 국무회의에 출석하여 발언할 수 있다(「정부조직법」 제13조 제1항).

142 국무회의 및 국무위원에 대한 설명으로 옳은 것만을 모두 고르면? 23. 국가직 7급

㉠ 국무회의는 의장인 대통령과 부의장인 국무총리, 그리고 15인 이상 30인 이하의 국무위원으로 구성된다.
㉡ 국무회의는 구성원 과반수의 출석으로 개의하고 출석 구성원 과반수의 찬성으로 의결한다.
㉢ 검찰총장·합동참모의장·각군참모총장·국립대학교총장·대사 기타 법률이 정한 공무원과 국영기업체관리자의 임명은 국무회의의 심의를 거쳐야 한다.

① ㉠ ② ㉡
③ ㉠, ㉢ ④ ㉠, ㉡, ㉢

정답찾기

㉠ [O] 국무회의는 대통령·국무총리와 15인 이상 30인 이하의 국무위원으로 구성한다. 대통령은 국무회의의 의장이 되고, 국무총리는 부의장이 된다(헌법 제88조 제2항, 제3항).
㉡ [X] 국무회의는 구성원 과반수의 출석으로 개의하고, 출석 구성원 3분의 2 이상의 찬성으로 의결한다(국무회의규정 제6조 제1항).
㉢ [O] 검찰총장·합동참모의장·각군참모총장·국립대학교총장·대사 기타 법률이 정한 공무원과 국영기업체관리자의 임명은 국무회의의 심의를 거쳐야 한다(헌법 제89조 16호).

143 국무회의에 대한 설명으로 옳지 않은 것은?

21. 5급 공채(행정)

① 의장과 부의장이 모두 사고로 직무를 수행할 수 없는 경우에는 기획재정부장관이 겸임하는 부총리, 교육부장관이 겸임하는 부총리 및 「정부조직법」 제26조 제1항에 규정된 순서에 따라 국무위원이 그 직무를 대행한다.
② 국무위원은 정무직으로 하며 의장에게 의안을 제출할 수 있으나, 국무회의 소집을 요구할 수는 없다.
③ 국무회의는 대통령·국무총리와 15인 이상 30인 이하의 국무위원으로 구성한다.
④ 국정처리상황의 평가·분석은 국무회의의 심의를 거쳐야 한다.

정답찾기

② [X] 국무위원은 정무직으로 하며 의장에게 의안을 제출하고 국무회의의 소집을 요구할 수 있다(「정부조직법」 제12조 제3항).
① [O] 의장이 사고로 직무를 수행할 수 없는 경우에는 부의장인 국무총리가 그 직무를 대행하고, 의장과 부의장이 모두 사고로 직무를 수행할 수 없는 경우에는 기획재정부장관이 겸임하는 부총리, 교육부장관이 겸임하는 부총리 및 제26조 제1항에 규정된 순서에 따라 국무위원이 그 직무를 대행한다(「정부조직법」 제12조 제2항).
③ [O] 국무회의는 대통령·국무총리와 15인 이상 30인 이하의 국무위원으로 구성한다(헌법 제88조 제2항).
④ [O] 국정처리상황의 평가·분석은 국무회의의 심의를 거쳐야 한다(헌법 제89조 12호).

144 국무위원에 대한 설명으로 옳지 않은 것은?

15. 국가직 7급

① 국무위원은 대통령을 주로 정책적으로 보좌하며, 특별한 경우를 제외하고 행정각부의 장으로서 특정한 행정업무를 담당하는 2중적 지위에 있다.
② 대통령은 행정각부의 장이 아닌 국무위원을 임명할 수 있다.
③ 국무위원은 국회의 요구가 있으면, 국회에 출석·답변하여야하고, 정부위원으로 하여금 대리하여 출석·답변하게 할 수 있다.
④ 국무위원은 임명권자가 해임할 수 있으며, 국무위원에 대한 해임건의권의 행사는 국회에 전속된다.

정답찾기

④ [X] 국회는 국무총리 또는 국무위원의 해임을 대통령에게 건의할 수 있다(헌법 제63조 제1항). 국무총리는 국무위원의 해임을 대통령에게 건의할 수 있다(헌법 제87조 제3항).
① [O] 국무위원은 국정에 관하여 대통령을 보좌한다(헌법 제87조 제2항). 행정각부의 장은 국무위원 중에서 국무총리의 제청으로 대통령이 임명한다(헌법 제94조). 따라서 행정각부의 장이 된 국무위원은 2중적 지위를 가진다.
② [O] 행정각부의 장은 국무위원 중에서 국무총리의 제청으로 대통령이 임명한다(헌법 제94조). 따라서 국무위원이 모두 행정각부의 장이 되는 것은 아니다.
③ [O] 국회나 그 위원회의 요구가 있을 때에는 국무총리·국무위원 또는 정부위원은 출석·답변하여야 하며, 국무총리 또는 국무위원이 출석요구를 받은 때에는 국무위원 또는 정부위원으로 하여금 출석·답변하게 할 수 있다(헌법 제62조 제2항).

Answer 141 ③ 142 ③ 143 ② 144 ④

145 행정각부에 대한 설명으로 옳지 않은 것은? 24. 지방직 7급

① 행정각부의 장인 국무위원에 대한 국회의 해임건의는 국회 재적의원 3분의 1 이상의 발의에 의하여 국회 재적의원 과반수의 찬성이 있어야 한다.
② 행정각부의 장은 소관사무에 관하여 법률의 위임이나 직권으로 부령을 발할 수 있으나, 대통령령의 위임으로는 부령을 발할 수 없다.
③ 「정부조직법」상 국가의 행정사무로서 다른 중앙행정기관의 소관에 속하지 아니하는 사무는 행정안전부장관이 이를 처리한다.
④ 행정각부는 중앙행정기관의 하나이지만, 모든 중앙행정기관이 행정각부에 속하는 것은 아니다.

정답찾기

② [X] 국무총리 또는 행정각부의 장은 소관사무에 관하여 법률이나 대통령령의 위임 또는 직권으로 총리령 또는 부령을 발할 수 있다(헌법 제95조).
① [O] 국회는 국무총리 또는 국무위원의 해임을 대통령에게 건의할 수 있다(헌법 제63조 제1항). 국무총리 또는 국무위원의 해임건의는 국회 재적의원 3분의 1 이상의 발의에 의하여 국회 재적의원 과반수의 찬성이 있어야 한다(헌법 제63조 제2항).
③ [O] 국가의 행정사무로서 다른 중앙행정기관의 소관에 속하지 아니하는 사무는 행정안전부장관이 이를 처리한다(「정부조직법」 제34조 제2항).
④ [O] 성질상 정부의 구성단위인 중앙행정기관이라 할지라도, 법률상 그 기관의 장(長)이 국무위원이 아니라든가 또는 국무위원이라 하더라도 그 소관사무에 관하여 부령을 발할 권한이 없는 경우에는, 그 기관은 우리 헌법이 규정하는 실정법적(實定法的) 의미의 행정각부로는 볼 수 없다는 헌법상의 간접적인 개념제한이 있음을 알 수 있다. 따라서 정부의 구성단위로서 그 권한에 속하는 사항을 집행하는 모든 중앙행정기관이 곧 헌법 제86조 제2항 소정의 행정각부는 아니라 할 것이다(헌재 1994. 4. 28. 89헌마221).

제3항 | 감사원

146 감사원에 대한 설명으로 옳지 않은 것은? (다툼이 있는 경우 판례에 의함) 15. 국가직 7급

① 감사원은 헌법기관으로서 대통령 소속 하에 설치되지만 직무상 독립된 지위를 가진다.
② 감사원은 국회·법원·헌법재판소에 소속한 공무원의 직무에 대해서 감찰할 수 있다.
③ 감사원은 원장을 포함한 5인 이상 11인 이상의 감사위원으로 구성되며, 감사위원회의는 재적 감사위원 과반수의 찬성으로 의결한다.
④ 감사원의 직무감찰권의 범위에 인사권자에 대하여 징계 등을 요구할 권한이 포함되고, 위법성뿐 아니라 부당성도 감사의 기준이 된다.

정답찾기

② [X] 감사원은 국회·법원·헌법재판소에 소속한 공무원의 직무에 대해서 <u>감찰할 수 없다</u>(「감사원법」 제24조 제3항).
① [O] 감사원은 대통령에 소속하되, 직무에 관하여는 독립의 지위를 가진다(「감사원법」 제2조 제1항).
③ [O] 감사원은 원장을 포함한 5인 이상 11인 이하의 감사위원으로 구성한다(헌법 제98조 제1항). 감사위원회의는 재적 감사위원 과반수의 찬성으로 의결한다(「감사원법」 제11조 제2항).
④ [O] 직무감찰의 범위를 정한 「감사법」 제24조 제1항 제2호에 의하면, 지방자치단체의 사무와 그에 소속한 지방공무원의 직무는 감사원의 감찰사항에 포함되며, 여기에는 공무원의 비위사실을 밝히기 위한 비위감찰권뿐만 아니라 공무원의 근무평정·행정관리의 적부심사분석과 그 개선 등에 관한 행정감찰권까지 포함된다고 해석된다. 또한 「감사법」 규정들의 구체적 내용을 살펴보면 감사원의 직무감찰권의 범위에 인사권자에 대하여 징계 등을 요구할 권한이 포함되고, 위법성뿐 아니라 부당성도 감사의 기준이 되는 것은 명백하다(헌재 2008. 5. 29. 2005헌라3).

147 감사원에 대한 설명으로 옳지 <u>않은</u> 것은? 17. 지방직 7급

① 국가의 세입·세출의 결산, 국가 및 법률이 정한 단체의 회계검사와 행정기관 및 공무원의 직무에 관한 감찰을 하기 위하여 대통령 소속 하에 감사원을 둔다.
② 헌법재판소는 「감사원법」이 지방자치단체의 위임사무나 자치사무의 구별 없이 합법성 감사뿐만 아니라 합목적성 감사도 허용하고 있다고 결정하였다.
③ 감사원은 감사원장과 7인의 감사위원으로 구성하며, 법률개정으로 감사위원의 수는 4인으로 축소하거나 12인으로 증원할 수 있다.
④ 감사원장은 국회의 동의를 받아 대통령이 임명하되, 감사원장이 사고로 인하여 직무를 수행할 수 없을 때에는 감사위원으로 최장기간 재직한 감사위원이 그 직무를 대행하고, 재직기간이 같은 감사위원이 2인 이상일 때에는 연장자가 그 직무를 대행한다.

정답찾기

③ [X] 감사원은 감사원장을 포함한 7명의 감사위원으로 구성한다(「감사원법」 제3조). 감사원은 원장을 포함한 5인 이상 11인 이하의 감사위원으로 구성한다(헌법 제98조 제1항). <u>법률개정으로 감사위원의 수를 4인으로 축소하거나 12인으로 증원할 수 없다</u>.
① [O] 국가의 세입·세출의 결산, 국가 및 법률이 정한 단체의 회계검사와 행정기관 및 공무원의 직무에 관한 감찰을 하기 위하여 대통령 소속 하에 감사원을 둔다(헌법 제97조).
② [O] 「감사원법」 규정들의 구체적 내용을 살펴보면 감사원의 직무감찰권의 범위에 인사권자에 대하여 징계 등을 요구할 권한이 포함되고, 위법성뿐 아니라 부당성도 감사의 기준이 되는 것은 명백하며, 지방자치단체의 사무의 성격이나 종류에 따른 어떠한 제한이나 감사기준의 구별도 찾아볼 수 없다. 이러한 점에 비추어 보면, 위임사무나 자치사무의 구별 없이 합법성 감사뿐만 아니라 합목적성 감사도 포함한 이 사건 감사는 「감사원법」에 근거한 것으로서, 법률상 권한 없이 이루어진 것으로 보이지는 않는다(헌재 2008. 5. 29. 2005헌라3).
④ [O] 원장은 국회의 동의를 얻어 대통령이 임명하고, 그 임기는 4년으로 하며, 1차에 한하여 중임할 수 있다(헌법 제98조 제2항). 원장이 궐위(闕位)되거나 사고(事故)로 인하여 직무를 수행할 수 없을 때에는 감사위원으로 최장기간 재직한 감사위원이 그 권한을 대행한다. 다만, 재직기간이 같은 감사위원이 2명 이상인 경우에는 연장자가 그 권한을 대행한다(「감사원법」 제4조 제2항).

Answer 145 ② 146 ② 147 ③

148 감사원의 권한과 운영에 대한 설명으로 옳지 <u>않은</u> 것은? 22. 지방직 7급

① 원장이 궐위(闕位)되거나 사고(事故)로 인하여 직무를 수행할 수 없을 때에는 감사위원으로 최장기간 재직한 감사위원이 그 권한을 대행하며, 재직기간이 같은 감사위원이 2명 이상인 경우에는 연장자가 그 권한을 대행한다.
② 감사원이 직권으로 재심의한 것에 대하여는 재심의를 청구할 수 없다.
③ 감사원은 필요하다고 인정하거나 국무총리의 요구가 있는 경우에는 국가 또는 지방자치단체가 자본금의 일부를 출자한 자의 회계를 검사할 수 있다.
④ 감사원은 세입·세출의 결산을 매년 검사하여 대통령과 차년도국회에 그 결과를 보고하여야 한다.

정답찾기

② [X] 청구에 따라 재심의한 사건에 대하여는 또다시 재심의를 청구할 수 없다. 다만, <u>감사원이 직권으로 재심의한 것에 대하여는 재심의를 청구할 수 있다</u>(「감사원법」 제40조 제1항).
① [O] 원장이 궐위되거나 사고로 인하여 직무를 수행할 수 없을 때에는 감사위원으로 최장기간 재직한 감사위원이 그 권한을 대행한다. 다만, 재직기간이 같은 감사위원이 2명 이상인 경우에는 연장자가 그 권한을 대행한다(「감사원법」 제4조 제3항).
③ [O] 감사원은 필요하다고 인정하거나 국무총리의 요구가 있는 경우에는 국가 또는 지방자치단체가 자본금의 일부를 출자한 자의 회계 사항 등을 검사할 수 있다(「감사원법」 제23조 4호).
④ [O] 감사원은 세입·세출의 결산을 매년 검사하여 대통령과 차년도 국회에 그 결과를 보고하여야 한다(헌법 제99조).

149 감사원에 대한 설명으로 옳지 <u>않은</u> 것은? (다툼이 있는 경우 판례에 의함) 22. 국가직 7급

① 직무감찰의 범위를 정한 「감사원법」 조항에 의하면, 지방자치단체의 사무와 그에 소속한 지방공무원의 직무는 감사원의 감찰사항에 포함되며, 여기에는 공무원의 비위사실을 밝히기 위한 비위감찰권뿐만 아니라 공무원의 근무평정·행정관리의 적부심사분석과 그 개선 등에 관한 행정감찰권까지 포함된다.
② 감사원은 국무총리로부터 국가기밀에 속한다는 소명이 있는 사항이나 국방부장관으로부터 군기밀이거나 작전상 지장이 있다는 소명이 있는 사항은 감찰할 수 없다.
③ 감사원장이 60개 공공기관에 대하여 공공기관 선진화 계획의 이행실태, 노사관계 선진화 추진실태 등을 점검하고 공공기관 감사책임자회의에서 자율시정하도록 개선방향을 제시한 행위는 그 자체로 일정한 법적 효과의 발생을 목적으로 하는 것이므로 그 법적 성질은 행정지도로서의 한계를 넘어 규제적·구속적 성격을 강하게 갖는다.
④ 감사원은 감사 결과 위법 또는 부당하다고 인정되는 사실이 있을 때에는 소속 장관, 감독기관의 장 또는 해당 기관의 장에게 시정·주의 등을 요구할 수 있다.

정답찾기

③ [X] 헌법재판소는 행정지도를 따르지 않을 경우 일정한 불이익조치를 예정하고 있어 사실상 상대방에게 그에 따를 의무를 부과하는 것과 다를 바 없어 단순한 행정지도로서의 한계를 넘어 규제적·구속적 성격을 상당히 강하게 갖게 되는 경우에는 헌법소원의 대상이 되는 공권력의 행사로 볼 수 있다고 설시한 바 있다(헌재 2003. 6. 26. 2002헌마337). 이 사건 점검 및 개선 제시 중, 점검행위는 감사원 내부의 자료수집에 불과하고, 개선 제시는 이를 따르지 않을 경우의 불이익을 명시적으로 예정하고 있다고 보기 어려우므로 행정지도로서의 한계를 넘어 규제적·구속적 성격을 강하게 갖는다고 볼 수 없다(헌재 2011. 12. 29. 2009헌마330).
① [O] 직무감찰의 범위를 정한 「감사원법」 제24조 제1항 제2호에 의하면, 지방자치단체의 사무와 그에 소속한 지방공무원의 직무는 감사원의 감찰사항에 포함되며, 여기에는 공무원의 비위사실을 밝히기 위한 비위감찰권뿐만 아니라 공무원의 근무평정·행정관리의 적부심사분석과 그 개선 등에 관한 행정감찰권까지 포함된다고 해석된다(헌재 2008. 5. 29. 2005헌라3).
② [O] 국무총리로부터 국가기밀에 속한다는 소명이 있는 사항과 국방부장관으로부터 군기밀이거나 작전상 지장이 있다는 소명이 있는 사항은 감찰할 수 없다(「감사원법」 제24조 제4항).
④ [O] 감사원은 감사 결과 위법 또는 부당하다고 인정되는 사실이 있을 때에는 소속 장관, 감독기관의 장 또는 해당 기관의 장에게 시정·주의 등을 요구할 수 있다(「감사원법」 제33조 제1항).

150 감사원에 대한 설명으로 옳지 않은 것은? 18. 5급 공채(행정)

① 감사원은 대통령에 소속하되 직무에 관해서는 독립의 지위를 가진다.
② 감사원장과 감사위원의 임기는 4년이며, 1차에 한하여 중임할 수 있다.
③ 감사원은 국회, 법원 및 헌법재판소에 소속된 공무원의 직무에 대해서는 직무감찰을 행하지 못한다.
④ 감사원 감사를 받는 사람이 불합리한 규제의 개선 등 공공의 이익을 위하여 업무를 적극적으로 처리한 결과에 대하여 그의 행위에 중대한 과실이 있더라도 「감사원법」에 따른 징계 요구 또는 문책 요구 등 책임을 묻지 아니한다.

정답찾기

④ [X] 감사원 감사를 받는 사람이 불합리한 규제의 개선 등 공공의 이익을 위하여 업무를 적극적으로 처리한 결과에 대하여 그의 행위에 고의나 중대한 과실이 없는 경우에는 이 법에 따른 징계 요구 또는 문책 요구 등 책임을 묻지 아니한다(「감사원법」 제34조의3 제1항).
① [O] 감사원은 대통령에 소속하되, 직무에 관하여는 독립의 지위를 가진다(「감사원법」 제2조 제1항).
② [O] 원장은 국회의 동의를 얻어 대통령이 임명하고, 그 임기는 4년으로 하며, 1차에 한하여 중임할 수 있다(헌법 제98조 제2항). 감사위원은 원장의 제청으로 대통령이 임명하고, 그 임기는 4년으로 하며, 1차에 한하여 중임할 수 있다(헌법 제98조 제3항).
③ [O] 감사원은 국회, 법원 및 헌법재판소에 소속된 공무원의 직무에 대해서는 직무감찰을 행하지 못한다(「감사원법」 제24조 제3항).

Answer 148 ② 149 ③ 150 ④

151 감사원에 대한 설명으로 옳은 것은?
20. 지방직 7급

① 감사원은 감사 결과 법령상·제도상 또는 행정상 모순이 있거나 그 밖에 개선할 사항이 있다고 인정할 때에는 국무총리, 소속 장관, 감독기관의 장 또는 해당 기관의 장에게 법령 등의 제정·개정 또는 폐지를 위한 조치나 제도상 또는 행정상의 개선을 요구할 수 있다.
② 감사위원회의는 재적 감사위원 과반수의 참석과 참석 감사위원 과반수의 찬성으로 의결한다.
③ 감사원은 원장을 포함한 5인 이상 11인 이하의 감사위원으로 구성되며, 원장은 국회의 동의 없이 대통령이 임명하고, 1차에 한하여 중임할 수 있다.
④ 원장이 사고로 인하여 직무를 수행할 수 없는 때에는 원장이 지정하는 감사위원이 그 직무를 대행한다.

정답찾기

① 【O】 감사원은 감사 결과 법령상·제도상 또는 행정상 모순이 있거나 그 밖에 개선할 사항이 있다고 인정할 때에는 국무총리, 소속 장관, 감독기관의 장 또는 해당 기관의 장에게 법령 등의 제정·개정 또는 폐지를 위한 조치나 제도상 또는 행정상의 개선을 요구할 수 있다(「감사원법」 제34조 제1항).
② 【X】 감사위원회의는 재적 감사위원 과반수의 찬성으로 의결한다(「감사원법」 제11조 제2항).
③ 【X】 감사원은 원장을 포함한 5인 이상 11인 이하의 감사위원으로 구성되며(헌법 제98조 제1항), 원장은 국회의 동의를 얻어 대통령이 임명하고, 그 임기는 4년으로 하며, 1차에 한하여 중임할 수 있다(헌법 제98조 제2항).
④ 【X】 원장이 궐위(闕位)되거나 사고(事故)로 인하여 직무를 수행할 수 없을 때에는 감사위원으로 최장기간 재직한 감사위원이 그 권한을 대행한다. 다만, 재직기간이 같은 감사위원이 2명 이상인 경우에는 연장자가 그 권한을 대행한다(「감사원법」 제4조 제3항).

152 감사원에 대한 설명으로 옳은 것은?
20. 5급 공채(행정)

① 감사원장이 사고로 인하여 직무를 수행할 수 없을 때에는 감사위원 중 연장자가 그 직무를 대행한다.
② 국가의 세입·세출의 결산, 국가 및 법률이 정한 단체의 회계검사와 행정기관 및 공무원의 직무에 관한 감찰을 하기 위하여 국무총리 소속하에 감사원을 둔다.
③ 감사원장과 감사위원은 모두 70세를 정년으로 한다.
④ 감사원은 세입·세출의 결산을 매년 검사하여 대통령과 차년도 국회에 그 결과를 보고하여야 한다.

정답찾기

④ 【O】 감사원은 세입·세출의 결산을 매년 검사하여 대통령과 차년도 국회에 그 결과를 보고하여야 한다(헌법 제99조).
① 【X】 원장이 궐위(闕位)되거나 사고(事故)로 인하여 직무를 수행할 수 없을 때에는 감사위원으로 최장기간 재직한 감사위원이 그 권한을 대행한다. 다만, 재직기간이 같은 감사위원이 2명 이상인 경우에는 연장자가 그 권한을 대행한다(「감사원법」 제4조 제3항).
② 【X】 국가의 세입·세출의 결산, 국가 및 법률이 정한 단체의 회계검사와 행정기관 및 공무원의 직무에 관한 감찰을 하기 위하여 대통령 소속하에 감사원을 둔다(헌법 제97조).
③ 【X】 감사위원의 정년은 65세로 한다. 다만, 원장인 감사위원의 정년은 70세로 한다(「감사원법」 제6조 제2항).

153 감사원에 대한 설명으로 옳지 <u>않은</u> 것은?

24. 국가직 7급

① 감사원은 「국가공무원법」과 그 밖의 법령에 규정된 징계 사유에 해당하거나 정당한 사유 없이 「감사원법」에 따른 감사를 거부하거나 자료의 제출을 게을리한 공무원에 대하여 그 소속 장관 또는 임용권자에게 징계를 요구할 수 있다.

② 감사원의 감찰사항 중에는 「정부조직법」 및 그 밖의 법률에 따라 설치된 행정기관의 사무와 그에 소속한 공무원의 직무가 포함되며, 여기서 말하는 공무원에는 국회·법원 및 헌법재판소에 소속한 공무원은 제외된다.

③ 헌법에 의하면 감사원은 법률에 저촉되지 아니하는 범위 안에서 회계검사·직무감찰에 관한 규칙을 제정할 수 있으며, 법령의 범위 안에서 감사에 관한 절차, 감사원의 내부규율과 사무처리에 관한 규칙을 제정할 수 있다.

④ 감사원은 필요하다고 인정하거나 국무총리의 요구가 있는 경우에는 「민법」 또는 「상법」 외의 다른 법률에 따라 설립되고 그 임원의 전부 또는 일부나 대표자가 국가 또는 지방자치단체에 의하여 임명되거나 임명 승인되는 단체 등의 회계를 검사할 수 있다.

정답찾기

③ [X] 감사원은 감사에 관한 절차, 감사원의 내부 규율과 감사사무 처리에 관한 규칙을 제정할 수 있다(「감사원법」 제52조).

① [O] 감사원은 「국가공무원법」과 그 밖의 법령에 규정된 징계 사유에 해당하거나 정당한 사유 없이 이 법에 따른 감사를 거부하거나 자료의 제출을 게을리한 공무원에 대하여 그 소속 장관 또는 임용권자에게 징계를 요구할 수 있다(「감사원법」 제32조 제1항).

② [O] 감사원은 「정부조직법」 및 그 밖의 법률에 따라 설치된 행정기관의 사무와 그에 소속한 공무원의 직무, 지방자치단체의 사무와 그에 소속한 지방공무원의 직무, 제22조 제1항 제3호 및 제23조 제7호에 규정된 자의 사무와 그에 소속한 임원 및 감사원의 검사대상이 되는 회계사무와 직접 또는 간접으로 관련이 있는 직원의 직무, 법령에 따라 국가 또는 지방자치단체가 위탁하거나 대행하게 한 사무와 그 밖의 법령에 따라 공무원의 신분을 가지거나 공무원에 준하는 자의 직무를 감찰한다(「감사원법」 제24조 제1항). 제1항의 공무원에는 국회·법원 및 헌법재판소에 소속한 공무원은 제외한다(「감사원법」 제24조 제3항).

④ [O] 감사원은 필요하다고 인정하거나 국무총리의 요구가 있는 경우에는 「민법」 또는 「상법」 외의 다른 법률에 따라 설립되고 그 임원의 전부 또는 일부나 대표자가 국가 또는 지방자치단체에 의하여 임명되거나 임명 승인되는 단체 등의 회계를 검사할 수 있다(「감사원법」 제23조 제7호).

Answer 151 ① 152 ④ 153 ③

제4항 | 행정부 일반

154 정부에 대한 설명으로 옳지 않은 것은? (다툼이 있는 경우 헌법재판소 판례에 의함) 22. 국회 8급

① 대통령과 행정부, 국무총리에 관한 헌법 규정의 해석상 국무총리는 행정에 관하여 독자적인 권한을 가지지 못하고 대통령의 명을 받아 행정각부를 통할하는 기관으로서의 지위만을 가지며 행정권 행사에 대한 최후의 결정권자는 대통령으로 보아야 할 것이므로, 국무총리의 통할을 받는 '행정각부'에 모든 행정기관이 포함된다고 볼 수 없다.

② 고위공직자범죄수사처가 직제상 대통령 또는 국무총리 직속기관 내지 국무총리의 통할을 받는 행정각부에 속하지 않는다고 하더라도 대통령을 수반으로 하는 행정부에 소속된 행정기관으로 보는 것이 타당하다.

③ 중앙행정기관이란 '국가의 행정사무를 담당하기 위하여 설치된 행정기관으로서 그 관할권의 범위가 전국에 미치는 행정기관'을 말하는데, 어떤 행정기관이 중앙행정기관에 해당하는지 여부는 기관 설치의 형식이 아니라 해당 기관이 실질적으로 수행하는 기능에 따라 결정되어야 한다.

④ 「정부조직법」은 국가행정기관의 설치와 조직에 관한 일반법이지만 「고위공직자범죄수사처 설치 및 운영에 관한 법률」보다 상위의 법이라 할 수는 없다.

⑤ 대통령은 고위공직자범죄수사처장과 차장, 수사처검사의 임명권과 해임권 모두를 보유하고 있는데, 이들을 임명할 때 추천위원회나 인사위원회의 추천, 수사처장의 제청 등을 거치게 되어 있으므로 수사처 구성에 있어 대통령의 인사권은 형식적인 것이다.

정답찾기

⑤ 【X】 대통령은 수사처장과 차장, 수사처검사의 임명권과 해임권 모두를 보유하고 있는데, 이들을 임명할 때 추천위원회나 인사위원회의 추천, 수사처장의 제청 등을 거쳐야 한다는 이유만으로 대통령이 형식적인 범위에서의 인사권만 가지고 있다고 볼 수는 없고, 수사처 구성에 있어 대통령의 실질적인 인사권이 인정된다(헌재 2021. 1. 28. 2020헌마264).

① 【O】 헌법상의 국무총리는 내각책임제 하의 수상과는 달리 부통령제를 두는 대신에 설치한 행정부의 수반인 대통령의 단순한 보좌기관으로서 행정에 관하여 독자적인 권한을 가지지 못하고 대통령의 명을 받아 행정각부를 통할하는 기관이라는 점에 그 특색이 있다 할 것인바, 이와 같은 헌법상의 대통령과 국무총리의 지위에 비추어 볼 때 국무총리의 통할을 받는 "행정각부"에 모든 행정기관이 포함된다고 볼 수는 없다(헌재 1994. 4. 28. 89헌마221).

② 【O】 수사처는 직제상 대통령 또는 국무총리 직속기관 내지 국무총리의 통할을 받는 행정각부에 속하지 않는다고 하더라도 대통령을 수반으로 하는 행정부에 소속되고 그 관할권의 범위가 전국에 미치는 중앙행정기관으로 보는 것이 타당하다(헌재 2021. 1. 28. 2020헌마264).

③ 【O】 중앙행정기관이란 '국가의 행정사무를 담당하기 위하여 설치된 행정기관으로서 그 관할권의 범위가 전국에 미치는 행정기관'을 말하는데(행정기관의 조직과 정원에 관한 통칙 제2조 제1호), 어떤 행정기관이 중앙행정기관에 해당하는지 여부는 기관 설치의 형식이 아니라 해당 기관이 실질적으로 수행하는 기능에 따라 결정되어야 한다(헌재 2021. 1. 28. 2020헌마264).

④ 【O】 「정부조직법」은 국가행정기관의 설치와 조직에 관한 일반법으로서 공수처법보다 상위의 법이라 할 수 없고, 「정부조직법」의 2020. 6. 9.자 개정도 정부조직 관리의 통일성을 확보하고 정부 구성에 대한 국민의 알 권리를 보장하기 위하여 중앙행정기관을 명시하는 일반원칙을 규정하기 위한 것으로 볼 수 있다. 따라서 개정된 「정부조직법」 제2조 제2항을 들어 「정부조직법」에서 정하지 않은 중앙행정기관을 다른 법률로 설치하는 것이 헌법상 금지된다고 보기는 어렵다(헌재 2021. 1. 28. 2020헌마264).

155 행정부에 대한 설명으로 옳은 것은? (다툼이 있는 경우 판례에 의함)   21. 지방직 7급

① 법률에서 위임받은 사항을 전혀 규정하지 아니하고 그대로 하위의 법규명령에 재위임하는 것은 허용되지 않으며 위임받은 사항에 관하여 대강(大綱)을 정하고 그 중의 특정 사항을 범위를 정하여 하위의 법규명령에 다시 위임하는 경우에만 재위임이 허용된다.
② 입법자는 법률에서 구체적으로 범위를 정하여 대통령령에 입법사항을 위임할 수 있을 뿐 부령에 직접 입법사항을 위임할 수는 없다.
③ 국무위원은 행정각부의 장 중에서 국무총리의 제청으로 대통령이 임명한다.
④ 국회는 대통령에게 행정각부의 장의 해임을 건의할 수 있으나 국무위원의 해임은 건의할 수 없다.

정답찾기

① [O] 법률에서 위임받은 사항을 전혀 규정하지 않고 재위임하는 것은 "위임받은 권한을 그대로 다시 위임할 수 없다."는 복위임금지의 법리에 반할 뿐 아니라 수권법의 내용변경을 초래하는 것이 되고, 부령의 제정·개정절차가 대통령령에 비하여 보다 용이한 점을 고려할 때 재위임에 의한 부령의 경우에도 위임에 의한 대통령령에 가해지는 헌법상의 제한이 당연히 적용되어야 할 것이다. 따라서 법률에서 위임받은 사항을 전혀 규정하지 아니하고 그대로 재위임하는 것은 허용되지 않으며 위임받은 사항에 관하여 대강을 정하고 그 중의 특정 사항을 범위를 정하여 하위법령에 다시 위임하는 경우에만 재위임이 허용된다(헌재 1996. 2. 29. 94헌마213).
② [X] 헌법 제75조는 대통령에 대한 입법권한의 위임에 관한 규정이지만, 국무총리나 행정각부의 장으로 하여금 법률의 위임에 따라 총리령 또는 부령을 발할 수 있도록 하고 있는 헌법 제95조의 취지에 비추어 볼 때, 입법자는 법률에서 구체적으로 범위를 정하기만 한다면 대통령령뿐만 아니라 부령에 입법사항을 위임할 수도 있다(헌재 1998. 2. 27. 97헌마64).
③ [X] 국무위원은 국무총리의 제청으로 대통령이 임명한다(헌법 제87조 제1항). 행정각부의 장은 국무위원 중에서 국무총리의 제청으로 대통령이 임명한다(헌법 제94조).
④ [X] 국회는 국무총리 또는 국무위원의 해임을 대통령에게 건의할 수 있다(헌법 제63조 제1항).

Answer 154 ⑤   155 ①

156 행정부에 대한 설명으로 옳지 않은 것은? (다툼이 있는 경우 판례에 의함) 15. 국가직 7급

① 중앙행정기관의 장은 법률에서 위임한 사항이나 법률을 집행하기 위하여 필요한 사항을 규정한 대통령령·총리령·부령·훈령·예규·고시 등이 입법예고·제정·개정 또는 폐지된 때에는 10일 이내에 이를 국회 소관상임위원회에 제출하여야 한다.

② 대통령이 자신에 대한 재신임을 국민투표의 형태로 묻고자 하는 것은 국민투표제도를 자신의 정치적 입지를 강화하기 위한 정치적 도구로 남용해서는 안된다는 헌법적 의무를 위반한 것이다.

③ 국무총리는 국무위원 및 행정각부의 장 임명제청권, 대통령의 국법상 행위에 관한 문서에의 부서권 등 대통령의 권한행사에 견제적 기능을 지닌 대통령의 보좌기관이다.

④ 대통령이 외국에 국군을 파견하기로 한 결정은 그 성격상 국방 및 외교에 관련된 고도의 정치적 결단을 요하는 문제로서 헌법재판소가 사법적 기준만으로 이를 심판하는 것은 자제되어야 한다.

정답찾기

① 【X】 중앙행정기관의 장은 법률에서 위임한 사항이나 법률을 집행하기 위하여 필요한 사항을 규정한 대통령령·총리령·부령·훈령·예규·고시 등이 제정·개정 또는 폐지되었을 때에는 10일 이내에 이를 국회 소관 상임위원회에 제출하여야 한다. 다만, 대통령령의 경우에는 입법예고를 할 때(입법예고를 생략하는 경우에는 법제처장에게 심사를 요청할 때를 말한다)에도 그 입법예고안을 10일 이내에 제출하여야 한다(「국회법」 제98조의2 제1항).

② 【O】 대통령이 자신에 대한 재신임을 국민투표의 형태로 묻고자 하는 것은 헌법 제72조에 의하여 부여받은 국민투표부의권을 위헌적으로 행사하는 경우에 해당하는 것으로, 국민투표제도를 자신의 정치적 입지를 강화하기 위한 정치적 도구로 남용해서는 안 된다는 헌법적 의무를 위반한 것이다. 물론, 대통령이 위헌적인 재신임 국민투표를 단지 제안만 하였을 뿐 강행하지는 않았으나, 헌법상 허용되지 않는 재신임 국민투표를 국민들에게 제안한 것은 그 자체로서 헌법 제72조에 반하는 것으로 헌법을 실현하고 수호해야 할 대통령의 의무를 위반한 것이다(헌재 2004. 5. 14. 2004헌나1).

③ 【O】 국무총리는 단지 대통령의 첫째 가는 보좌기관으로서 행정에 관하여 독자적인 권한을 가지지 못하고 대통령의 명을 받아 행정각부를 통할하는 기관으로서의 지위만을 가지며, 행정권 행사에 대한 최후의 결정권자는 대통령이라고 해석하는 것이 타당하다고 할 것이다. 이와 같은 헌법상의 대통령과 국무총리의 지위에 비추어 보면 국무총리의 통할을 받는 행정각부에 모든 행정기관이 포함된다고 볼 수 없다 할 것이다(헌재 1994. 4. 28. 89헌마221).

④ 【O】 이 사건 파견결정은 그 성격상 국방 및 외교에 관련된 고도의 정치적 결단을 요하는 문제로서, 헌법과 법률이 정한 절차를 지켜 이루어진 것임이 명백하므로, 대통령과 국회의 판단은 존중되어야 하고 헌법재판소가 사법적 기준만으로 이를 심판하는 것은 자제되어야 한다. 이에 대하여는 설혹 사법적 심사의 회피로 자의적 결정이 방치될 수도 있다는 우려가 있을 수 있으나 그러한 대통령과 국회의 판단은 궁극적으로는 선거를 통해 국민에 의한 평가와 심판을 받게 될 것이다(헌재 2004. 4. 29. 2003헌마814).

157 행정부에 대한 설명으로 옳지 않은 것은? (다툼이 있는 경우 판례에 의함) 17. 국가직 7급

① 법률상 그 기관의 장이 국무위원이 아니라든가 또는 국무위원이지만 그 소관사무에 관하여 부령을 발할 권한이 없다 하더라도, 그 기관이 성질상 정부의 구성단위인 중앙행정기관인 경우에는 우리 헌법이 규정하는 실정법적 의미의 행정각부에 해당된다.

② 국무회의의 의결은 국가기관의 내부적 의사결정행위에 불과하므로 그 자체로 국민에 대한 직접적인 법률효과를 발생시키지 않는다.

③ 국무회의 의장이 사고로 직무를 수행할 수 없는 경우에는 부의장인 국무총리가 그 직무를 대행하고, 의장과 부의장이 모두 사고로 직무를 수행할 수 없는 경우에는 기획재정부장관이 겸임하는 부총리, 교육부장관이 겸임하는 부총리 및 「정부조직법」에 규정된 순서에 따라 국무위원이 그 직무를 대행한다.

④ 국무총리의 통할을 받는 행정각부에는 모든 행정기관이 포함된다고 볼 수 없고, 헌법에서 말하는 국무총리의 통할을 받는 행정각부는 헌법에서 위임받은 「정부조직법」에 의하여 설치하는 행정각부만을 의미한다.

정답찾기

① [X] 성질상 정부의 구성단위인 중앙행정기관이라 할지라도, 법률상 그 기관의 장(長)이 국무위원이 아니라든가 또는 국무위원이라 하더라도 그 소관사무에 관하여 부령을 발할 권한이 없는 경우에는, 그 기관은 우리 헌법이 규정하는 실정법적(實定法的) 의미의 행정각부로는 볼 수 없다(헌재 1994. 4. 28. 89헌마221).

② [O] 대통령이 국회에 파병동의안을 제출하기 전에 대통령을 보좌하기 위하여 파병 정책을 심의, 의결한 국무회의의 의결은 국가기관의 내부적 의사결정행위에 불과하여 그 자체로 국민에 대하여 직접적인 법률효과를 발생시키는 행위가 아니므로 「헌법재판소법」 제68조 제1항에서 말하는 공권력의 행사에 해당하지 아니한다(헌재 2003. 12. 18. 2003헌마225).

③ [O] 의장이 사고로 직무를 수행할 수 없는 경우에는 부의장인 국무총리가 그 직무를 대행하고, 의장과 부의장이 모두 사고로 직무를 수행할 수 없는 경우에는 기획재정부장관이 겸임하는 부총리, 교육부장관이 겸임하는 부총리 및 제26조 제1항에 규정된 순서에 따라 국무위원이 그 직무를 대행한다(「정부조직법」 제12조 제2항).

④ [O] 정부의 구성단위로서 그 권한에 속하는 사항을 집행하는 모든 중앙행정기관이 곧 헌법 제86조 제2항 소정의 행정각부는 아니라 할 것이다. 또한 입법권자는 헌법 제96조에 의하여 법률로써 행정을 담당하는 행정기관을 설치함에 있어 그 기관이 관장하는 사무의 성질에 따라 국무총리가 대통령의 명을 받아 통할할 수 있는 기관으로 설치할 수도 있고 또는 대통령이 직접 통할하는 기관으로 설치할 수도 있다 할 것이므로 헌법 제86조 제2항 및 제94조에서 말하는 국무총리의 통할을 받는 행정각부는 입법권자가 헌법 제96조의 위임을 받은 「정부조직법」 제29조에 의하여 설치하는 행정각부만을 의미한다고 할 것이다(헌재 1994. 4. 28. 89헌마221).

158 행정부에 대한 설명으로 옳지 않은 것은? · 23. 지방직 7급

① 정부의 구성단위로서 그 권한에 속하는 사항을 집행하는 중앙행정기관을 반드시 국무총리의 통할을 받는 '행정각부'의 형태로 설치하거나 '행정각부'에 속하는 기관으로 두어야 하는 것이 헌법상 강제되는 것은 아니므로, 법률로써 '행정각부'에 속하지 않는 독립된 형태의 행정기관을 설치하는 것이 헌법상 금지된다고 할 수 없다.
② 국무위원은 국무총리의 제청으로 대통령이 임명하고, 국무총리와 국회는 국무위원의 해임을 대통령에게 건의할 수 있다.
③ 국무총리가 특별히 위임하는 사무를 수행하기 위하여 부총리 2명을 두며, 부총리는 국무위원으로 보한다.
④ 대통령이 국회에 파병동의안을 제출하기 전에 대통령을 보좌하기 위하여 파병 정책을 심의, 의결한 국무회의의 의결은 국가기관의 내부적 의사결정행위에 해당하지만, 국민에 대하여 직접적인 법률효과를 발생할 수 있는 행위이므로 헌법소원의 대상이 되는 공권력의 행사에 해당한다.

> 정답찾기

④ [X] 대통령이 국회에 파병동의안을 제출하기 전에 대통령을 보좌하기 위하여 파병 정책을 심의, 의결한 국무회의의 의결은 국가기관의 내부적 의사결정행위에 불과하여 그 자체로 국민에 대하여 직접적인 법률효과를 발생시키는 행위가 아니므로「헌법재판소법」제68조 제1항에서 말하는 공권력의 행사에 해당하지 아니한다(헌재 2003. 12. 18. 2003헌마225).
① [O] 정부의 구성단위로서 그 권한에 속하는 사항을 집행하는 중앙행정기관을 반드시 국무총리의 통할을 받는 '행정각부'의 형태로 설치하거나 '행정각부'에 속하는 기관으로 두어야 하는 것이 헌법상 강제되는 것은 아니라 할 것이므로, 법률로써 '행정각부'에 속하지 않는 독립된 형태의 행정기관을 설치하는 것이 헌법상 금지된다고 할 수 없다(헌재 2021. 1. 28. 2020헌마264).
② [O] 국무총리가 특별히 위임하는 사무를 수행하기 위하여 부총리 2명을 둔다(「정부조직법」제19조 제1항). 부총리는 국무위원으로 보한다(「정부조직법」제19조 제2항).
③ [O] 국무총리가 특별히 위임하는 사무를 수행하기 위하여 부총리 2명을 둔다. 부총리는 국무위원으로 보한다(「정부조직법」제19조 제1항, 제2항).

159 행정부에 대한 설명으로 옳지 않은 것은? (다툼이 있는 경우 판례에 의함) · 17. 지방직 7급

① 대통령의 '직책을 성실히 수행할 의무'는 헌법적 의무로서 '헌법을 수호해야 할 의무'와 마찬가지로 그 이행이 관철될 수 있는 규범적 성격의 의무이므로 사법적 판단의 대상이 된다.
② 국무총리 또는 행정각부의 장은 소관사무에 관하여 법률이나 대통령령의 위임 또는 직권으로 총리령 또는 부령을 발할 수 있다.
③ 국무회의는 대통령·국무총리와 15인 이상 30인 이하의 국무위원으로 구성한다.
④ 정부에 제출 또는 회부된 정부의 정책에 관계되는 청원의 심사는 국무회의의 심의를 거쳐야 한다.

정답찾기

① [X] 헌법 제69조는 대통령의 취임선서의무를 규정하면서, 대통령으로서 '직책을 성실히 수행할 의무'를 언급하고 있다. 비록 대통령의 '성실한 직책수행의무'는 헌법적 의무에 해당하나, '헌법을 수호해야 할 의무'와는 달리, 규범적으로 그 이행이 관철될 수 있는 성격의 의무가 아니므로, 원칙적으로 사법적 판단의 대상이 될 수 없다(헌재 2004. 5. 14. 2004헌나1).
② [O] 국무총리 또는 행정각부의 장은 소관사무에 관하여 법률이나 대통령령의 위임 또는 직권으로 총리령 또는 부령을 발할 수 있다(헌법 제95조).
③ [O] 국무회의는 대통령·국무총리와 15인 이상 30인 이하의 국무위원으로 구성한다(헌법 제88조 제2항).
④ [O] 정부에 제출 또는 회부된 정부의 정책에 관계되는 청원의 심사는 국무회의의 심의를 거쳐야 한다(헌법 제89조 15호).

160 행정부에 대한 설명으로 옳은 것은? (다툼이 있는 경우 판례에 의함) 19. 국가직 7급

① 중앙행정기관의 장은 법률에서 위임한 사항이나 법률을 집행하기 위하여 필요한 사항을 규정한 대통령령·총리령·부령·훈령·예규·고시 등이 제정·개정 또는 폐지되었을 때에는 10일 이내에 이를 국회 소관상임위원회에 제출하여야 한다.
② 각 행정기관에 배치할 공무원의 종류와 정원, 고위공무원단에 속하는 공무원으로 보하는 직위와 고위공무원단에 속하는 공무원의 정원, 공무원 배치의 기준 및 절차 그 밖에 필요한 사항은 대통령령으로 정하나, 대통령 비서실 및 국가안보실에 배치하는 정무직공무원의 경우에는 법률로 정한다.
③ 입법권자는 헌법 제96조에 의하여 법률로써 행정을 담당하는 행정기관을 설치함에 있어, 국무총리가 대통령의 명을 받아 통할하는 기관 외에는 대통령이 직접 통할하는 기관을 설치할 수 없다.
④ 헌법 제62조에 따르면 국무총리나 국무위원 외에 정부위원도 국회에 출석하여 답변할 수 있으며, 정부위원은 다른 정부위원으로 하여금 출석·답변하게 할 수 있다.

정답찾기

① [O] 중앙행정기관의 장은 법률에서 위임한 사항이나 법률을 집행하기 위하여 필요한 사항을 규정한 대통령령·총리령·부령·훈령·예규·고시 등이 제정·개정 또는 폐지되었을 때에는 10일 이내에 이를 국회 소관상임위원회에 제출하여야 한다. 다만, 대통령령의 경우에는 입법예고를 할 때(입법예고를 생략하는 경우에는 법제처장에게 심사를 요청할 때를 말한다)에도 그 입법예고안을 10일 이내에 제출하여야 한다(「국회법」 제98조의2 제1항).
② [X] 각 행정기관에 배치할 공무원의 종류와 정원, 고위공무원단에 속하는 공무원으로 보하는 직위와 고위공무원단에 속하는 공무원의 정원, 공무원 배치의 기준 및 절차 그 밖에 필요한 사항은 대통령령으로 정한다. 다만, 각 행정기관에 배치하는 정무직공무원(대통령 비서실 및 국가안보실에 배치하는 정무직공무원은 제외한다)의 경우에는 법률로 정한다(「정부조직법」 제8조 제1항).
③ [X] 입법권자는 헌법 제96조에 의하여 법률로써 행정을 담당하는 행정기관을 설치함에 있어 그 기관이 관장하는 사무의 성질에 따라 국무총리가 대통령의 명을 받아 통할할 수 있는 기관으로 설치할 수도 있고 또는 대통령이 직접 통할하는 기관으로 설치할 수도 있다(헌재 1994. 4. 28. 89헌마221).
④ [X] 국회나 그 위원회의 요구가 있을 때에는 국무총리·국무위원 또는 정부위원은 출석·답변하여야 하며, 국무총리 또는 국무위원이 출석요구를 받은 때에는 국무위원 또는 정부위원으로 하여금 출석·답변하게 할 수 있다(헌법 제62조 제2항).

Answer 158 ④ 159 ① 160 ①

161 행정부에 대한 설명으로 옳지 <u>않은</u> 것은? (다툼이 있는 경우 판례에 의함) 21. 5급 공채(행정)

① 감사원장은 국회의 동의를 얻어 대통령이 임명하고, 그 임기는 4년으로 하며, 1차에 한하여 중임할 수 있다.
② 「정부조직법」상 정부의 구성단위로서 그 권한에 속하는 사항을 집행하는 모든 중앙행정기관이 곧 헌법 제86조 제2항 소정의 행정각부라고 할 것이다.
③ 국가안전보장에 관련되는 대외정책·군사정책과 국내정책의 수립에 관하여 국무회의의 심의에 앞서 대통령의 자문에 응하기 위하여 국가안전보장회의를 둔다.
④ 군인은 현역을 면한 후가 아니면 국무위원으로 임명될 수 없다.

[정답찾기]

② [X] 정부의 구성단위로서 그 권한에 속하는 사항을 집행하는 모든 중앙행정기관이 곧 헌법 제86조 제2항 소정의 행정각부는 아니라 할 것이다(헌재 1994. 4. 28. 89헌마221).
① [O] 감사원장은 국회의 동의를 얻어 대통령이 임명하고, 그 임기는 4년으로 하며, 1차에 한하여 중임할 수 있다(헌법 제98조 제2항).
③ [O] 국가안전보장에 관련되는 대외정책·군사정책과 국내정책의 수립에 관하여 국무회의의 심의에 앞서 대통령의 자문에 응하기 위하여 국가안전보장회의를 둔다(헌법 제91조 제1항).
④ [O] 군인은 현역을 면한 후가 아니면 국무위원으로 임명될 수 없다(헌법 제87조 제4항).

162 대통령의 자문에 응하기 위한 헌법상의 필수적 자문기관에 해당하는 것은? 17. 5급 공채(행정)

① 국가원로자문회의
② 민주평화통일자문회의
③ 국가안전보장회의
④ 국민경제자문회의

[정답찾기]

③ [O] 국가안전보장에 관련되는 대외정책·군사정책과 국내정책의 수립에 관하여 국무회의의 심의에 앞서 대통령의 자문에 응하기 위하여 국가안전보장회의를 둔다(헌법 제91조 제1항).
① [X] 국정의 중요한 사항에 관한 대통령의 자문에 응하기 위하여 국가원로로 구성되는 국가원로자문회의를 <u>둘 수 있다</u>(헌법 제90조 제1항).
② [X] 평화통일정책의 수립에 관한 대통령의 자문에 응하기 위하여 민주평화통일자문회의를 <u>둘 수 있다</u>(헌법 제92조 제1항).
④ [X] 국민경제의 발전을 위한 중요정책의 수립에 관하여 대통령의 자문에 응하기 위하여 국민경제자문회의를 <u>둘 수 있다</u>(헌법 제93조 제1항).

제4절 선거관리위원회

163 선거관리위원회에 대한 설명으로 옳지 않은 것은? 20. 5급 공채(행정)

① 선거와 국민투표의 공정한 관리 및 정당에 관한 사무를 처리하기 위하여 선거관리위원회를 둔다.
② 중앙선거관리위원회는 대통령이 임명하는 3인, 국회에서 선출하는 3인과 대법원장이 지명하는 3인의 위원으로 구성한다.
③ 중앙선거관리위원회 위원장은 국회의 동의를 얻어 대통령이 임명한다.
④ 중앙선거관리위원회는 법령의 범위 안에서 선거관리·국민투표관리 또는 정당사무에 관한 규칙을 제정할 수 있으며, 법률에 저촉되지 아니하는 범위 안에서 내부규율에 관한 규칙을 제정할 수 있다.

정답찾기

③ [X] 위원장은 위원 중에서 호선한다(헌법 제114조 제2항 후문).
① [O] 선거와 국민투표의 공정한 관리 및 정당에 관한 사무를 처리하기 위하여 선거관리위원회를 둔다(헌법 제114조 제1항).
② [O] 중앙선거관리위원회는 대통령이 임명하는 3인, 국회에서 선출하는 3인과 대법원장이 지명하는 3인의 위원으로 구성한다(헌법 제114조 제2항 전문).
④ [O] 중앙선거관리위원회는 법령의 범위 안에서 선거관리·국민투표관리 또는 정당사무에 관한 규칙을 제정할 수 있으며, 법률에 저촉되지 아니하는 범위안에서 내부규율에 관한 규칙을 제정할 수 있다(헌법 제114조 제6항).

164 선거관리위원회에 대한 설명으로 옳지 않은 것은? 21. 5급 공채(행정)

① 중앙선거관리위원회 위원의 임기는 6년으로 하며, 법률이 정하는 바에 의하여 연임할 수 있다.
② 중앙선거관리위원회는 대통령이 임명하는 3인, 국회에서 선출하는 3인과 대법원장이 지명하는 3인의 위원으로 구성하며, 위원장은 위원 중에서 호선한다.
③ 중앙선거관리위원회 위원은 정당에 가입하거나 정치에 관여할 수 없다.
④ 선거에 관한 경비는 법률이 정하는 경우를 제외하고는 정당 또는 후보자에게 부담시킬 수 없다.

정답찾기

① [X] 위원의 임기는 6년으로 한다(헌법 제114조 제3항). 각급 선거관리위원회위원의 임기는 6년으로 한다. 다만, 구·시·군선거관리위원회 위원의 임기는 3년으로 하되, 한 차례만 연임할 수 있다(「선거관리위원회법」 제8조). 중앙선거관리위원회 위원은 연임할 수 없다.
② [O] 중앙선거관리위원회는 대통령이 임명하는 3인, 국회에서 선출하는 3인과 대법원장이 지명하는 3인의 위원으로 구성한다. 위원장은 위원 중에서 호선한다(헌법 제114조 제2항).
③ [O] 위원은 정당에 가입하거나 정치에 관여할 수 없다(헌법 제114조 제4항).
④ [O] 선거에 관한 경비는 법률이 정하는 경우를 제외하고는 정당 또는 후보자에게 부담시킬 수 없다(헌법 제116조 제2항).

Answer 161 ② 162 ③ 163 ③ 164 ①

165 선거관리위원회에 대한 설명으로 옳지 <u>않은</u> 것은? 18. 5급 공채(행정)

① 선거관리위원회의 종류에는 중앙선거관리위원회, 특별시·광역시·도선거관리위원회, 구·시·군선거관리위원회 및 읍·면·동선거관리위원회가 있다.
② 중앙선거관리위원회는 법령에 저촉되지 아니하는 범위 안에서 내부규율에 관한 규칙을 제정할 수 있다.
③ 국회의원선거구획정위원회는 중앙선거관리위원회에 두되, 직무에 관하여 독립의 지위를 가진다.
④ 중앙선거관리위원회 위원장은 중앙선거관리위원회 회의를 소집하고, 표결권과 가부동수인 경우 결정권을 가진다.

정답찾기

② [X] 중앙선거관리위원회는 <u>법령의 범위 안</u>에서 선거관리·국민투표관리 또는 정당사무에 관한 규칙을 제정할 수 있으며, <u>법률</u>에 저촉되지 아니하는 범위 안에서 내부규율에 관한 규칙을 제정할 수 있다(헌법 제114조 제6항).
① [O] 선거관리위원회의 종류에는 중앙선거관리위원회, 특별시·광역시·도선거관리위원회, 구·시·군선거관리위원회 및 읍·면·동선거관리위원회가 있다(「선거관리위원회법」 제2조 제1항).
③ [O] 국회의원선거구획정위원회는 중앙선거관리위원회에 두되, 직무에 관하여 독립의 지위를 가진다(「공직선거법」 제24조 제2항).
④ [O] 중앙선거관리위원회 위원장은 중앙선거관리위원회 회의를 소집하고(「선거관리위원회법」 제11조 제1항), 표결권과 가부동수인 경우 결정권을 가진다(「선거관리위원회법」 제10조 제2항).

166 선거관리위원회에 대한 설명으로 옳지 <u>않은</u> 것은? 23. 지방직 7급

① 중앙선거관리위원회는 주민투표·주민소환관계법률의 제정·개정 등이 필요하다고 인정하는 경우에는 국회에 그 의견을 구두 또는 서면으로 제출할 수 있다.
② 각급선거관리위원회는 선거인명부의 작성 등 선거사무와 국민투표사무에 관하여 관계 행정기관에 필요한 지시를 할 수 있으며, 지시를 받은 당해 행정기관은 이에 응하여야 한다.
③ 각급선거관리위원회의 회의는 당해 위원장이 소집한다. 다만, 위원 3분의 1 이상의 요구가 있을 때에는 위원장은 회의를 소집하여야 하며 위원장이 회의소집을 거부할 때에는 회의소집을 요구한 3분의 1 이상의 위원이 직접 회의를 소집할 수 있다.
④ 각급선거관리위원회는 위원 과반수의 출석으로 개의하고 출석위원 과반수의 찬성으로 의결하며, 위원장은 표결권을 가지고 가부동수인 때에는 결정권을 가진다.

정답찾기

① [X] 중앙선거관리위원회는 선거·국민투표·정당관계법률, 주민투표·주민소환관계법률(선거관리위원회의 관리 범위에 한정)에 해당하는 법률의 제정·개정 등이 필요하다고 인정하는 경우에는 국회에 그 의견을 서면으로 제출할 수 있다(「선거관리위원회법」 제17조 제2항).
② [O] 각급선거관리위원회는 선거인명부의 작성 등 선거사무와 국민투표사무에 관하여 관계행정기관에 필요한 지시를 할 수 있고, 지시를 받은 행정기관·공공단체 등은 우선적으로 이에 응하여야 한다(「선거관리위원회법」 제16조 제1항, 제3항).
③ [O] 각급선거관리위원회의 회의는 당해 위원장이 소집한다. 다만, 위원 3분의 1이상의 요구가 있을 때에는 위원장은 회의를 소집하여야 하며 위원장이 회의소집을 거부할 때에는 회의소집을 요구한 3분의 1 이상의 위원이 직접 회의를 소집할 수 있다(「선거관리위원회법」 제11조 제1항).
④ [O] 각급선거관리위원회는 위원 과반수의 출석으로 개의하고 출석위원 과반수의 찬성으로 의결한다(「선거관리위원회법」 제10조 제1항). 위원장은 표결권을 가지며 가부동수인 때에는 결정권을 가진다(「선거관리위원회법」 제10조 제2항).

167 선거관리위원회에 대한 설명으로 옳은 것은? (다툼이 있는 경우 판례에 의함) 22. 국가직 7급

① 법관과 법원공무원 이외의 공무원은 각급선거관리위원회의 위원이 될 수 없다.
② 중앙선거관리위원회는 대통령이 임명하는 3인, 국회에서 선출하는 3인과 대법원장이 지명하는 3인의 위원으로 구성한다. 위원장은 국회의 동의를 얻어 위원 중에서 대통령이 임명한다.
③ 각급선거관리위원회의 위원장·상임위원·부위원장이 모두 사고가 있을 때에는 위원 중에서 임시위원장을 호선하여 위원장의 직무를 대행하게 한다.
④ 각급선거관리위원회 위원·직원의 선거범죄 조사에 있어서 피조사자에게 자료제출의무를 부과하는 「공직선거법」 조항은 이 규정에 위반하여 허위의 자료를 제출한 경우 형사처벌을 규정하고 있는바, 이는 형벌에 의한 불이익이라는 심리적, 간접적 강제수단을 통하여 진실한 자료를 제출하도록 하는 강제처분을 수반하는 것으로 영장주의의 적용대상이다.

정답찾기

③ [O] 위원장이 사고가 있을 때에는 상임위원 또는 부위원장이 그 직무를 대행하며 위원장·상임위원·부위원장이 모두 사고가 있을 때에는 위원 중에서 임시위원장을 호선하여 위원장의 직무를 대행하게 한다(「선거관리위원회법」 제5조 제5항).
① [X] 법관과 법원공무원 및 교육공무원 이외의 공무원은 각급선거관리위원회의 위원이 될 수 없다(「선거관리위원회법」 제4조 제6항).
② [X] 중앙선거관리위원회는 대통령이 임명하는 3인, 국회에서 선출하는 3인과 대법원장이 지명하는 3인의 위원으로 구성한다. 위원장은 위원 중에서 호선한다(헌법 제114조 제2항).
④ [X] 심판대상조항은 피조사자로 하여금 자료제출요구에 응할 의무를 부과하고, 허위 자료를 제출한 경우 형사처벌하고 있으나, 이는 형벌에 의한 불이익이라는 심리적, 간접적 강제수단을 통하여 진실한 자료를 제출하도록 함으로써 조사권 행사의 실효성을 확보하기 위한 것이다. 이와 같이 심판대상조항에 의한 자료제출요구는 행정조사의 성격을 가지는 것으로 수사기관의 수사와 근본적으로 그 성격을 달리하며, 청구인에 대하여 직접적으로 어떠한 물리적 강제력을 행사하는 강제처분을 수반하는 것이 아니므로 영장주의의 적용대상이 아니다(헌재 2019. 9. 26. 2016헌바381).

Answer 165 ② 166 ① 167 ③

168 선거관리위원회에 대한 설명으로 옳지 <u>않은</u> 것은? 17. 5급 공채(행정)

① 선거운동은 각급선거관리위원회의 관리하에 법률이 정하는 범위 안에서 하며, 선거에 관한 경비는 법률이 정하는 경우를 제외하고는 정당 또는 후보자에게 부담시킬 수 없다.

② 중앙선거관리위원회 위원은 정당에 가입하거나 정치에 관여할 수 없으며, 탄핵 또는 금고 이상의 형의 선고에 의하지 아니하고는 파면되지 아니한다.

③ 각급선거관리위원회는 선거인명부의 작성 등 선거사무와 국민투표사무에 관하여 관계행정기관에 필요한 지시를 할 수 있으며, 이러한 지시를 받은 당해 행정기관은 이에 응하여야 한다.

④ 중앙선거관리위원회는 대통령이 임명하는 3인, 국회에서 선출하는 3인과 대법원장이 지명하는 3인의 위원으로 구성되며, 위원의 임기는 6년이고, 위원장은 위원 중에서 대통령이 지명한다.

> 정답찾기

④ [X] 중앙선거관리위원회는 대통령이 임명하는 3인, 국회에서 선출하는 3인과 대법원장이 지명하는 3인의 위원으로 구성한다. <u>위원장은 위원 중에서 호선한다</u>(헌법 제114조 제2항). 위원의 임기는 6년으로 한다(헌법 제114조 제3항).

① [O] 선거운동은 각급선거관리위원회의 관리하에 법률이 정하는 범위 안에서 하며(헌법 제116조 제1항), 선거에 관한 경비는 법률이 정하는 경우를 제외하고는 정당 또는 후보자에게 부담시킬 수 없다(헌법 제116조 제2항).

② [O] 중앙선거관리위원회 위원은 정당에 가입하거나 정치에 관여할 수 없으며(헌법 제114조 제4항), 탄핵 또는 금고 이상의 형의 선고에 의하지 아니하고는 파면되지 아니한다(헌법 제114조 제5항).

③ [O] 각급선거관리위원회는 선거인명부의 작성 등 선거사무와 국민투표사무에 관하여 관계행정기관에 필요한 지시를 할 수 있으며(헌법 제115조 제1항), 이러한 지시를 받은 당해 행정기관은 이에 응하여야 한다(헌법 제115조 제2항).

169 선거관리위원회에 대한 설명으로 옳지 <u>않은</u> 것은? (다툼이 있는 경우 판례에 의함) 18. 국가직 7급

① 중앙선거관리위원회 위원 중 국회에서 선출하는 3인은 인사청문특별위원회의 인사청문을 거치고, 대통령이 임명하는 3인과 대법원장이 지명하는 3인은 소관 상임위원회의 인사청문을 거친다.

② 각급선거관리위원회의 의결을 거쳐 행하는 사항에 대하여는 원칙적으로 행정절차에 관한 규정이 적용되지 않는바, 이는 권력분립의 원리와 선거관리위원회 의결절차의 합리성을 고려한 것이다.

③ 각급선거관리위원회는 위원 과반수의 출석으로 개의하고, 출석위원 과반수의 찬성으로 의결하며, 위원장은 표결권을 가지고 가부동수인 때에는 결정권을 가진다.

④ 국가보조금의 배분대상이 되는 정당의 중앙당이 그 대표자 선출을 위한 선거사무 중 투표 및 개표에 관한 사무의 관리를 중앙선거관리위원회에 위탁하는 경우 선거공영제의 원칙에 따라 당내경선의 투표 및 개표참관인의 수당에 관한 비용은 국가가 부담한다.

> 정답찾기

④ [X] 「정치자금법」 제27조(보조금의 배분)의 규정에 따라 보조금의 배분대상이 되는 정당은 당내경선사무 중 경선운동, 투표 및 개표에 관한 사무의 관리를 당해 선거의 관할선거구선거관리위원회에 위탁할 수 있다(「공직선거법」 제57조의4 제1항). 관할선거구선거관리위원회가 제1항에 따라 당내경선의 투표 및 개표에 관한 사무를 수탁관리하는 경우에는 그 비용은 국가가 부담한다. 다만, <u>투표 및 개표참관인의 수당은 당해 정당이 부담한다</u>(「공직선거법」 제57조의4 제2항).

① 【O】 중앙선거관리위원회 위원 중 국회에서 선출하는 3인은 인사청문특별위원회의 인사청문을 거치고(「국회법」 제46조의3 제1항), 대통령이 임명하는 3인과 대법원장이 지명하는 3인은 소관 상임위원회의 인사청문을 거친다(「국회법」 제65조의2 제2항).
② 【O】 각급선거관리위원회의 의결을 거쳐 행하는 사항에 대하여는 원칙적으로 행정절차에 관한 규정이 적용되지 않는바(「행정절차법」 제3조 제2항 제4호), 이는 권력분립의 원리와 선거관리위원회 의결절차의 합리성을 고려한 것으로 보인다(헌재 2008. 1. 17. 2007헌마700).
③ 【O】 각급선거관리위원회는 위원 과반수의 출석으로 개의하고 출석위원 과반수의 찬성으로 의결한다(「선거관리위원회법」 제10조 제1항). 위원장은 표결권을 가지며 가부동수인 때에는 결정권을 가진다(「선거관리위원회법」 제10조 제2항).

170 선거관리위원회에 대한 설명으로 옳은 것은? (다툼이 있는 경우 판례에 의함) 19. 국가직 7급

① 선거운동은 각급선거관리위원회의 관리하에 법률이 정하는 범위 안에서 하되, 균등한 기회가 보장되어야 하며, 선거에 관한 경비는 정당에게 부담시킬 수 있으나 후보자에게는 부담시킬 수 없다.
② 「정치자금법」 제27조(보조금의 배분)의 규정에 따라 보조금의 배분대상이 되는 정당이 당내경선사무 중 경선운동, 투표 및 개표에 관한 사무의 관리를 당해 선거의 관할선거구선거관리위원회에 위탁하는 경우 모든 수탁관리비용은 당해 정당이 부담한다.
③ 중앙선거관리위원회 위원은 국회의 탄핵소추 대상이 되나 구·시·군선거관리위원회 위원은 국회의 탄핵소추 대상이 되지 아니한다.
④ 정부는 중앙선거관리위원회의 예산을 편성함에 있어 중앙선거관리위원회 위원장의 의견을 최대한 존중하여야 하며, 국가재정상황 등에 따라 조정이 필요한 때에는 중앙선거관리위원회 위원장과 미리 협의하여야 한다.

정답찾기

④ 【O】 정부는 독립기관의 예산을 편성할 때 해당 독립기관의 장의 의견을 최대한 존중하여야 하며, 국가재정상황 등에 따라 조정이 필요한 때에는 해당 독립기관의 장과 미리 협의하여야 한다(「국가재정법」 제40조 제1항).
① 【X】 선거운동은 각급선거관리위원회의 관리하에 법률이 정하는 범위 안에서 하되, 균등한 기회가 보장되어야 한다(헌법 제116조 제1항). 선거에 관한 경비는 법률이 정하는 경우를 제외하고는 정당 또는 후보자에게 부담시킬 수 없다(헌법 제116조 제2항).
② 【X】 「정치자금법」 제27조(보조금의 배분)의 규정에 따라 보조금의 배분대상이 되는 정당은 당내경선사무 중 경선운동, 투표 및 개표에 관한 사무의 관리를 당해 선거의 관할선거구선거관리위원회에 위탁할 수 있다(「공직선거법」 제57조의4 제1항). 관할선거구선거관리위원회가 제1항에 따라 당내경선의 투표 및 개표에 관한 사무를 수탁관리하는 경우에는 그 비용은 국가가 부담한다. 다만, 투표 및 개표참관인의 수당은 당해 정당이 부담한다(「공직선거법」 제57조의4 제2항).
③ 【X】 위원은 탄핵 또는 금고 이상의 형의 선고에 의하지 아니하고는 파면되지 아니한다(헌법 제114조 제5항). 각급선거관리위원회의 위원은 정당에 가입하거나 정치에 관여한 때, 탄핵결정으로 파면된 때, 금고 이상의 형의 선고를 받은 때, 정당추천위원으로서 그 추천정당의 요구가 있거나 추천정당이 국회에 교섭단체를 구성할 수 없게 된 때와 국회의원선거권이 없음이 발견된 때, 시·도선거관리위원회의 상임위원인 위원으로서 「국가공무원법」 제33조 각호의 1에 해당하거나 상임위원으로서의 근무상한에 달하였을 때가 아니면 해임·해촉 또는 파면되지 아니한다(「선거관리위원회법」 제9조 2호).

Answer 168 ④ 169 ④ 170 ④

171. 선거관리위원회에 대한 설명으로 옳지 않은 것은? (다툼이 있는 경우 판례에 의함) 　19. 지방직 7급

① 중앙선거관리위원회는 법령의 범위안에서 선거관리, 국민투표관리 또는 정당사무에 관한 규칙을 제정할 수 있으며, 법률에 저촉되지 아니하는 범위안에서 내부규율에 관한 규칙을 제정할 수 있다.
② 각급선거관리위원회는 위원 과반수의 출석으로 개의하고 출석위원 과반수의 찬성으로 의결하며, 위원장은 가부동수인 경우 결정권을 행사하지 못한다.
③ 「공직선거에 관한 사무처리예규」는 개표관리 및 투표용지의 유·무효를 가리는 업무에 종사하는 각급선거관리위원회 직원 등에 대한 업무처리지침 내지 사무처리준칙에 불과할 뿐 국민이나 법원을 구속하는 효력이 없는 행정규칙이므로 헌법소원의 대상이 되지 않는다.
④ 구·시·군선거관리위원회 위원의 임기는 3년으로 하되, 한 차례만 연임할 수 있다.

정답찾기

② [X] 각급선거관리위원회는 위원 과반수의 출석으로 개의하고 출석위원 과반수의 찬성으로 의결한다(「선거관리위원회법」 제10조 제1항). 위원장은 표결권을 가지며 가부동수인 때에는 결정권을 가진다(「선거관리위원회법」 제10조 제2항).
① [O] 중앙선거관리위원회는 법령의 범위 안에서 선거관리·국민투표관리 또는 정당사무에 관한 규칙을 제정할 수 있으며, 법률에 저촉되지 아니하는 범위 안에서 내부규율에 관한 규칙을 제정할 수 있다(헌법 제114조 제6항).
③ [O] 공직선거에 관한 사무처리예규는 각급선거관리위원회와 그 위원 및 직원이 공직선거에 관한 사무를 표준화·정형화하고, 관련법규의 구체적인 운용기준을 마련하는 등 선거사무의 처리에 관한 통일적 기준과 지침을 제공함으로써 공정하고 원활한 선거관리를 기함을 목적으로 하는 것이므로, 개표관리 및 투표용지의 유·무효를 가리는 업무에 종사하는 각급선거관리위원회 직원 등에 대한 업무처리지침 내지 사무처리준칙에 불과할 뿐 국민이나 법원을 구속하는 효력이 없는 행정규칙이라고 할 것이어서 이 예규부분은 헌법소원 심판대상이 되지 아니한다(헌재 2000. 6. 29. 2000헌마325).
④ [O] 각급선거관리위원회위원의 임기는 6년으로 한다. 다만, 구·시·군선거관리위원회 위원의 임기는 3년으로 하되, 한 차례만 연임할 수 있다(「선거관리위원회법」 제8조).

172 선거관리위원회에 대한 설명으로 옳지 <u>않은</u> 것은? 20. 지방직 7급

① 대통령선거 및 국회의원선거에 있어서 선거의 효력에 관하여 이의가 있는 선거인·후보자를 추천한 정당 또는 후보자가 대법원에 소를 제기할 때의 피고는 당해 선거구선거관리위원회위원장이다.
② 헌법은 탄핵소추의 대상자로서 대통령·국무총리·국무위원·행정각부의 장·헌법재판소 재판관·법관·중앙선거관리위원회 위원장·감사원장·감사위원 기타 법률이 정한 공무원으로 규정하고 있고,「선거관리위원회법」에서 중앙선거관리위원회 및 각급선거관리위원회 위원을 탄핵소추의 대상으로 포함하고 있다.
③ 국회에서 선출하는 중앙선거관리위원회 위원에 대한 선출안의 심사는 국회 인사청문특별위원회에서, 대통령이 임명하는 중앙선거관리위원회 위원 후보자에 대한 인사청문은 소관 상임위원회에서 한다.
④ 각급선거관리위원회의 회의는 당해 위원장이 소집한다. 다만, 위원 3분의 1 이상의 요구가 있을 때에는 위원장은 회의를 소집하여야 하며 위원장이 회의소집을 거부할 때에는 회의소집을 요구한 3분의 1 이상의 위원이 직접 회의를 소집할 수 있다.

> 정답찾기

② [X] 헌법은 탄핵소추의 대상자로서 대통령·국무총리·국무위원·행정각부의 장·헌법재판소 재판관·법관·중앙선거관리위원회 위원·감사원장·감사위원 기타 법률이 정한 공무원으로 규정하고 있고(헌법 제65조 제1항),「선거관리위원회법」에서 중앙선거관리위원회 및 각급선거관리위원회 위원을 탄핵소추의 대상으로 포함하고 있다(「선거관리위원회법」제9조 2호). 중앙선거관리위원회 위원장이 아니라 위원이다.
① [O] 대통령선거 및 국회의원선거에 있어서 선거의 효력에 관하여 이의가 있는 선거인·정당(후보자를 추천한 정당에 한한다) 또는 후보자는 선거일부터 30일 이내에 당해 선거구선거관리위원회위원장을 피고로 하여 대법원에 소를 제기할 수 있다(「공직선거법」제222조 제1항).
③ [O] 국회에서 선출하는 중앙선거관리위원회 위원에 대한 선출안의 심사는 국회 인사청문특별위원회에서(「국회법」제46조의3 제1항), 대통령이 임명하는 중앙선거관리위원회 위원 후보자에 대한 인사청문은 소관상임위원회에서 한다(「국회법」제65조의2 제2항).
④ [O] 각급선거관리위원회의 회의는 당해 위원장이 소집한다. 다만, 위원 3분의 1 이상의 요구가 있을 때에는 위원장은 회의를 소집하여야 하며 위원장이 회의소집을 거부할 때에는 회의소집을 요구한 3분의 1 이상의 위원이 직접 회의를 소집할 수 있다(「선거관리위원회법」제11조 제1항).

Answer 171 ② 172 ②

제5절 법원

제1항 법원의 지위

173 사법권의 독립에 대한 설명으로 옳지 않은 것은? (다툼이 있는 경우 판례에 의함)   19. 5급 공채(행정)

① 작량감경을 하여도 집행유예를 선고할 수 없도록 법정형을 정한 것은 법관의 양형결정권을 침해하여 법관독립의 원칙에 위배된다.
② 「법원조직법」제8조는 "상급법원의 재판에 있어서의 판단은 당해 사건에 관하여 하급심을 기속한다."고 규정하지만 이는 심급제도의 합리적 유지를 위하여 당해 사건에 한하여 구속력을 인정한 것이고 그 후의 동종 사건에 대한 선례로서의 구속력에 관한 것은 아니다.
③ 근무성적이 현저히 불량하여 판사로서 정상적인 직무를 수행할 수 없는 경우에 연임발령을 하지 않도록 한 것은 사법의 독립을 침해하지 않는다.
④ 대법원장은 법관을 사건의 심판 외의 직(재판연구관을 포함한다)에 보하거나 그 직을 겸임하게 할 수 있다.

정답찾기

① [X] 이 사건 법률조항에 해당하는 경우에도 법률상 감경사유가 경합되거나 법률상 감경사유와 작량 감경사유가 경합되는 때에는 그 형의 집행을 유예받을 수도 있으므로 집행유예의 가능성이 법률상 전면적으로 봉쇄되어 있는 것도 아니다. 따라서 이 사건 법률조항이 별도의 법률상 감경사유가 없는 한 집행유예의 선고를 할 수 없도록 그 법정형을 정하였다고 하여 곧 그것이 법관의 양형결정권을 침해하였다거나 법관독립의 원칙에 위배된다 할 수 없고 나아가 법관에 의한 재판을 받을 권리를 침해하는 것이라고도 할 수 없다(헌재 2001. 11. 29. 2001헌가16).
② [O] 「법원조직법」제8조는 "상급법원의 재판에 있어서의 판단은 당해 사건에 관하여 하급심을 기속한다."고 규정하지만 이는 심급제도의 합리적 유지를 위하여 당해 사건에 한하여 구속력을 인정한 것이고 그 후의 동종의 사건에 대한 선례로서의 구속력에 관한 것은 아니다(헌재 2002. 6. 27. 2002헌마18).
③ [O] 근무성적평정을 실제로 운용함에 있어서는 재판의 독립성을 해칠 우려가 있는 사항을 평정사항에서 제외하는 등 평정사항을 한정하고 있으며, 연임 심사과정에서 해당 판사에게 의견진술권 및 자료제출권이 보장되고, 연임하지 않기로 한 결정에 불복하여 행정소송을 제기할 수 있는 점 등을 고려할 때, 판사의 신분보장과 관련한 예측가능성이나 절차상의 보장이 현저히 미흡하다고 볼 수도 없으므로, 이 사건 연임결격조항은 사법의 독립을 침해한다고 볼 수 없다(헌재 2016. 9. 29. 2015헌바331).
④ [O] 대법원장은 법관을 사건의 심판 외의 직(재판연구관을 포함한다)에 보하거나 그 직을 겸임하게 할 수 있다(「법원조직법」제52조 제1항).

174 사법권의 독립에 대한 설명으로 옳지 않은 것은? (다툼이 있는 경우 판례에 의함) 21. 5급 공채(행정)

① 명령·규칙 또는 처분이 헌법이나 법률에 위반되는 여부가 재판의 전제가 된 경우에는 대법원은 이를 최종적으로 심사할 권한을 가진다.
② 국정감사 또는 국정조사는 계속 중인 재판에 관여할 목적으로 행사되어서는 아니된다.
③ 대법원장은 다른 국가기관으로부터 법관의 파견근무 요청을 받은 경우에 업무의 성질상 법관을 파견하는 것이 타당하다고 인정되면 해당 법관이 파견근무에 동의하지 않는 경우에도 이를 허가할 수 있다.
④ 형사재판에 있어서 사법권 독립은 심판기관인 법원과 소추기관인 검찰청의 분리를 요구함과 동시에 법관이 실제 재판에 있어서 소송당사자인 검사와 피고인으로부터 부당한 간섭을 받지 않은 채 독립하여야 할 것을 요구한다.

> [정답찾기]

③ [X] 대법원장은 다른 국가기관으로부터 법관의 파견근무 요청을 받은 경우에 업무의 성질상 법관을 파견하는 것이 타당하다고 인정되고 해당 법관이 파견근무에 동의하는 경우에는 그 기간을 정하여 이를 허가할 수 있다(「법원조직법」 제50조).
① [O] 명령·규칙 또는 처분이 헌법이나 법률에 위반되는 여부가 재판의 전제가 된 경우에는 대법원은 이를 최종적으로 심사할 권한을 가진다(헌법 제107조 제2항).
② [O] 감사 또는 조사는 개인의 사생활을 침해하거나 계속 중인 재판 또는 수사 중인 사건의 소추(訴追)에 관여할 목적으로 행사되어서는 아니 된다(「국감국조법」 제8조).
④ [O] 형사재판에 있어서 사법권 독립은 심판기관인 법원과 소추기관인 검찰청의 분리를 요구함과 동시에 법관이 실제 재판에 있어서 소송당사자인 검사와 피고인으로부터 부당한 간섭을 받지 않은 채 독립하여야 할 것을 요구한다(헌재 1995. 11. 30. 92헌마44).

Answer 173 ① 174 ③

175 사법부에 대한 설명으로 옳지 않은 것은? (다툼이 있는 경우 판례에 의함) 21. 지방직 7급

① 법관에 대한 대법원장의 징계처분 취소청구소송을 대법원에 의한 단심재판에 의하도록 규정하고 있는 구 「법관징계법」 조항은 독립적으로 사법권을 행사하는 법관이라는 지위의 특수성과 법관에 대한 징계절차의 특수성을 감안하여 재판의 신속을 도모하기 위한 것으로 그 합리성을 인정할 수 있고, 사실확정도 대법원의 권한에 속하여 법관에 의한 사실확정의 기회가 박탈되었다고 볼 수 없으므로, 헌법 제27조 제1항의 재판청구권을 침해하지 아니한다.

② 약식절차에서 피고인이 정식재판을 청구한 경우 약식명령의 형보다 중한 형을 선고할 수 없도록 한 「형사소송법」 조항은 피고인이 정식재판을 청구하는 경우 법관에게 부여된 형종에 대한 선택권이 검사의 일방적인 약식명령 청구에 의하여 심각하게 제한되므로 법관의 양형결정권을 침해한다.

③ 「법원조직법」 제8조는 '상급법원이 재판에 있어서의 판단은 당해 사건에 관하여 하급심을 기속한다.'고 규정하지만 이는 심급제도의 합리적 유지를 위하여 당해사건에 한하여 구속력을 인정한 것이고 그 후의 동종의 사건에 대한 선례로서의 구속력에 관한 것은 아니다.

④ 헌법이 대법원을 최고법원으로 규정하였다고 하여 대법원이 곧바로 모든 사건을 상고심으로서 관할하여야 한다는 결론이 당연히 도출되는 것은 아니다.

정답찾기

② [X] 헌법상 어떠한 행위가 범죄에 해당하고 이를 어떻게 처벌할 것인지 여부를 정할 권한은 국회에 부여되어 있고 그에 대하여는 광범위한 입법재량 내지 형성의 자유가 인정되고 있으므로 형벌에 대한 입법자의 입법정책적 결단은 기본적으로 존중되어야 한다. 따라서 형사법상 법관에게 주어진 양형권한도 입법자가 만든 법률에 규정되어 있는 내용과 방법에 따라 그 한도 내에서 재판을 통해 형벌을 구체화하는 것으로 볼 수 있다. 또한 검사의 약식명령청구사안이 적당하지 않다고 판단될 경우 법원은 직권으로 통상의 재판절차로 사건을 넘겨 재판절차를 진행시킬 수 있고 이 재판절차에서 법관이 자유롭게 형량을 결정할 수 있으므로 이러한 점들을 종합해보면 이 사건 법률조항에 의하여 법관의 양형결정권이 침해된다고 볼 수 없다(헌재 2005. 3. 31. 2004헌가27).

① [O] 구 「법관징계법」 제27조는 법관에 대한 대법원장의 징계처분 취소청구소송을 대법원에 의한 단심재판에 의하도록 규정하고 있는바, 이는 독립적으로 사법권을 행사하는 법관이라는 지위의 특수성과 법관에 대한 징계절차의 특수성을 감안하여 재판의 신속을 도모하기 위한 것으로 그 합리성을 인정할 수 있고, 대법원이 법관에 대한 징계처분 취소청구소송을 단심으로 재판하는 경우에는 사실확정도 대법원의 권한에 속하여 법관에 의한 사실확정의 기회가 박탈되었다고 볼 수 없으므로, 헌법 제27조 제1항의 재판청구권을 침해하지 아니한다(헌재 2012. 2. 23. 2009헌바34).

③ [O] 「법원조직법」 제8조는 "상급법원의 재판에 있어서의 판단은 당해 사건에 관하여 하급심을 기속한다."고 규정하지만 이는 심급제도의 합리적 유지를 위하여 당해사건에 한하여 구속력을 인정한 것이고 그 후의 동종의 사건에 대한 선례로서의 구속력에 관한 것은 아니다(헌재 2002. 6. 27. 2002헌마18).

④ [O] 헌법이 대법원을 최고법원으로 규정하였다고 하여 대법원이 곧바로 모든 사건을 상고심으로서 관할하여야 한다는 결론이 당연히 도출되는 것은 아니며, 헌법과 법률이 정하는 법관에 의하여 법률에 의한 재판을 받을 권리가 사건의 경중을 가리지 않고 모든 사건에 대하여 대법원을 구성하는 법관에 의한 균등한 재판을 받을 권리를 의미한다거나 또는 상고심 재판을 받을 권리를 의미하는 것이라고 할 수는 없다(헌재 1997. 10. 30. 97헌바37).

176 사법권에 대한 설명으로 옳지 않은 것은? (다툼이 있는 경우 판례에 의함) 22. 국가직 7급

① 안마사 자격인정을 받지 아니한 자는 안마시술소 또는 안마원을 개설할 수 없도록 하고 이를 위반한 자를 처벌하는 구「의료법」조항은 벌금형과 징역형을 모두 규정하면서 그 하한에는 제한을 두지 않고 그 상한만 5년 이하의 징역형 또는 2천만 원 이하의 벌금형으로 제한하고 있어 법관의 양형재량권을 침해한다고 볼 수 있다.

② 정신적인 장애로 항거불능 또는 항거곤란 상태에 있음을 이용하여 사람을 간음한 사람을 무기징역 또는 7년 이상의 징역에 처하도록 규정한「성폭력범죄의 처벌 등에 관한 특례법」조항은 별도의 법률상 감경사유가 없는 한 법관이 작량감경을 하더라도 집행유예를 선고할 수 없게 되어 있지만 범죄의 죄질 및 행위자의 책임에 비하여 지나치게 가혹하다고 할 수 없어 책임과 형벌의 비례원칙에 반하지 않는다.

③ 약식절차에서 피고인이 정식재판을 청구한 경우 약식명령보다 더 중한 형을 선고할 수 없도록 한「형사소송법」조항에 의하여 법관의 양형결정권이 침해된다고 볼 수 없다.

④ 근무성적이 현저히 불량하여 판사로서 정상적인 직무를 수행할 수 없는 경우에 연임발령을 하지 않도록 규정한 구「법원조직법」조항은 사법의 독립을 침해한다고 볼 수 없다.

정답찾기

① [X] 시각장애인들에 대한 실질적인 보호를 위하여 비안마사들의 안마시술소 개설행위를 실효적으로 규제하는 것이 필요하고, 이 사건 처벌조항은 벌금형과 징역형을 모두 규정하고 있으나, 그 하한에는 제한을 두지 않고 그 상한만 5년 이하의 징역형 또는 2천만 원 이하의 벌금형으로 제한하여 법관의 양형재량권을 폭넓게 인정하고 있으며, 죄질에 따라 벌금형이나 선고유예까지 선고할 수 있으므로, 이러한 법정형이 위와 같은 입법목적에 비추어 지나치게 가혹한 형벌이라고 보기 어렵다(헌재 2017. 12. 28. 2017헌가15).

② [O] 장애인준강간죄의 보호법익의 중요성, 죄질, 행위자 책임의 정도 및 일반예방이라는 형사정책의 측면 등 여러 요소를 고려하여 본다면, 입법자가「형법」상 준강간죄나 장애인위계등간음죄의 법정형보다 무거운 '무기 또는 7년 이상의 징역'이라는 비교적 중한 법정형을 정하여, 법관의 작량감경만으로는 집행유예를 선고하지 못하도록 입법적 결단을 내린 것에는 나름대로 수긍할 만한 합리적인 이유가 있는 것이고, 그것이 범죄의 죄질 및 행위자의 책임에 비하여 지나치게 가혹하다고 할 수 없다. 따라서 심판대상조항은 책임과 형벌의 비례원칙에 위배되지 아니한다(헌재 2016. 11. 24. 2015헌바136).

③ [O] 헌법상 어떠한 행위가 범죄에 해당하고 이를 어떻게 처벌할 것인지 여부를 정할 권한은 국회에 부여되어 있고 그에 대하여는 광범위한 입법재량 내지 형성의 자유가 인정되고 있으므로 형벌에 대한 입법자의 입법정책적 결단은 기본적으로 존중되어야 한다. 따라서 형사법상 법관에게 주어진 양형권한도 입법자가 만든 법률에 규정되어 있는 내용과 방법에 따라 그 한도 내에서 재판을 통해 형벌을 구체화하는 것으로 볼 수 있다. 또한 검사의 약식명령청구사안이 적당하지 않다고 판단될 경우 법원은 직권으로 통상의 재판절차로 사건을 넘겨 재판절차를 진행시킬 수 있고 이 재판절차에서 법관이 자유롭게 형량을 결정할 수 있으므로 이러한 점들을 종합해보면 이 사건 법률조항에 의하여 법관의 양형결정권이 침해된다고 볼 수 없다(헌재 2005. 3. 31. 2004헌가27).

④ [O] 판사의 근무성적은 공정한 기준에 따를 경우 판사의 사법운영능력을 판단함에 있어 다른 요소에 비하여 보다 객관적인 기준으로 작용할 수 있고, 이를 통해 국민의 재판청구권의 실질적 보장에도 기여할 수 있다. 나아가 연임심사에 반영되는 판사의 근무성적에 대한 평가는 10년이라는 장기간 동안 반복적으로 실시되어 누적된 것이므로, 특정 가치관을 가진 판사를 연임에서 배제하는 수단으로 남용될 가능성이 크다고 볼 수 없다. 근무성적평정을 실제로 운용함에 있어서는 재판의 독립성을 해칠 우려가 있는 사항을 평정사항에서 제외하는 등 평정사항을 한정하고 있으며, 연임 심사과정에서 해당 판사에게 의견진술권 및 자료제출권이 보장되고, 연임하지 않기로 한 결정에 불복하여 행정소송을 제기할 수 있는 점 등을 고려할 때, 판사의 신분보장과 관련한 예측가능성이나 절차상의 보장이 현저히 미흡하다고 볼 수도 없으므로, 이 사건 연임결격조항은 사법의 독립을 침해한다고 볼 수 없다(헌재 2016. 9. 29. 2015헌바331).

Answer 175 ② 176 ①

177 사법권에 대한 설명으로 옳지 않은 것은? 24. 지방직 7급

① 국정감사 또는 국정조사는 개인의 사생활을 침해하거나 계속 중인 재판 또는 수사 중인 사건의 소추에 관여할 목적으로 행사되어서는 아니 된다.
② 사법권의 독립은 재판상의 독립, 즉 법관이 재판을 함에 있어서 오직 헌법과 법률에 의하여 그 양심에 따라 할 뿐, 어떠한 외부적인 압력이나 간섭도 받지 않는다는 것으로, 재판의 독립을 위해 법관의 신분보장도 차질 없이 이루어져야 함을 의미하지 않는다.
③ 대법원장의 임기는 6년으로 하며, 중임할 수 없다.
④ 법관이 법관징계위원회의 징계처분에 대하여 불복하려는 경우에는 징계 등 처분이 있음을 안 날부터 14일 이내에 전심 절차를 거치지 아니하고 대법원에 징계 등 처분의 취소를 청구하여야 한다.

정답찾기

② [X] 사법권의 독립은 권력분립을 그 중추적 내용의 하나로 하는 자유민주주의 체제의 특징적 지표이고 법치주의의 요소를 이룬다. 사법권의 독립은 재판상의 독립, 즉 법관이 재판을 함에 있어서 오직 헌법과 법률에 의하여 그 양심에 따라 할 뿐, 어떠한 외부적인 압력이나 간섭도 받지 않는다는 것뿐만 아니라, 재판의 독립을 위해 법관의 신분보장도 차질 없이 이루어져야 함을 의미한다(헌재 2016. 9. 29. 2015헌바331).
① [O] 감사 또는 조사는 개인의 사생활을 침해하거나 계속 중인 재판 또는 수사 중인 사건의 소추에 관여할 목적으로 행사되어서는 아니 된다(「국감국조법」 제8조).
③ [O] 대법원장의 임기는 6년으로 하며, 중임할 수 없다(헌법 제105조 제1항).
④ [O] 피청구인이 징계 등 처분에 대하여 불복하려는 경우에는 징계 등 처분이 있음을 안 날부터 14일 이내에 전심 절차를 거치지 아니하고 대법원에 징계 등 처분의 취소를 청구하여야 한다(「법관징계법」 제27조 제1항).

178 법관에 대한 설명으로 옳지 않은 것은? (다툼이 있는 경우 판례에 의함) 18. 지방직 7급

① 공개된 법정의 법관의 면전에서 모든 증거자료가 조사·진술되어야 하는 요청은 공정한 재판을 받을 권리로부터 파생된다.
② 법관정년제 자체의 위헌성 판단은 헌법규정에 대한 위헌주장으로 헌법재판소의 위헌판단의 대상이 되지 아니하며, 법관의 정년연령을 규정한 법률의 구체적인 내용도 헌법재판소의 위헌판단의 대상이 될 수 없다.
③ 법관은 탄핵 또는 금고 이상의 형의 선고에 의하지 아니하고는 파면되지 아니하며, 징계처분에 의하지 아니하고는 정직·감봉 기타 불리한 처분을 받지 아니한다.
④ 법관이 중대한 신체상 또는 정신상의 장해로 직무를 수행할 수 없을 때에는, 대법관인 경우에는 대법원장의 제청으로 대통령이 퇴직을 명할 수 있고, 판사인 경우에는 법관인사위원회의 심의를 거쳐 대법원장이 퇴직을 명할 수 있다.

> 정답찾기

② 【X】'법관정년제' 자체의 위헌성 판단은 헌법규정에 대한 위헌주장으로, 종전 우리 헌법재판소 판례에 의하면, 위헌판단의 대상이 되지 아니한다(헌재 1995. 12. 28. 95헌바3). 물론 이 경우에도 법관의 정년연령을 규정한 법률의 구체적인 내용에 대하여는 위헌판단의 대상이 될 수 있다(헌재 2002. 10. 31. 2001헌마557).
① 【O】 공정한 재판을 받을 권리 속에는 신속하고 공개된 법정의 법관의 면전에서 모든 증거자료가 조사·진술되고 이에 대하여 피고인이 공격·방어할 수 있는 기회가 보장되는 재판, 즉 원칙적으로 당사자주의와 구두변론주의가 보장되어 당사자가 공소사실에 대한 답변과 입증 및 반증하는 등 공격·방어권이 충분히 보장되는 재판을 받을 권리가 포함되어 있다(헌재 1998. 12. 24. 94헌바46).
③ 【O】 법관은 탄핵 또는 금고 이상의 형의 선고에 의하지 아니하고는 파면되지 아니하며, 징계처분에 의하지 아니하고는 정직·감봉 기타 불리한 처분을 받지 아니한다(헌법 제106조 제1항).
④ 【O】 법관이 중대한 신체상 또는 정신상의 장해로 직무를 수행할 수 없을 때에는, 대법관인 경우에는 대법원장의 제청으로 대통령이 퇴직을 명할 수 있고, 판사인 경우에는 인사위원회의 심의를 거쳐 대법원장이 퇴직을 명할 수 있다(「법원조직법」 제47조).

179 사법권에 대한 설명으로 옳지 않은 것은? (다툼이 있는 경우 판례에 의함)

19. 지방직 7급

① 사법권의 독립은 재판상의 독립, 즉 법관이 재판을 함에 있어서 오직 헌법과 법률에 의하여 그 양심에 따라 할 뿐, 어떠한 외부적인 압력이나 간섭도 받지 않는다는 것뿐만 아니라, 재판의 독립을 위해 법관의 신분보장도 차질 없이 이루어져야 함을 의미한다.
② 사법의 본질은 법 또는 권리에 관한 다툼이 있거나 법이 침해된 경우에 독립적인 법원이 원칙적으로 직접 조사한 증거를 통한 객관적 사실인정을 바탕으로 법을 해석·적용하여 유권적인 판단을 내리는 작용이다.
③ 심리불속행 재판은 상고각하의 형식판단과 상고이유를 심리한 결과 이유 없다고 인정되는 경우에 내려지는 상고기각의 실체판단과의 중간적 지위를 가진 재판이다.
④ 국회의 자격심사나 제명을 제외한 국회의원에 대한 국회의 징계처분에 대해서는 예외적으로 법원에 제소할 수 있다.

> 정답찾기

④ 【X】 국회의 자격심사나 제명뿐만 아니라 국회의원에 대한 국회의 징계처분에 대해서도 법원에 제소할 수 없다(헌법 제64조 제4항).
① 【O】 사법권의 독립은 재판상의 독립, 즉 법관이 재판을 함에 있어서 오직 헌법과 법률에 의하여 그 양심에 따라 할 뿐, 어떠한 외부적인 압력이나 간섭도 받지 않는다는 것뿐만 아니라, 재판의 독립을 위해 법관의 신분보장도 차질 없이 이루어져야 함을 의미한다(헌재 2016. 9. 29. 2015헌바331).
② 【O】 사법(司法)의 본질은 법 또는 권리에 관한 다툼이 있거나 법이 침해된 경우에 독립적인 법원이 원칙적으로 직접 조사한 증거를 통한 객관적 사실인정을 바탕으로 법을 해석·적용하여 유권적인 판단을 내리는 작용이라 할 것이다(헌재 1996. 1. 25. 95헌가5).
③ 【O】 심리불속행 재판은 상고제기의 절차가 적법함을 전제로 하여 상고장에 기재된 상고이유가 법률상의 상고이유를 실질적으로 포함하고 있는가를 판단하는 것이므로 그 범위에서 실체판단의 성격을 가진다고 할 것이다. 결론적으로 심리불속행 재판은 상고각하의 형식판단과 상고이유를 심리한 결과 이유 없다고 인정되는 경우에 내려지는 상고기각의 실체판단과의 중간적 지위를 가진 재판이라 할 것이다(헌재 1997. 10. 30. 97헌바37).

Answer 177 ② 178 ② 179 ④

제2항 | 법원의 구성·조직과 운영

180 대법원에 대한 설명으로 옳지 <u>않은</u> 것은? 20. 5급 공채(행정)

① 대법원은 법률에서 저촉되지 아니하는 범위 안에서 소송에 관한 절차, 법원의 내부규율과 사무처리에 관한 규칙을 제정할 수 있다.
② 대법원장의 임기는 6년으로 중임할 수 없지만, 대법관의 임기는 6년으로 법률이 정하는 바에 의하여 연임할 수 있다.
③ 대법원에는 대법관을 두지만, 법률이 정하는 바에 의하여 대법관이 아닌 법관을 둘 수도 있다.
④ 대통령, 국회의원, 지방자치단체의 장 및 지방의회의원 선거에 있어서 당선의 효력에 이의가 있는 선서인은 대법원에 소를 제기할 수 있다.

정답찾기

④ [X] 대통령선거, 국회의원선거 그리고 지방자치단체의 장 중 시·도지사와 지방의회의원 중 비례대표시·도의원선거의 경우에만 대법원에 제소할 수 있고 그 외 지역구시·도의원선거, 자치구·시·군의원선거 및 자치구·시·군의 장 선거에 있어서는 고등법원에 제소할 수 있다(「공직선거법」 제223조 제1항, 제2항).
① [O] 대법원은 법률에 저촉되지 아니하는 범위 안에서 소송에 관한 절차, 법원의 내부규율과 사무처리에 관한 규칙을 제정할 수 있다(헌법 제108조).
② [O] 대법원장의 임기는 6년으로 중임할 수 없지만(헌법 제105조 제1항), 대법관의 임기는 6년으로 법률이 정하는 바에 의하여 연임할 수 있다(헌법 제105조 제2항).
③ [O] 대법원에 대법관을 둔다. 다만, 법률이 정하는 바에 의하여 대법관이 아닌 법관을 둘 수 있다(헌법 제102조 제2항).

181 대법원에 대한 설명으로 옳지 <u>않은</u> 것은? 24. 국가직 7급

① 대법원장과 대법관이 아닌 법관의 임기는 10년으로 하며, 법률이 정하는 바에 의하여 연임할 수 있다.
② 대법관회의는 대법관 전원의 과반수 출석과 출석인원 3분의 2 이상의 찬성으로 의결하며, 의장은 의결에서 표결권을 가지고, 가부동수일 때에는 결정권을 가진다.
③ 대법원장이 궐위되거나 부득이한 사유로 직무를 수행할 수 없을 때에는 선임대법관이 그 권한을 대행한다.
④ 대법원에 대법원장을 포함한 14명의 대법관을 두며, 법률이 정하는 바에 의하여 대법관이 아닌 법관을 둘 수 있다.

정답찾기

② [X] 대법관회의는 대법관으로 구성되며, 대법원장이 그 의장이 된다(「법원조직법」제16조 제1항). 대법관회의는 대법관 전원의 3분의 2 이상의 출석과 출석인원 과반수의 찬성으로 의결하고(「법원조직법」제16조 제2항), 의장은 의결에서 표결권을 가지며, 가부동수일 때에는 결정권을 가진다(「법원조직법」제16조 제3항).
① [O] 대법원장과 대법관이 아닌 법관의 임기는 10년으로 하며, 법률이 정하는 바에 의하여 연임할 수 있다(헌법 제105조 제3항).
③ [O] 대법원장이 궐위되거나 부득이한 사유로 직무를 수행할 수 없을 때에는 선임대법관이 그 권한을 대행한다(「법원조직법」제13조 제3항).
④ [O] 대법관의 수는 대법원장을 포함하여 14명으로 한다(「법원조직법」제4조 제2항). 대법원에 대법관을 둔다. 다만, 법률이 정하는 바에 의하여 대법관이 아닌 법관을 둘 수 있다(헌법 제102조 제2항).

182 법원에 대한 설명으로 옳은 것은? 23. 지방직 7급

① 대법원의 심판권은 대법관 전원의 3분의 2 이상의 합의체에서 행사하나, 명령 또는 규칙이 법률에 위반된다고 인정하는 경우에 한해 대법관 3명 이상으로 구성된 부에서 먼저 사건을 심리하여 의견이 일치한 경우에 한정하여 그 부에서 재판할 수 있다.
② 고등법원·특허법원·지방법원·가정법원·행정법원 및 군사법원과 대법원규칙으로 정하는 지원에 사법행정에 관한 자문기관으로 판사로 구성된 판사회의를 두며, 판사회의의 조직과 운영에 필요한 사항은 「법원조직법」으로 정한다.
③ 대법원에 두는 양형위원회는 위원장 1명을 포함한 14명의 위원으로 구성하되, 위원장이 아닌 위원 중 1명은 상임위원으로 한다.
④ 대법원장과 대법관이 아닌 법관은 대법관회의의 동의를 얻어 대법원장이 임명한다.

정답찾기

④ [O] 대법원장과 대법관이 아닌 법관은 대법관회의의 동의를 얻어 대법원장이 임명한다(헌법 제104조 제3항).
① [X] 대법원의 심판권은 대법관 전원의 3분의 2 이상의 합의체에서 행사하며, 대법원장이 재판장이 된다. 다만, 대법관 3명 이상으로 구성된 부에서 먼저 사건을 심리하여 의견이 일치한 경우에 한정하여 명령 또는 규칙이 헌법에 위반된다고 인정하는 경우, 명령 또는 규칙이 법률에 위반된다고 인정하는 경우, 종전에 대법원에서 판시한 헌법·법률·명령 또는 규칙의 해석 적용에 관한 의견을 변경할 필요가 있다고 인정하는 경우, 부에서 재판하는 것이 적당하지 아니하다고 인정하는 경우를 제외하고 그 부에서 재판할 수 있다(「법원조직법」제7조 제1항).
② [X] 고등법원·특허법원·지방법원·가정법원·행정법원 및 회생법원과 대법원규칙으로 정하는 지원에 사법행정에 관한 자문기관으로 판사회의를 둔다. 판사회의는 판사로 구성하되, 그 조직과 운영에 필요한 사항은 대법원규칙으로 정한다(「법원조직법」제9조의 2 제1항, 제2항).
③ [X] 위원회는 위원장 1명을 포함한 13명의 위원으로 구성하되, 위원장이 아닌 위원 중 1명은 상임위원으로 한다(「법원조직법」제81조의 3).

Answer 180 ④ 181 ② 182 ④

183 법원에 대한 설명으로 옳지 않은 것은? 17. 지방직 7급 수정

① 법관은 탄핵 또는 금고 이상의 형의 선고에 의하지 아니하고는 파면되지 아니하며, 징계처분에 의하지 아니하고는 정직·감봉 기타 불리한 처분을 받지 아니한다.
② 계엄 하의 군사재판은 군인·군무원의 범죄나 군사에 관한 간첩죄의 경우와 초병·초소·유독음식물 공급·포로에 관한 죄 중 법률이 정한 경우에 한하여 단심으로 할 수 있다.
③ 대법원에는 법률이 정하는 바에 의하여 대법관이 아닌 법관을 둘 수 있다.
④ 대법원 재판서에는 합의에 관여한 모든 대법관의 의견을 표시하여야 한다.

정답찾기

② [X] 비상계엄 하의 군사재판은 군인·군무원의 범죄나 군사에 관한 간첩죄의 경우와 초병·초소·유독음식물 공급·포로에 관한 죄 중 법률이 정한 경우에 한하여 단심으로 할 수 있다(헌법 제110조 제4항).
① [O] 법관은 탄핵 또는 금고 이상의 형의 선고에 의하지 아니하고는 파면되지 아니하며, 징계처분에 의하지 아니하고는 정직·감봉 기타 불리한 처분을 받지 아니한다(헌법 제106조 제1항).
③ [O] 대법원에 대법관을 둔다. 다만, 법률이 정하는 바에 의하여 대법관이 아닌 법관을 둘 수 있다(헌법 제102조 제2항).
④ [O] 대법원 재판서에는 합의에 관여한 모든 대법관의 의견을 표시하여야 한다(「법원조직법」제15조).

184 법원에 대한 설명으로 옳은 것은? (다툼이 있는 경우 판례에 의함) 20. 국가직 7급

① 종전에 대법원에서 판시한 헌법·법률·명령 또는 규칙의 해석 적용에 관한 의견을 변경할 필요가 있음을 인정하는 경우, 대법관 3인 이상으로 구성된 부에서 먼저 사건을 심리하여 의견이 일치한 때에는 그 부에서 재판할 수 있다.
② 헌법 제101조 제2항의 각급 법원에는 고등법원, 특허법원, 지방법원, 가정법원, 행정법원, 회생법원 및 군사법원이 포함된다.
③ 법관의 인사에 관한 중요 사항을 심의하기 위하여 대법원에 법관인사위원회를 두며, 법관인사위원회의 위원장은 위원 중에서 대법원장이 임명하거나 위촉한다.
④ 사법의 민주적 정당성과 신뢰를 높이기 위해 국민참여재판 제도를 도입한 취지와 국민참여재판을 받을 권리를 명시하고 있는 「국민의 형사재판 참여에 관한 법률」의 내용에 비추어 볼 때, 국민참여재판을 받을 권리는 헌법상 기본권으로서 보호된다.

정답찾기

③ [O] 법관의 인사에 관한 중요 사항을 심의하기 위하여 대법원에 법관인사위원회를 두며(「법원조직법」 제25조의2 제1항), 법관인사위원회의 위원장은 위원 중에서 대법원장이 임명하거나 위촉한다(「법원조직법」 제25조의2 제5항).
① [X] 대법원의 심판권은 대법관 전원의 3분의 2 이상의 합의체에서 행사하며, 대법원장이 재판장이 된다. 다만, 대법관 3명 이상으로 구성된 부(部)에서 먼저 사건을 심리(審理)하여 의견이 일치한 경우에 한정하여 명령 또는 규칙이 헌법에 위반된다고 인정하는 경우, 명령 또는 규칙이 법률에 위반된다고 인정하는 경우, 종전에 대법원에서 판시(判示)한 헌법·법률·명령 또는 규칙의 해석 적용에 관한 의견을 변경할 필요가 있다고 인정하는 경우, 부에서 재판하는 것이 적당하지 아니하다고 인정하는 경우를 제외하고 그 부에서 재판할 수 있다(「법원조직법」 제7조 제1항).
② [X] 헌법 제101조 제2항의 각급 법원에는 고등법원, 특허법원, 지방법원, 가정법원, 행정법원, 회생법원이 포함된다(「법원조직법」 제3조). 군사법원은 포함되지 않는다.
④ [X] 우리 헌법상 헌법과 법률이 정한 법관에 의한 재판을 받을 권리는 직업법관에 의한 재판을 주된 내용으로 하는 것이므로 국민참여재판을 받을 권리가 헌법 제27조 제1항에서 규정한 재판을 받을 권리의 보호범위에 속한다고 볼 수 없다(헌재 2009. 11. 26. 2008헌바12).

185 법원에 대한 설명으로 옳은 것은?

15. 지방직 7급

① 대법관의 수는 대법원장을 포함하여 13명으로 한다.
② 헌법재판소에 따르면, 우리 헌법은 명령이 헌법이나 법률에 위반되는지 여부의 최종심판권을 대법원에 부여하고 있으므로 당해 명령이 집행을 매개로 하지 않고 직접 개인의 기본권을 침해하는 경우에도 헌법소원을 청구할 수는 없다.
③ 대법관회의는 대법관 전원의 3분의 2 이상의 출석과 출석인원 과반수의 찬성으로 의결하며, 의장은 의결에서 표결권을 갖고 가부동수일 때에는 결정권을 가진다.
④ 대법원장은 국회의 동의를 받아 대통령이 임명하며, 대법관은 대법원장의 제청으로 국회의 동의 없이 대통령이 임명한다.

정답찾기

③ [O] 대법관회의는 대법관 전원의 3분의 2 이상의 출석과 출석인원 과반수의 찬성으로 의결한다(「법원조직법」 제16조 제2항). 의장은 의결에서 표결권을 가지며, 가부동수(可否同數)일 때에는 결정권을 가진다(「법원조직법」 제16조 제3항).
① [X] 대법관의 수는 대법원장을 포함하여 14명으로 한다(「법원조직법」 제4조 제2항).
② [X] 「헌법재판소법」 제68조 제1항이 규정하고 있는 헌법소원심판의 대상으로서의 공권력이란 입법·사법·행정 등 모든 공권력을 말하는 것이므로 입법부에서 제정한 법률, 행정부에서 제정한 시행령이나 시행규칙 및 사법부에서 제정한 규칙 등은 그것들이 별도의 집행행위를 기다리지 않고 직접 기본권을 침해하는 것일 때에는 모두 헌법소원심판의 대상이 될 수 있는 것이다(헌재 1990. 10. 15. 89헌마178).
④ [X] 대법원장은 국회의 동의를 얻어 대통령이 임명한다(헌법 제104조 제1항). 대법관은 대법원장의 제청으로 국회의 동의를 얻어 대통령이 임명한다(헌법 제104조 제2항).

Answer 183 ② 184 ③ 185 ③

186 법원에 대한 설명으로 옳지 않은 것만을 모두 고르면?

21. 지방직 7급

> ㉠ 법관의 정년을 연장하기 위하여는 헌법을 개정하여야 한다.
> ㉡ 대법원장의 임기는 6년으로 하며, 법률이 정하는 바에 의하여 연임할 수 있다.
> ㉢ 법관은 재직 중 대법원장의 허가가 없더라도 보수를 받지 않는다면 국가기관 외의 법인·단체에 임원으로 취임할 수 있다.
> ㉣ 금고 이상의 형을 선고받은 사람은 법관으로 임용할 수 없다.

① ㉠, ㉢
② ㉡, ㉣
③ ㉠, ㉡, ㉢
④ ㉠, ㉡, ㉣

정답찾기

㉠ [X] 헌법 제105조 제1항 내지 제3항에서는 대법원장·대법관 및 그 이외의 법관의 임기제를 규정하고 있고, 같은 조 제4항에서, "법관의 정년은 법률로 정한다."라고 규정하여 '법관정년제' 자체를 헌법에서 명시적으로 채택하고 있으며, 다만, 구체적인 정년연령을 법률로 정하도록 위임하고 있을 뿐이다. 따라서 '법관정년제' 자체의 위헌성 판단은 헌법규정에 대한 위헌주장으로, 종전 우리 헌법재판소 판례에 의하면, 위헌판단의 대상이 되지 아니한다(헌재 1995. 12. 28. 95헌바3).
㉡ [X] 대법원장의 임기는 6년으로 하며, 중임할 수 없다(헌법 제105조 제1항).
㉢ [X] 법관은 재직 중 대법원장의 허가를 받지 아니하고 보수의 유무에 상관없이 국가기관 외의 법인·단체 등의 고문, 임원, 직원 등의 직위에 취임하는 일을 할 수 없다(「법원조직법」 제49조 6호).
㉣ [O] 금고 이상의 형을 선고받은 사람은 법관으로 임용할 수 없다(「법원조직법」 제43조 제1항 2호).

187 법원에 대한 설명으로 옳지 않은 것은? (다툼이 있는 경우 판례에 의함)

17. 국가직 7급

① 법관에 대한 징계처분 취소청구소송을 대법원의 단심재판에 의하도록 하는 것은 피징계자인 법관의 재판청구권을 침해하지 않는다.
② 법관의 정년을 설정함에 있어서는 헌법상 설정된 법관의 성격과 그 업무의 특수성에 합치되어야 하나, 관료제도를 근간으로 하는 계층구조적인 일반 행정공무원과 달리 보아야 할 이유는 없다.
③ 「법원조직법」상 법원의 종류에는 대법원, 고등법원, 특허법원, 지방법원, 가정법원, 행정법원, 회생법원이 있다.
④ 특정 사안에 있어 법관으로 하여금 증거조사에 의한 사실판단도 하지 말고, 최초의 공판기일에 공소사실과 검사의 의견만을 듣고 형을 선고하라는 것은 권력분립원칙에 어긋나는 것이다.

정답찾기

② [X] 법관의 정년을 설정함에 있어서, 입법자는 위와 같은 헌법상 설정된 법관의 성격과 그 업무의 특수성에 합치되어야 하고, 관료제도를 근간으로 하는 계층구조적인 일반 행정공무원과 달리 보아야 함은 당연하므로, 고위법관과 일반법관을 차등하여 정년을 설정함은 일응 문제가 있어 보이나, 사법도 심급제도를 염두에 두고 있다는 점과 위에서 살펴본 몇 가지 이유를 감안하여 볼 때, 일반법관의 정년을 대법원장이나 대법관보다 낮은 63세로, 대법관의 정년을 대법원장보다 낮은 65세로 설정한 것이 위헌이라고 단정할 만큼 불합리하다고 보기는 어렵다(헌재 2002. 10. 31. 2001헌마557).

① [O] 구 「법관징계법」 제27조는 법관에 대한 대법원장의 징계처분 취소청구소송을 대법원에 의한 단심재판에 의하도록 규정하고 있는바, 이는 독립적으로 사법권을 행사하는 법관이라는 지위의 특수성과 법관에 대한 징계절차의 특수성을 감안하여 재판의 신속을 도모하기 위한 것으로 그 합리성을 인정할 수 있고, 대법원이 법관에 대한 징계처분 취소청구소송을 단심으로 재판하는 경우에는 사실확정도 대법원의 권한에 속하여 법관에 의한 사실확정의 기회가 박탈되었다고 볼 수 없으므로, 헌법 제27조 제1항의 재판청구권을 침해하지 아니한다(헌재 2012. 2. 23. 2009헌바34).
③ [O] 「법원조직법」상 법원의 종류에는 대법원, 고등법원, 특허법원, 지방법원, 가정법원, 행정법원, 회생법원이 있다(「법원조직법」 제3조 제1항).
④ [O] 입법자가 법원으로 하여금 증거조사도 하지 말고 형을 선고하도록 하는 법률을 제정한 것은 헌법이 정한 입법권의 한계를 유월하여 사법작용의 영역을 침범한 것이라고 할 것이다. 따라서 특조법 제7조 제7항 본문은 사법권의 법원에의 귀속을 명시한 헌법 제101조 제1항에도 위반된다(헌재 1996. 1. 25. 95헌가5).

188 법원에 대한 설명으로 옳지 않은 것은? (다툼이 있는 경우 판례에 의함)   20. 지방직 7급

① 임기가 끝난 판사는 인사위원회의 심의를 거치고 대법관회의의 동의를 받아 대법원장의 연임발령으로 연임한다.
② 헌법재판소는 헌법 제110조 제1항에서 "특별법원으로서 군사법원을 둘 수 있다"는 의미를 군사법원을 일반법원과 조직·권한 및 재판관의 자격을 달리하여 특별법원으로 설치할 수 있다는 뜻으로 해석한다.
③ 비상계엄이 선포된 때에는 법률이 정하는 바에 의하여 법원의 권한에 관하여 특별한 조치를 할 수 있으며, 비상계엄 하의 군사재판은 군인·군무원의 범죄에 한하여 단심으로 할 수 있다.
④ 근무성적이 현저히 불량하여 판사로서 정상적인 직무를 수행할 수 없는 경우 연임발령을 하지 않도록 규정한 「법원조직법」 조항은 사법의 독립을 침해하지 않는다.

정답찾기

③ [X] 비상계엄이 선포된 때에는 법률이 정하는 바에 의하여 영장제도, 언론·출판·집회·결사의 자유, 정부나 법원의 권한에 관하여 특별한 조치를 할 수 있다(헌법 제77조 제3항). 비상계엄 하의 군사재판은 군인·군무원의 범죄나 군사에 관한 간첩죄의 경우와 초병·초소·유독음식물 공급·포로에 관한 죄 중 법률이 정한 경우에 한하여 단심으로 할 수 있다. 다만, 사형을 선고한 경우에는 그러하지 아니하다(헌법 제110조 제4항).
① [O] 임기가 끝난 판사는 인사위원회의 심의를 거치고 대법관회의의 동의를 받아 대법원장의 연임발령으로 연임한다(「법원조직법」 제45조의2 제1항).
② [O] 헌법 제110조 제1항에서 "특별법원으로서 군사법원을 둘 수 있다"는 의미는 군사법원을 일반법원과 조직 권한 및 재판관의 자격을 달리하여 특별법원으로 설치할 수 있다는 뜻으로 해석되므로 법률로 군사법원을 설치함에 있어서 군사재판의 특수성을 고려하여 그 조직 권한 및 재판관의 자격을 일반법원과 달리 정하는 것은 헌법상 허용되고 있다(헌재 1996. 10. 31. 93헌바25).
④ [O] 근무성적평정을 실제로 운용함에 있어서는 재판의 독립성을 해칠 우려가 있는 사항을 평정사항에서 제외하는 등 평정사항을 한정하고 있으며, 연임 심사과정에서 해당 판사에게 의견진술권 및 자료제출권이 보장되고, 연임하지 않기로 한 결정에 불복하여 행정소송을 제기할 수 있는 점 등을 고려할 때, 판사의 신분보장과 관련한 예측가능성이나 절차상의 보장이 현저히 미흡하다고 볼 수도 없으므로, 이 사건 연임결격조항은 사법의 독립을 침해한다고 볼 수 없다(헌재 2016. 9. 29. 2015헌바331).

Answer 186 ③ 187 ② 188 ③

189 법원에 대한 설명으로 옳지 <u>않은</u> 것은? 21. 국회 8급

① 법관으로서 퇴직 후 2년이 지나지 아니한 사람은 대통령비서실의 직위에 임용될 수 없다.
② 법관 외의 법원공무원은 대법원장이 임명하며, 그 수는 대법원규칙으로 정한다.
③ 대법관은 대법원장의 제청으로 국회의 동의를 받아 대통령이 임명하는데, 대법원장은 대법관후보추천위원회가 추천하는 대법관후보자 중에서 제청하여야 한다.
④ 대법원장은 다른 국가기관으로부터 법관의 파견근무 요청을 받은 경우에 업무의 성질상 법관을 파견하는 것이 타당하다고 인정되고 해당 법관이 파견근무에 동의하는 경우에는 그 기간을 정하여 이를 허가할 수 있다.
⑤ 대법원장이 궐위되거나 부득이한 사유로 직무를 수행할 수 없을 때에는 선임대법관이 그 권한을 대행한다.

> 정답찾기

③ [X] 대법관은 대법원장의 제청으로 국회의 동의를 얻어 대통령이 임명한다(헌법 제104조 제2항). <u>대법관추천제도는 제5차 개정헌법에 규정되어 있었다</u>(동 헌법 제99조 제2항).
① [O] 법관으로서 퇴직 후 2년이 지나지 아니한 사람은 대통령비서실의 직위에 임용될 수 없다(「법원조직법」 제50조의2 제2항).
② [O] 법관 외의 법원공무원은 대법원장이 임명하며, 그 수는 대법원규칙으로 정한다(「법원조직법」 제53조).
④ [O] 대법원장은 다른 국가기관으로부터 법관의 파견근무 요청을 받은 경우에 업무의 성질상 법관을 파견하는 것이 타당하다고 인정되고 해당 법관이 파견근무에 동의하는 경우에는 그 기간을 정하여 이를 허가할 수 있다(「법원조직법」 제50조).
⑤ [O] 대법원장이 궐위되거나 부득이한 사유로 직무를 수행할 수 없을 때에는 선임대법관이 그 권한을 대행한다(「법원조직법」 제13조 제3항).

190 법원에 대한 설명으로 옳지 <u>않은</u> 것은? (다툼이 있는 경우 판례에 의함) 15. 국가직 7급

① 명령 또는 규칙이 법률에 위반함을 인정하는 경우에는 대법관 전원의 3분의 2 이상의 합의체에서 심판하여야 하는데, 여기서 말하는 명령 또는 규칙은 법규로서의 성질을 가지는 명령 또는 규칙을 의미한다.
② 헌법이 대법원을 최고법원으로 규정하였다고 하여 곧바로 대법원이 모든 사건을 상고심으로 관할하여야 하는 것은 아니며, 국회는 법률로 대법원이 어떤 사건을 제1심으로 또는 상고심으로 관할할 것인지 정할 수 있다.
③ 대법원장이 궐위되거나 부득이한 사유로 인하여 직무를 수행할 수 없을 때에는 대법관 중 최연장자가 그 권한을 대행한다.
④ 대법원장은 법원의 조직, 인사, 운영, 재판절차, 등기, 가족관계등록, 그 밖의 법원 업무와 관련된 법률의 제정 또는 개정이 필요하다고 인정하는 경우에는 국회에 서면으로 그 의견을 제출할 수 있다.

정답찾기

③ [X] 대법원장이 궐위되거나 부득이한 사유로 직무를 수행할 수 없을 때에는 선임대법관이 그 권한을 대행한다(「법원조직법」 제13조 제3항).
① [O] 헌법 제107조 제2항은 재판의 전제성을 요건으로 명령 또는 규칙에 대한 구체적 규범통제를 하는 제도이므로 헌법 제107조 제2항에서 규정하고 있는 명령 또는 규칙은 법규로서의 성질을 가지는 명령 또는 규칙이다.
② [O] 헌법이 대법원을 최고법원으로 규정하였다고 하여 대법원이 곧바로 모든 사건을 상고심으로서 관할하여야 한다는 결론이 당연히 도출되는 것은 아니다. 헌법 제102조 제3항에 따라 법률로 정할 "대법원과 각급 법원의 조직"에는 그 관할에 관한 사항도 포함되며, 따라서 대법원이 어떤 사건을 제1심으로서 또는 상고심으로서 관할할 것인지는 법률로 정할 수 있는 것으로 보아야 하기 때문이다(헌재 2002. 6. 27. 2002헌마18).
④ [O] 대법원장은 법원의 조직, 인사, 운영, 재판절차, 등기, 가족관계등록, 그 밖의 법원 업무와 관련된 법률의 제정 또는 개정이 필요하다고 인정하는 경우에는 국회에 서면으로 그 의견을 제출할 수 있다(「법원조직법」 제9조 제3항).

191 법원(法院)에 대한 설명으로 옳지 않은 것은?

16. 지방직 7급 수정

① 법관이 중대한 신체상 또는 정신상의 장해로 직무를 수행할 수 없을 때에는, 대법관인 경우에는 대법원장의 제청으로 대통령이 퇴직을 명할 수 있고, 판사인 경우에는 인사위원회의 심의를 거쳐 대법원장이 퇴직을 명할 수 있다.
② 상급법원의 재판에 있어서의 판단은 동종 사건에 관하여 하급심을 기속하는 것이므로, 하급심은 사실판단이나 법률판단에 있어서 상급심의 선례를 존중하여야 한다.
③ 법관이 대법원장의 징계처분에 대하여 불복하려는 경우에는 징계처분이 있음을 안 날부터 14일 이내에 전심 절차를 거치지 아니하고 대법원에 징계처분의 취소를 청구하여야 한다.
④ 군사법원장은 군법무관으로서 15년 이상 복무한 영관급 이상의 장교 중에서 임명하고, 군판사는 군법무관으로서 10년 이상 복무한 영관급 이상의 장교 중에서 임명한다.

정답찾기

② [X] 「법원조직법」 제8조는 "상급법원의 재판에 있어서의 판단은 당해 사건에 관하여 하급심을 기속한다."고 규정하지만 이는 심급제도의 합리적 유지를 위하여 당해사건에 한하여 구속력을 인정한 것이고 그 후의 동종의 사건에 대한 선례로서의 구속력에 관한 것은 아니다(헌재 2002. 6. 27. 2002헌마18).
① [O] 법관이 중대한 신체상 또는 정신상의 장해로 직무를 수행할 수 없을 때에는, 대법관인 경우에는 대법원장의 제청으로 대통령이 퇴직을 명할 수 있고, 판사인 경우에는 인사위원회의 심의를 거쳐 대법원장이 퇴직을 명할 수 있다(「법원조직법」 제47조).
③ [O] 피청구인이 징계 등 처분에 대하여 불복하려는 경우에는 징계 등 처분이 있음을 안 날부터 14일 이내에 전심(前審) 절차를 거치지 아니하고 대법원에 징계 등 처분의 취소를 청구하여야 한다(「법관징계법」 제27조 제1항).
④ [O] 군사법원장은 군법무관으로서 15년 이상 복무한 영관급 이상의 장교 중에서 임명하고(「군사법원법」 제24조 제1항), 군판사는 군법무관으로서 10년 이상 복무한 영관급 이상의 장교 중에서 임명한다(「군사법원법」 제24조 제2항).

Answer 189 ③   190 ③   191 ②

192 법원에 대한 설명으로 옳은 것은? 21. 국가직 7급

① 법관이 중대한 신체상 또는 정신상의 장해로 직무를 수행할 수 없을 때에는, 대법관인 경우에는 대법원장의 제청으로 대통령이 퇴직을 명할 수 있고, 판사인 경우에는 인사위원회의 심의를 거쳐 대법원장이 퇴직을 명할 수 있다.
② 대법원은 대법원장 1명과 대법관 14명으로 구성한다.
③ 재판의 심리와 판결은 공개한다. 다만, 국가의 안전보장 또는 안녕질서를 방해하거나 선량한 풍속을 해할 염려가 있을 때에는 법원의 결정으로 심리와 판결을 공개하지 아니할 수 있다.
④ 대법원장이 궐위되거나 부득이한 사유로 직무를 수행할 수 없을 때에는 수석대법관, 선임대법관이 그 권한을 대행한다.

정답찾기

① [O] 법관이 중대한 신체상 또는 정신상의 장해로 직무를 수행할 수 없을 때에는, 대법관인 경우에는 대법원장의 제청으로 대통령이 퇴직을 명할 수 있고, 판사인 경우에는 인사위원회의 심의를 거쳐 대법원장이 퇴직을 명할 수 있다(「법원조직법」 제47조).
② [X] 대법관의 수는 대법원장을 포함하여 14명으로 한다(「법원조직법」 제4조 제2항).
③ [X] 재판의 심리와 판결은 공개한다. 다만, 심리는 국가의 안전보장 또는 안녕질서를 방해하거나 선량한 풍속을 해할 염려가 있을 때에는 법원의 결정으로 공개하지 아니할 수 있다(헌법 제109조).
④ [X] 대법원장이 궐위되거나 부득이한 사유로 직무를 수행할 수 없을 때에는 선임대법관이 그 권한을 대행한다(「법원조직법」 제13조 제3항).

193 법원에 대한 설명으로 옳은 것은? 19. 5급 공채(행정)

① 공개재판의 원칙에 따라 재판의 판결을 공개해야 하지만 국가의 안전보장 또는 안녕질서를 방해하거나 선량한 풍속을 해할 염려가 있을 때에는 법원의 결정으로 공개하지 않을 수 있다.
② 대법원에는 대법관이 아닌 법관을 둘 수 없다.
③ 비상계엄 하의 군사재판은 군인·군무원의 범죄나 군사에 관한 간첩죄의 경우와 초병·초소·유독음식물 공급·포로에 관한 죄 중 법률이 정한 경우에 한하여 단심으로 할 수 있으나, 사형을 선고한 경우에는 그러하지 아니하다.
④ 국회의원 선거의 선거소송은 중앙선거관리위원회에 대한 선거소청을 거쳐 대법원이 관할한다.

정답찾기

③ [O] 비상계엄 하의 군사재판은 군인·군무원의 범죄나 군사에 관한 간첩죄의 경우와 초병·초소·유독음식물 공급·포로에 관한 죄 중 법률이 정한 경우에 한하여 단심으로 할 수 있으나, 사형을 선고한 경우에는 그러하지 아니하다(헌법 제110조 제4항).
① [X] 재판의 심리와 판결은 공개한다. 다만, 심리는 국가의 안전보장 또는 안녕질서를 방해하거나 선량한 풍속을 해할 염려가 있을 때에는 법원의 결정으로 공개하지 아니할 수 있다(헌법 제109조).
② [X] 대법원에 대법관을 둔다. 다만, 법률이 정하는 바에 의하여 대법관이 아닌 법관을 둘 수 있다(헌법 제102조 제2항).
④ [X] 국회의원 선거의 선거소송은 중앙선거관리위원회에 대한 선거소청을 거칠 필요가 없다(「공직선거법」 제222조 제1항).

194 사법권에 대한 설명으로 옳지 않은 것은?

19. 국가직 7급 수정

① 대법원장은 대법관회의의 의장으로서 의결에 있어서 표결권을 가지며 가부동수인 때에는 결정권을 가진다.
② 군사법원은 국방부장관 소속으로 하며, 중앙지역군사법원·제1지역군사법원·제2지역군사법원·제3지역군사법원 및 제4지역군사법원으로 구분하여 설치한다.
③ 현행헌법은 행정심판에 관하여 규정을 두고 있지 않으나, 재판의 전심절차로서 행정심판을 할 수 있으며, 행정심판의 절차에는 사법절차가 준용되어야 한다.
④ 대법원장과 대법관의 임기는 6년, 판사의 임기는 10년으로 하며, 대법원장과 대법관의 정년은 각각 70세, 판사의 정년은 65세로 한다.

정답찾기

③ [X] 재판의 전심절차로서 행정심판을 할 수 있다. 행정심판의 절차는 법률로 정하되, 사법절차가 준용되어야 한다(헌법 제107조 제3항).
① [O] 의장은 의결에서 표결권을 가지며, 가부동수(可否同數)일 때에는 결정권을 가진다(「법원조직법」 제16조 제3항).
② [O] 군사법원은 국방부장관 소속으로 하며, 중앙지역군사법원·제1지역군사법원·제2지역군사법원·제3지역군사법원 및 제4지역군사법원으로 구분하여 설치한다(군사법원법 제6조 제1항).
④ [O] 대법원장과 대법관의 임기는 6년(「법원조직법」 제45조 제1항, 제2항), 판사의 임기는 10년으로 하며(「법원조직법」 제45조 제3항), 대법원장과 대법관의 정년은 각각 70세, 판사의 정년은 65세로 한다(「법원조직법」 제45조 제4항).

Answer 192 ① 193 ③ 194 ③

195 법원에 대한 설명으로 옳은 것은? 24. 국가직 7급

① 재판의 심리와 판결은 국가의 안전보장 또는 안녕질서를 방해하거나 선량한 풍속을 해할 염려가 있을 때에는 법원의 결정으로 공개하지 아니할 수 있다.
② 법원이 양형기준을 벗어난 판결을 하는 경우에는 판결서에 양형의 이유를 적어야 하며, 약식절차 또는 즉결심판절차에 따라 심판하는 경우에도 그러하다.
③ 헌법과 법률이 정하는 법관에 의하여 법률에 의한 재판을 받을 권리는 모든 사건에 대하여 대법원을 구성하는 법관에 의한 균등한 재판을 받을 권리 또는 상고심 재판을 받을 권리를 의미하는 것이다.
④ 과거 3년 이내의 당원 경력을 법관 임용 결격사유로 정한 「법원조직법」 해당 조항 중 '당원의 신분을 상실한 날부터 3년이 경과되지 아니한 사람'에 관한 부분과 같이 과거 3년 이내의 모든 당원 경력을 법관 임용 결격사유로 정하는 것은 과잉금지원칙에 반하여 공무담임권을 침해한다.

> **정답찾기**

④ [O] 현행법상 공무담임권을 지나치게 제한하지 않으면서 법관(대법원장·대법관·판사)이 정치적 중립성을 준수하고 재판의 독립을 지킬 수 있도록 하는 제도적 장치는 이미 존재한다. 즉, 법관의 정당가입 및 정치운동 관여 금지, 임기보장, 탄핵제도, 제척·기피·회피제도, 심급제 등을 통해 법관의 정치적 중립과 재판의 독립을 제도적으로 보장하고, 재판의 객관성과 공정성이 유지되도록 하고 있다. 그럼에도 불구하고, 심판대상조항과 같이 과거 3년 이내의 모든 당원 경력을 법관 임용 결격사유로 정하는 것은, 입법목적 달성을 위해 합리적인 범위를 넘어 정치적 중립성과 재판 독립에 긴밀한 연관성이 없는 경우까지 과도하게 공직취임의 기회를 제한한다. 따라서 심판대상조항은 과잉금지원칙에 반하여 청구인의 공무담임권을 침해한다(헌재 2024. 7. 18. 2021헌마460).
① [X] 재판의 심리와 판결은 공개한다. 다만, 심리는 국가의 안전보장 또는 안녕질서를 방해하거나 선량한 풍속을 해할 염려가 있을 때에는 법원의 결정으로 공개하지 아니할 수 있다(헌법 제109조).
② [X] 법원이 양형기준을 벗어난 판결을 하는 경우에는 판결서에 양형의 이유를 적어야 한다. 다만, 약식절차 또는 즉결심판절차에 따라 심판하는 경우에는 그러하지 아니하다(「법원조직법」 제81조의7 제2항).
③ [X] 헌법과 법률이 정하는 법관에 의하여 법률에 의한 재판을 받을 권리가 사건의 경중을 가리지 아니하고 모든 사건에 대하여 대법원을 구성하는 법관에 의한 균등한 재판을 받을 권리를 의미한다거나 또는 상고심재판을 받을 권리를 의미하는 것이라고 할 수는 없다(헌재 1997. 10. 30. 97헌바37).

196 군사제도 및 군인의 기본권에 대한 설명으로 옳지 않은 것은? (다툼이 있는 경우 판례에 의함) 21. 국가직 7급

① 헌법 제110조 제1항에 따라 특별법원으로서 군사법원을 둘 수 있지만, 법률로 군사법원을 설치함에 있어서 군사재판의 특수성을 고려하여 그 조직·권한 및 재판관의 자격을 일반법원과 달리 정하는 것은 헌법상 허용되지 않는다.
② 병(兵)에 대한 징계처분으로 일정 기간 부대나 함정 내의 영창, 그 밖의 구금장소에 감금하는 영창처분은, 인신의 자유를 덜 제한하면서도 병의 비위행위를 효율적으로 억지할 수 있는 징계수단을 강구하는 것이 얼마든지 가능함에도, 병의 신체의 자유를 필요 이상으로 과도하게 제한하므로 침해의 최소성 원칙에 어긋난다.
③ 사관생도의 모든 사적 생활에서까지 예외 없이 금주의무를 이행할 것을 요구하는 것은 사관생도의 일반적 행동자유권은 물론 사생활의 비밀과 자유를 지나치게 제한하는 것이다.
④ 국군통수권은 군령(軍令)과 군정(軍政)에 관한 권한을 포괄하고, 여기서 군령이란 국방목적을 위하여 군을 현실적으로 지휘·명령하고 통솔하는 용병작용(用兵作用)을, 군정이란 군을 조직·유지·관리하는 양병작용(養兵作用)을 말한다.

> 정답찾기

① [X] 헌법 제110조 제1항에서 "특별법원으로서 군사법원을 둘 수 있다"는 의미는 군사법원을 일반법원과 조직 권한 및 재판관의 자격을 달리하여 특별법원으로 설치할 수 있다는 뜻으로 해석되므로 법률로 군사법원을 설치함에 있어서 군사재판의 특수성을 고려하여 그 조직 권한 및 재판관의 자격을 일반법원과 달리 정하는 것은 헌법상 허용되고 있다(헌재 1996. 10. 31. 93헌바25).
② [O] 심판대상조항에 의한 영창처분은 징계처분임에도 불구하고 신분상 불이익 외에 신체의 자유를 박탈하는 것까지 그 내용으로 삼고 있어 징계의 한계를 초과한 점, 심판대상조항에 의한 영창처분은 그 실질이 구류형의 집행과 유사하게 운영되므로 극히 제한된 범위에서 형사상 절차에 준하는 방식으로 이루어져야 하는데, 영창처분이 가능한 징계사유는 지나치게 포괄적이고 기준이 불명확하여 영창처분의 보충성이 담보되고 있지 아니한 점, 심판대상조항은 징계위원회의 심의·의결과 인권담당 군법무관의 적법성 심사를 거치지만, 모두 징계권자의 부대 또는 기관에 설치되거나 소속된 것으로 형사절차에 견줄만한 중립적이고 객관적인 절차라고 보기 어려운 점 등에 비추어 심판대상조항은 침해의 최소성 원칙에 어긋난다(헌재 2020. 9. 24. 2017헌바157).
③ [O] 사관학교의 설치 목적과 교육 목표를 달성하기 위하여 사관학교는 사관생도에게 교내 음주 행위, 교육·훈련 및 공무 수행 중의 음주 행위, 사적 활동이더라도 신분을 나타내는 생도 복장을 착용한 상태에서 음주하는 행위, 생도 복장을 착용하지 않은 상태에서 사적 활동을 하는 때에도 이로 인하여 사회적 물의를 일으킴으로써 품위를 손상한 경우 등에는 이러한 행위들을 금지하거나 제한할 필요가 있으나 여기에 그치지 않고 나아가 사관생도의 모든 사적 생활에서까지 예외 없이 금주의무를 이행할 것을 요구하는 것은 사관생도의 일반적 행동자유권은 물론 사생활의 비밀과 자유를 지나치게 제한하는 것이다(대판 2018. 8. 30. 2016두60591).
④ [O] 우리 헌법 제74조 제1항은 "대통령은 헌법과 법률이 정하는 바에 의하여 국군을 통수한다."라고 규정함으로써, 대통령이 국군의 최고사령관이자 최고의 지휘·명령권자임을 밝히고 있다. 국군통수권은 군령(軍令)과 군정(軍政)에 관한 권한을 포괄하고, 여기서 군령이란 국방목적을 위하여 군을 현실적으로 지휘·명령하고 통솔하는 용병작용(用兵作用)을, 군정이란 군을 조직·유지·관리하는 양병작용(養兵作用)을 말한다(헌재 2016. 2. 25. 2013헌바111).

Answer 195 ④ 196 ①

197 법원의 심급제도와 「법원조직법」에 대한 설명으로 옳은 것만을 〈보기〉에서 모두 고르면? 24. 국회 8급

〈 보기 〉

㉠ 「법원조직법」상 대법관회의는 대법관 전원의 3분의 2 이상의 출석과 출석인원 과반수의 찬성으로 의결한다.

㉡ 「공직선거법」상 비례대표 국회의원선거의 효력에 관하여 이의가 있는 선거인·후보자를 추천한 정당 또는 후보자는 선거일부터 30일 이내에 당해 선거구선거관리위원회 위원장을 피고로 하여 대법원에 소를 제기할 수 있다.

㉢ 「공직선거법」상 비례대표 시·도의원선거에 있어서 선거의 효력에 관한 「공직선거법」 제220조의 결정에 불복이 있는 당선인을 포함한 소청인은 해당 소청에 대하여 기각 또는 각하 결정이 있는 경우에는 해당 선거구 선거관리위원회 위원장을, 인용결정이 있는 경우에는 그 인용결정을 한 선거관리위원회 위원장을 피고로 하여 그 결정서를 받은 날부터 10일 이내에 그 선거구를 관할하는 고등법원에 소를 제기할 수 있다.

㉣ 「법원조직법」상 대법관회의의 의장은 의결에서 표결권은 갖지만, 가부동수일 때에 결정권을 갖지 못한다.

㉤ 헌법상 비상계엄 하의 군사재판은 군인·군무원의 범죄나 군사에 관한 간첩죄의 경우와 초병·초소·유독음식물 공급·포로에 관한 죄 중 법률이 정한 경우에 한하여 단심으로 할 수 있다. 다만, 사형을 선고한 경우에는 그러하지 아니하다.

① ㉠, ㉡, ㉢ ② ㉠, ㉡, ㉤ ③ ㉠, ㉢, ㉣
④ ㉡, ㉣, ㉤ ⑤ ㉢, ㉣, ㉤

정답찾기

㉠ [O] 대법관회의는 대법관 전원의 3분의 2 이상의 출석과 출석인원 과반수의 찬성으로 의결한다(「법원조직법」 제16조 제2항).

㉡ [O] 대통령선거 및 국회의원선거에 있어서 선거의 효력에 관하여 이의가 있는 선거인·정당 또는 후보자는 선거일부터 30일 이내에 당해 선거구선거관리위원회위원장을 피고로 하여 대법원에 소를 제기할 수 있다(「공직선거법」 제222조 제1항).

㉢ [X] 지방의회의원 및 지방자치단체의 장의 선거에 있어서 선거의 효력에 관한 제220조의 결정에 불복이 있는 소청인은 해당 소청에 대하여 기각 또는 각하 결정이 있는 경우에는 해당 선거구선거관리위원회 위원장을, 인용결정이 있는 경우에는 그 인용결정을 한 선거관리위원회 위원장을 피고로 하여 그 결정서를 받은 날부터 10일 이내에 비례대표시·도의원선거 및 시·도지사선거에 있어서는 대법원에, 지역구시·도의원선거, 자치구·시·군의원선거 및 자치구·시·군의 장 선거에 있어서는 그 선거구를 관할하는 고등법원에 소를 제기할 수 있다(「공직선거법」 제222조 제2항).

㉣ [X] 의장은 의결에서 표결권을 가지며, 가부동수일 때에는 결정권을 가진다(「법원조직법」 제16조 제3항).

㉤ [O] 비상계엄 하의 군사재판은 군인·군무원의 범죄나 군사에 관한 간첩죄의 경우와 초병·초소·유독음식물 공급·포로에 관한 죄 중 법률이 정한 경우에 한하여 단심으로 할 수 있다. 다만, 사형을 선고한 경우에는 그러하지 아니하다(헌법 제110조 제4항).

제3항 법원의 권한

198 사법권의 행사와 그 한계에 대한 설명으로 옳은 것만을 모두 고르면? (다툼이 있는 경우 판례에 의함)

18. 국가직 7급

> ㉠ 대통령에 의한 국군의 이라크 파병결정은 고도의 정치적 결단에 의한 국가작용으로 헌법재판소가 사법적 기준만으로 심판하는 것은 자제되어야 한다.
> ㉡ 국회의 의사자율권은 헌법상 국회의 독자적인 자율 영역이기 때문에 국회의 의사절차나 입법절차에 헌법이나 법률의 규정을 명백히 위반한 흠이 있는 경우에도 헌법재판소가 이를 이유로 해당 절차에 대해 위헌결정을 할 수 없다.
> ㉢ 군인 또는 군무원이 아닌 국민에 대한 군사법원의 예외적인 재판권을 정한 헌법 제27조 제2항에 규정된 군용물에는 군사시설이 포함된다.
> ㉣ 국회가 행한 국회의원의 자격심사, 징계 그리고 제명에 대해서는 법원에 제소할 수 없다.

① ㉠, ㉡
② ㉠, ㉣
③ ㉡, ㉢
④ ㉢, ㉣

정답찾기

㉠ [O] 이 사건 파병결정은 대통령이 파병의 정당성뿐만 아니라 북한 핵 사태의 원만한 해결을 위한 동맹국과의 관계, 우리나라의 안보문제, 국·내외 정치관계 등 국익과 관련한 여러 가지 사정을 고려하여 파병부대의 성격과 규모, 파병기간을 국가안전보장회의의 자문을 거쳐 결정한 것으로, 그 후 국무회의 심의·의결을 거쳐 국회의 동의를 얻음으로써 헌법과 법률에 따른 절차적 정당성을 확보했음을 알 수 있다. 그렇다면 이 사건 파견결정은 그 성격상 국방 및 외교에 관련된 고도의 정치적 결단을 요하는 문제로서, 헌법과 법률이 정한 절차를 지켜 이루어진 것임이 명백하므로, 대통령과 국회의 판단은 존중되어야 하고 헌법재판소가 사법적 기준만으로 이를 심판하는 것은 자제되어야 한다(헌재 2004. 4. 29. 2003헌마814).

㉡ [X] 국회는 국민의 대표기관, 입법기관으로서 폭넓은 자율권을 가지고 있고, 그 자율권은 권력분립의 원칙이나 국회의 지위, 기능에 비추어 존중되어야 하는 것이지만, 한편 법치주의의 원리상 모든 국가기관은 헌법과 법률에 의하여 기속을 받는 것이므로 국회의 자율권도 헌법이나 법률을 위반하지 않는 범위 내에서 허용되어야 하고 따라서 국회의 의사절차나 입법절차에 헌법이나 법률의 규정을 명백히 위반한 흠이 있는 경우에도 국회가 자율권을 가진다고는 할 수 없다(헌재 1997. 7. 16. 96헌라2).

㉢ [X] 군인 또는 군무원이 아닌 국민에 대한 군사법원의 예외적인 재판권을 정한 헌법 제27조 제2항에 규정된 군용물에는 군사시설이 포함되지 않는다(헌재 2013. 11. 28. 2012헌가10).

㉣ [O] 국회가 행한 국회의원의 자격심사, 징계 그리고 제명에 대해서는 법원에 제소할 수 없다(헌법 제64조 제4항).

Answer 197 ② 198 ②

199 명령·규칙에 대한 위헌·위법심사에 대한 설명으로 옳지 않은 것은? 24. 지방직 7급

① 명령·규칙이 헌법이나 법률에 위반되는 여부가 재판의 전제가 된 경우에는 대법원은 이를 최종적으로 심사할 권한을 가진다.
② 대법원은 명령 또는 규칙이 헌법이나 법률에 위반된다고 인정하는 경우, 대법관 전원의 3분의 2 이상의 합의체에서 재판하여야 한다.
③ 행정소송에 대한 대법원 판결에 의하여 명령·규칙이 헌법 또는 법률에 위반된다는 것이 확정된 경우에는 대법원은 지체 없이 그 사유를 행정안전부장관에게 통보하여야 한다.
④ 대법원규칙은 「헌법재판소법」 제68조 제2항에 따른 헌법소원심판의 대상이 된다.

정답찾기

④ [X] 「헌법재판소법」 제68조 제2항에 의한 헌법소원심판의 대상이 되는 것은 재판의 전제가 되는 법률이지 대통령령이나 대법원규칙 등은 그 대상이 될 수 없으므로, 이 사건 규칙조항에 대한 심판청구는 「헌법재판소법」 제68조 제2항에 의한 심판청구의 대상이 될 수 없는 대법원규칙을 대상으로 한 것이므로 부적법하다(헌재 2016. 6. 30. 2014헌바456).
① [O] 명령·규칙 또는 처분이 헌법이나 법률에 위반되는 여부가 재판의 전제가 된 경우에는 대법원은 이를 최종적으로 심사할 권한을 가진다(헌법 제107조 제2항).
② [O] 대법원의 심판권은 대법관 전원의 3분의 2 이상의 합의체에서 행사하며, 대법원장이 재판장이 된다. 다만, 대법관 3명 이상으로 구성된 부에서 먼저 사건을 심리하여 의견이 일치한 경우에 한정하여 명령 또는 규칙이 헌법에 위반된다고 인정하는 경우, 명령 또는 규칙이 법률에 위반된다고 인정하는 경우, 종전에 대법원에서 판시한 헌법·법률·명령 또는 규칙의 해석 적용에 관한 의견을 변경할 필요가 있다고 인정하는 경우, 부에서 재판하는 것이 적당하지 아니하다고 인정하는 경우를 제외하고 그 부에서 재판할 수 있다(「법원조직법」 제7조 제1항).
③ [O] 행정소송에 대한 대법원 판결에 의하여 명령·규칙이 헌법 또는 법률에 위반된다는 것이 확정된 경우에는 대법원은 지체 없이 그 사유를 행정안전부장관에게 통보하여야 하고(「행정소송법」 제6조 제1항), 통보를 받은 행정안전부장관은 지체 없이 이를 관보에 게재하여야 한다(「행정소송법」 제6조 제2항).

200 사법권에 대한 설명으로 옳지 않은 것은? 22. 지방직 7급

① 명령·규칙 또는 처분이 헌법이나 법률에 위반되는 여부가 재판의 전제가 된 경우에는 대법원은 이를 최종적으로 심사할 권한을 가진다.
② 헌법 제64조에서 국회의원의 징계와 제명에 대해 법원에 제소할 수 없도록 규정한 것은 사법권의 실정헌법상 한계로서 국회의 자율성 존중이라는 권력분립적 고려에 기초한 것이다.
③ 비상계엄 하의 군사재판은 군인·군무원의 범죄나 군사에 관한 간첩죄의 경우와 초병·초소·유독음식물 공급·포로에 관한 죄 중 법률이 정한 경우에 한하여 군사법원이 단심으로 재판할 수 있으나, 사형을 선고한 경우에는 그러하지 아니하다.
④ 법관은 대통령 비서실에 파견되거나 대통령 비서실의 직위를 겸임할 수 있다.

정답찾기

④ [X] 법관은 대통령 비서실에 파견되거나 대통령 비서실의 직위를 겸임할 수 없고, 법관으로서 퇴직 후 2년이 지나지 아니한 사람은 대통령비서실의 직위에 임용될 수 없다(「법원조직법」 제50조의2 제1항, 제2항).
① [O] 명령·규칙 또는 처분이 헌법이나 법률에 위반되는 여부가 재판의 전제가 된 경우에는 대법원은 이를 최종적으로 심사할 권한을 가진다(헌법 제107조 제2항).
② [O] 국회의 자율권은 의회주의 사상에 그 뿌리를 두고 권력분립의 원칙에 입각하여 현대 헌법국가의 의회에서는 당연한 국회기능의 하나로 간주되고 있다. 국회의 자율기능은 국회가 갖는 입법·재정·통제·인사기능의 실효성을 높이기 위한 불가결한 전제조건을 뜻하기 때문이다(헌재 2003. 10. 30. 2002헌라1).
③ [O] 비상계엄 하의 군사재판은 군인·군무원의 범죄나 군사에 관한 간첩죄의 경우와 초병·초소·유독음식물 공급·포로에 관한 죄 중 법률이 정한 경우에 한하여 군사법원이 단심으로 재판할 수 있으나, 사형을 선고한 경우에는 그러하지 아니하다(헌법 제110조 제4항).

201 사법권에 대한 설명으로 옳지 않은 것은? 23. 국가직 7급

① 국회의원의 자격심사, 징계, 제명은 법원에의 제소가 금지된다.
② 비상계엄 하의 군인·군무원의 범죄에 대한 군사재판은 사형을 선고한 경우에도 단심으로 할 수 있다.
③ 「공유수면 관리 및 매립에 관한 법률」에 따른 매립지가 속할 지방자치단체를 정하는 행정안전부장관의 결정에 대하여 이의가 있는 경우 관계 지방자치단체의 장은 그 결과를 통보받은 날부터 15일 이내에 대법원에 소송을 제기할 수 있다.
④ 상급법원 재판에서의 판단은 해당 사건에 관하여 하급심을 기속한다.

정답찾기

② [X] 비상계엄 하의 군사재판은 군인·군무원의 범죄나 군사에 관한 간첩죄의 경우와 초병·초소·유독음식물 공급·포로에 관한 죄 중 법률이 정한 경우에 한하여 단심으로 할 수 있다. 다만, 사형을 선고한 경우에는 그러하지 아니하다(헌법 제110조 제4항).
① [O] 국회의원의 자격심사, 징계, 제명은 법원에의 제소가 금지된다(헌법 제64조 제4항).
③ [O] 관계 지방자치단체의 장은 제4항부터 제7항까지의 규정에 따른 행정안전부장관의 결정에 이의가 있으면 그 결과를 통보받은 날부터 15일 이내에 대법원에 소송을 제기할 수 있다(지방자치법 제5조 제9항).
④ [O] 상급법원 재판에서의 판단은 해당 사건에 관하여 하급심을 기속한다(「법원조직법」 제8조).

Answer 199 ④ 200 ④ 201 ②

202. 법원과 헌법재판소에 대한 설명으로 옳지 않은 것만을 모두 고르면?

18. 지방직 7급

㉠ 법률이 헌법에 위반되는 여부가 재판의 전제가 된 경우에는 법원은 헌법재판소에 제청하여 그 심판에 의하여 재판한다.
㉡ 명령·규칙 또는 처분이 헌법에 위반되는 여부가 법원의 재판의 전제가 된 경우에는 헌법재판소가 이를 최종적으로 심사할 권한을 가진다.
㉢ 「헌법재판소법」 제68조 제2항에 의한 헌법소원심판이 청구된 경우 당해 소송사건의 재판은 헌법재판소의 위헌 여부의 결정이 있을 때까지 정지된다.
㉣ 위헌법률심판의 제청신청을 한 당사자는 위헌 여부 심판의 제청에 관한 결정에 대하여는 항고할 수 없다.

① ㉠, ㉡ ② ㉠, ㉣ ③ ㉡, ㉢ ④ ㉢, ㉣

정답찾기

㉠ [O] 법률이 헌법에 위반되는 여부가 재판의 전제가 된 경우에는 법원은 헌법재판소에 제청하여 그 심판에 의하여 재판한다(헌법 제107조 제1항).
㉡ [X] 명령·규칙 또는 처분이 헌법이나 법률에 위반되는 여부가 재판의 전제가 된 경우에는 대법원은 이를 최종적으로 심사할 권한을 가진다(헌법 제107조 제2항).
㉢ [X] 법원이 법률의 위헌 여부 심판을 헌법재판소에 제청한 때에는 당해 소송사건의 재판은 헌법재판소의 위헌 여부의 결정이 있을 때까지 정지되나(「헌법재판소법」 제42조 제1항), 법원이 위헌법률심판제청신청을 기각하여 「헌법재판소법」 제68조 제2항에 의한 헌법소원심판을 청구한 경우 당해 사건의 재판절차는 정지되지 않는다.
㉣ [O] 위헌여부심판의 제청에 관한 결정에 대하여는 항고할 수 없다(「헌법재판소법」 제41조 제4항).

203 헌법재판소와 대법원과의 관계에 대한 설명으로 옳은 것은? (다툼이 있는 경우 헌법재판소 판례에 의함)

17. 국가직 7급

① 헌법 제107조 제2항은 명령·규칙 또는 처분이 헌법이나 법률에 위반되는지 여부는 대법원이 이를 최종적으로 심사할 권한을 가진다고 규정하고 있으므로, 「행정소송법」은 명령·규칙의 위헌 여부 심사는 재판의 전제가 되지 않는 경우에도 법원이 담당한다고 규정하고 있다.

② 「헌법재판소법」 제68조 제1항은 법원의 재판을 헌법소원심판 대상에서 제외하고 있으므로, 헌법재판소가 위헌으로 결정하여 그 효력을 전부 또는 일부 상실한 법률을 적용함으로써 국민의 기본권을 침해한 법원의 재판에 대해서도 「헌법재판소법」 제68조 제1항에 의한 헌법소원이 허용되지 않는다.

③ 대법원은 헌법 제108조에 근거하여 사법권의 독립이나 사법권의 자율성을 위하여 규칙제정권을 가지기 때문에, 대법원규칙은 「헌법재판소법」 제68조 제1항에 의한 헌법소원심판의 대상이 될 수 없다.

④ 대법원은 유신헌법에 근거한 긴급조치가 입법권의 행사라는 실질을 갖추지 못하여 '법률'에 해당하지 않으므로, 그 위헌 여부에 대한 심사권은 최종적으로 대법원에 속한다고 보았으나, 헌법재판소는 긴급조치가 법률과 동일한 효력을 갖는 것으로서 그에 대한 위헌심사권은 헌법재판소가 가진다고 판단하였다.

정답찾기

④ [O] 대법원은 "유신헌법에 근거한 긴급조치는 국회의 입법권 행사라는 실질을 전혀 가지지 못한 것으로서, 헌법재판소의 위헌심판대상이 되는 '법률'에 해당한다고 할 수 없고, 긴급조치의 위헌 여부에 대한 심사권은 최종적으로 대법원에 속한다."고 판시하였고(대판 2010. 12. 16. 2010도5986), 헌법재판소는 "이 조항에 규정된 '법률'인지 여부는 그 제정 형식이나 명칭이 아니라 규범의 효력을 기준으로 판단하여야 하고, '법률'에는 국회의 의결을 거친 이른바 형식적 의미의 법률은 물론이고 그밖에 조약 등 '형식적 의미의 법률과 동일한 효력'을 갖는 규범들도 모두 포함된다. 따라서 최소한 법률과 동일한 효력을 가지는 이 사건 긴급조치들의 위헌 여부 심사권한도 헌법재판소에 전속한다."고 판시하였다(헌재 2013. 3. 21. 2010헌바132).

① [X] 법률이 헌법에 위반되는 여부가 재판의 전제가 된 경우에는 법원은 헌법재판소에 제청하여 그 심판에 의하여 재판한다(헌법 제107조 제1항).

② [X] 재판헌법소원을 금지하고 있는 「헌법재판소법」 제68조 제1항이 원칙적으로 헌법에 위반되지 아니한다고 하더라도, 법원이 헌법재판소가 위헌으로 결정하여 그 효력을 전부 또는 일부 상실하거나 위헌으로 확인된 법률을 적용함으로써 국민의 기본권을 침해한 경우에도 법원의 재판에 대한 헌법소원이 허용되지 않는 것으로 해석한다면, 위 법률조항은 그러한 한도 내에서 헌법에 위반된다(헌재 1997. 12. 24. 96헌마172).

③ [X] 「헌법재판소법」 제68조 제1항이 규정하고 있는 헌법소원심판의 대상으로서의 "공권력"이란 입법·사법·행정 등 모든 공권력을 말하는 것이므로 입법부에서 제정한 법률, 행정부에서 제정한 시행령이나 시행규칙 및 사법부에서 제정한 규칙 등은 그것들이 별도의 집행행위를 기다리지 않고 직접 기본권을 침해하는 것일 때에는 모두 헌법소원심판의 대상이 될 수 있다(헌재 1990. 10. 15. 89헌마178).

Answer 202 ③ 203 ④

204 사법권에 대한 설명으로 옳지 않은 것은? (다툼이 있는 경우 판례에 의함) 21. 국회 8급

① 남북정상회담의 개최과정에서 통일부장관의 협력사업승인을 얻지 아니한 채 북한측에 사업권의 대가명목으로 송금한 행위는 사법심사의 대상이 된다.
② 대법원은 법률에 저촉되지 아니하는 범위 안에서 소송에 관한 절차, 법원의 내부규율과 사무처리에 관한 규칙을 제정할 수 있다.
③ 「법무사법」 제4조 제2항이 대법원규칙으로 정하도록 위임한 이른바 '법무사 시험의 실시에 관하여 필요한 사항'이란 시험과목·합격기준·시험실시방법·시험실시시기·실시횟수 등 시험실시에 관한 구체적인 방법과 절차를 말하는 것이지 시험의 실시여부까지도 대법원규칙으로 정하라는 말은 아니다.
④ 헌법재판소는 위헌법률심판제청서, 탄핵소추의결서, 정당해산·권한쟁의·헌법소원에 관한 청구서를 접수한 날로부터 180일 이내에 종국결정을 선고하여야 한다.
⑤ 판사의 근무성적평정에 관한 사항을 대법원규칙으로 위임한 것은 포괄위임입법금지의 원칙에 위반된다.

정답찾기

⑤ [X] 입법권이 사법권에 간섭하는 것을 최소화하여 사법의 자주성과 독립성을 보장한다는 측면과 사법권의 적절한 행사에 요구되는 판사의 근무와 관련하여 내용적·절차적 사항에 관해 전문성을 가지고 재판 실무에 정통한 사법부 스스로 근무성적평정에 관한 사항을 정하도록 할 필요성에 비추어 보면, 판사의 근무성적평정에 관한 사항을 하위법규인 대법원규칙에 위임할 필요성을 인정할 수 있다. 또한 관련조항의 해석과 판사에 대한 연임제 및 근무성적평정제도의 취지 등을 고려할 때, 이 사건 근무평정조항에서 말하는 '근무성적평정에 관한 사항'이란 판사의 연임 등 인사관리에 반영시킬 수 있는 것으로 사법기능 및 업무의 효율성을 위하여 판사의 직무수행에 요구되는 것, 즉 직무능력과 자질 등과 같은 평가사항, 평정권자 및 평가방법 등에 관한 사항임을 충분히 예측할 수 있으므로 이 사건 근무평정조항은 포괄위임금지원칙에 위배된다고 볼 수 없다(헌재 2016. 9. 29. 2015헌바331).
① [O] 남북정상회담의 개최는 고도의 정치적 성격을 지니고 있는 행위라 할 것이므로 특별한 사정이 없는 한 그 당부를 심판하는 것은 사법권의 내재적·본질적 한계를 넘어서는 것이 되어 적절하지 못하지만, 남북정상회담의 개최과정에서 재정경제부장관에게 신고하지 아니하거나 통일부장관의 협력사업 승인을 얻지 아니한 채 북한측에 사업권의 대가 명목으로 송금한 행위 자체는 헌법상 법치국가의 원리와 법 앞에 평등원칙 등에 비추어 볼 때 사법심사의 대상이 된다(대판 2004. 3. 26. 2003도7878).
② [O] 대법원은 법률에 저촉되지 아니하는 범위 안에서 소송에 관한 절차, 법원의 내부규율과 사무처리에 관한 규칙을 제정할 수 있다(헌법 제108조).
③ [O] 「법무사법」 제4조 제2항이 대법원규칙으로 정하도록 위임한 이른바 "법무사 시험의 실시에 관하여 필요한 사항"이란 시험과목·합격기준·시험실시방법·시험실시시기·실시횟수 등 시험실시에 관한 구체적인 방법과 절차를 말하는 것이지 시험의 실시여부까지도 대법원규칙으로 정하라는 말은 아니다(헌재 1990. 10. 15. 89헌마178).
④ [O] 헌법재판소는 심판사건을 접수한 날부터 180일 이내에 종국결정의 선고를 하여야 한다. 다만, 재판관의 궐위로 7명의 출석이 불가능한 경우에는 그 궐위된 기간은 심판기간에 산입하지 아니한다(「헌법재판소법」 제38조).

제6절 헌법재판소

제1항 헌법재판소의 구성과 조직

205 우리나라 헌법재판제도의 역사에 대한 설명으로 옳지 <u>않은</u> 것만을 〈보기〉에서 모두 고르면?   22. 국회 8급

〈 보기 〉

㉠ 제헌헌법은 탄핵사건을 심판하기 위하여 법률로써 헌법위원회를 설치하도록 규정하였다.
㉡ 제3차 개정헌법은 헌법재판소가 탄핵재판, 정당의 해산, 권한쟁의, 헌법소원을 관장하도록 규정하였다.
㉢ 제5차 개정헌법은 탄핵사건을 심판하기 위하여 탄핵심판위원회를 두도록 규정하였다.
㉣ 제7차 개정헌법은 헌법위원회가 탄핵, 정당의 해산, 법원의 제청에 의한 법률의 위헌여부를 심판하도록 규정하였다.
㉤ 제8차 개정헌법은 대법원이 탄핵, 정당의 해산, 법률의 위헌여부를 심판하도록 규정하였다.

① ㉠, ㉡, ㉢
② ㉠, ㉡, ㉤
③ ㉠, ㉢, ㉣
④ ㉡, ㉣, ㉤
⑤ ㉢, ㉣, ㉤

정답찾기

㉠ [X] 탄핵사건을 심판하기 위하여 법률로써 <u>탄핵재판소</u>를 설치한다(제헌헌법 제47조 제1항).
㉡ [X] 헌법재판소는 법률의 위헌여부 심사, 헌법에 관한 최종적 해석, 국가기관 간의 권한쟁의, 정당의 해산, 탄핵재판, 대통령, 대법원장과 대법관의 선거에 관한 소송을 관장한다(제3차 개정헌법 제83조의3). <u>헌법소원은 관장사항이 아니었다.</u>
㉢ [O] 탄핵사건을 심판하기 위하여 탄핵심판위원회를 둔다(제5차 개정헌법 제62조 제1항).
㉣ [O] 헌법위원회는 법원의 제청에 의한 법률의 위헌여부, 탄핵, 정당의 해산을 심판한다(제7차 개정헌법 제109조 제1항).
㉤ [X] <u>헌법위원회</u>는 법원의 제청에 의한 법률의 위헌여부, 탄핵, 정당의 해산을 심판한다(제8차 개정헌법 제112조 제1항).

Answer   204 ⑤   205 ②

206 헌법재판소와 대법원의 구성에 대한 설명으로 옳지 않은 것은? 18. 5급 공채(행정)

① 헌법재판소장과 대법원장은 모두 국회의 동의를 얻어 대통령이 임명한다.
② 대법관의 수를 개정하기 위해서는 법률개정으로 가능하나, 헌법재판소 재판관의 수를 개정하기 위해서는 헌법을 개정하여야 한다.
③ 대법관을 역임한 자는 헌법재판소 재판관이 될 수는 있으나, 헌법재판소 재판관을 역임한 자가 대법관이 되는 것은 불가능하다.
④ 헌법재판소 재판관과 대법관은 법률이 정하는 바에 의하여 연임할 수 있다.

정답찾기

③ 【X】 대법원장과 대법관은 20년 이상 판사·검사·변호사, 변호사 자격이 있는 사람으로서 국가기관, 지방자치단체, 「공공기관의 운영에 관한 법률」 제4조에 따른 공공기관, 그 밖의 법인에서 법률에 관한 사무에 종사한 사람, 변호사 자격이 있는 사람으로서 공인된 대학의 법률학 조교수 이상으로 재직한 45세 이상의 사람 중에서 임용한다(「법원조직법」 42조 제1항). 재판관은 판사, 검사, 변호사, 변호사 자격이 있는 사람으로서 국가기관, 국영·공영 기업체, 「공공기관의 운영에 관한 법률」 제4조에 따른 공공기관 또는 그 밖의 법인에서 법률에 관한 사무에 종사한 사람, 변호사 자격이 있는 사람으로서 공인된 대학의 법률학 조교수 이상의 직에 있던 사람 중 어느 하나에 해당하는 직(職)에 15년 이상 있던 40세 이상인 사람 중에서 임명한다. 다만, 다음 각호 중 둘 이상의 직에 있던 사람의 재직기간은 합산한다(「헌법재판소법」 제5조 제1항). 대법관을 역임한 자는 헌법재판소 재판관이 될 수는 있고, 헌법재판소 재판관을 역임한 자도 대법관이 될 수 있다.
① 【O】 대법원장은 국회의 동의를 얻어 대통령이 임명한다(헌법 제104조 제1항). 헌법재판소의 장은 국회의 동의를 얻어 재판관 중에서 대통령이 임명한다(헌법 제111조 제4항).
② 【O】 헌법은 "대법원에 대법관을 둔다."고 하여(헌법 제102조 제2항) 대법관 수를 규정하지 않은 반면, "헌법재판소는 법관의 자격을 가진 9인의 재판관으로 구성하며, 재판관은 대통령이 임명한다"고 규정하고 있다(헌법 제111조 제2항).
④ 【O】 헌법재판소 재판관과 대법관은 법률이 정하는 바에 의하여 연임할 수 있다(헌법 제105조 제2항, 헌법 제112조 제1항).

207 헌법재판소에 대한 설명으로 옳은 것은? 17. 5급 공채(행정)

① 법관의 자격을 가진 자만이 헌법재판소의 재판관으로 임명될 수 있다.
② 헌법재판소 재판관은 탄핵에 의해서만 파면될 수 있다.
③ 헌법재판소 재판관의 임기는 6년으로 하며, 정년은 65세로 한다.
④ 정당해산의 결정을 하기 위해서는 평의에 참가한 재판관 3분의 2 이상의 찬성이 필요하다.

정답찾기

① 【O】 헌법재판소는 법관의 자격을 가진 9인의 재판관으로 구성하며, 재판관은 대통령이 임명한다(헌법 제111조 제2항).
② 【X】 헌법재판소 재판관은 탄핵 또는 금고 이상의 형의 선고에 의하지 아니하고는 파면되지 아니한다(헌법 제112조 제3항).
③ 【X】 재판관의 임기는 6년으로 하며, 연임할 수 있다(「헌법재판소법」 제7조 제1항). 재판관의 정년은 70세로 한다(「헌법재판소법」 제7조 제2항).
④ 【X】 재판부는 종국심리에 관여한 재판관 과반수의 찬성으로 사건에 관한 결정을 한다. 다만, 법률의 위헌결정, 탄핵의 결정, 정당해산의 결정 또는 헌법소원에 관한 인용결정을 하는 경우, 종전에 헌법재판소가 판시한 헌법 또는 법률의 해석 적용에 관한 의견을 변경하는 경우에는 재판관 6명 이상의 찬성이 있어야 한다(「헌법재판소법」 제23조 제2항).

208 헌법재판소에 대한 설명으로 옳은 것은?

20. 5급 공채(행정)

① 헌법재판소 재판관은 탄핵 또는 금고 이상의 형의 선고에 의하지 아니하고는 파면되지 아니한다.
② 헌법재판소장은 지정재판부를 두어 위헌법률심판의 사전심사를 담당하게 할 수 있다.
③ 헌법재판소 재판관은 헌법재판소장의 제청으로 대통령이 임명한다.
④ 헌법재판소 재판관 중 국회에서 선출되는 3인은 정당에 가입을 할 수 있다.

정답찾기

① [O] 헌법재판소 재판관은 탄핵 또는 금고 이상의 형의 선고에 의하지 아니하고는 파면되지 아니한다(헌법 제112조 제3항).
② [X] 헌법재판소장은 헌법재판소에 재판관 3명으로 구성되는 지정재판부를 두어 헌법소원심판의 사전심사를 담당하게 할 수 있다(「헌법재판소법」제72조 제1항).
③ [X] 헌법재판소는 법관의 자격을 가진 9인의 재판관으로 구성하며, 재판관은 대통령이 임명한다(헌법 제111조 제2항). 제2항의 재판관 중 3인은 국회에서 선출하는 자를, 3인은 대법원장이 지명하는 자를 임명한다(헌법 제111조 제3항).
④ [X] 헌법재판소 재판관은 정당에 가입하거나 정치에 관여할 수 없다(헌법 제112조 제2항).

209 권한대행에 대한 설명으로 옳지 않은 것은?

18. 국가직 7급

① 국회의장이 심신상실 등 부득이한 사유로 의사표시를 할 수 없게 되어 직무대리자를 지정할 수 없을 때에는 소속 의원 수가 많은 교섭단체 소속 부의장의 순으로 의장의 직무를 대행한다.
② 대통령이 궐위되거나 사고로 직무를 수행할 수 없을 때에는 국무총리, 법률이 정한 국무위원의 순서로 그 권한을 대행한다.
③ 헌법재판소장이 궐위되거나 사고로 말미암아 직무를 수행할 수 없을 때에는 다른 재판관이 연장자 순으로 대행한다.
④ 대법원장이 궐위되거나 부득이한 사유로 직무를 수행할 수 없을 때에는 선임대법관이 그 권한을 대행한다.

정답찾기

③ [X] 헌법재판소장이 일시적인 사고로 인하여 직무를 수행할 수 없을 때에는 헌법재판소 재판관 중 임명일자 순으로 그 권한을 대행한다. 다만, 임명일자가 같을 때에는 연장자 순으로 대행한다(헌법재판소장의 권한대행에 관한 규칙 제2조). 헌법재판소장이 궐위되거나 1개월 이상 사고로 인하여 직무를 수행할 수 없을 때에는 헌법재판소 재판관 중 재판관회의에서 선출된 사람이 그 권한을 대행한다. 다만, 그 대행자가 선출될 때까지는 제2조에 해당하는 사람이 헌법재판소장의 권한을 대행한다(헌법재판소장의 권한대행에 관한 규칙 제3조 제1항).
① [O] 의장이 심신상실 등 부득이한 사유로 의사표시를 할 수 없게 되어 직무대리자를 지정할 수 없을 때에는 소속 의원 수가 많은 교섭단체 소속 부의장의 순으로 의장의 직무를 대행한다(「국회법」제12조 제2항).
② [O] 대통령이 궐위되거나 사고로 인하여 직무를 수행할 수 없을 때에는 국무총리, 법률이 정한 국무위원의 순서로 그 권한을 대행한다(헌법 제71조).
④ [O] 대법원장이 궐위되거나 부득이한 사유로 직무를 수행할 수 없을 때에는 선임대법관이 그 권한을 대행한다(「법원조직법」제13조 제3항).

Answer 206 ③ 207 ① 208 ① 209 ③

210 국가기관의 의결에 대한 설명으로 옳은 것만을 모두 고르면? 　　　　　　　　　　　　　　　　　　　　18. 지방직 7급

> ㉠ 감사위원회의는 감사원장을 포함한 감사위원 전원으로 구성하며, 감사위원회의는 재적 감사위원 과반수의 찬성으로 의결한다.
> ㉡ 대법관회의는 대법관 전원의 3분의 2 이상의 출석과 출석인원 과반수 찬성으로 의결한다. 의장은 의결에서 표결권을 가지며, 가부동수일 때에는 결정권을 가진다.
> ㉢ 헌법재판소 재판관회의는 재판관 전원으로 구성하며, 재판관회의는 재판관 7명 이상의 출석과 출석인원 과반수의 찬성으로 의결한다.
> ㉣ 각급 선거관리위원회는 위원 과반수의 출석으로 개의하고 출석위원 과반수의 찬성으로 의결한다. 위원장은 표결권을 가지며, 가부동수인 때에는 결정권을 가진다.

① ㉠, ㉡
② ㉠, ㉢, ㉣
③ ㉡, ㉢, ㉣
④ ㉠, ㉡, ㉢, ㉣

정답찾기

㉠ 【O】 감사위원회의는 감사원장을 포함한 감사위원 전원으로 구성하며(「감사원법」 제11조 제1항), 감사위원회의는 재적 감사위원 과반수의 찬성으로 의결한다(「감사원법」 제11조 제2항).
㉡ 【O】 대법관회의는 대법관 전원의 3분의 2 이상의 출석과 출석인원 과반수 찬성으로 의결한다(「법원조직법」 제16조 제2항). 의장은 의결에서 표결권을 가지며, 가부동수일 때에는 결정권을 가진다(「법원조직법」 제16조 제3항).
㉢ 【O】 헌법재판소 재판관회의는 재판관 전원으로 구성하며(「헌법재판소법」 제16조 제1항), 재판관회의는 재판관 7명 이상의 출석과 출석인원 과반수의 찬성으로 의결한다(「헌법재판소법」 제16조 제2항).
㉣ 【O】 각급선거관리위원회는 위원 과반수의 출석으로 개의하고 출석위원 과반수의 찬성으로 의결한다(「선거관리위원회법」 제10조 제1항). 위원장은 표결권을 가지며, 가부동수인 때에는 결정권을 가진다(「선거관리위원회법」 제10조 제2항).

제2항　헌법재판소의 심판절차

211 헌법재판에 대한 설명으로 옳지 않은 것은? (다툼이 있는 경우 판례에 의함) 　　　　　　　　15. 지방직 7급

① 각종 심판절차에서 당사자인 사인(私人)은 자신이 변호사 자격이 있는 경우가 아닌 한, 변호사를 대리인으로 선임하여야 한다.
② 위헌법률심판과 헌법소원심판의 사전심사는 재판관 3인으로 구성되는 지정재판부에서 담당한다.
③ 정당해산심판과 권한쟁의심판은 양자 모두 구두변론에 의하며, 이들 심판에서는 명문규정을 근거로 한 가처분 결정이 가능하다.
④ 헌법재판에 관한 일사부재리의 원칙으로 인하여 재심의 가능성이 부정되는 것은 아니다.

정답찾기

② [X] 헌법재판소장은 헌법재판소에 재판관 3명으로 구성되는 지정재판부를 두어 헌법소원심판의 사전심사를 담당하게 할 수 있다(「헌법재판소법」 제72조 제1항).
① [O] 각종 심판절차에서 당사자인 사인(私人)은 변호사를 대리인으로 선임하지 아니하면 심판청구를 하거나 심판 수행을 하지 못한다. 다만, 그가 변호사의 자격이 있는 경우에는 그러하지 아니하다(「헌법재판소법」 제23조 제3항).
③ [O] 탄핵의 심판, 정당해산의 심판 및 권한쟁의의 심판은 구두변론에 의한다(「헌법재판소법」 제30조 제1항). 헌법재판소는 정당해산심판의 청구를 받은 때에는 직권 또는 청구인의 신청에 의하여 종국결정의 선고 시까지 피청구인의 활동을 정지하는 결정을 할 수 있다(「헌법재판소법」 제57조). 헌법재판소가 권한쟁의심판의 청구를 받았을 때에는 직권 또는 청구인의 신청에 의하여 종국결정의 선고 시까지 심판 대상이 된 피청구인의 처분의 효력을 정지하는 결정을 할 수 있다(「헌법재판소법」 제65조).
④ [O] 헌법재판소의 심판 절차에 대한 재심절차의 허용 여부에 관하여는 별도의 명문규정을 두고 있지 않으므로 헌법재판소의 결정에 대하여 재심이 허용될 것인지 여부가 문제되는바, 헌법재판은 그 심판의 종류에 따라 그 절차의 내용과 결정의 효과가 한결같지 아니하기 때문에 재심의 허용여부 내지 허용정도 등은 심판절차의 종류에 따라서 개별적으로 판단될 수밖에 없다(헌재 2001. 9. 27. 2001헌아3).

212 헌법재판소의 심판 절차에 대한 설명으로 옳은 것은?

18. 5급 공채(행정)

① 위헌법률의 심판, 헌법소원에 관한 심판 및 권한쟁의의 심판은 서면심리에 의하고, 탄핵의 심판과 정당해산의 심판은 구두변론에 의한다.
② 권한쟁의심판에 있어서 재판부는 재판관 7명 이상의 출석으로 사건을 심리하고, 종국심리에 관여한 재판관 과반수의 찬성으로 사건에 관한 결정을 한다.
③ 탄핵심판에서는 국회의장이 소추위원이 된다.
④ 법률이 헌법에 위반되는지 여부가 재판의 전제가 된 경우에는 당해 사건을 담당하는 군사법원은 헌법재판소에 위헌 여부심판을 제청할 수 없다.

정답찾기

② [O] 재판부는 재판관 7명 이상의 출석으로 사건을 심리한다(「헌법재판소법」 제30조 제1항). 재판부는 종국심리에 관여한 재판관 과반수의 찬성으로 사건에 관한 결정을 한다. 다만, 법률의 위헌결정, 탄핵의 결정, 정당해산의 결정 또는 헌법소원에 관한 인용결정을 하는 경우, 종전에 헌법재판소가 판시한 헌법 또는 법률의 해석 적용에 관한 의견을 변경하는 경우에는 재판관 6명 이상의 찬성이 있어야 한다(「헌법재판소법」 제23조 제2항).
① [X] 탄핵의 심판, 정당해산의 심판 및 권한쟁의의 심판은 구두변론에 의한다(「헌법재판소법」 제30조 제1항). 위헌법률의 심판과 헌법소원에 관한 심판은 서면심리에 의한다. 다만, 재판부는 필요하다고 인정하는 경우에는 변론을 열어 당사자, 이해관계인, 그 밖의 참고인의 진술을 들을 수 있다(「헌법재판소법」 제30조 제2항).
③ [X] 탄핵심판에서는 국회 법제사법위원회의 위원장이 소추위원이 된다(「헌법재판소법」 제49조 제1항).
④ [X] 법률이 헌법에 위반되는지 여부가 재판의 전제가 된 경우에는 당해 사건을 담당하는 법원(군사법원을 포함한다)은 직권 또는 당사자의 신청에 의한 결정으로 헌법재판소에 위헌 여부 심판을 제청한다(「헌법재판소법」 제41조 제1항).

Answer 210 ④ 211 ② 212 ②

213 헌법재판소의 심판절차에 대한 설명으로 옳은 것은? 24. 지방직 7급

① 헌법재판소장은 헌법재판소에 재판관 3명으로 구성되는 지정재판부를 두어 위헌법률심판과 헌법소원심판의 사전심사를 담당하게 할 수 있다.
② 위헌법률심판 및 「헌법재판소법」 제68조 제2항에 따른 헌법소원심판에서 내린 결정은 재심의 대상이 된다.
③ 재판관에게 공정한 심판을 기대하기 어려운 사정이 있는 경우 당사자는 기피신청을 할 수 있으나, 변론기일에 출석하여 본안에 관한 진술을 한 때에는 그러하지 아니하다.
④ 위헌법률심판의 경우에는 위헌결정에만, 헌법소원심판의 경우에도 인용결정에만, 권한쟁의심판의 경우에도 인용결정에만 기속력이 인정된다.

정답찾기

③ [O] 재판관에게 공정한 심판을 기대하기 어려운 사정이 있는 경우 당사자는 기피(忌避)신청을 할 수 있다. 다만, 변론기일(辯論期日)에 출석하여 본안(本案)에 관한 진술을 한 때에는 그러하지 아니하다(「헌법재판소법」 제24조 제3항).
① [X] 헌법재판소장은 헌법재판소에 재판관 3명으로 구성되는 지정재판부를 두어 헌법소원심판의 사전심사를 담당하게 할 수 있다(「헌법재판소법」 제72조).
② [X] 「헌법재판소법」 제68조 제2항에 의한 헌법소원에 관한 헌법재판소의 인용결정은 위헌법률심판의 경우와 마찬가지로 이른바 일반적 기속력과 대세적·법규적 효력을 가지는 것이고, 이러한 효력은 일반법원의 확정판결이 그 기속력이나 확정력에 있어서 원칙적으로 소송 당사자에게만 한정하여 그 효력이 미치는 것과 크게 다르므로, 「헌법재판소법」 제68조 제2항에 의한 헌법소원사건에 관한 헌법재판소의 결정에 대하여는 원칙적으로 재심을 허용하지 아니함으로써 얻을 수 있는 법적 안정성의 이익이 재심을 허용함으로써 얻을 수 있는 구체적 타당성의 이익보다 높기 때문에 재심을 허용할 수 없다(헌재 1992. 6. 26. 90헌아1).
④ [X] 법률의 위헌결정은 법원과 그 밖의 국가기관 및 지방자치단체를 기속(羈束)하고(「헌법재판소법」 제47조 제1항), 헌법소원의 인용결정은 모든 국가기관과 지방자치단체를 기속하며(「헌법재판소법」 제75조 제1항), 헌법재판소의 권한쟁의심판의 결정은 모든 국가기관과 지방자치단체를 기속한다(「헌법재판소법」 제67조 제1항).

214 헌법재판소의 조직 및 심판절차에 대한 설명으로 옳지 않은 것은? 23. 지방직 7급

① 헌법재판소 전원재판부는 재판관 7명 이상의 출석으로 사건을 심리하며, 탄핵의 심판, 정당해산의 심판, 권한쟁의의 심판은 구두변론에 의한다.
② 헌법재판소 전원재판부는 종국심리에 관여한 재판관 과반수의 찬성으로 사건에 관한 결정을 한다. 다만, 법률의 위헌결정, 탄핵의 결정, 정당해산의 결정 또는 헌법소원의 인용결정을 하는 경우와 종전에 헌법재판소가 판시한 헌법 또는 법률의 해석 적용에 관한 의견을 변경하는 경우에는 재판관 6명 이상의 찬성이 있어야 한다.
③ 헌법소원심판에서 대리인의 선임 없이 청구된 경우에 지정재판부는 재판관 전원의 일치된 의견에 의한 결정으로 심판청구를 각하할 수 있으며, 헌법소원심판의 청구 후 30일이 지날 때까지 각하결정이 없는 때에는 청구된 헌법소원은 재판부의 심판에 회부되지 않은 것으로 본다.
④ 헌법재판소의 권한쟁의심판의 결정은 모든 국가기관과 지방자치단체를 기속하며, 국가기관 또는 지방자치단체의 처분을 취소하는 결정은 그 처분의 상대방에 대하여 이미 생긴 효력에 영향을 미치지 아니한다.

정답찾기

③ [X] 지정재판부는 전원의 일치된 의견으로 제3항의 각하결정을 하지 아니하는 경우에는 결정으로 헌법소원을 재판부의 심판에 회부하여야 한다. 헌법소원심판의 청구 후 30일이 지날 때까지 각하결정이 없는 때에는 심판에 회부하는 결정(심판회부결정)이 있는 것으로 본다(「헌법재판소법」 제72조 제4항).
① [O] 재판부는 재판관 7명 이상의 출석으로 사건을 심리한다(「헌법재판소법」 제23조 제1항). 탄핵의 심판, 정당해산의 심판 및 권한쟁의의 심판은 구두변론에 의한다(「헌법재판소법」 제30조 제1항).
② [O] 재판부는 종국심리에 관여한 재판관 과반수의 찬성으로 사건에 관한 결정을 한다. 다만, 법률의 위헌결정, 탄핵의 결정, 정당해산의 결정 또는 헌법소원에 관한 인용결정을 하는 경우, 종전에 헌법재판소가 판시한 헌법 또는 법률의 해석 적용에 관한 의견을 변경하는 경우에는 재판관 6명 이상의 찬성이 있어야 한다(「헌법재판소법」 제23조 제2항).
④ [O] 헌법재판소의 권한쟁의심판의 결정은 모든 국가기관과 지방자치단체를 기속한다(「헌법재판소법」 제67조 제1항). 국가기관 또는 지방자치단체의 처분을 취소하는 결정은 그 처분의 상대방에 대하여 이미 생긴 효력에 영향을 미치지 아니한다(「헌법재판소법」 제67조 제2항).

215 헌법재판소의 조직 및 심판절차에 대한 설명으로 옳은 것은? 22. 국가직 7급

① 「헌법재판소법」은 정당해산심판과 헌법소원심판에 대해서만 명문으로 가처분 규정을 두고 있다.
② 변론기일에 출석하여 본안에 관한 진술을 한 때에도 재판관에게 공정한 심판을 기대하기 어려운 사정이 있는 경우라면 당사자는 기피신청을 할 수 있다.
③ 위헌법률의 심판과 권한쟁의에 관한 심판은 서면심리에 의한다. 다만, 재판부는 필요하다고 인정하는 경우에는 변론을 열어 당사자, 이해관계인, 그 밖의 참고인의 진술을 들을 수 있다.
④ 헌법소원심판에서 헌법재판소가 국선대리인을 선정하지 아니한다는 결정을 한 때에는 지체 없이 그 사실을 신청인에게 통지하여야 한다. 이 경우 신청인이 선임신청을 한 날부터 그 통지를 받은 날까지의 기간은 「헌법재판소법」 제69조의 청구기간에 산입하지 아니한다.

정답찾기

④ [O] 헌법재판소가 국선대리인을 선정하지 아니한다는 결정을 한 때에는 지체 없이 그 사실을 신청인에게 통지하여야 한다. 이 경우 신청인이 선임신청을 한 날부터 그 통지를 받은 날까지의 기간은 제69조의 청구기간에 산입하지 아니한다(「헌법재판소법」 제70조 제3항).
① [X] 「헌법재판소법」이 명문으로 가처분 규정을 둔 것은 정당해산심판(동법 제57조)과 권한쟁의심판(동법 제65조)이다.
② [X] 재판관에게 공정한 심판을 기대하기 어려운 사정이 있는 경우 당사자는 기피(忌避)신청을 할 수 있다. 다만, 변론기일(辯論期日)에 출석하여 본안(本案)에 관한 진술을 한 때에는 그러하지 아니하다(「헌법재판소법」 제24조 제3항).
③ [X] 탄핵의 심판, 정당해산의 심판 및 권한쟁의의 심판은 구두변론에 의하고, 위헌법률의 심판과 헌법소원에 관한 심판은 서면심리에 의하되, 재판부는 필요하다고 인정하는 경우에는 변론을 열어 당사자, 이해관계인, 그 밖의 참고인의 진술을 들을 수 있다(「헌법재판소법」 제30조 제1항, 제2항).

Answer 213 ③ 214 ③ 215 ④

216 헌법재판소의 일반심판절차에 대한 설명으로 옳지 않은 것은?

23. 국가직 7급

① 당사자는 동일한 사건에 대하여 2명 이상의 재판관을 기피할 수 없다.
② 위헌법률의 심판과 헌법소원에 관한 심판은 구두변론에 의하고, 탄핵의 심판, 정당해산의 심판 및 권한쟁의의 심판은 서면심리에 의한다.
③ 법률의 위헌결정, 탄핵의 결정, 정당해산의 결정 또는 헌법소원에 관한 인용결정을 하는 경우에는 재판관 6명 이상의 찬성이 있어야 한다.
④ 헌법재판소의 심판절차에 관하여 「헌법재판소법」에 특별한 규정이 있는 경우를 제외하고는 헌법재판의 성질에 반하지 아니하는 한도에서 민사소송에 관한 법령을 준용하며, 탄핵심판의 경우에는 형사소송에 관한 법령을 준용하고, 권한쟁의심판 및 헌법소원심판의 경우에는 「행정소송법」을 함께 준용한다.

정답찾기

② [X] 탄핵의 심판, 정당해산의 심판 및 권한쟁의의 심판은 구두변론에 의하고, 위헌법률의 심판과 헌법소원에 관한 심판은 서면심리에 의한다. 다만, 재판부는 필요하다고 인정하는 경우에는 변론을 열어 당사자, 이해관계인, 그 밖의 참고인의 진술을 들을 수 있다(「헌법재판소법」 제30조 제1항, 제2항).
① [O] 당사자는 동일한 사건에 대하여 2명 이상의 재판관을 기피할 수 없다(「헌법재판소법」 제24조 제4항).
③ [O] 헌법재판소에서 법률의 위헌결정, 탄핵의 결정, 정당해산의 결정 또는 헌법소원에 관한 인용결정을 할 때에는 재판관 6인 이상의 찬성이 있어야 한다(헌법 제113조 제1항).
④ [O] 헌법재판소의 심판절차에 관하여는 이 법에 특별한 규정이 있는 경우를 제외하고는 헌법재판의 성질에 반하지 아니하는 한도에서 민사소송에 관한 법령을 준용한다. 이 경우 탄핵심판의 경우에는 형사소송에 관한 법령을 준용하고, 권한쟁의심판 및 헌법소원심판의 경우에는 「행정소송법」을 함께 준용한다(「헌법재판소법」 제40조 제1항).

217 헌법재판에 대한 설명으로 옳은 것만을 〈보기〉에서 모두 고르면? (다툼이 있는 경우 판례에 의함)

21. 국회 8급

〈보기〉

㉠ 헌법재판소 전원재판부는 7명 이상의 출석으로 사건을 심리하며, 당사자는 동일한 사건에 대하여 2명의 재판관까지 기피할 수 있다.
㉡ 헌법재판소장이 필요하다고 인정하는 경우에는 변론 또는 종국결정을 심판정 외의 장소에서 할 수 있다.
㉢ 탄핵심판, 위헌법률심판 및 권한쟁의의 심판은 구두변론을 거쳐야 한다.
㉣ 재판관회의는 재판관 7명 이상의 출석과 출석인원 과반수의 찬성으로 의결한다.
㉤ 「헌법재판소법」은 헌법소원심판에 대해서만 국선대리인제도를 규정하고 있다.

① ㉠, ㉡, ㉤   ② ㉠, ㉢, ㉣   ③ ㉡, ㉢, ㉤
④ ㉡, ㉣, ㉤   ⑤ ㉢, ㉣, ㉤

정답찾기

㉠ [X] 재판부는 재판관 7명 이상의 출석으로 사건을 심리한다(「헌법재판소법」 제23조 제1항). 당사자는 동일한 사건에 대하여 2명 이상의 재판관을 기피할 수 없다(「헌법재판소법」 제24조 제4항).
㉡ [O] 심판의 변론과 종국결정의 선고는 심판정에서 한다. 다만, 헌법재판소장이 필요하다고 인정하는 경우에는 심판정 외의 장소에서 변론 또는 종국결정의 선고를 할 수 있다(「헌법재판소법」 제33조).
㉢ [X] 탄핵의 심판, 정당해산의 심판 및 권한쟁의 심판은 구두변론에 의한다(「헌법재판소법」 제30조 제1항). 위헌법률의 심판과 헌법소원에 관한 심판은 서면심리에 의한다. 다만, 재판부는 필요하다고 인정하는 경우에는 변론을 열어 당사자, 이해관계인, 그 밖의 참고인의 진술을 들을 수 있다(「헌법재판소법」 제30조 제2항).
㉣ [O] 재판관회의는 재판관 전원의 3분의 2를 초과하는 인원의 출석과 출석인원 과반수의 찬성으로 의결한다(「헌법재판소법」 제16조 제2항).
㉤ [O] 헌법소원심판을 청구하려는 자가 변호사를 대리인으로 선임할 자력(資力)이 없는 경우에는 헌법재판소에 국선대리인을 선임하여 줄 것을 신청할 수 있다. 이 경우 제69조에 따른 청구기간은 국선대리인의 선임신청이 있는 날을 기준으로 정한다(「헌법재판소법」 제70조 제1항).

218 헌법재판소의 심판절차에 대한 설명으로 옳지 않은 것은?

20. 국가직 7급

① 재판관에게 공정한 심판을 기대하기 어려운 사정이 있는 경우 당사자는 기피신청을 할 수 있으나, 변론기일에 출석하여 본안에 관한 진술을 한 때에는 기피신청을 할 수 없다.
② 위헌법률의 심판과 헌법소원에 관한 심판은 서면심리에 의하되, 재판부는 필요하다고 인정하는 경우에는 변론을 열어 당사자, 이해관계인, 그 밖의 참고인의 진술을 들을 수 있다.
③ 지정재판부는 다른 법률에 따른 구제절차가 있는 경우 그 절차를 모두 거치지 아니하거나 또는 법원의 재판에 대하여 헌법소원의 심판이 청구된 경우, 지정재판부 재판관 전원의 일치된 의견에 의한 결정으로 헌법소원의 심판청구를 각하한다.
④ 심판의 변론과 종국결정의 선고는 심판정에서 하되, 헌법재판소장이 필요하다고 인정하는 경우에는 심판정 외의 장소에서 변론을 열 수 있으나 종국결정의 선고를 할 수는 없다.

정답찾기

④ [X] 심판의 변론과 종국결정의 선고는 심판정에서 한다. 다만, 헌법재판소장이 필요하다고 인정하는 경우에는 심판정 외의 장소에서 변론 또는 종국결정의 선고를 할 수 있다(「헌법재판소법」 제33조).
① [O] 재판관에게 공정한 심판을 기대하기 어려운 사정이 있는 경우 당사자는 기피신청을 할 수 있다. 다만, 변론기일에 출석하여 본안에 관한 진술을 한 때에는 그러하지 아니하다(「헌법재판소법」 제24조 제3항).
② [O] 위헌법률의 심판과 헌법소원에 관한 심판은 서면심리에 의한다. 다만, 재판부는 필요하다고 인정하는 경우에는 변론을 열어 당사자, 이해관계인, 그 밖의 참고인의 진술을 들을 수 있다(「헌법재판소법」 제30조 제2항).
③ [O] 지정재판부는 다른 법률에 따른 구제절차가 있는 경우 그 절차를 모두 거치지 아니하거나 또는 법원의 재판에 대하여 헌법소원의 심판이 청구된 경우, 지정재판부 재판관 전원의 일치된 의견에 의한 결정으로 헌법소원의 심판청구를 각하한다(「헌법재판소법」 제72조 제3항).

Answer   216 ②   217 ④   218 ④

219 헌법재판에 대한 설명으로 옳은 것은?   22. 지방직 7급

① 재판부는 결정으로 다른 국가기관 또는 공공단체의 기관에 심판에 필요한 사실을 조회하거나, 기록의 송부나 자료의 제출을 요구할 수 있으나, 재판·소추 또는 범죄수사가 진행 중인 사건의 기록에 대하여는 송부를 요구할 수 없다.
② 위헌으로 결정된 형벌에 관한 법률 또는 법률의 조항은 소급하여 그 효력을 상실하나, 해당 법률 또는 법률의 조항에 대하여 종전에 합헌으로 결정한 사건이 있는 경우에는 그 결정이 있는 날로 소급하여 효력을 상실한다.
③ 헌법재판소는 심판사건을 접수한 날부터 180일 이내에 종국결정의 선고를 하여야 하나, 재판관 1인의 궐위로 8명의 출석이 가능한 경우에는 그 궐위된 기간은 심판기간에 산입하지 아니한다.
④ 각종 심판 절차에서 당사자인 국가기관 또는 지방자치단체는 변호사의 자격이 있는 소속 직원을 대리인으로 선임하여 심판을 수행하게 할 수 없다.

정답찾기

① [O] 재판부는 결정으로 다른 국가기관 또는 공공단체의 기관에 심판에 필요한 사실을 조회하거나, 기록의 송부나 자료의 제출을 요구할 수 있다. 다만, 재판·소추 또는 범죄수사가 진행 중인 사건의 기록에 대하여는 송부를 요구할 수 없다(「헌법재판소법」 제32조).
② [X] 위헌으로 결정된 법률 또는 법률의 조항은 그 결정이 있는 날부터 효력을 상실하되, 형벌에 관한 법률 또는 법률의 조항은 소급하여 그 효력을 상실한다. 다만, 해당 법률 또는 법률의 조항에 대하여 종전에 합헌으로 결정한 사건이 있는 경우에는 그 결정이 있는 날의 다음 날로 소급하여 효력을 상실한다(「헌법재판소법」 제47조 제2항, 제3항).
③ [X] 헌법재판소는 심판사건을 접수한 날부터 180일 이내에 종국결정의 선고를 하여야 한다. 다만, 재판관의 궐위로 7명의 출석이 불가능한 경우에는 그 궐위된 기간은 심판기간에 산입하지 아니한다(「헌법재판소법」 제38조).
④ [X] 각종 심판 절차에서 당사자인 국가기관 또는 지방자치단체는 변호사 또는 변호사의 자격이 있는 소속 직원을 대리인으로 선임하여 심판을 수행하게 할 수 있다(「헌법재판소법」 제25조 제2항).

220 헌법재판의 가처분에 대한 설명으로 옳지 않은 것은? (다툼이 있는 경우 판례에 의함)   22. 지방직 7급

① 국회에서 탄핵소추의 대상으로 발의된 자는 그때부터 헌법재판소의 심판이 있을 때까지 그 권한 행사가 정지된다.
② 헌법재판소가 권한쟁의심판의 청구를 받았을 때에는 직권 또는 청구인의 신청에 의하여 종국결정의 선고 시까지 심판 대상이 된 피청구인의 처분의 효력을 정지하는 결정을 할 수 있다.
③ 「헌법재판소법」 제68조 제1항에 의한 헌법소원심판절차에 있어서도 가처분의 필요성은 있을 수 있고, 달리 가처분을 허용하지 아니할 상당한 이유를 찾아볼 수 없으므로 헌법소원심판청구사건에서도 가처분은 허용된다.
④ 가처분의 요건을 갖춘 것으로 인정되고, 이에 덧붙여 가처분을 인용한 뒤 종국결정에서 청구가 기각되었을 때 발생하게 될 불이익과 가처분을 기각한 뒤 청구가 인용되었을 때 발생하게 될 불이익에 대한 비교형량을 하여 후자의 불이익이 전자의 불이익보다 크다면 가처분을 인용할 수 있다.

정답찾기

① [X] 탄핵소추의 의결을 받은 사람은 헌법재판소의 심판이 있을 때까지 그 권한 행사가 정지된다(「헌법재판소법」 제50조).
② [O] 헌법재판소가 권한쟁의심판의 청구를 받았을 때에는 직권 또는 청구인의 신청에 의하여 종국결정의 선고 시까지 심판 대상이 된 피청구인의 처분의 효력을 정지하는 결정을 할 수 있다(「헌법재판소법」 제65조).
③ [O] 「헌법재판소법」 제68조 제1항 헌법소원심판절차에 있어서도 가처분의 필요성은 있을 수 있고, 달리 가처분을 허용하지 아니할 상당한 이유를 찾아볼 수 없으므로 위 헌법소원심판청구사건에서도 가처분이 허용된다(헌재 2000. 12. 8. 2000헌사471).
④ [O] 가처분의 요건을 갖춘 것으로 인정되면, 가처분을 인용한 뒤 종국결정에서 청구가 기각되었을 때 발생하게 될 불이익과 가처분을 기각한 뒤 청구가 인용되었을 때 발생하게 될 불이익을 비교형량하여 후자가 전자보다 큰 경우에, 가처분을 인용할 수 있다(헌재 2000. 12. 8. 2000헌사471).

221 헌법재판소의 결정정족수가 같은 것만을 〈보기〉에서 모두 고르면? 22. 국회 8급

〈 보기 〉
㉠ 권한쟁의심판의 인용결정
㉡ 탄핵의 결정
㉢ 종전에 헌법재판소가 판시한 헌법 또는 법률의 해석 적용에 관한 의견 변경
㉣ 헌법소원에 관한 인용결정
㉤ 심판청구에 대한 각하결정

① ㉠, ㉡, ㉢
② ㉠, ㉣, ㉤
③ ㉡, ㉢, ㉣
④ ㉡, ㉣, ㉤
⑤ ㉢, ㉣, ㉤

정답찾기

③ 재판부는 종국심리에 관여한 재판관 과반수의 찬성으로 사건에 관한 결정을 한다. 다만, 법률의 위헌결정, 탄핵의 결정, 정당해산의 결정 또는 헌법소원에 관한 인용결정을 하는 경우, 종전에 헌법재판소가 판시한 헌법 또는 법률의 해석 적용에 관한 의견을 변경하는 경우에는 재판관 6명 이상의 찬성이 있어야 한다(「헌법재판소법」 제23조 제2항).

Answer 219 ① 220 ① 221 ③

222 헌법재판소의 위헌결정의 효력에 대한 설명으로 옳지 않은 것은? (다툼이 있는 경우 판례에 의함)

20. 지방직 7급

① 법률의 위헌결정은 법원과 그 밖의 국가기관 및 지방자치단체를 기속한다.
② 행정작용을 포함한 공권력 작용을 대상으로 한 권리구제형 헌법소원에 있어서 판단유탈은 재심사유가 되지 아니한다.
③ 형벌에 관한 법률 또는 법률의 조항에 대한 위헌결정과 관련하여 해당 법률 또는 법률의 조항에 대하여 종전에 합헌으로 결정한 사건이 있는 경우에는 그 결정이 있는 날의 다음 날로 소급하여 효력을 상실한다.
④ 헌법재판소 결정문의 결정 이유에 대하여 재판관 5인만이 찬성한 경우에는 위헌결정이유의 기속력을 인정할 여지가 없다.

정답찾기

② [X] 공권력의 작용에 대한 권리구제형 헌법소원심판절차에 있어서 '헌법재판소의 결정에 영향을 미칠 중대한 사항에 관하여 판단을 유탈한 때'를 재심사유로 허용하는 것이 헌법재판의 성질에 반한다고 볼 수는 없으므로, 「민사소송법」 제422조 제1항 제9호를 준용하여 판단유탈도 재심사유로 허용되어야 한다(헌재 2001. 9. 27. 2001헌아3).
① [O] 법률의 위헌결정은 법원과 그 밖의 국가기관 및 지방자치단체를 기속한다(「헌법재판소법」 제47조 제1항).
③ [O] 형벌에 관한 법률 또는 법률의 조항은 소급하여 그 효력을 상실한다. 다만, 해당 법률 또는 법률의 조항에 대하여 종전에 합헌으로 결정한 사건이 있는 경우에는 그 결정이 있는 날의 다음 날로 소급하여 효력을 상실한다(「헌법재판소법」 제47조 제3항).
④ [O] 결정 이유까지 기속력을 인정할지 여부 등에 대하여는 신중하게 접근할 필요가 있을 것이나 설령 결정 이유까지 기속력을 인정한다고 하더라도, 위헌결정 이유 중 비맹제외기준이 과잉금지원칙에 위반한다는 점에 대하여 기속력을 인정할 수 있으려면, 결정주문을 뒷받침하는 결정 이유에 대하여 적어도 위헌결정의 정족수인 재판관 6인 이상의 찬성이 있어야 할 것이고, 이에 미달할 경우에는 결정이유에 대하여 기속력을 인정할 여지가 없다(헌재 2008. 10. 30. 2006헌마1098).

223 헌법재판소 결정의 재심에 대한 설명으로 옳지 않은 것은? 23. 국가직 7급

① 공권력의 작용에 대한 권리구제형 헌법소원심판절차에 있어서 '헌법재판소의 결정에 영향을 미칠 중대한 사항에 관하여 판단을 유탈한 때'를 재심사유로 허용하는 것이 헌법재판의 성질에 반한다고 볼 수 없으므로 「민사소송법」 규정을 준용하여 '판단유탈'도 재심사유로 허용되어야 한다.
② 헌법재판은 그 심판의 종류에 따라 그 절차의 내용과 결정의 효과가 한결같지 아니하기 때문에 재심의 허용여부 내지 허용정도 등은 심판절차의 종류에 따라서 개별적으로 판단될 수밖에 없다.
③ 정당해산심판절차에서는 재심을 허용하지 아니함으로써 얻을 수 있는 법적 안정성의 이익이 재심을 허용함으로써 얻을 수 있는 구체적 타당성의 이익보다 더 크므로 재심을 허용하여서는 아니 된다.
④ 위헌법률심판을 구하는 헌법소원에 대한 헌법재판소의 결정에 대하여는 재심을 허용하지 아니함으로써 얻을 수 있는 법적 안정성의 이익이 재심을 허용함으로써 얻을 수 있는 구체적 타당성의 이익보다 훨씬 높을 것으로 예상할 수 있으므로 헌법재판소의 이러한 결정에는 재심에 의한 불복방법이 그 성질상 허용될 수 없다.

> 정답찾기

③ [X] 정당해산심판은 원칙적으로 해당 정당에게만 그 효력이 미치며, 정당해산결정은 대체정당이나 유사정당의 설립까지 금지하는 효력을 가지므로 오류가 드러난 결정을 바로잡지 못한다면 장래 세대의 정치적 의사결정에까지 부당한 제약을 초래할 수 있다. 따라서 정당해산심판절차에서는 재심을 허용하지 아니함으로써 얻을 수 있는 법적 안정성의 이익보다 재심을 허용함으로써 얻을 수 있는 구체적 타당성의 이익이 더 크므로 재심을 허용하여야 한다(헌재 2016. 5. 26. 2015헌아20).
① [O] 공권력의 작용에 대한 권리구제형 헌법소원심판절차에 있어서 '헌법재판소의 결정에 영향을 미칠 중대한 사항에 관하여 판단을 유탈한 때'를 재심사유로 허용하는 것이 헌법재판의 성질에 반한다고 볼 수는 없으므로, 「민사소송법」 제422조 제1항 제9호를 준용하여 "판단유탈"도 재심사유로 허용되어야 한다(헌재 2001. 9. 27. 2001헌아3).
② [O] 헌법재판은 그 심판의 종류에 따라 그 절차의 내용과 결정의 효과가 한결같지 아니하기 때문에 재심의 허용여부 내지 허용정도 등은 심판절차의 종류에 따라서 개별적으로 판단될 수밖에 없다(헌재 2001. 9. 27. 2001헌아3).
④ [O] 「헌법재판소법」 제68조 제2항에 의한 헌법소원사건에 관한 헌법재판소의 결정에 대하여는 원칙적으로 재심을 허용하지 아니함으로써 얻을 수 있는 법적 안정성의 이익이 재심을 허용함으로써 얻을 수 있는 구체적 타당성의 이익보다 높기 때문에 재심을 허용할 수 없다(헌재 1992. 6. 26. 90헌아1).

Answer 222 ② 223 ③

224 헌법재판에 대한 설명으로 옳지 않은 것은?

24. 국가직 7급

① 헌법재판소는 제청된 법률 또는 법률 조항의 위헌 여부만을 결정하지만, 법률 조항의 위헌결정으로 인하여 해당 법률 전부를 시행할 수 없다고 인정될 때에는 그 전부에 대하여 위헌결정을 할 수 있다.

② 위헌으로 결정된 형벌에 관한 법률 또는 법률의 조항은 소급하여 그 효력을 상실하지만, 해당 법률 또는 법률의 조항에 대하여 종전에 합헌으로 결정한 사건이 있는 경우에는 그 결정이 있는 날로 소급하여 효력을 상실한다.

③ 「헌법재판소법」 제68조 제1항에 따른 헌법소원을 인용함에 있어 헌법재판소는 공권력의 행사 또는 불행사가 위헌인 법률 또는 법률의 조항에 기인한 것이라고 인정될 때에는 인용결정에서 해당 법률 또는 법률의 조항이 위헌임을 선고할 수 있다.

④ 헌법재판소의 심판비용은 국가부담으로 한다. 다만, 당사자의 신청에 의한 증거조사의 비용은 헌법 재판소규칙으로 정하는 바에 따라 그 신청인에게 부담시킬 수 있다.

정답찾기

② [X] 형벌에 관한 법률 또는 법률의 조항은 소급하여 그 효력을 상실한다. 다만, 해당 법률 또는 법률의 조항에 대하여 종전에 합헌으로 결정한 사건이 있는 경우에는 그 결정이 있는 날의 다음 날로 소급하여 효력을 상실한다(「헌법재판소법」 제47조 제3항).

① [O] 헌법심판의 대상이 된 법률 조항 중 일정한 법률 조항이 위헌선언된 경우 같은 법률의 그렇지 아니한 다른 법률 조항들은 효력을 그대로 유지하는 것이 원칙이다. 그러나 예외적으로 위헌으로 선언된 법률 조항을 넘어서 다른 법률 조항 내지 법률 전체를 위헌선언하여야 할 경우가 있다. 합헌으로 남아 있는 나머지 법률 조항만으로는 법적으로 독립된 의미를 가지지 못하거나, 위헌인 법률 조항이 나머지 법률 조항과 극히 밀접한 관계에 있어서 전체적·종합적으로 양자가 분리될 수 없는 일체를 형성하고 있는 경우, 위헌인 법률 조항만을 위헌선언하게 되면 전체규정의 의미와 정당성이 상실되는 때가 이에 해당된다고 할 것이다(헌재 1999. 9. 16. 99헌가1).

③ [O] 「헌법재판소법」 제75조 제5항은 소위 '부수적 규범통제'를 규정하고 있다. 따라서 행정청 행위의 위헌성이 위헌적인 법률에 기인한다고 판단된다면, 헌법재판소는 행정청 행위의 근거가 되는 법률 조항의 위헌성을 확인함으로써 그를 적용한 행정청 행위의 위헌성을 확인할 수 있다(헌재 2003. 2. 27. 2002헌마106).

④ [O] 헌법재판소의 심판비용은 국가부담으로 한다. 다만, 당사자의 신청에 의한 증거조사의 비용은 헌법재판소규칙으로 정하는 바에 따라 그 신청인에게 부담시킬 수 있다(「헌법재판소법」 제37조 제1항).

225 헌법재판의 심판절차에 대한 설명으로 옳지 않은 것은?

24. 국회 8급

① 해당 법률 또는 법률의 조항에 대하여 종전에 합헌으로 결정한 사건이 있는 경우에 위헌으로 결정된 형벌에 관한 법률 또는 법률의 조항은 그 위헌결정이 있는 날의 다음 날로 소급하여 효력을 상실한다.
② 「헌법재판소법」 제68조 제1항에 따른 헌법소원의 심판은 그 사유가 있음을 안 날부터 90일 이내에, 그 사유가 있는 날부터 1년 이내에 청구하여야 한다. 다만, 다른 법률에 따른 구제절차를 거친 헌법소원의 심판은 그 최종결정을 통지받은 날부터 30일 이내에 청구하여야 한다.
③ 헌법재판소에의 심판청구는 심판절차별로 정하여진 청구서를 헌법재판소에 제출함으로써 한다. 다만, 위헌법률심판에서는 법원의 제청서, 탄핵심판에서는 국회의 소추의결서의 정본으로 청구서를 갈음한다.
④ 헌법재판소는 위헌법률심판의 결정일부터 14일 이내에 결정서 정본을 제청한 법원에 송달한다. 이 경우에 위헌법률심판을 제청한 법원이 대법원이 아닌 경우에는 대법원을 거쳐야 한다.
⑤ 재판부는 결정으로 재판·소추 또는 범죄수사가 진행 중인 사건의 기록에 대하여 송부를 요구할 수 있다.

정답찾기

① [X] 형벌에 관한 법률 또는 법률의 조항은 소급하여 그 효력을 상실한다. 다만, 해당 법률 또는 법률의 조항에 대하여 종전에 합헌으로 결정한 사건이 있는 경우에는 그 결정이 있는 날의 다음 날로 소급하여 효력을 상실한다(「헌법재판소법」 제47조 제3항).
⑤ [X] 재판부는 결정으로 다른 국가기관 또는 공공단체의 기관에 심판에 필요한 사실을 조회하거나, 기록의 송부나 자료의 제출을 요구할 수 있다. 다만, 재판·소추 또는 범죄수사가 진행 중인 사건의 기록에 대하여는 송부를 요구할 수 없다(「헌법재판소법」 제32조).
② [O] 「헌법재판소법」 제68조 제1항에 따른 헌법소원의 심판은 그 사유가 있음을 안 날부터 90일 이내에, 그 사유가 있는 날부터 1년 이내에 청구하여야 한다. 다만, 다른 법률에 따른 구제절차를 거친 헌법소원의 심판은 그 최종결정을 통지받은 날부터 30일 이내에 청구하여야 한다(「헌법재판소법」 제69조 제1항).
③ [O] 헌법재판소에의 심판청구는 심판절차별로 정하여진 청구서를 헌법재판소에 제출함으로써 한다. 다만, 위헌법률심판에서는 법원의 제청서, 탄핵심판에서는 국회의 소추의결서의 정본(正本)으로 청구서를 갈음한다(「헌법재판소법」 제26조 제1항).
④ [O] 헌법재판소는 결정일부터 14일 이내에 결정서 정본을 제청한 법원에 송달한다. 이 경우 제청한 법원이 대법원이 아닌 경우에는 대법원을 거쳐야 한다(「헌법재판소법」 제46조).

Answer 224 ② 225 ①, ⑤

제3항 헌법재판소의 권한

1 위헌법률심판

226 위헌법률심판에 대한 설명으로 옳은 것은? 　　　　　16. 지방직 7급

① 위헌법률심판제청을 신청한 당사자는 당해 법원이 제청신청을 기각한 결정에 대하여 항고할 수 없다.
② 헌법재판소는 관습법도 위헌법률심판의 대상이 된다고 보고 있으며, 대법원도 관습법이 헌법재판소의 위헌법률심판 대상이 된다고 인정하고 있다.
③ 법원이 법률의 위헌 여부 심판을 헌법재판소에 제청할 때에는 제청서에 제청법원의 표시, 사건 및 당사자의 표시 및 피청구인을 적어야 한다.
④ 헌법재판소는 위헌법률심판에서 결정유형으로 각하결정, 기각결정, 합헌결정, 변형결정, 위헌결정을 사용하고 있다.

> **정답찾기**
>
> ① [O] 위헌 여부 심판의 제청에 관한 결정에 대하여는 항고할 수 없다(「헌법재판소법」제41조 제4항).
> ② [X] 헌법재판소는 "이 사건 관습법은 「민법」시행 이전에 상속을 규율하는 법률이 없는 상황에서 재산상속에 관하여 적용된 규범으로서 비록 형식적 의미의 법률은 아니지만 실질적으로는 법률과 같은 효력을 갖는 것이므로 위헌법률심판의 대상이 된다."고 판시하였으나(헌재 2013. 2. 28. 2009헌바129), 대법원은 "관습법은 헌법재판소의 위헌법률심판의 대상이 아니라 할 것이다. 따라서 「민법」시행 이전의 상속에 관한 구 관습법 중 '호주가 사망한 경우 여자에게는 상속권 및 분재청구권이 없다'는 부분에 대한 위헌법률심판의 제청을 구하는 신청인의 이 사건 신청은 부적법하다."고 판시하였다(대결 2009. 5. 28. 2007카기134).
> ③ [X] 법원이 법률의 위헌 여부 심판을 헌법재판소에 제청할 때에는 제청서에 제청법원의 표시, 사건 및 당사자의 표시, 위헌이라고 해석되는 법률 또는 법률의 조항, 위헌이라고 해석되는 이유, 그 밖에 필요한 사항을 적어야 한다(「헌법재판소법」제43조).
> ④ [X] 헌법재판소는 위헌법률심판에서 결정유형으로 각하결정, 합헌결정, 변형결정(헌법불합치 등), 위헌결정을 사용한다. 기각결정은 위헌법률심판에서 사용하지 않는 결정유형이다.

227 위헌법률심판에 대한 헌법재판소 결정으로 옳지 않은 것은?

15. 국가직 7급

① 분재청구권에 관한 관습법은 「민법」 시행 이전에 상속을 규율하는 법률이 없는 상황에서 재산상속에 관하여 적용된 규범으로서 비록 형식적 의미의 법률은 아니지만 실질적으로는 법률과 같은 효력을 가지므로 위헌법률심판의 대상이 된다.

② 헌법재판소가 행하는 구체적 규범통제의 심사기준은 헌법재판을 할 당시에 규범적 효력을 가지는 헌법이므로 유신헌법 하의 긴급조치에 대한 위헌 여부의 심사기준 역시 유신헌법이 아니라 현행헌법이다.

③ 구 「성폭력범죄의 처벌 등에 관한 특례법」 상 성폭력범죄자의 신상정보 등록의 근거규정에 의하면 일정한 성폭력범죄로 유죄판결이 확정된 자는 신상정보 등록대상자가 되는바, 유죄판결이 확정되기 전 단계인 당해 형사 사건에서는 위 신상정보등록 근거규정의 재판의 전제성은 인정되지 않는다.

④ 헌법불합치결정에서 정한 잠정적용기간 동안 헌법불합치결정을 받은 법률조항에 따라 퇴직연금환수처분이 이루어졌고 환수처분의 후행처분으로 압류처분이 내려진 경우, 압류처분의 무효확인을 구하는 당해 소송에서 헌법불합치결정에 따라 개정된 법률조항은 당해 소송의 재판의 전제가 된다.

정답찾기

④ [X] 구 「공무원연금법」 제64조 제1항 제1호에 대하여 헌법재판소가 헌법불합치결정(2005헌바33)을 하면서, 2008. 12. 31.까지 잠정적용을 명하였는데, 청구인에 대한 공무원 퇴직연금 환수처분은 위 조항에 근거하여 잠정적용기간 내인 2008. 9. 12.에 이루어졌으므로 법률상 근거가 있는 처분이다. 그리고 청구인에 대한 압류처분은 위와 같이 유효한 환수처분을 선행처분으로 한 것이므로, 압류처분의 무효확인을 구하는 당해 소송에서는 개정된 「공무원연금법」 제64조 제1항 제1호가 적용될 여지가 없다. 따라서 개정된 「공무원연금법」 제64조 제1항 제1호는 당해 사건의 재판에 적용되지 아니하므로, 재판의 전제성이 인정되지 아니한다(헌재 2013. 8. 29. 2010헌바241).

① [O] 법률과 동일한 효력을 갖는 조약 등을 위헌법률심판의 대상으로 삼는 것은 헌법을 최고규범으로 하는 법질서의 통일성과 법적 안정성을 확보할 수 있을 뿐만 아니라, 합헌적인 법률에 의한 재판을 가능하게 하여 궁극적으로는 국민의 기본권 보장에 기여할 수 있다. 그런데 이 사건 관습법은 「민법」 시행 이전에 상속을 규율하는 법률이 없는 상황에서 재산상속에 관하여 적용된 규범으로서 비록 형식적 의미의 법률은 아니지만 실질적으로는 법률과 같은 효력을 갖는 것이므로 위헌법률심판의 대상이 된다(헌재 2013. 2. 28. 2009헌바129).

② [O] 유신헌법 일부 조항과 긴급조치 등이 기본권을 지나치게 침해하고 자유민주적 기본질서를 훼손하였다는 반성에 따른 헌법 개정사, 국민의 기본권의 강화·확대라는 헌법의 역사성, 헌법재판소의 헌법해석은 헌법이 내포하고 있는 특정한 가치를 탐색·확인하고 이를 규범적으로 관철하는 작업인 점에 비추어, 헌법재판소가 행하는 구체적 규범통제의 심사기준은 원칙적으로 헌법재판을 할 당시에 규범적 효력을 가지는 현행헌법이다(헌재 2013. 3. 21. 2010헌바132).

③ [O] 신상정보 등록조항은 당해 사건 형사재판의 결론 및 그 확정 여부에 의하여 비로소 적용될 뿐, 유죄판결이 확정되기 전 단계인 당해 사건 형사재판에 적용되지 아니하고, 그 위헌 여부에 따라 당해 사건 재판의 주문이나 내용, 효력에 관한 법률적 의미가 달라진다고 볼 수 없으므로, 재판의 전제성이 인정되지 아니한다(헌재 2016. 12. 29. 2016헌바153).

Answer 226 ① 227 ④

228 위헌법률심판에 대한 설명으로 옳은 것은? (다툼이 있는 경우 판례에 의함) 19. 지방직 7급

① 위헌법률심판 제청이 적법하기 위해서는 법원에 계속 중인 구체적인 사건에 적용할 법률이 헌법에 위반되는 여부가 재판의 전제로 되어야 하는데 여기서 '재판'에는 법원의 증거채부결정과 같은 중간재판도 포함된다.
② 위헌으로 결정된 형벌에 관한 법률 또는 법률조항에 대하여 종전에 합헌으로 결정한 사건이 있는 경우에는 그 결정이 있은 날로 소급하여 효력을 상실한다.
③ 제청법원이 법률 조항 자체의 위헌판단을 구하는 것이 아니라 심판대상 법률 조항의 특정한 해석이나 적용부분의 위헌성을 주장하는 한정위헌청구를 하는 경우에는 원칙적으로 부적법하다고 보아야 한다.
④ 법원이 위헌법률심판을 제청하는 경우에는 제청서에 위헌이라고 해석되는 법률 또는 법률의 조항 및 위헌이라고 해석되는 이유를 기재해야 하는바, 헌법재판소는 제청서에 기재된 심판의 대상과 위헌심사의 기준에 구속된다.

정답찾기

① [O] 법 제295조에 의하여 법원이 행하는 증거채부결정은 당해 소송사건을 종국적으로 종결시키는 재판은 아니라고 하더라도, 그 자체가 법원의 의사결정으로서 헌법 제107조 제1항과 「헌법재판소법」 제41조 제1항에 규정된 재판에 해당된다(헌재 1996. 12. 26. 94헌바1).
② [X] 형벌에 관한 법률 또는 법률의 조항은 소급하여 그 효력을 상실한다. 다만, 해당 법률 또는 법률의 조항에 대하여 종전에 합헌으로 결정한 사건이 있는 경우에는 그 결정이 있는 날의 다음 날로 소급하여 효력을 상실한다(「헌법재판소법」 제47조 제3항).
③ [X] 법률의 의미는 결국 개별·구체화된 법률해석에 의해 확인되는 것이므로 법률과 법률의 해석을 구분할 수는 없고, 재판의 전제가 된 법률에 대한 규범통제는 해석에 의해 구체화된 법률의 의미와 내용에 대한 헌법적 통제로서 헌법재판소의 고유권한이며, 헌법합치적 법률해석의 원칙상 법률 조항 중 위헌성이 있는 부분에 한정하여 위헌결정을 하는 것은 입법권에 대한 자제와 존중으로서 당연하고 불가피한 결론이므로, 이러한 한정위헌결정을 구하는 한정위헌청구는 원칙적으로 적법하다고 보아야 한다(헌재 2012. 12. 27. 2011헌바117).
④ [X] 헌법재판소는 위헌법률심판절차에 있어서 규범의 위헌성을 제청법원이나 제청신청인이 주장하는 법적 관점에서만 아니라 심판대상규범의 법적 효과를 고려하여 모든 헌법적 관점에서 심사한다. 법원의 위헌제청을 통하여 제한되는 것은 오로지 심판의 대상인 법률조항이지 위헌심사의 기준이 아니다(헌재 1996. 12. 26. 96헌가18).

229 위헌법률심판에 대한 설명으로 옳은 것만을 고른 것은? (다툼이 있는 경우 판례에 의함)   19. 5급 공채(행정)

> ㉠ 법률이 헌법에 위반되는지 여부가 재판의 전제가 된 경우에는 당해 사건을 담당하는 법원(군사법원을 포함한다)은 직권 또는 당사자의 신청에 의한 결정으로 헌법재판소에 위헌 여부 심판을 제청한다.
> ㉡ 법원이 법률의 위헌 여부 심판을 헌법재판소에 제청한 때에는 당해 소송사건의 재판은 헌법재판소의 위헌 여부의 결정이 있을 때까지 정지되나 법원이 긴급하다고 인정하는 경우에는 종국재판 외의 소송절차를 진행할 수 있다.
> ㉢ 헌법재판소 결정에 따르면 위헌법률심판에서 제청대상은 국회에서 제정한 형식적 의미의 법률을 의미하므로 관습법은 형식적 의미의 법률이 아니라서 제청대상에서 배제된다.
> ㉣ 법원의 위헌여부심판 제청에서 위헌 여부가 문제가 되는 법률이나 법률조항이 재판의 전제성 요건을 갖추고 있는지는 제청법원의 법률적 견해에 따라야 한다.

① ㉠, ㉡
② ㉠, ㉢
③ ㉡, ㉢
④ ㉢, ㉣

정답찾기

㉠ [O] 법률이 헌법에 위반되는지 여부가 재판의 전제가 된 경우에는 당해 사건을 담당하는 법원(군사법원을 포함한다. 이하 같다)은 직권 또는 당사자의 신청에 의한 결정으로 헌법재판소에 위헌 여부 심판을 제청한다(「헌법재판소법」 제41조 제1항).

㉡ [O] 법원이 법률의 위헌 여부 심판을 헌법재판소에 제청한 때에는 당해 소송사건의 재판은 헌법재판소의 위헌 여부의 결정이 있을 때까지 정지된다. 다만, 법원이 긴급하다고 인정하는 경우에는 종국재판 외의 소송절차를 진행할 수 있다(「헌법재판소법」 제42조 제1항).

㉢ [X] 법률과 동일한 효력을 갖는 조약 등을 위헌법률심판의 대상으로 삼는 것은 헌법을 최고규범으로 하는 법질서의 통일성과 법적 안정성을 확보할 수 있을 뿐만 아니라, 합헌적인 법률에 의한 재판을 가능하게 하여 궁극적으로는 국민의 기본권 보장에 기여할 수 있다. 그런데 이 사건 관습법은 「민법」 시행 이전에 상속을 규율하는 법률이 없는 상황에서 재산상속에 관하여 적용된 규범으로서 비록 형식적 의미의 법률은 아니지만 실질적으로는 법률과 같은 효력을 갖는 것이므로 위헌법률심판의 대상이 된다(헌재 2013. 2. 28. 2009헌바129).

㉣ [X] 위헌법률심판이나 법 제68조 제2항의 규정에 의한 헌법소원심판에 있어서 위헌여부가 문제되는 법률이 재판의 전제성 요건을 갖추고 있는지의 여부는 헌법재판소가 별도로 독자적인 심사를 하기보다는 되도록 법원의 이에 관한 법률적 견해를 존중해야 할 것이며, 다만 그 전제성에 관한 법률적 견해가 명백히 유지될 수 없을 때에만 헌법재판소는 직권으로 조사할 수 있다(헌재 1993. 5. 13. 92헌가10).

Answer 228 ① 229 ①

230 재판의 전제성에 대한 설명으로 옳은 것은? (다툼이 있는 경우 판례에 의함)   22. 국가직 7급

① 법원에서 당해 소송사건에 적용되는 재판규범 중 위헌제청신청대상이 아닌 관련 법률에서 규정한 소송요건을 구비하지 못하였기 때문에 부적법하다는 이유로 소 각하판결을 선고하고 그 판결이 확정되거나, 소 각하판결이 확정되지 않았더라도 당해 소송사건이 부적법하여 각하될 수밖에 없는 경우, 당해 소송사건이 각하될 것이 불분명한 경우에는 당해 소송사건에 관한 '재판의 전제성' 요건이 흠결된 것으로 본다.

② 법원이 심판대상조항을 적용함이 없이 다른 법리를 통하여 재판을 한 경우 심판대상조항의 위헌 여부는 당해 사건법원의 재판에 직접 적용되거나 관련되는 것이 아니어서 재판의 전제성이 인정되지 않는다.

③ 형사사건에 있어서 원칙적으로 공소가 제기되지 아니한 법률조항의 위헌 여부는 당해 형사사건의 재판의 전제가 될 수 없으나 공소장에 적용법조로 기재되었다면 재판의 전제성을 인정할 수 있다.

④ 항소심에서 당해 사건의 당사자들 간에 임의조정이 성립되어 소송이 종결된 경우 1심 판결에 적용된 법률조항에 대해서는 재판의 전제성이 인정될 수 있다.

정답찾기

② [O] 구 「국세징수법」 제47조 제2항은 부동산 등에 대한 압류는 압류의 등기 또는 등록을 한 후에 발생한 체납액에 대하여도 효력이 미친다는 내용임에 반하여, 당해사건의 법원은 압류등기 후에 압류부동산을 양수한 소유자에게 압류처분의 취소를 구할 당사자적격이 있는지에 관한 법리 및 압류해제, 결손처분에 관한 법리를 통하여 당해 사건을 판단하였고, 그러한 당해 사건법원의 판단은 그대로 대법원에 의하여 최종적으로 확정되었는 바, 그렇다면 위 법률조항의 위헌여부는 당해 사건법원의 재판에 직접 적용되거나 관련되는 것이 아니어서 그 재판의 전제성이 없다(헌재 2001. 11. 29. 2000헌바49).

① [X] 법원에서 당해 소송사건에 적용되는 재판규범 중 위헌제청신청대상이 아닌 관련 법률에서 규정한 소송요건을 구비하지 못하였기 때문에 부적법하다는 이유로 소 각하판결을 선고하고 그 판결이 확정되거나, 소 각하판결이 확정되지 않았더라도 당해 소송사건이 부적법하여 각하될 수밖에 없는 경우에는 당해 소송사건에 관한 '재판의 전제성' 요건이 흠결되어 「헌법재판소법」 제68조 제2항의 헌법소원심판청구가 부적법하다 할 것이나, 이와는 달리 당해 소송사건이 각하될 것이 불분명한 경우에는 '재판의 전제성'이 흠결되었다고 단정할 수 없는 것이나(헌재 2013. 11. 28. 2011헌바36).

③ [X] 당해사건은 형사사건으로서 공소장에 적용법조로 기재되지 않은 병역종류조항은 당해사건에 직접 적용되는 조항이 아니지만, 심판청구된 법률 조항의 위헌 여부에 따라 당해 사건 재판에 직접 적용되는 법률 조항의 위헌 여부가 결정되거나 당해 사건 재판의 결과가 좌우되는 경우 또는 당해 사건의 재판에 직접 적용되는 규범의 의미가 달라짐으로써 재판에 영향을 미치는 경우 등에는 간접 적용되는 법률 조항에 대하여도 재판의 전제성을 인정할 수 있다(헌재 2011. 10. 25. 2010헌바476). 이 사건 법률 제2조 제3호 및 제8조 제1항이 당해 사건의 공소장에 적용법조로 기재되어 있으나, 위 각 규정의 '청소년이용음란물'이란 실제 인물인 청소년이 등장하는 음란물을 의미하므로 단지 만화로 청소년을 음란하게 묘사한 당해 사건의 공소사실을 규율할 수 없는 것이어서 재판의 전제성이 없다고 청소년보호위원회위원장은 주장하는 바, 그렇다면 위 규정이 당해사건에 적용될 수 없고 그 위헌여부에 따라 재판의 주문이 달라지거나 재판의 내용과 효력에 관한 법률적 의미가 달라질 수 없으므로 일응 재판의 전제성을 부인하여야 할 것으로 보인다(헌재 2001. 9. 27. 99헌바77).

④ [X] 항소심에서 당해 사건의 당사자들에 의해 소송이 종결되었다면 구체적인 사건이 법원에 계속 중인 경우라 할 수 없을 뿐 아니라, 조정의 성립에 1심 판결에 적용된 법률 조항이 적용된 바도 없으므로 위 법률조항에 대하여 위헌 결정이 있다 하더라도 청구인으로서는 당해 사건에 대하여 재심을 청구할 수 없어 종국적으로 당해 사건의 결과에 대하여 이를 다툴 수 없게 되었다 할 것이므로, 위 법률 조항이 헌법에 위반되는지 여부는 당해 사건과의 관계에서 재판의 전제가 되지 못한다(헌재 2010. 2. 25. 2007헌바34).

231 위헌법률심판에 대한 설명으로 옳지 않은 것은? (다툼이 있는 경우 헌법재판소 판례에 의함) 22. 국회 8급

① 헌법 및 「헌법재판소법」에 의하면 위헌심판의 대상을 '법률'이라고 규정하고 있는데, 여기서 '법률'이라고 함은 국회의 의결을 거친 이른바 형식적 의미의 법률뿐만 아니라 법률과 동일한 효력을 갖는 조약 등도 포함된다.

② 호주가 사망한 경우 딸에게 분재청구권을 인정하지 아니한 구 관습법은 비록 형식적 의미의 법률은 아니지만 실질적으로는 법률과 같은 효력을 갖는 것이므로 위헌법률심판의 대상이 된다.

③ 헌법재판소에 의하여 위헌으로 선고된 법률 또는 법률의 조항이 제정 당시로 소급하여 효력을 상실하는가 아니면 장래에 향하여 효력을 상실하는가의 문제는 특단의 사정이 없는 한 헌법적합성의 문제라기보다는 입법자가 법적 안정성과 개인의 권리구제 등 제반이익을 비교형량하여 가면서 결정할 입법정책의 문제이다.

④ 입법자는 형벌조항에 대한 위헌결정의 효력과 관련하여 과거의 완전 소급효 입장을 버리고 종전에 합헌결정이 있었던 시점까지 그 소급효를 제한하는 부분 소급효로 입장을 변경하였는데, 이는 법적 안정성보다는 정의에 더 중점을 둔 것이다.

⑤ 헌법재판소가 특정 형벌법규에 대하여 과거에 합헌결정을 하였다는 것은, 적어도 그 당시에는 당해 행위를 처벌할 필요성에 대한 사회구성원의 합의가 유효하다는 것을 확인한 것이므로, 합헌결정이 있었던 시점 이전까지로 위헌결정의 소급효를 인정할 근거가 없다.

정답찾기

④ [X] 입법자는 2014. 5. 20. '형벌법규에 대하여 종전에 합헌으로 결정한 사건이 있는 경우에는 그 결정이 있는 날의 다음 날로 소급하여 효력을 상실'하도록 하는 내용의 심판대상조항을 신설함으로써, 형벌조항에 대한 위헌결정의 효력과 관련하여 과거의 완전 소급효 입장을 버리고 종전에 합헌결정이 있었던 시점까지 그 소급효를 제한하는 부분 소급효로 입장을 변경하였다. 헌법재판소의 합헌결정을 통해 과거의 어느 시점에서는 합헌이었음이 인정된 형벌조항에 대하여는 위헌결정의 소급효를 제한함으로써 그동안 쌓아 온 규범에 대한 사회적인 신뢰와 법적 안정성을 확보할 수 있도록 한 것이다(헌재 2016. 4. 28. 2015헌바216).

① [O] 법원의 제청에 의한 위헌법률심판 또는 「헌법재판소법」 제68조 제2항에 의한 헌법소원심판의 대상이 되는 '법률'에는 국회의 의결을 거친 이른바 형식적 의미의 법률은 물론이고 그 밖에 조약 등 '형식적 의미의 법률과 동일한 효력'을 갖는 규범들도 모두 포함된다. 따라서 헌법이 법률과 동일한 효력을 가진다고 규정한 긴급재정경제명령 및 긴급명령은 물론, 헌법상 형식적 의미의 법률은 아니지만 국내법과 동일한 효력이 인정되는 '헌법에 의하여 체결·공포된 조약과 일반적으로 승인된 국제법규'의 위헌 여부의 심사권한도 헌법재판소에 전속된다(헌재 2013. 3. 21. 2010헌바132).

② [O] 이 사건 관습법은 「민법」 시행 이전에 상속을 규율하는 법률이 없는 상황에서 재산상속에 관하여 적용된 규범으로서 비록 형식적 의미의 법률은 아니지만 실질적으로는 법률과 같은 효력을 갖는 것이므로 위헌법률심판의 대상이 된다(헌재 2013. 2. 28. 2009헌바129).

③ [O] 헌법재판소에 의하여 위헌으로 선고된 법률 또는 법률의 조항이 제정 당시로 소급하여 효력을 상실하는가 아니면 장래에 향하여 효력을 상실하는가의 문제는 특단의 사정이 없는 한 헌법적합성의 문제라기보다는 입법자가 법적 안정성과 개인의 권리구제 등 제반이익을 비교형량하여 가면서 결정할 입법정책의 문제인 것으로 보인다(헌재 2000. 8. 31. 2000헌바6).

⑤ [O] 헌법재판소가 당대의 법 감정과 시대상황을 고려하여 합헌이라는 유권적 확인을 하였다면, 그러한 사실 자체에 대하여 법적 의미를 부여하고 그것을 존중할 필요가 있다. 헌법재판소가 특정 형벌법규에 대하여 과거에 합헌결정을 하였다는 것은, 적어도 그 당시에는 당해 행위를 처벌할 필요성에 대한 사회구성원의 합의가 유효하다는 것을 확인한 것이므로, 합헌결정이 있었던 시점 이전까지로 위헌결정의 소급효를 인정할 근거가 없다(헌재 2016. 4. 28. 2015헌바216).

Answer 230 ② 231 ④

232 위헌법률심판에 대한 헌법재판소의 판시내용과 설명으로 적절하지 <u>않은</u> 것은? 23. 국회 8급

① 위헌법률심판의 대상이 되는 재판이란 원칙적으로 판결·결정·명령 등 그 형식 여하와 본안에 관한 재판인가 소송절차에 관한 재판인가를 불문하며, 종국재판뿐만 아니라 중간재판도 이에 포함된다.

② 재판의 전제성이란 구체적 사건이 법원에 계속되어 있었거나 현재 계속 중이어야 하고, 위헌 여부가 문제되는 법률 또는 법률조항이 당해 소송사건의 재판과 관련하여 적용되는 것이어야 하며, 그 법률이 헌법에 위반되는지의 여부에 따라 당해 사건을 담당한 법원이 다른 내용의 재판을 하게 되는 경우를 의미한다. 여기서 법원이 다른 내용의 재판을 하게 되는 경우라 함은 당해 사건의 재판의 결론이나 주문에 영향을 주거나, 재판의 결론을 이끌어 내는 이유를 달리하는 데 관련이 있거나, 재판의 내용과 효력에 관한 법률적 의미가 달라지는 경우를 말한다.

③ 법원이 법률의 위헌 여부의 심판을 헌법재판소에 제청한 때에는 당해 소송사건의 재판은 헌법재판소의 위헌 여부의 결정이 있을 때까지 정지되므로 법원이 긴급하다고 인정하는 경우에도 종국재판 외의 소송절차를 진행할 수 없다.

④ 당해 사건 재판에서 청구인이 승소판결을 받아 그 판결이 확정된 경우 청구인은 재심을 청구할 법률상 이익이 없고, 심판대상조항에 대하여 위헌결정이 선고되더라도 당해 사건 재판의 결론이나 주문에 영향을 미칠 수 없으므로 그 심판청구는 재판의 전제성이 인정되지 아니하나, 당해 사건에 관한 재판에서 승소판결을 받았다고 하더라도 그 판결이 확정되지 아니한 이상 상소절차에서 그 주문이 달라질 수 있으므로, 파기환송 전 항소심에서 승소판결을 받았다는 사정만으로는 법률조항의 위헌여부에 관한 재판의 전제성이 부정된다고 할 수 없다.

⑤ 위헌법률심판이나 위헌심사형 헌법소원심판에 있어서 위헌여부가 문제되는 법률이 재판의 전제성 요건을 갖추고 있는지의 여부는 헌법재판소가 별도로 독자적인 심사를 하기 보다는 되도록 법원의 이에 관한 법률적 견해를 존중해야 할 것이며, 다만 그 전제성에 관한 법률적 견해가 명백히 유지될 수 없을 때에만 헌법재판소는 이를 직권으로 조사할 수 있다.

정답찾기

③ [X] 법원이 법률의 위헌 여부 심판을 헌법재판소에 제청한 때에는 당해 소송사건의 재판은 헌법재판소의 위헌 여부의 결정이 있을 때까지 정지된다. 다만, 법원이 긴급하다고 인정하는 경우에는 종국재판 외의 소송절차를 진행할 수 있다(「헌법재판소법」 제42조 제1항).

① [O] 「헌법재판소법」 제68조 제2항에 의한 헌법소원심판은 심판대상이 된 법률조항이 헌법에 위반되는 여부가 관련사건에서 재판의 전제가 된 경우에 한하여 청구될 수 있는데, 여기서 "재판"이라 함은 판결·결정·명령 등 그 형식 여하와 본안에 관한 재판이거나 소송절차에 관한 재판이거나를 불문하며, 심급을 종국적으로 종결시키는 종국재판뿐만 아니라 중간재판도 포함된다(헌재 1996. 12. 26. 94헌바1).

② [O] 재판의 전제성이라 함은 첫째 구체적인 사건이 법원에 계속되어 있었거나 계속 중이어야 하고, 둘째 위헌 여부가 문제되는 법률이 당해 소송사건의 재판에 적용되는 것이어야 하며, 셋째 그 법률이 헌법에 위반되는지의 여부에 따라 당해 사건을 담당한 법원이 다른 내용의 재판을 하게 되는 경우를 말하는 것으로, 여기에서 법원이 다른 내용의 재판을 하게 되는 경우라 함은 원칙적으로 법원이 심리 중인 당해 사건의 재판의 결론이나 주문에 어떠한 영향을 주는 것뿐만 아니라, 문제된 법률의 위헌여부가 비록 재판의 주문 자체에는 아무런 영향을 주지 않는다고 하더라도 재판의 결론을 이끌어내는 이유를 달리 하는데 관련되어 있거나 또는 재판의 내용과 효력에 관한 법률적 의미가 전혀 달라지는 경우도 포함한다(헌재 1993. 5. 13. 92헌가10).

④ [O] 당해 사건 재판에서 청구인이 승소판결을 받아 그 판결이 확정된 경우 청구인은 재심을 청구할 법률상 이익이 없고, 심판대상조항에 대하여 위헌결정이 선고되더라도 당해 사건 재판의 결론이나 주문에 영향을 미칠 수 없으므로 그 심판청구는 재판의 전제성이 인정되지 아니하나, 파기환송 전 항소심에서 승소판결을 받았다고 하더라도 그 판결이 확정되

지 아니한 이상 상소절차에서 그 주문이 달라질 수 있으므로, 심판대상조항의 위헌 여부에 관한 재판의 전제성이 인정된다(헌재 2013. 6. 27. 2011헌바247).
⑤ [O] 위헌법률심판이나 법 제68조 제2항의 규정에 의한 헌법소원심판에 있어서 위헌여부가 문제되는 법률이 재판의 전제성 요건을 갖추고 있는지의 여부는 헌법재판소가 별도로 독자적인 심사를 하기보다는 되도록 법원의 이에 관한 법률적 견해를 존중해야 할 것이며, 다만 그 전제성에 관한 법률적 견해가 명백히 유지될 수 없을 때에만 헌법재판소는 직권으로 조사할 수 있다(헌재 1993. 5. 13. 92헌가10).

233 헌법재판소가 내린 위헌결정의 효력에 대한 설명으로 옳은 것은? (다툼이 있는 경우 판례에 의함)

21. 국회 8급

① 세법 조항이 단순위헌으로 결정되면, 그 세법 조항은 위헌결정이 있는 날로부터 효력을 상실하기 때문에, 위헌결정의 소급효가 인정되지 않아 당해 사건의 당사자는 구제를 받지 못한다.
② 형벌 조항이 단순위헌으로 결정되면, 그 형벌조항에 의하여 이미 유죄의 확정판결을 받은 사람은 재심을 청구하여 구제를 받을 수 있다.
③ 불처벌의 특례를 규정한 형벌규정에 대해 위헌결정이 내려지면, 종래 그 특례의 적용을 받았던 사람에 대해 형사처벌을 할 수 있다.
④ 형벌에 관한 법률 또는 법률의 조항은 소급하여 효력을 상실하지만, 해당 법률 또는 법률의 조항에 대하여 종전에 합헌으로 결정한 사건이 있는 경우 그 결정이 있는 날로 소급하여 효력을 상실한다.
⑤ 법률조항에 대해 단순위헌결정이 내려지더라도, 입법자가 동일한 사정하에서 동일한 이유에 근거한 동일한 내용의 법률을 다시 제정하는 것은 위헌결정의 기속력에 반하지 않는다.

정답찾기

② [O] 위헌으로 결정된 법률 또는 법률의 조항에 근거한 유죄의 확정판결에 대하여는 재심을 청구할 수 있다(「헌법재판소법」 제47조 제4항).
① [X] 구체적 규범통제의 실효성의 보장의 견지에서 법원의 제청·헌법소원의 청구 등을 통하여 헌법재판소에 법률의 위헌결정을 위한 계기를 부여한 당해 사건, 위헌결정이 있기 전에 이와 동종의 위헌여부에 관하여 헌법재판소에 위헌제청을 하였거나 법원에 위헌제청신청을 한 경우의 당해 사건, 그리고 따로 위헌제청신청을 아니하였지만 당해 법률 또는 법률의 조항이 재판의 전제가 되어 법원에 계속 중인 사건에 대하여는 소급효를 인정하여야 할 것이다(헌재 2000. 8. 31. 2000헌바6).
③ [X] 이 사건 법률조항인 특례법 제4조 제1항은 비록 형벌에 관한 것이기는 하지만 불처벌의 특례를 규정한 것이어서 위 법률조항에 대한 위헌결정의 소급효를 인정할 경우 오히려 그 조항에 의거하여 형사처벌을 받지 않았던 자들에게 형사상의 불이익이 미치게 되므로 이와 같은 경우까지 「헌법재판소법」 제47조 제2항 단서의 적용범위에 포함시키는 것은 그 규정취지에 반한다(헌재 1997. 1. 16. 90헌마110).
④ [X] 형벌에 관한 법률 또는 법률의 조항은 소급하여 그 효력을 상실한다. 다만, 해당 법률 또는 법률의 조항에 대하여 종전에 합헌으로 결정한 사건이 있는 경우에는 그 결정이 있는 날의 다음 날로 소급하여 효력을 상실한다(「헌법재판소법」 제47조 제3항).
⑤ [X] 결정 이유까지 기속력을 인정할지 여부 등에 대하여는 신중하게 접근할 필요가 있을 것이나 설령 결정 이유까지 기속력을 인정한다고 하더라도, 이 사건의 경우 위헌결정 이유 중 비맹제외기준이 과잉금지원칙에 위반한다는 점에 대하여 기속력을 인정할 수 있으려면, 결정 주문을 뒷받침하는 결정 이유에 대하여 적어도 위헌결정의 정족수인 재판관 6인 이상의 찬성이 있어야 할 것이다(헌재 2008. 10. 30. 2006헌마1098). 따라서 입법자가 동일한 사정하에서 동일한 이유에 근거한 동일한 내용의 법률을 다시 제정하는 것은 위헌결정의 기속력에 반한다.

Answer 232 ③   233 ②

2 권한쟁의심판

234 권한쟁의심판에 대한 설명으로 옳지 않은 것은? 24. 국가직 7급

① 장래처분에 대한 권한쟁의심판은 원칙적으로 허용되지 아니하나, 그 장래처분이 확실하게 예정되어 있고 그로 인해 청구인의 권한을 사전에 보호해 주어야 할 필요성이 큰 경우에만 예외적으로 허용된다.

② 문화재청 및 문화재청장은 「정부조직법」에 의하여 행정각부 장의 하나인 문화체육관광부 장관 소속으로 설치된 기관 및 기관장으로서 권한쟁의심판의 당사자능력이 인정된다.

③ 권한쟁의심판의 당사자능력은 헌법에 의하여 설치된 국가기관에 한정하여 인정하는 것이 타당하므로, 국가경찰위원회에게는 권한쟁의심판의 당사자능력이 인정되지 아니한다.

④ 안건조정위원회 위원장은 「국회법」상 소위원회의 위원장으로서 헌법 제111조 제1항 제4호 및 「헌법재판소법」 제62조 제1항 제1호의 '국가기관'에 해당한다고 볼 수 없으므로 권한쟁의심판의 당사자가 될 수 없다.

정답찾기

② [X] 문화재청 및 문화재청장은 「정부조직법」 제36조 제3항, 제4항에 의하여 행정각부 장의 하나인 문화체육관광부장관 소속으로 설치된 기관 및 기관장으로서, 오로지 법률에 그 설치 근거를 두고 있으며 그 결과 국회의 입법행위에 의하여 그 존폐 및 권한범위가 결정된다. 따라서 이 사건 피청구인인 문화재청장은 '헌법에 의하여 설치되고 헌법과 법률에 의하여 독자적인 권한을 부여받은 국가기관'이라고 할 수 없다. 결국, 법률에 의하여 설치된 피청구인에게는 권한쟁의심판의 당사자능력이 인정되지 아니한다(헌재 2023. 12. 21. 2023헌라1).

① [O] 피청구인의 장래처분에 의해서 청구인의 권한침해가 예상되는 경우에 청구인은 원칙적으로 이러한 장래처분이 행사되기를 기다린 이후에 이에 대한 권한쟁의심판청구를 통해서 침해된 권한의 구제를 받을 수 있으므로, 피청구인의 장래처분을 대상으로 하는 심판청구는 원칙적으로 허용되지 아니한다. 그러나 피청구인의 장래처분이 확실하게 예정되어 있고, 피청구인의 장래처분에 의해서 청구인의 권한이 침해될 위험성이 있어서 청구인의 권한을 사전에 보호해 주어야 할 필요성이 매우 큰 예외적인 경우에는 피청구인의 장래처분에 대해서도 「헌법재판소법」 제61조 제2항에 의거하여 권한쟁의심판을 청구할 수 있다(헌재 2004. 9. 23. 2000헌라2).

③ [O] 국회가 제정한 경찰법에 의하여 비로소 설립된 청구인은 국회의 경찰법 개정행위에 의하여 존폐 및 권한범위 등이 좌우되므로, 헌법 제111조 제1항 제4호 소정의 헌법에 의하여 설치된 국가기관에 해당한다고 할 수 없다. 국가경찰위원회 제도를 채택하느냐의 문제는 우리나라 치안여건의 실정이나 경찰권에 대한 민주적 통제의 필요성 등과 관련하여 입법정책적으로 결정되어야 할 사항이다. 「정부조직법」상 합의제 행정기관을 포함한 정부의 부분 기관 사이의 권한에 관한 다툼은 「정부조직법」상의 상하 위계질서나 국무회의, 대통령에 의한 조정 등을 통하여 자체적으로 해결될 가능성이 있고 청구인의 경우도 정부 내의 상하관계에 의한 권한질서에 의하여 권한쟁의를 해결하는 것이 불가능하지 않다. 따라서 권한쟁의심판의 당사자능력은 헌법에 의하여 설치된 국가기관에 한정하여 인정하는 것이 타당하므로, 법률에 의하여 설치된 청구인에게는 권한쟁의심판의 당사자능력이 인정되지 아니한다(헌재 2022. 12. 22. 2022헌라5).

④ [O] 「국회법」 제57조의2에 근거한 안건조정위원회 위원장은 「국회법」상 소위원회의 위원장으로서 헌법 제111조 제1항 제4호 및 「헌법재판소법」 제62조 제1항 제1호의 '국가기관'에 해당한다고 볼 수 없으므로, 청구인들의 피청구인 조정위원장의 가결선포행위에 대한 청구는 권한쟁의심판의 당사자가 될 수 없는 피청구인을 대상으로 하는 청구로서 부적법하다(헌재 2020. 5. 27. 2019헌라5).

235 권한쟁의심판에 대한 헌법재판소의 판시내용과 설명으로 옳은 것은?

23. 국회 8급

① 권한쟁의심판청구는 피청구인의 처분 또는 부작위가 헌법에 의해서 부여받은 청구인의 권한을 침해하였거나 침해할 현저한 위험이 있는 경우에만 할 수 있다.
② 헌법재판소의 권한쟁의심판의 결정은 모든 국가기관과 지방자치단체를 기속하지만, 국가기관 또는 지방자치단체의 처분을 취소하는 권한쟁의심판결정은 그 처분의 상대방에 대하여 이미 생긴 효력에 영향을 미치지 아니한다.
③ 권한쟁의심판청구는 그 사유가 있음을 안 날로부터 90일 이내에, 그 사유가 있은 날로부터 180일 이내에 청구하여야 하며, 이 기간은 불변기간으로 한다.
④ 정당은 비록 정치적인 자발적 결사체로서 법인격 없는 사단에 불과하더라도 국회 내에서 교섭단체를 구성하고 있다면 권한쟁의심판의 당사자가 될 수 있다.
⑤ 권한쟁의심판청구에서의 피청구인의 처분이라 함은 청구인의 권한 침해를 야기할 만한 법적 중요성을 지니는 처분을 의미하는 것으로 정부가 법률안을 제출하는 행위는 권한쟁의심판의 독자적 대상이 되는 법적 중요성을 지닌 행위로 볼 수 있다.

정답찾기

② [O] 헌법재판소의 권한쟁의심판의 결정은 모든 국가기관과 지방자치단체를 기속한다(「헌법재판소법」 제67조 제1항). 국가기관 또는 지방자치단체의 처분을 취소하는 결정은 그 처분의 상대방에 대하여 이미 생긴 효력에 영향을 미치지 아니한다(「헌법재판소법」 제67조 제2항).
① [X] 권한쟁의 심판청구는 피청구인의 처분 또는 부작위가 헌법 또는 법률에 의하여 부여받은 청구인의 권한을 침해하였거나 침해할 현저한 위험이 있는 경우에만 할 수 있다(「헌법재판소법」 제61조 제2항).
③ [X] 권한쟁의의 심판은 그 사유가 있음을 안 날부터 60일 이내에, 그 사유가 있은 날부터 180일 이내에 청구하여야 하며(「헌법재판소법」 제63조 제1항), 이 기간은 불변기간으로 한다(「헌법재판소법」 제63조 제1항).
④ [X] 정당이 국회 내에서 교섭단체를 구성하고 있다고 하더라도, 헌법은 권한쟁의심판청구의 당사자로서 국회의원들의 모임인 교섭단체에 대해서 규정하고 있지 않고, 교섭단체의 권한 침해는 교섭단체에 속한 국회의원 개개인의 심의·표결권 등 권한 침해로 이어질 가능성이 높아 그 분쟁을 해결할 적당한 기관이나 방법이 없다고 할 수 없다. 따라서 정당은 헌법 제111조 제1항 제4호 및 「헌법재판소법」 제62조 제1항 제1호의 '국가기관'에 해당한다고 볼 수 없으므로, 권한쟁의 심판의 당사자능력이 인정되지 아니한다(헌재 2020. 5. 27. 2019헌라6).
⑤ [X] 정부가 법률안을 제출하였다 하더라도 그것이 법률로 성립되기 위해서는 국회의 많은 절차를 거쳐야 하고, 법률안을 받아들일지 여부는 전적으로 헌법상 입법권을 독점하고 있는 의회의 권한이다. 따라서 정부가 법률안을 제출하는 행위는 입법을 위한 하나의 사전 준비행위에 불과하고, 권한쟁의심판의 독자적 대상이 되기 위한 법적 중요성을 지닌 행위로 볼 수 없다(헌재 2005. 12. 22. 2004헌라3).

236 권한쟁의심판에 대한 설명으로 옳지 않은 것은? (다툼이 있는 경우 판례에 의함) 15. 국가직 7급

① 지방자치단체는 기관위임사무의 집행에 관한 권한의 존부 및 범위에 관한 권한분쟁을 이유로 기관위임사무를 집행하는 국가기관 또는 다른 지방자치단체의 장을 상대로 권한쟁의심판을 청구할 수 없다.
② 지방세 과세권의 귀속 여부 등에 대하여 관계 지방자치단체의 장의 의견이 서로 다른 경우 행정자치부장관이 행한 과세권 귀속 결정에 법적 구속력이 없다면 지방자치단체의 자치재정권 등 자치권한이 침해될 가능성이 없다.
③ 고등학교의 설치, 운영 및 지도에 관한 사무는 자치사무로 보아야 할 것이고, 대학의 설립 및 대학생 정원 증원 등 운영에 관한 사무는 국가적 이익에 관한 것으로서 국가사무로 보아야 할 것이다.
④ 중앙선거관리위원회 외에 각급 구·시·군 선거관리위원회는 헌법에 의하여 설치된 기관이 아니므로 권한쟁의심판의 당사자능력이 없다.

정답찾기

④ [X] 중앙선거관리위원회 외에 각급 구·시·군 선거관리위원회도 헌법에 의하여 설치된 기관으로서 헌법과 법률에 의하여 독자적인 권한을 부여받은 기관에 해당하고, 따라서 피청구인 강남구선거관리위원회도 당사자 능력이 인정된다(헌재 2008. 6. 26. 2005헌라7).
① [O] 도시계획사업실시계획인가사무는 건설교통부장관으로부터 시·도지사에게 위임되었고, 다시 시장·군수에게 재위임된 기관위임사무로서 국가사무라고 할 것이므로, 청구인의 이 사건 심판청구 중 도시계획사업실시계획인가처분에 대한 부분은 지방자치단체의 권한에 속하지 아니하는 사무에 관한 것으로서 부적법하다(헌재 1999. 7. 22. 98헌라4).
② [O] 이 사건 과세권 귀속 결정은 지방세 과세권의 귀속 여부 등에 대하여 관계 지방자치단체의 장의 의견이 서로 다른 경우 피청구인의 행정적 관여 내지 공적인 견해 표명에 불과할 뿐, 그 결정에 법적 구속력이 있다고 보기 어렵다. 청구인은 피청구인의 이 사건 과세권 귀속 결정에도 불구하고, 이 사건 리스회사에 대하여 과세처분을 할 수 있으며, 이미 한 과세처분의 효력에도 아무런 영향이 없다. 따라서 피청구인의 이 사건 과세권 귀속 결정으로 말미암아 청구인의 자치재정권 등 자치권한이 침해될 가능성이 없으므로 이 사건 권한쟁의심판청구는 부적법하다(헌재 2014. 3. 27. 2012헌라4).
③ [O] 「고등교육법」 및 같은 법 시행령, 「사립학교법」, 「지방자치법」의 관련 규정을 종합하면, 청구인의 학교 설치, 운영 및 지도에 관한 사무는 지역적 특성에 따라 달리 다루어야 할 필요성이 있는 사무로서 유아원부터 고등학교 및 이에 준하는 학교에 관한 사무에 한하여 이를 자치사무로 보아야 할 것이고, 대학의 설립 및 대학생 정원 증원 등 운영에 관한 사무는 국가적 이익에 관한 것으로서 전국적인 통일을 기할 필요성이 있는 국가사무로 보아야 할 것이다(헌재 2012. 7. 26. 2010헌라3).

237 권한쟁의심판에 대한 설명으로 옳지 <u>않은</u> 것은? 23. 국가직 7급

① 국회가 제정한 「국가경찰과 자치경찰의 조직 및 운영에 관한 법률」에 의하여 설립된 국가경찰위원회는 국가기관 상호 간의 권한쟁의심판의 당사자능력이 있다.
② 권한쟁의의 심판은 그 사유가 있음을 안 날부터 60일 이내에, 그 사유가 있는 날부터 180일 이내에 청구하여야 한다.
③ 헌법재판소의 권한쟁의심판의 결정은 모든 국가기관과 지방자치단체를 기속한다.
④ 헌법재판소가 권한쟁의심판의 청구를 받았을 때에는 직권 또는 청구인의 신청에 의하여 종국결정의 선고 시까지 심판대상이 된 피청구인의 처분의 효력을 정지하는 결정을 할 수 있다.

> 정답찾기

① [X] 국가경찰위원회 제도를 채택하느냐의 문제는 우리나라 치안여건의 실정이나 경찰권에 대한 민주적 통제의 필요성 등과 관련하여 입법 정책적으로 결정되어야 할 사항이다. 「정부조직법」상 합의제 행정기관을 포함한 정부의 부분 기관 사이의 권한에 관한 다툼은 「정부조직법」상의 상하 위계질서나 국무회의, 대통령에 의한 조정 등을 통하여 자체적으로 해결될 가능성이 있고 청구인의 경우도 정부 내의 상하관계에 의한 권한질서에 의하여 권한쟁의를 해결하는 것이 불가능하지 않다. 따라서 권한쟁의심판의 당사자능력은 헌법에 의하여 설치된 국가기관에 한정하여 인정하는 것이 타당하므로, 법률에 의하여 설치된 청구인에게는 권한쟁의심판의 당사자능력이 인정되지 아니한다(헌재 2022. 12. 22. 2022헌라5).
② [O] 권한쟁의의 심판은 그 사유가 있음을 안 날부터 60일 이내에, 그 사유가 있는 날부터 180일 이내에 청구하여야 한다(「헌법재판소법」 제63조 제1항).
③ [O] 헌법재판소의 권한쟁의심판의 결정은 모든 국가기관과 지방자치단체를 기속한다(「헌법재판소법」 제67조 제1항).
④ [O] 헌법재판소가 권한쟁의심판의 청구를 받았을 때에는 직권 또는 청구인의 신청에 의하여 종국결정의 선고 시까지 심판 대상이 된 피청구인의 처분의 효력을 정지하는 결정을 할 수 있다(「헌법재판소법」 제65조).

Answer 236 ④ 237 ①

238 권한쟁의심판에 대한 설명으로 옳은 것은? (다툼이 있는 경우 판례에 의함) 16. 지방직 7급

① 권한쟁의심판은 그 사유가 있음을 안 날부터 90일 이내에, 그 사유가 있은 날부터 1년 이내에 청구하여야 한다.
② 헌법상 국가에게 부여된 임무 또는 의무를 수행하고 그 독립성이 보장된 국가기관이라면 오로지 법률에 근거하여 설치되었더라도 권한쟁의심판 청구의 당사자능력이 인정된다.
③ 제3자 소송담당을 명시적으로 허용하는 법률의 규정이 없는 현행법 체계하에서는 국회의 구성원인 국회의원은 국회의 조약에 대한 체결·비준 동의권의 침해를 주장하는 권한쟁의심판을 청구할 수 없다.
④ 지방의회 의원과 그 지방의회의 대표자인 지방의회 의장 간의 권한쟁의심판은 헌법 및 「헌법재판소법」에 의하여 헌법재판소가 관장하는 지방자치단체 상호 간의 권한쟁의심판의 범위에 속한다.

> 정답찾기

③ [O] 국회의 의사가 다수결에 의하여 결정되었음에도 다수결의 결과에 반대하는 소수의 국회의원에게 권한쟁의심판을 청구할 수 있게 하는 것은 다수결의 원리와 의회주의의 본질에 어긋날 뿐만 아니라, 국가기관이 기관 내부에서 민주적인 방법으로 토론과 대화에 의하여 기관의 의사를 결정하려는 노력 대신 모든 문제를 사법적 수단에 의해 해결하려는 방향으로 남용될 우려도 있으므로, 국가기관의 부분 기관이 자신의 이름으로 소속기관의 권한을 주장할 수 있는 '제3자 소송담당'을 명시적으로 허용하는 법률의 규정이 없는 현행법 체계하에서는 국회의 구성원인 국회의원이 국회의 조약에 대한 체결·비준 동의권의 침해를 주장하는 권한쟁의심판을 청구할 수 없다(헌재 2007. 7. 26. 2005헌라8).
① [X] 권한쟁의 심판은 그 사유가 있음을 안 날부터 60일 이내에, 그 사유가 있은 날부터 180일 이내에 청구하여야 한다(「헌법재판소법」 제63조 제1항).
② [X] 헌법상 국가에게 부여된 임무 또는 의무를 수행하고 그 독립성이 보장된 국가기관이라고 하더라도 오로지 법률에 설치근거를 둔 국가기관이라면 국회의 입법행위에 의하여 존폐 및 권한범위가 결정될 수 있으므로 이러한 국가기관은 '헌법에 의하여 설치되고 헌법과 법률에 의하여 독자적인 권한을 부여받은 국가기관'이라고 할 수 없다. 즉 권한쟁의심판의 당사자능력은 헌법에 의하여 설치된 국가기관에 한정하여 인정하는 것이 타당하므로, 법률에 의하여 설치된 청구인에게는 권한쟁의심판의 당사자능력이 인정되지 아니한다(헌재 2010. 10. 28. 2009헌라6).
④ [X] 지방자치단체의 의결기관을 구성하는 지방의회 의원과 그 기관의 대표자인 지방의회 의장 사이의 내부적 분쟁에 관련된 이 사건 심판청구는, 헌법재판소가 관장하는 지방자치단체 상호 간의 권한쟁의심판에 속하지 아니하고, 달리 「헌법재판소법」 제62조 제1항 제1호의 국가기관 상호 간의 권한쟁의심판이나 제62조 제1항 제2호의 국가기관과 지방자치단체 상호 간의 권한쟁의심판에 해당한다고 볼 수도 없으므로, 위 심판청구는 「헌법재판소법」 제62조 제1항의 권한쟁의심판에 해당하지 않는다고 할 것이다. 그렇다면 이 사건 심판청구는 헌법재판소가 관장하는 권한쟁의심판에 속하지 아니하여 부적법하다(헌재 2010. 4. 29. 2009헌라11).

239 권한쟁의심판에 대한 설명으로 옳지 않은 것은? (다툼이 있는 경우 판례에 의함)   17. 지방직 7급

① 교육감과 해당 지방자치단체 상호 간의 권한쟁의심판은 '서로 상이한 권리주체 간'의 권한쟁의심판 청구로 볼 수 없다.
② 국회부의장은 국회의장의 위임에 따라 그 직무를 대리하여 법률안 가결선포행위를 할 수 있을 뿐 법률안 가결선포행위에 따른 법적 책임을 지는 주체가 될 수 없으므로 권한쟁의심판청구의 피청구인 적격이 인정되지 아니한다.
③ 소수파 의원들은 헌법상 권한배분질서를 유지하고 권력분립의 원리를 보장하기 위하여 국회를 대신하여 국회의 조약체결·비준 동의권 침해를 다툴 수 있는 청구인 적격이 있다.
④ 국회의장이 적법한 반대토론 신청이 있었음에도 반대토론을 허가하지 않고 토론절차를 생략하기 위한 의결을 거치지도 않은 채 법률안들에 대한 표결절차를 진행한 것은 국회의원의 법률안 심의·표결권을 침해한 것이다.

정답찾기

③ [X] 권한쟁의심판에서 국회의원이 국회의 권한침해를 주장하여 심판청구를 하는 이른바 '제3자 소송담당'을 허용하는 명문의 규정이 없고, 다른 법률의 준용을 통해서 이를 인정하기도 어려운 현행법 체계하에서, 국회의 의사가 다수결로 결정되었음에도 다수결의 결과에 반하는 소수의 국회의원에게 권한쟁의심판을 청구할 수 있게 하는 것은 다수결의 원리와 의회주의의 본질에 어긋날 뿐만 아니라, 국가기관이 기관 내부에서 민주적인 토론을 통해 기관의 의사를 결정하는 대신 모든 문제를 사법적 수단에 의해 해결하려는 방향으로 남용될 우려도 있다. 따라서 '제3자 소송담당'이 허용되지 않는 현행법하에서 국회의 구성원인 국회의원은 국회의 조약 체결·비준 동의권 침해를 주장하는 권한쟁의심판에서 청구인 적격이 없다(헌재 2015. 11. 26. 2013헌라3).
① [O] 헌법 제111조 제1항 제4호는 지방자치단체 상호 간의 권한쟁의에 관한 심판을 헌법재판소가 관장하도록 규정하고 있고, 지방자치단체 '상호 간'의 권한쟁의심판에서 말하는 '상호 간'이란 '서로 상이한 권리주체 간'을 의미한다. 그런데 「지방교육자치에 관한 법률」은 교육감을 시·도의 교육·학예에 관한 사무의 '집행기관'으로 규정하고 있으므로, 교육감과 해당 지방자치단체 상호 간의 권한쟁의심판은 '서로 상이한 권리주체 간'의 권한쟁의심판청구로 볼 수 없다(헌재 2016. 6. 30. 2014헌라1).
② [O] 권한쟁의심판에서는 처분 또는 부작위를 야기한 기관으로서 법적 책임을 지는 기관만이 피청구인적격을 가지므로, 이 사건 심판은 의안의 상정·가결선포 등의 권한을 갖는 국회의장을 상대로 제기되어야 한다. 국회부의장은 국회의장의 직무를 대리하여 법률안을 가결선포할 수 있을뿐(「국회법」 제12조 제1항), 법률안 가결선포행위에 따른 법적 책임을 지는 주체가 될 수 없으므로, 국회부의장에 대한 이 사건 심판청구는 피청구인 적격이 인정되지 아니한 자를 상대로 제기되어 부적법하다(헌재 2009. 10. 29. 2009헌라8).
④ [O] '한국정책금융공사법안' 및 '신용정보의 이용 및 보호에 관한 법률 전부개정법률안(대안)'은 위원회의 심사를 거친 안건이지만 청구인으로부터 적법한 반대토론 신청이 있었으므로 원칙적으로 피청구인이 그 반대토론 절차를 생략하기 위해서는 반드시 본회의 의결을 거쳐야 할 것인데(「국회법」 제93조 단서), 피청구인은 청구인의 반대토론 신청이 적법하게 이루어졌음에도 이를 허가하지 않고 나아가 토론절차를 생략하기 위한 의결을 거치지도 않은 채 이 사건 법률안들에 대한 표결절차를 진행하였으므로, 이는 「국회법」 제93조 단서를 위반하여 청구인의 법률안 심의·표결권을 침해하였다(헌재 2011. 8. 30. 2009헌라7).

Answer 238 ③ 239 ③

240 권한쟁의심판에 대한 설명으로 옳은 것은? (다툼이 있는 경우 판례에 의함)   19. 국가직 7급

① 지방자치단체의 의결기관인 지방의회와 지방자치단체의 집행기관인 지방자치단체장 간의 내부적 분쟁은 지방자치단체 상호 간의 권한쟁의심판의 범위에 속한다.
② 국무총리 소속기관인 사회보장위원회가 '지방자치단체 유사·중복 사회보장사업 정비 추진방안'을 의결한 행위에 대한 기초지방자치단체의 권한쟁의심판청구는 적법하다.
③ 국회의원인 청구인이 행정자치부장관(현 행정안전부장관)을 상대로 하여 국회의원의 법률안 심의·표결권을 침해하였다는 이유로 권한쟁의심판을 청구하여 절차가 계속 중 국회의원직을 상실하더라도 권한쟁의심판청구는 청구인의 국회의원직 상실과 동시에 당연히 그 심판절차가 종료되는 것은 아니다.
④ 헌법재판소장은 시·군 또는 지방자치단체인 구를 당사자로 하는 권한쟁의심판이 청구된 경우에는 그 지방자치단체가 소속된 특별시·광역시 또는 도에게 그 사실을 바로 통지하여야 한다.

정답찾기

④ [O] 헌법재판소장은 권한쟁의심판이 청구된 경우에는 법무부장관, 지방자치단체를 당사자로 하는 권한쟁의심판인 경우에는 행정자치부장관(다만, 법 제62조 제2항에 의한 교육·학예에 관한 지방자치단체의 사무에 관한 것일 때에는 행정자치부장관 및 교육부장관), 시·군 또는 지방자치단체인 구를 당사자로 하는 권한쟁의심판인 경우에는 그 지방자치단체가 소속된 특별시·광역시 또는 도, 그 밖에 권한쟁의심판에 이해관계가 있다고 인정되는 국가기관 또는 지방자치단체에게 그 사실을 바로 통지하여야 한다(헌법재판소 심판규칙 제67조).
① [X] 지방자치단체의 의결기관인 지방의회와 지방자치단체의 집행기관인 지방자치단체장 간의 내부적 분쟁은 지방자치단체 상호 간의 권한쟁의심판의 범위에 속하지 아니하고, 달리 국가기관 상호 간의 권한쟁의심판이나 국가기관과 지방자치단체 상호 간의 권한쟁의심판에 해당한다고 볼 수도 없다. 따라서 지방자치단체의 의결기관과 지방자치단체의 집행기관 사이의 내부적 분쟁과 관련된 심판청구는 헌법재판소가 관장하는 권한쟁의심판에 속하지 아니하여 부적법하다(헌재 2018. 7. 26. 2018헌라1).
② [X] 이 사건 의결행위는 보건복지부장관이 광역지방자치단체의 장에게 통보한 '지방자치단체 유사·중복 사회보장사업 정비지침'의 근거가 되는 '지방자치단체 유사·중복 사회보장사업 정비 추진방안'을 사회보장위원회가 내부적으로 의결한 행위에 불과하므로, 이 사건 의결행위가 청구인들의 법적 지위에 직접 영향을 미친다고 보기 어렵다. 따라서 이 사건 의결행위는 권한쟁의심판의 대상이 되는 '처분'이라고 볼 수 없으므로, 이 부분 심판청구는 부적법하다(헌재 2018. 7. 26. 2015헌라4).
③ [X] 청구인은 입법권의 주체인 국회의 구성원으로서, 또한 법률안 심의·표결권의 주체인 국회의원 자격으로서 이 사건 권한쟁의심판을 청구한 것인바, 국회의원의 국회에 대한 소송수행권(이는 아래에서 보는 바와 같이 인정되지 아니한다) 및 국회의원의 법률안 심의·표결권은 성질상 일신전속적인 것으로서 국회의원직을 상실한 경우 승계되거나 상속될 수 있는 것이 아니다. 따라서 그에 관련된 이 사건 권한쟁의심판절차 또한 수계될 수 있는 성질의 것이 아니므로, 위 청구인의 이 사건 심판청구는 위 청구인의 국회의원직 상실과 동시에 당연히 그 심판절차가 종료되었다고 할 것이다(헌재 2016. 4. 28. 2015헌라5).

241 권한쟁의심판에 대한 설명으로 옳지 않은 것은?

20. 5급 공채(행정)

① 권한쟁의심판 청구는 그 사유가 있음을 안 날로부터 60일 이내에, 그 사유가 있은 날로부터 180일 이내에 하여야 한다.
② 권한쟁의심판은 재판관 7인 이상의 출석으로 심리하며 종국심리에 관여한 재판관 과반수의 찬성으로 결정한다.
③ 권한쟁의심판에 있어서 국가기관 또는 지방자치단체의 처분을 취소하는 헌법재판소의 결정은 그 처분의 상대방에 대하여 이미 생긴 효력에 영향을 미친다.
④ 헌법재판소는 청구인의 신청에 의하여 종국결정의 선고 시까지 심판 대상이 된 피청구인의 처분의 효력을 정지하는 결정을 할 수 있다.

정답찾기

③ [X] 국가기관 또는 지방자치단체의 처분을 취소하는 헌법재판소의 결정은 그 처분의 상대방에 대하여 이미 생긴 효력에 영향을 미치지 아니한다(「헌법재판소법」 제67조 제2항).
① [O] 권한쟁의 심판은 그 사유가 있음을 안 날부터 60일 이내에, 그 사유가 있은 날부터 180일 이내에 청구하여야 한다(「헌법재판소법」 제63조 제1항).
② [O] 권한쟁의심판은 재판관 7인 이상의 출석으로 심리하며(「헌법재판소법」 제23조 제1항), 종국심리에 관여한 재판관 과반수의 찬성으로 결정한다(「헌법재판소법」 제23조 제2항).
④ [O] 헌법재판소가 권한쟁의심판의 청구를 받았을 때에는 직권 또는 청구인의 신청에 의해 종국결정의 선고 시까지 심판 대상이 된 피청구인의 처분의 효력을 정지하는 결정을 할 수 있다(「헌법재판소법」 제65조).

Answer 240 ④ 241 ③

242 권한쟁의심판에 대한 설명으로 옳지 않은 것은?

24. 국회 8급

① 권한쟁의심판은 그 사유가 있음을 안 날로부터 60일 이내에, 그 사유가 있은 날로부터 180일 이내에 청구하여야 하는데, 법률의 제정에 대한 권한쟁의심판의 경우 청구기간은 법률이 공포되거나 이와 유사한 방법으로 일반에게 알려진 것으로 간주된 때부터 기산되는 것이 일반적이다.

② 보건복지부장관이 광역지방자치단체의 장에게 「지방자치단체 유사·중복 사회보장사업 정비지침」에 따라 정비를 추진하고 정비계획(실적) 등을 제출해주기 바란다는 취지의 통보를 한 행위는 권한쟁의심판의 대상이 되는 처분이라고 볼 수 없다.

③ 「지방교육자치에 관한 법률」은 교육감을 시·도의 교육·학예에 관한 사무의 '집행기관'으로 규정하고 있으므로, 교육감과 해당 지방자치단체 상호 간의 권한쟁의심판은 '서로 상이한 권리주체 간'의 권한쟁의심판청구로 볼 수 없다.

④ 국회 행정안전위원회 제천화재관련평가소위원회 위원장이 국회 행정안전위원회 위원장을 상대로 제기한 권한쟁의심판에서 국회 소위원회 위원장은 권한쟁의심판의 청구인능력이 인정되지 않는다.

⑤ 법률에 의해 설치된 국가기관이라고 할지라도 헌법적 위상을 가진다고 볼 수 있는 독립적 국가기관으로서 달리 권한침해를 다툴 방법이 없는 경우에는 헌법재판소에 의한 권한쟁의심판이 허용되어야 하며, 국가인권위원회는 바로 이 경우에 해당하므로 권한쟁의심판청구의 당사자능력이 인정된다.

정답찾기

⑤ [X] 권한쟁의심판은 국회의 입법행위 등을 포함하여 권한쟁의 상대방의 처분 또는 부작위가 헌법 또는 법률에 의하여 부여받은 청구인의 권한을 침해하였거나 침해할 현저한 위험이 있는 때 제기할 수 있는 것인데, 헌법상 국가에게 부여된 임무 또는 의무를 수행하고 그 독립성이 보장된 국가기관이라고 하더라도 오로지 법률에 설치근거를 둔 국가기관이라면 국회의 입법행위에 의하여 존폐 및 권한범위가 결정될 수 있으므로 이러한 국가기관은 '헌법에 의하여 설치되고 헌법과 법률에 의하여 독자적인 권한을 부여받은 국가기관'이라고 할 수 없다. 결국, 권한쟁의심판의 당사자능력은 헌법에 의하여 설치된 국가기관에 한정하여 인정하는 것이 타당하므로, <u>법률에 의하여 설치된 청구인에게는 권한쟁의심판의 당사자능력이 인정되지 아니한다</u>(헌재 2010. 10. 28. 2009헌라6).

① [O] 「헌법재판소법」 제63조 제1항에 따라 권한쟁의심판은 그 사유가 있음을 안 날로부터 60일 이내에, 그 사유가 있은 날로부터 180일 이내에 청구하여야 한다. 법률의 제정에 대한 권한쟁의심판의 경우, 청구기간은 법률이 공포되거나 이와 유사한 방법으로 일반에게 알려진 것으로 간주된 때부터 기산되는 것이 일반적이다. 일정한 법률안이 법률로 성립하기 위해서는 국회의 의결을 거쳐 관보에 게재·공포되어야 하고, 이로써 이해당사자 및 국민에게 널리 알려지는 것이기 때문이다(헌재 2006. 5. 25. 2005헌라4).

② [O] 위 정비지침은 각 지방자치단체가 자율적으로 사회보장사업을 정비·개선하도록 한 것이고, 이 사건 통보행위상 정비계획 제출은 각 지방자치단체가 정비가 필요하고 가능하다고 판단한 사업에 대하여만 정비계획 및 결과를 제출하라는 의미이며, 실제로 각 지방자치단체들은 자율적으로 사회보장사업의 정비를 추진하였다. 이 사건 통보행위를 강제하기 위한 권력적·규제적인 후속조치가 예정되어 있지 않고, 이 사건 통보행위에 따르지 않은 지방자치단체에 대하여 이를 강제하거나 불이익을 준 사례도 없다. 따라서 이 사건 통보행위는 권한쟁의심판의 대상이 되는 '처분'이라고 볼 수 없으므로, 이 부분 심판청구는 부적법하다(헌재 2018. 7. 26. 2015헌라4).

③ [O] 헌법 제111조 제1항 제4호는 지방자치단체 상호 간의 권한쟁의에 관한 심판을 헌법재판소가 관장하도록 규정하고 있고, 지방자치단체 '상호 간'의 권한쟁의심판에서 말하는 '상호 간'이란 '서로 상이한 권리주체 간'을 의미한다. 그런데 「지방교육자치에 관한 법률」은 교육감을 시·도의 교육·학예에 관한 사무의 '집행기관'으로 규정하고 있으므로, 교육감과 해당 지방자치단체 상호 간의 권한쟁의심판은 '서로 상이한 권리주체 간'의 권한쟁의심판청구로 볼 수 없다. 따라서 시·도의 교육·학예에 관한 집행기관인 교육감과 해당 지방자치단체 사이의 내부적 분쟁과 관련된 심판청구는 헌법재판소가 관장하는 권한쟁의심판에 속하지 아니한다(헌재 2016. 6. 30. 2014헌라1).

④ [O] 헌법 제62조는 '국회의 소위원회'를 명시하지 않고 있는 점, 「국회법」 제57조에 따르면 소위원회는 위원회의 의결에 따라 그 설치·폐지 및 권한이 결정될 뿐인 위원회의 부분기관에 불과한 점 등을 종합하면, 소위원회 및 그 위원장은 헌법에 의하여 설치된 국가기관에 해당한다고 볼 수 없다. 또한, 소위원회 위원장이 그 소위원회를 설치한 위원회의 위원장과의 관계에서 어떠한 법률상 권한을 가진다고 보기도 어렵고, 위원회와 그 부분기관인 소위원회 사이의 쟁의 또는 위원회 위원장과 소속 소위원회 위원장과의 쟁의가 발생하더라도 이는 위원회에서 해결될 수 있으므로, 이러한 쟁의를 해결할 적당한 기관이나 방법이 없다고 할 수도 없다. 따라서 소위원회 위원장은 헌법 제111조 제1항 제4호 및 「헌법재판소법」 제62조 제1항 제1호의 '국가기관'에 해당한다고 볼 수 없고, 그렇다면 청구인 국회 행정안전위원회 제천화재관련평가소위원회 위원장이 제기한 이 사건 권한쟁의심판청구는 청구인능력이 없는 자가 제기한 것으로서 부적법하다(헌재 2020. 5. 27. 2019헌라4).

243 권한쟁의심판에 대한 설명으로 옳은 것만을 모두 고르면? (다툼이 있는 경우 판례에 의함) 22. 지방직 7급

> ㉠ 법률에 의하여 설치된 국가인권위원회는 권한쟁의심판의 당사자능력이 인정되지 아니한다.
> ㉡ 지방자치단체 상호 간의 권한쟁의심판을 규정하고 있는 「헌법재판소법」 제62조 제1항 제3호의 경우에는 이를 예시적으로 해석하여야 한다.
> ㉢ 국회 상임위원회 위원장이 위원회를 대표해서 의안을 심사하는 권한이 국회의장으로부터 위임된 것임을 전제로 하는 국회의장에 대한 권한쟁의 심판청구는 피청구인 적격이 없는 자를 상대로 한 청구로서 부적법하다.
> ㉣ 정부가 법률안을 제출하는 행위는 권한쟁의심판의 독자적 대상이 되기 위한 법적 중요성을 지닌 행위로 볼 수 있다.

① ㉠, ㉡   ② ㉠, ㉢   ③ ㉡, ㉣   ④ ㉢, ㉣

정답찾기

㉠ [O] 청구인이 수행하는 업무의 헌법적 중요성, 기관의 독립성 등을 고려한다고 하더라도, 국회가 제정한 국가인권위원회법에 의하여 비로소 설립된 청구인은 국회의 위 법률 개정행위에 의하여 존폐 및 권한범위 등이 좌우되므로 헌법 제111조 제1항 제4호 소정의 헌법에 의하여 설치된 국가기관에 해당한다고 할 수 없다. 결국, 권한쟁의심판의 당사자능력은 헌법에 의하여 설치된 국가기관에 한정하여 인정하는 것이 타당하므로, 법률에 의하여 설치된 청구인에게는 권한쟁의심판의 당사자능력이 인정되지 아니한다(헌재 2010. 10. 28. 2009헌라6).

㉡ [X] 헌법재판소가 「헌법재판소법」 제62조 제1항 제1호가 규정하는 '국회, 정부, 법원 및 중앙선거관리위원회 등'은 국가기관의 예시에 불과한 것이라고 해석할 필요가 있었던 것과는 달리, 지방자치단체 상호 간의 권한쟁의심판을 규정하고 있는 「헌법재판소법」 제62조 제1항 제3호의 경우에는 이를 예시적으로 해석할 필요성 및 법적 근거가 없다(헌재 2010. 4. 29. 2009헌라11).

㉢ [O] 법률의 제·개정 행위를 다투는 권한쟁의심판의 경우에는 국회가 피청구인적격을 가지므로, 청구인들이 국회의장 및 기재위 위원장에 대하여 제기한 이 사건 「국회법」 개정행위에 대한 심판청구는 피청구인적격이 없는 자를 상대로 한 청구로서 부적법하다(헌재 2016. 5. 26. 2015헌라1).

㉣ [X] 정부가 법률안을 제출하였다 하더라도 그것이 법률로 성립되기 위해서는 국회의 많은 절차를 거쳐야 하고, 법률안을 받아들일지 여부는 전적으로 헌법상 입법권을 독점하고 있는 의회의 권한이다. 따라서 정부가 법률안을 제출하는 행위는 입법을 위한 하나의 사전 준비행위에 불과하고, 권한쟁의심판의 독자적 대상이 되기 위한 법적 중요성을 지닌 행위로 볼 수 없다(헌재 2005. 12. 22. 2004헌라3).

Answer 242 ⑤   243 ②

244 권한쟁의심판에 대한 설명으로 옳은 것은? (다툼이 있는 경우 판례에 의함)

21. 5급 공채(행정)

① 「헌법재판소법」제62조 제1항 제1호가 국가기관 상호 간의 권한쟁의심판을 '국회, 정부, 법원 및 중앙선거관리위원회 상호 간의 권한쟁의심판'이라고 규정하고 있으므로, 이들 기관 외에는 권한쟁의심판의 당사자가 될 수 없다.
② 정당은 공권력 행사 주체로서 국가기관의 지위를 가지므로 권한쟁의심판의 당사자가 될 수 있다.
③ 교섭단체가 갖는 권한은 원활한 국회 의사진행을 위하여 헌법이 인정하는 권한이므로, 교섭단체는 그 권한침해를 이유로 권한쟁의심판의 당사자가 될 수 있다.
④ 권한쟁의심판은 피청구인의 처분 또는 부작위가 헌법 또는 법률에 의하여 부여받은 청구인의 권한을 침해하였거나 침해할 현저한 위험이 있는 경우에만 청구할 수 있다.

> 정답찾기

④ [O] 권한쟁의심판을 청구하려면 청구인과 피청구인 상호 간에 헌법 또는 법률에 의하여 부여받은 권한의 존부 또는 범위에 관하여 다툼이 있어야 하며, 피청구인의 처분 또는 부작위가 헌법 또는 법률에 의하여 부여받은 청구인의 권한을 침해하였거나 침해할 현저한 위험이 있는 경우이어야 한다(헌재 2015. 11. 26. 2013헌라3).

① [X] 헌법 제111조 제1항 제4호에서 권한쟁의심판의 당사자가 될 수 있는 국가기관의 종류나 범위에 관하여는 아무런 규정을 두고 있지 않고, 이에 관하여 특별히 법률로 정하도록 위임하고 있지도 않다. 따라서 입법자인 국회는 권한쟁의심판의 종류나 당사자를 제한할 입법형성의 자유가 있다고 할 수 없고, 헌법 제111조 제1항 제4호에서 말하는 국가기관의 의미와 권한쟁의심판의 당사자가 될 수 있는 국가기관의 범위는 결국 헌법해석을 통하여 확정하여야 할 문제이다. 그렇다면 「헌법재판소법」제62조 제1항 제1호가 비록 국가기관 상호 간의 권한쟁의심판을 "국회, 정부, 법원 및 중앙선거관리위원회 상호간의 권한쟁의심판"이라고 규정하고 있다고 할지라도 이 법률조항의 문언에 얽매어 곧바로 이들 기관 외에는 권한쟁의심판의 당사자가 될 수 없다고 단정할 수는 없다(헌재 1997. 7. 16. 96헌라2).

② [X] 정당은 국민의 자발적 조직으로, 그 법적 성격은 일반적으로 사적·정치적 결사 내지는 법인격 없는 사단으로서 공권력의 행사 주체로서 국가기관의 지위를 갖는다고 볼 수 없다. 정당이 국회 내에서 교섭단체를 구성하고 있다고 하더라도, 헌법은 권한쟁의심판청구의 당사자로서 국회의원들의 모임인 교섭단체에 대해서 규정하고 있지 않고, 교섭단체의 권한 침해는 교섭단체에 속한 국회의원 개개인의 심의·표결권 등 권한 침해로 이어질 가능성이 높아 그 분쟁을 해결할 적당한 기관이나 방법이 없다고 할 수 없다. 따라서 정당은 헌법 제111조 제1항 제4호 및 「헌법재판소법」제62조 제1항 제1호의 '국가기관'에 해당한다고 볼 수 없으므로, 권한쟁의심판의 당사자능력이 인정되지 아니한다(헌재 2020. 5. 27. 2019헌라6).

③ [X] 교섭단체의 권한 침해는 교섭단체에 속한 국회의원 개개인의 심의·표결권 등 권한 침해로 이어질 가능성이 높은 바, 교섭단체와 국회의장 등 사이에 분쟁이 발생하더라도 국회의원과 국회의장 등 사이의 권한쟁의심판으로 해결할 수 있다. 따라서 위와 같은 분쟁을 해결할 적당한 기관이나 방법이 없다고 할 수 없다. 이러한 점을 종합하면, 교섭단체는 그 권한침해를 이유로 권한쟁의심판을 청구할 수 없다(헌재 2020. 5. 27. 2019헌라6).

245 권한쟁의심판에 대한 설명으로 옳지 않은 것은? (다툼이 있는 경우 판례에 의함)   21. 국가직 7급

① 정당은 국민의 자발적 조직으로, 그 법적 성격은 일반적으로 사적·정치적 결사 내지는 법인격 없는 사단으로서 공권력의 행사 주체로서 국가기관의 지위를 갖는다고 볼 수 없으므로, 정당이 국회 내에서 교섭단체를 구성하고 있다고 하더라도 권한쟁의심판의 당사자능력이 인정되지 않는다.

② 법률안 수리행위에 대한 권한쟁의심판청구가 법률안에 대한 위원회 회부나 안건 상정, 본회의 부의 등과는 별도로 오로지 전자정보시스템으로 제출된 법률안을 접수하는 수리행위만을 대상으로 하고 있지만 사법개혁특별위원회 및 정치개혁특별위원회 위원인 청구인들의 법률안 심의·표결권이 침해될 가능성이나 위험성이 있으므로 권한쟁의심판청구는 적법하다.

③ 피청구인의 부작위에 의하여 청구인의 권한이 침해당하였다고 주장하는 권한쟁의심판은 피청구인에게 헌법상 또는 법률상 유래하는 작위의무가 있음에도 불구하고 피청구인이 그러한 의무를 다하지 아니한 경우에 허용된다.

④ 청구인이 법률안 심의·표결권의 주체인 국가기관으로서의 국회의원 자격으로 권한쟁의심판을 청구하였다가 심판절차 계속 중 사망한 경우, 권한쟁의심판청구는 청구인의 사망과 동시에 당연히 그 심판절차가 종료된다.

정답찾기

② [X] 이 사건 법률안 수리행위에 대한 권한쟁의심판청구가 법률안에 대한 위원회 회부나 안건 상정, 본회의 부의 등과는 별도로 오로지 전자정보시스템으로 제출된 법률안을 접수하는 수리행위만을 대상으로 하는 한, 그러한 법률안 수리행위만으로는 사개특위 및 정개특위 위원인 청구인들의 법률안 심의·표결권이 침해될 가능성이나 위험성이 없다. 이 부분 심판청구는 모두 부적법하다(헌재 2020. 5. 27. 2019헌라3).

① [O] 정당은 국민의 자발적 조직으로, 그 법적 성격은 일반적으로 사적·정치적 결사 내지는 법인격 없는 사단으로서 공권력의 행사 주체로서 국가기관의 지위를 갖는다고 볼 수 없다. 정당이 국회 내에서 교섭단체를 구성하고 있다고 하더라도, 헌법은 권한쟁의심판청구의 당사자로서 국회의원들의 모임인 교섭단체에 대해서 규정하고 있지 않고, 교섭단체의 권한 침해는 교섭단체에 속한 국회의원 개개인의 심의·표결권 등 권한 침해로 이어질 가능성이 높아 그 분쟁을 해결할 적당한 기관이나 방법이 없다고 할 수 없다. 따라서 정당은 헌법 제111조 제1항 제4호 및 「헌법재판소법」 제62조 제1항 제1호의 '국가기관'에 해당한다고 볼 수 없으므로, 권한쟁의심판의 당사자능력이 인정되지 아니한다(헌재 2020. 5. 27. 2019헌라6).

③ [O] 피청구인의 부작위에 의하여 청구인의 권한이 침해당하였다고 주장하는 권한쟁의심판은 피청구인에게 헌법상 또는 법률상 유래하는 작위의무가 있음에도 불구하고 피청구인이 그러한 의무를 다하지 아니한 경우에 허용된다(헌재 1998. 7. 14. 98헌라3).

④ [O] 청구인이 법률안 심의·표결권의 주체인 국가기관으로서의 국회의원 자격으로 권한쟁의심판을 청구하였다가 심판절차 계속 중 사망한 경우, 국회의원의 법률안 심의·표결권은 성질상 일신전속적인 것으로 당사자가 사망한 경우 승계되거나 상속될 수 없어 그에 관련된 권한쟁의심판절차 또한 수계될 수 없으므로, 권한쟁의심판청구는 청구인의 사망과 동시에 당연히 그 심판절차가 종료된다(헌재 2010. 11. 25. 2009헌라12).

Answer 244 ④ 245 ②

246 권한쟁의심판의 적법성에 대한 설명으로 옳지 않은 것은?   24. 지방직 7급

① 권한쟁의심판 청구인이 법률안 심의·표결권의 주체인 국가기관으로서의 국회의원 자격으로 권한쟁의심판을 청구하였다가 심판절차 계속 중 사망한 경우, 그에 관련된 권한쟁의심판절차는 수계된다.
② 권한쟁의 심판청구는 피청구인의 처분 또는 부작위가 헌법 또는 법률에 의하여 부여받은 청구인의 권한을 침해하였거나 침해할 현저한 위험이 있는 때에 한하여 이를 할 수 있는데, 여기서 처분이란 법적 중요성을 지닌 것에 한하는 것으로, 청구인의 법적 지위에 구체적으로 영향을 미칠 가능성이 있는 행위여야 한다.
③ 권한쟁의심판은 그 사유가 있음을 안 날부터 60일 이내에, 그 사유가 있는 날부터 180일 이내에 청구하여야 하나, 장래처분이 확실하게 예정되어 있고, 장래처분에 의한 권한침해 위험성이 있음을 이유로 예외적으로 허용되는 경우에는 청구기간의 제한이 적용되지 않는다.
④ 지방자치단체는 기관위임사무의 집행에 관한 권한의 존부 및 범위에 관한 권한분쟁을 이유로 기관위임사무를 집행하는 국가기관 또는 다른 지방자치단체의 장을 상대로 권한쟁의심판청구를 할 수 없다.

> 정답찾기

① [X] 청구인이 법률안 심의·표결권의 주체인 국가기관으로서의 국회의원 자격으로 권한쟁의심판을 청구하였다가 심판절차 계속 중 사망한 경우, 국회의원의 법률안 심의·표결권은 성질상 일신전속적인 것으로 당사자가 사망한 경우 승계되거나 상속될 수 없어 그에 관련된 권한쟁의심판절차 또한 수계될 수 없으므로, 권한쟁의심판청구는 청구인의 사망과 동시에 당연히 그 심판절차가 종료된다(헌재 2010. 11. 25. 2009헌라12).
② [O] 「헌법재판소법」 제61조 제2항의 '처분'이란 법적 중요성을 지닌 것에 한하는 것으로, 청구인의 법적 지위에 구체적으로 영향을 미칠 가능성이 있는 행위여야 한다(헌재 2006. 5. 25. 2005헌라4).
③ [O] 장래처분에 의해서 청구인의 권한침해가 예상되는 경우에 청구인은 원칙적으로 장래처분이 행사되기를 기다린 이후에 이에 대한 권한쟁의심판청구를 통해서 침해된 권한의 구제를 받을 수 있으므로, 장래처분을 대상으로 하는 심판청구는 원칙적으로 허용되지 아니한다. 그러나 장래처분이 확실하게 예정되어 있고, 장래처분에 의해서 청구인의 권한이 침해될 위험성이 있어서 청구인의 권한을 사전에 보호해 주어야 할 필요성이 매우 큰 예외적인 경우에는 장래처분에 대해서도 권한쟁의심판을 청구할 수 있다고 할 것이다. 한편 장래처분에 의한 권한침해 위험성이 발생하는 경우에는 장래처분이 내려지지 않은 상태이므로 청구기간의 제한이 없다고 보아야 한다(헌재 2004. 9. 23. 2000헌라2).
④ [O] 지방자치단체는 헌법 또는 법률에 의하여 부여받은 그의 권한, 즉 지방자치단체의 사무에 관한 권한이 침해되거나 침해될 우려가 있는 때에 한하여 권한쟁의심판을 청구할 수 있다고 할 것인데, 도시계획사업실시계획인가사무는 건설교통부장관으로부터 시·도지사에게 위임되었고, 다시 시장·군수에게 재위임된 기관위임사무로서 국가사무라고 할 것이므로, 청구인의 이 사건 심판청구 중 도시계획사업실시계획인가처분에 대한 부분은 지방자치단체의 권한에 속하지 아니하는 사무에 관한 것으로서 부적법하다(헌재 1999. 7. 22. 98헌라4).

247 A와 B는 공유수면인 C해역에 인접해 있는 지방자치단체이다. A 지방자치단체장은 국토지리정보원이 발간한 국가기본도상의 해상경계선을 기준으로 하여 공유수면 중 일부해역에 대하여 D조합에 어업면허처분을 하였다. B는 A 지방자치단체장의 어업면허처분이 자신의 자치권한을 침해한다는 이유로 헌법재판소에 권한쟁의심판을 청구하였다. 이 사례에서 헌법재판소 결정으로 옳은 것은? 16. 국가직 7급

① 어업면허사무가 자치사무일 경우 B 지방자치단체장에게는 권한쟁의심판의 당사자적격이 인정된다.
② 국가기본도상의 해상경계선을 공유수면에 대한 불문법상 해상구역의 경계로 보는 것이 헌법재판소의 일관된 판례이다.
③ 권한쟁의심판의 당사자는 A와 B가 된다.
④ 지방자치단체의 자치권은 공유수면에 미치지 않으므로 B의 권한쟁의심판 청구는 부적법하다는 것이 판례의 태도이다.

정답찾기

③ [O] 청구인과 피청구인은 지방자치단체들로서 권한쟁의심판의 당사자능력이 있고, 이 사건 어업면허처분들로 인해 이 사건 쟁송해역에 대한 관할권한이 침해되었다고 주장하는 청구인에게는 청구인적격이, 이 사건 쟁송해역에 대한 관할권한이 자신에게 있으므로 위 어업면허처분들은 정당하다고 주장하는 피청구인에게는 피청구인적격이 각 인정된다(헌재 2015. 7. 30. 2010헌라2).

① [X] 권한쟁의 심판청구는 헌법과 법률에 의하여 권한을 부여받은 자가 그 권한의 침해를 다투는 헌법소송으로서 이러한 권한쟁의심판을 청구할 수 있는 자에 대하여는 헌법 제111조 제1항 제4호와 「헌법재판소법」 제62조 제1항 제3호가 정하고 있는바, 이에 의하면 지방자치단체의 장은 원칙적으로 권한쟁의 심판청구의 당사자가 될 수 없다. 다만 지방자치단체의 장이 국가위임 사무에 대해 국가기관의 지위에서 처분을 행한 경우에는 권한쟁의 심판청구의 당사자가 될 수 있다. 그런데 이 사건 ○○ 주식회사에 대한 피청구인 순천시장의 과세처분은 지방자치단체의 권한에 속하는 사항에 대하여 지방자치단체사무의 집행기관으로서 한 과세처분에 불과하므로 피청구인 순천시장은 이 사건 지방세 과세 권한을 둘러싼 다툼에 있어 권한쟁의 심판청구의 당사자가 될 수 없고, 청구인 광양시장 또한 마찬가지이다. 따라서 청구인 광양시장의 피청구인들에 대한 심판청구와 청구인 광양시의 피청구인 순천시장에 대한 심판청구는 모두 당사자능력을 결한 청구로서 부적법하다(헌재 2006. 8. 31. 2003헌라1).

② [X] 국가기본도상의 해상경계선은 국토지리정보원이 국가기본도상 도서 등의 소속을 명시할 필요가 있는 경우 해당 행정구역과 관련하여 표시한 선으로서, 여러 도서 사이의 적당한 위치에 각 소속이 인지될 수 있도록 실지측량 없이 표시한 것에 불과하므로, 이 해상경계선을 공유수면에 대한 불문법상 행정구역에 경계로 인정해 온 종전의 결정은 이 결정의 견해와 저촉되는 범위 내에서 이를 변경하기로 한다(헌재 2015. 7. 30. 2010헌라2).

④ [X] 「지방자치법」 제4조 제1항에 규정된 지방자치단체의 구역은 주민·자치권과 함께 자치단체의 구성요소이고, 자치권이 미치는 관할구역의 범위에는 육지는 물론 바다도 포함되므로, 공유수면에 대해서도 지방자치단체의 자치권한이 미친다(헌재 2015. 7. 30. 2010헌라2).

Answer 246 ① 247 ③

248 권한쟁의심판에 대한 설명으로 옳은 것은? (다툼이 있는 경우 판례에 의함)   21. 국회 8급

① 권한쟁의는 국가기관과 지방자치단체 간 및 지방자치단체 상호 간의 권한분쟁을 해결하는 절차이므로 국가기관 상호 간의 권한분쟁은 심판대상이 되지 않는다.
② 권한쟁의심판절차에서는 종국결정의 선고 시까지 심판대상이 된 피청구인의 처분의 효력을 정지하는 가처분이 인정되지 않는다.
③ 권한쟁의심판에서 청구를 인용하는 결정을 하기 위해서는 헌법재판관 6인 이상의 찬성이 있어야 한다.
④ 일반법원의 기관소송관할권과 중복을 피하기 위하여 권한쟁의심판에서는 헌법상의 권한분쟁만을 대상으로 하고 법률상의 권한분쟁은 그 대상이 되지 않는다.
⑤ 대통령이 국회의 동의 없이 조약에 비준한 경우, 국회의 구성원인 국회의원이 국회의 조약에 대한 체결·비준 동의권의 침해를 대신 주장하며 청구한 권한쟁의심판은 적법하지 않다.

> 정답찾기

⑤ [O] 이 사건 심판청구의 쟁점은 국회의 구성원인 청구인들이 국회를 위하여 국회의 권한침해를 주장하여 권한쟁의심판을 청구할 수 있는지 여부와 국회의원의 심의·표결권이 국회의장이나 다른 국회의원이 아닌 국회 외부의 국가기관에 의하여 침해될 수 있는지 여부이다. 그런데 이들 쟁점에 대하여는 헌법재판소가 이미 2007. 7. 26. 2005헌라8 사건에서 부정적으로 판단하였다. 이들 쟁점에 관하여 위 선례와 달리 판단하여야 할 사정의 변경이 있었다고는 볼 수 없고, 그 결정이유는 이 사건에서도 그대로 타당하다고 할 것이므로 청구인들의 이 사건 심판청구 역시 부적법하다(헌재 2007. 10. 25. 2006헌라5).
① [X] 헌법재판소는 국가기관 상호 간, 국가기관과 지방자치단체 간 및 지방자치단체 상호간의 권한쟁의에 관한 심판을 관장한다(헌법 제111조 제1항 4호).
② [X] 헌법재판소가 권한쟁의심판의 청구를 받았을 때에는 직권 또는 청구인의 신청에 의하여 종국결정의 선고 시까지 심판 대상이 된 피청구인의 처분의 효력을 정지하는 결정을 할 수 있다(「헌법재판소법」 제65조).
③ [X] 재판부는 종국심리에 관여한 재판관 과반수의 찬성으로 사건에 관한 결정을 한다. 다만, 법률의 위헌결정, 탄핵의 결정, 정당해산의 결정 또는 헌법소원에 관한 인용결정(認容決定)을 하는 경우, 종전에 헌법재판소가 판시한 헌법 또는 법률의 해석 적용에 관한 의견을 변경하는 경우에는 재판관 6명 이상의 찬성이 있어야 한다(「헌법재판소법」 제23조 제2항).
④ [X] 권한쟁의 심판청구는 피청구인의 처분 또는 부작위가 헌법 또는 법률에 의하여 부여받은 청구인의 권한을 침해하였거나 침해할 현저한 위험이 있는 경우에만 할 수 있다(「헌법재판소법」 제62조 제2항).

3 헌법소원심판

249 헌법소원심판의 대상이 되는 공권력의 행사에 해당하는 것은? (다툼이 있는 경우 판례에 의함) 21. 지방직 7급

① 정부의 법률안 제출
② 한국증권거래소의 상장법인인 회사에 대한 상장폐지확정결정
③ 한국방송공사의 예비사원 채용공고
④ 법학전문대학원협의회의 법학적성시험 시행계획 공고

[정답찾기]

④ [O] 법학전문대학원협의회는 교육과학기술부장관으로부터 적성시험의 주관 및 시행업무를 위임받아 매년 1회 이상의 적성시험을 실시하므로, 최소한 적성시험의 주관 및 시행에 관해서는 교육과학기술부장관의 지정 및 권한의 위탁에 의해 관련 업무를 수행하는 공권력 행사의 주체라고 할 것이며, 2010학년도 적성시험의 구체적인 시험 일시는 위 공고에 따라 비로소 확정되는 것으로 위 공고는 헌법소원의 대상이 되는 공권력의 행사에 해당한다(헌재 2010. 4. 29. 2009헌마399).

① [X] 공권력의 행사에 대하여 헌법소원심판을 청구하기 위하여는, 공권력의 주체에 의한 공권력의 발동으로서 국민의 권리의무에 대하여 직접적인 법률효과를 발생시키는 행위가 있어야 한다. 그런데 대통령의 법률안 제출행위는 국가기관 간의 내부적 행위에 불과하고 국민에 대하여 직접적인 법률효과를 발생시키는 행위가 아니므로 「헌법재판소법」 제68조에서 말하는 공권력의 행사에 해당되지 않는다(헌재 1994. 8. 31. 92헌마174).

② [X] 유가증권의 상장은 피청구인과 상장신청법인 사이의 "상장계약"이라는 사법상의 계약에 의하여 이루어지는 것이고, 상장폐지결정 및 상장폐지확정결정 또한 그러한 사법상의 계약관계를 해소하려는 피청구인의 일방적인 의사표시라고 봄이 상당하다고 할 것이다. 따라서, 피청구인의 청구인회사에 대한 이 사건 상장폐지확정결정은 헌법소원의 대상이 되는 공권력의 행사에 해당하지 아니한다(헌재 2005. 2. 24. 2004헌마442).

③ [X] 공법인의 행위는 일반적으로 헌법소원의 대상이 될 수 있으나, 그 중 대외적 구속력을 갖지 않는 단순한 내부적 행위나 사법적(私法的)인 성질을 지니는 것은 헌법소원의 대상이 되는 공권력의 행사에 해당하지 않는다. … 한국방송공사의 직원 채용관계는 특별한 공법적 규제 없이 한국방송공사의 자율에 맡겨진 셈이 되므로 이는 사법적인 관계에 해당한다고 봄이 상당하다. 또한 직원 채용관계가 사법적인 것이라면, 그러한 채용에 필수적으로 따르는 사전절차로서 채용시험의 응시자격을 정한 이 사건 공고 또한 사법적인 성격을 지닌다고 할 것이다. 이 사건 공고는 헌법소원으로 다툴 수 있는 공권력의 행사에 해당하지 않는다(헌재 2006. 11. 30. 2005헌마855).

Answer 248 ⑤ 249 ④

250 「헌법재판소법」 제68조 제1항에 따른 헌법소원심판에 대한 설명으로 옳은 것만을 〈보기〉에서 모두 고르면?

24. 국회 8급

〈보기〉

㉠ 대한민국 외교부장관과 일본국 외무대신이 공동발표한 일본군 위안부 피해자 문제 관련 합의는 헌법소원심판청구의 대상이 되지 아니한다.
㉡ 대학의 자율권은 기본적으로 대학에게 부여된 기본권이므로, 국립대학교가 대학의 자율권이 침해된다는 이유로 헌법소원심판을 청구하는 것은 허용된다.
㉢ '금융위원회가 시중 은행들을 상대로 가상통화 거래를 위한 가상계좌의 신규 제공을 중단하도록 한 조치'는 단순한 행정지도로서의 한계를 넘어 규제적·구속적 성격을 상당히 강하게 갖는 것으로서, 헌법소원의 대상이 되는 공권력의 행사라고 봄이 상당하다.
㉣ 방송통신심의위원회가 방송사업자에 대하여 한, '청구인의 보도가 심의규정을 위반한 것으로 판단되며, 향후 관련 규정을 준수할 것'을 내용으로 하는 '의견제시'는 헌법소원의 대상이 되는 '공권력의 행사'에 해당한다.
㉤ 헌법은 그 전체로서 주권자인 국민의 결단 내지 국민적 합의의 결과라고 보아야 할 것으로, 헌법의 개별규정을 「헌법재판소법」 제68조 제1항 소정의 공권력 행사의 결과라고 볼 수 없다.

① ㉠, ㉣ ② ㉢, ㉣ ③ ㉠, ㉡, ㉤
④ ㉡, ㉢, ㉤ ⑤ ㉠, ㉡, ㉢, ㉤

정답찾기

㉠ [O] 이 사건 합의는 양국 외교장관의 공동발표와 정상의 추인을 거친 공식적인 약속이지만, 서면으로 이루어지지 않았고, 통상적으로 조약에 부여되는 명칭이나 주로 쓰이는 조문 형식을 사용하지 않았으며, 헌법이 규정한 조약체결 절차를 거치지 않았다. 또한 합의 내용상 합의의 효력에 관한 양 당사자의 의사가 표시되어 있지 않을 뿐만 아니라, 구체적인 법적 권리·의무를 창설하는 내용을 포함하고 있지도 않다. 이 사건 합의를 통해 일본군 '위안부' 피해자들의 권리가 처분되었다거나 대한민국 정부의 외교적 보호권한이 소멸하였다고 볼 수 없는 이상 이 사건 합의가 일본군 '위안부' 피해자들의 법적 지위에 영향을 미친다고 볼 수 없으므로 위 피해자들의 배상청구권 등 기본권을 침해할 가능성이 있다고 보기 어렵고, 따라서 이 사건 합의를 대상으로 한 헌법소원심판청구는 허용되지 않는다(헌재 2019. 12. 27. 2016헌마253).
㉡ [O] 헌법 제31조 제4항이 규정하는 교육의 자주성 및 대학의 자율성은 헌법 제22조 제1항이 보장하는 학문의 자유의 확실한 보장을 위해 꼭 필요한 것으로서 대학에 부여된 헌법상 기본권인 대학의 자율권이므로, 국립대학인 청구인도 이러한 대학의 자율권의 주체로서 헌법소원심판의 청구인능력이 인정된다(헌재 2015. 12. 23. 2014헌마1149).
㉢ [X] 이 사건 조치는, 자금세탁 방지의무 등을 부담하고 있는 금융기관에 대하여, 종전 가상계좌가 목적 외 용도로 남용되는 과정에서 자금세탁 우려가 상당하다는 점을 주지시키면서 그 우려를 불식시킬 수 있는 감시·감독체계와 새로운 거래체계, 소위 '실명확인 가상계좌 시스템'이 정착되도록, 금융기관에 방향을 제시하고 자발적 호응을 유도하려는 일종의 '단계적 가이드라인'에 불과하다. 은행들이 이에 응하지 아니하더라도 행정상, 재정상 불이익이 따를 것이라는 내용은 확인할 수 없는 점, 이 사건 조치 이전부터 금융기관들이 상당수 거래소에는 자발적으로 비실명가상계좌를 제공하지 아니하여 왔고 이를 제공해오던 거래소라 하더라도 위험성이 노정되면 자발적으로 제공을 중단해 왔던 점 등을 고려할 때, <u>이 사건 조치는 당국의 우월적인 지위에 따라 일방적으로 강제된 것으로 볼 수 없으므로 헌법소원의 대상이 되는 공권력의 행사에 해당된다고 볼 수 없다</u>(헌재 2021. 11. 25. 2017헌마1384).

ⓔ [X] 이 사건 의견제시 자체에서도 상대방인 청구인에게 특별한 부담이나 의무를 부여하고 있지 않고, 그 불이행에 대해 법적 제재나 불이익 조치도 예정하고 있지 않다. 뿐만 아니라, 피청구인이 이 사건 의견제시에서 이러한 불이익 조치를 취할 것임을 경고하고 있지도 않으며, 피청구인이 청구인에 대하여 이 사건 의견제시를 하였다는 사실을 다른 언론사 등 외부에 공표한 바도 없다. 이와 같은 점 등을 고려하여 보면, 이 사건 의견제시는 행정기관인 피청구인에 의한 비권력적 사실행위로서, 방송사업자인 청구인의 권리와 의무에 대하여 직접적인 법률효과를 발생시켜 청구인의 법률관계 내지 법적 지위를 불리하게 변화시킨다고 보기는 어렵고, 이 사건 의견제시의 법적 성질 등에 비추어 이 사건 의견제시가 청구인의 표현의 자유를 제한하는 정도의 위축효과를 초래하였다고도 볼 수 없다. 따라서 이 사건 의견제시는 헌법소원의 대상이 되는 '공권력 행사'에 해당하지 않는다(헌재 2018. 4. 26. 2016헌마46).

ⓜ [O] 국민투표에 의하여 확정된 현행 헌법의 성립과정과 헌법 제130조 제2항이 헌법의 개정을 국민투표에 의하여 확정하도록 하고 있음에 비추어, 헌법은 그 전체로서 주권자인 국민의 결단 내지 국민적 합의의 결과라고 보아야 할 것으로, 헌법의 규정을 「헌법재판소법」 제68조 제1항 소정의 공권력 행사의 결과라고 볼 수 없다(헌재 1995. 12. 28. 95헌바3).

251. 「헌법재판소법」 제68조 제1항에 따른 헌법소원심판에 대한 설명으로 옳은 것은? (다툼이 있는 경우 판례에 의함)
21. 국회 8급

① 법령이 「헌법재판소법」 제68조 제1항에 따른 헌법소원의 대상이 되려면 구체적인 집행행위 없이 직접 기본권을 침해해야 하는바, 여기의 집행행위에 입법 및 사법행위는 포함되지 않는다.

② 방송통신심의위원회의 시정요구는 단순한 행정지도로서 항고소송의 대상이 되는 공권력의 행사라고 볼 수 없으므로 시정요구에 대하여 행정소송을 제기하지 않고 헌법소원심판을 청구하더라도 적법하다.

③ 법령의 시행일 이후 일정한 유예기간을 둔 경우 유예기간과 관계없이 이미 그 법령시행일에 기본권의 침해를 받은 것이므로 이에 대한 헌법소원심판 청구기간의 기산점은 법령의 시행일이다.

④ 헌법은 그 전체로서 주권자인 국민의 결단 내지 국민적 합의의 결과라고 보아야할 것으로, 헌법의 개별규정을 「헌법재판소법」 제68조 제1항 소정의 공권력 행사의 결과라고 볼 수 없다.

⑤ 대통령이 국회에 법률안을 제출하는 행위는 공권력의 행사에 해당하므로 이를 대상으로 한 「헌법재판소법」 제68조 제1항에 따른 헌법소원심판은 적법하다.

정답찾기

④ [O] 국민투표에 의하여 확정된 현행 헌법의 성립과정과 헌법 제130조 제2항이 헌법의 개정을 국민투표에 의하여 확정하도록 하고 있음에 비추어, 헌법은 그 전체로서 주권자인 국민의 결단 내지 국민적 합의의 결과라고 보아야 할 것으로, 헌법의 규정을 「헌법재판소법」 제68조 제1항 소정의 공권력 행사의 결과라고 볼 수 없다(헌재 1995. 12. 28. 95헌바3).

① [X] 법률 또는 법률조항 자체가 헌법소원의 대상이 될 수 있으려면 구체적인 집행행위를 기다리지 아니하고 그 법률 또는 법률조항에 의하여 직접, 현재, 자기의 기본권을 침해받아야 하는 바, 위에서 말하는 집행행위에는 입법행위도 포함되므로 법률 규정이 그 규정의 구체화를 위하여 하위규범의 시행을 예정하고 있는 경우에는 당해 법률 규정의 직접성은 부인된다(헌재 1996. 2. 29. 94헌마213).

② [X] 방송통신심의위원회의 시정요구에 대해서는 이의신청(「방송통신위원회의 설치 및 운영에 관한 법률」 시행령 제8조) 및 행정소송으로 다툴 수 있는바, 이러한 절차를 거치지 아니한 이 사건 심판청구는 「헌법재판소법」 제68조 제1항 단서가 정한 보충성 요건을 갖추지 못하였다(헌재 2022. 1. 11. 2021헌마1540).

③ [X] 유예기간을 경과하기 전까지 청구인들은 이 사건 보호자동승조항에 의한 보호자동승의무를 부담하지 않는다. 이 사건 보호자동승조항이 구체적이고 현실적으로 청구인들에게 적용된 것은 유예기간을 경과한 때부터라 할 것이므로, 이때부터 청구기간을 기산함이 상당하다(헌재 2020. 4. 23. 2017헌마479).

⑤ [X] 대통령의 법률안 제출행위는 국가기관 간의 내부적 행위에 불과하고 국민에 대하여 직접적인 법률효과를 발생시키는 행위가 아니므로 「헌법재판소법」 제68조에서 말하는 공권력의 행사에 해당되지 않는다(헌재 1994. 8. 31. 92헌마174).

Answer 250 ③ 251 ④

252 헌법소원심판에 대한 설명으로 옳은 것은? (다툼이 있는 경우 판례에 의함)   22. 국가직 7급

① 대한변호사협회가 변호사 등록사무의 수행과 관련하여 정립한 규범은 단순한 내부 기준이라 볼 수 있으므로 변호사 등록을 하려는 자와의 관계에서 대외적 구속력을 가지는 공권력 행사에 해당한다고 할 수 없다.

② 헌법소원의 대상이 되는 공권력에는 입법작용도 포함되므로 입법기관의 소관사항인 법률의 개정 및 폐지를 요구하는 것은 헌법소원심판의 대상이 된다.

③ 법률 또는 법률 조항 자체가 헌법소원의 대상이 될 수 있으려면 구체적인 집행행위를 기다리지 아니하고 그 법률 또는 법률 조항에 의하여 직접, 현재, 자기의 기본권을 침해받아야 하는바, 위에서 말하는 집행행위에 입법행위는 포함되지 않으므로 법률 규정이 그 규정의 구체화를 위하여 하위규범의 시행을 예정하고 있는 경우에는 당해 법률 규정의 직접성은 인정된다.

④ 헌법재판소는 「헌법재판소법」 제68조제1항에 따른 헌법소원을 인용할 때에는 인용결정서의 주문에 침해된 기본권과 침해의 원인이 된 공권력의 행사 또는 불행사를 특정하여야 하며, 그 경우에 공권력의 행사 또는 불행사가 위헌인 법률 또는 법률의 조항에 기인한 것이라고 인정될 때에는 인용결정에서 해당 법률 또는 법률의 조항이 위헌임을 선고할 수 있다.

정답찾기

④ [O] 헌법재판소가 제68조 제1항에 따른 헌법소원을 인용할 때에는 인용결정서의 주문에 침해된 기본권과 침해의 원인이 된 공권력의 행사 또는 불행사를 특정하여야 하며, 이러한 경우에 헌법재판소는 공권력의 행사 또는 불행사가 위헌인 법률 또는 법률의 조항에 기인한 것이라고 인정될 때에는 인용결정에서 해당 법률 또는 법률의 조항이 위헌임을 선고할 수 있다(「헌법재판소법」 제75조 제2항, 제5항).

① [X] 변호사 등록제도는 그 연혁이나 법적 성질에 비추어 보건대, 원래 국가의 공행정의 일부라 할 수 있으나, 국가가 행정상 필요에 의해 대한변호사협회에 관련 권한을 이관한 것이다. 따라서 변협은 변호사 등록에 관한 한 공법인으로서 공권력 행사의 주체이다. 또한 「변호사법」의 관련 규정, 변호사 등록의 법적 성질, 변호사 등록을 하려는 자와 변협 사이의 법적 관계 등을 고려했을 때 변호사 등록에 관한 한 공법인 성격을 가지는 변협이 등록사무의 수행과 관련하여 정립한 규범을 단순히 내부 기준이라거나 사법적인 성질을 지니는 것이라 볼 수는 없고, 변호사 등록을 하려는 자와의 관계에서 대외적 구속력을 가지는 공권력 행사에 해당한다고 할 것이다. 따라서 변협이 변호사 등록사무의 수행과 관련하여 정립한 규범인 심판대상조항들은 헌법소원 대상인 공권력의 행사에 해당한다(헌재 2019. 11. 28. 2017헌마759).

② [X] 법률의 개폐는 입법기관의 소관사항으로서 법률의 개정을 요구하는 심판청구는 헌법소원의 대상이 될 수 없다(헌재 1992. 6. 26. 89헌마132).

③ [X] 법률 또는 법률 조항 자체가 헌법소원의 대상이 될 수 있으려면 구체적인 집행행위를 기다리지 아니하고 그 법률 또는 법률 조항에 의하여 직접, 현재, 자기의 기본권을 침해받아야 하는 바, 위에서 말하는 집행행위에는 입법행위도 포함되므로 법률 규정이 그 규정의 구체화를 위하여 하위규범의 시행을 예정하고 있는 경우에는 당해 법률 규정의 직접성은 부인된다(헌재 1996. 2. 29. 94헌마213).

253 헌법소원에 대한 설명으로 옳지 않은 것은? (다툼이 있는 경우 판례에 의함) 21. 지방직 7급

① 법률 조항 자체가 「헌법재판소법」 제68조 제1항의 헌법소원의 대상이 될 수 있으려면 그 법률조항에 의하여 구체적인 집행행위를 기다리지 아니하고 직접 자기의 기본권을 침해받아야 하며 집행행위에는 입법행위도 포함되므로, 법률 규정이 그 규정의 구체화를 위하여 하위규범의 시행을 예정하고 있는 경우에는 원칙적으로 당해 법률의 직접성은 부인된다.

② 법령에 근거한 구체적인 집행행위가 재량행위인 경우에 법령은 집행기관에게 기본권 침해의 가능성만 부여할 뿐, 법령 스스로가 기본권의 침해행위를 규정하고 행정청이 이에 따르도록 구속하는 것이 아니고, 이때의 기본권의 침해는 집행기관의 의사에 따른 집행행위, 즉 재량권의 행사에 의하여 비로소 이루어지고 현실화되므로 이러한 경우에는 법령에 의한 기본권 침해의 직접성이 인정되지 않는다.

③ 국방부장관 등의 '군내 불온서적 차단대책 강구 지시'는 그 지시를 받은 하급 부대장이 일반 장병을 대상으로 하여 그에 따른 구체적인 집행행위를 하지 않더라도 곧바로 일반 장병의 기본권을 제한하는 직접적인 공권력 행사에 해당하므로 기본권 침해의 직접성이 인정된다.

④ 법령이 집행행위를 예정하고 있더라도, 법령이 일의적이고 명백한 것이어서 집행기관이 심사와 재량의 여지없이 그 법령에 따라 일정한 집행행위를 하여야 하는 경우와 당해 집행행위를 대상으로 하는 구제절차가 없거나, 구제절차가 있다고 하더라도 권리구제의 기대가능성이 없고 기본권 침해를 당한 청구인에게 불필요한 우회절차를 강요하는 것밖에 되지 않는 경우에는 예외적으로 당해 법령의 직접성을 인정할 수 있다.

정답찾기

③ [X] 군인사법 제47조의2는 '군인의 복무에 관하여는 이 법에 규정한 것을 제외하고는 따로 대통령령이 정하는 바에 의한다.'고 규정하여 기본권 침해에 관하여 아무런 규율도 하지 아니한 채 이를 대통령령에 위임하고 있으므로, 그 내용이 국민의 권리관계를 직접 규율하는 것이라고 보기 어렵다. 또한 국방부장관 등의 '군내 불온서적 차단대책 강구 지시'는 그 지시를 받은 하급 부대장이 일반 장병을 대상으로 하여 그에 따른 구체적인 집행행위를 함으로써 비로소 청구인들을 비롯한 일반 장병의 기본권 제한의 효과가 발생한다 할 것이므로 직접적인 공권력 행사라고 볼 수 없다. 따라서 위 법률조항 및 지시는 기본권 침해의 직접성이 인정되지 아니한다(헌재 2010. 10. 28. 2008헌마638).

① [O] 법률 또는 법률 조항 자체가 헌법소원의 대상이 될 수 있으려면 구체적인 집행행위를 기다리지 아니하고 그 법률 또는 법률조항에 의하여 직접, 현재, 자기의 기본권을 침해받아야 하는 바, 위에서 말하는 집행행위에는 입법행위도 포함되므로 법률 규정이 그 규정의 구체화를 위하여 하위규범의 시행을 예정하고 있는 경우에는 당해 법률 규정의 직접성은 부인된다(헌재 1996. 2. 29. 94헌마213).

② [O] 법령에 근거한 구체적인 집행행위가 재량행위인 경우에는 법령은 집행기관에게 기본권 침해의 가능성만을 부여할 뿐 법령 스스로가 기본권의 침해행위를 규정하고 행정청이 이에 따르도록 구속하는 것이 아니고, 이때의 기본권의 침해는 집행기관의 의사에 따른 집행행위, 즉 재량권의 행사에 의하여 비로소 이루어지고 현실화되므로 이러한 경우에는 법령에 의한 기본권 침해의 직접성이 인정될 여지가 없다(헌재 2003. 7. 24. 2003헌마3).

④ [O] 헌법소원심판의 대상이 될 수 있는 법률은 그 법률에 기한 다른 집행행위를 기다리지 않고 직접 국민의 기본권을 침해하는 법률이어야 하지만 구체적 집행행위가 존재한다고 하여 언제나 반드시 법률 자체에 대한 헌법소원심판청구의 적법성이 부정되는 것은 아니고, 예외적으로 집행행위가 존재하는 경우에도 그 집행행위를 대상으로 하는 구제절차가 없거나 구제절차가 있다고 하더라도 권리구제의 기대 가능성이 없고 다만 기본권 침해를 당한 자에게 불필요한 우회절차를 강요하는 것밖에 되지 않는 경우로서 당해 법률에 대한 전제 관련성이 확실하다고 인정되는 때에는 당해 법률을 헌법소원의 직접대상으로 삼을 수 있다(헌재 1992. 4. 14. 90헌마82).

Answer 252 ④ 253 ③

254. 헌법재판에 대한 설명으로 옳지 않은 것은? (다툼이 있는 경우 헌법재판소 결정에 의함)   23. 국가직 7급

① 한정위헌결정의 기속력을 부인하여 청구인들의 재심청구를 기각한 법원의 재판은 '법률에 대한 위헌결정의 기속력에 반하는 재판'으로 이에 대한 헌법소원이 허용될 뿐 아니라 헌법상 보장된 재판청구권을 침해하였으므로 「헌법재판소법」 제75조 제3항에 따라 취소되어야 한다.

② 법률에 대한 헌법재판소의 한정위헌결정 이전에 그 법률을 적용하여 확정된 유죄판결은 '헌법재판소가 위헌으로 결정한 법령을 적용하여 국민의 기본권을 침해한 재판'에는 해당하지 않지만, '위헌결정의 기속력에 반하는 재판'이므로 그 판결을 대상으로 한 헌법소원 심판청구는 적법하다.

③ 「헌법재판소법」 제68조 제1항의 헌법소원은 행정처분에 대하여도 청구할 수 있는 것이나, 그것이 법원의 재판을 거쳐 확정된 행정처분인 경우에는 당해 행정처분을 심판의 대상으로 삼았던 법원의 재판이 예외적으로 헌법소원심판의 대상이 되어 그 재판 자체가 취소되는 경우에 한하여 심판이 가능한 것이고, 이와 달리 법원의 재판이 취소될 수 없는 경우에는 당해 행정처분 역시 헌법소원심판청구의 대상이 되지 아니한다.

④ 헌법소원심판청구인이 심판대상 법률조항의 특정한 해석이나 적용 부분의 위헌성을 주장하는 한정위헌청구는 원칙적으로 적법하지만, 한정위헌청구의 형식을 취하고 있으면서도 실제로는 개별적·구체적 사건에서의 법률조항의 단순한 포섭·적용에 관한 문제를 다투거나 의미 있는 헌법문제를 주장하지 않으면서 법원의 법률해석이나 재판결과를 다투는 심판청구는 부적법하다.

정답찾기

② [X] 법원의 재판을 거쳐 확정된 행정처분(원행정처분)에 대한 헌법소원 심판청구는 「헌법재판소법」 제68조 제1항의 입법취지 등에 비추어 원칙적으로 허용되지 않지만, 원행정처분을 심판의 대상으로 삼았던 법원의 재판이 예외적으로 헌법소원심판의 대상이 되어 그 재판 자체가 취소되는 경우에는 예외적으로 원행정처분에 대하여도 헌법소원 심판청구가 허용된다. 그런데 위헌결정이 있기 전에 그 법률을 법원이 적용하는 것은 제도적으로 정당성이 보장되므로 아직 헌법재판소에 의하여 위헌으로 선언된 바가 없는 법률이 적용된 재판을 그 후에 위헌결정이 선고되었다는 이유로 위법한 공권력의 행사라고 하여 헌법소원심판의 대상으로 삼을 수는 없다. 그러므로, 이 사건 과세처분을 심판대상으로 삼았던 법원의 재판인 재심대상판결은 법률에 대한 위헌결정의 기속력에 반하는 재판에 해당하지 않는다. 따라서 이 사건 과세처분을 심판의 대상으로 삼았던 법원의 재판이 예외적으로 헌법소원의 대상이 되어 취소되는 경우에 해당하지 아니하므로, 원행정처분인 <u>이 사건 과세처분에 대한 심판청구는 부적법하다</u>(헌재 2022. 7. 21. 2013헌마242).

① [O] 헌법재판소는 2022. 6. 30. 2014헌마760 결정에서 "「헌법재판소법」 제68조 제1항 본문 중 '법원의 재판' 가운데 '법률에 대한 위헌결정의 기속력에 반하는 재판' 부분은 헌법에 위반된다."라는 결정을 선고하였다. 헌법재판소가 법률의 위헌성 심사를 하면서 합헌적 법률해석을 하고 그 결과로서 이루어지는 한정위헌결정은 일부위헌결정으로서, 헌법재판소가 헌법에서 부여받은 위헌심사권을 행사한 결과인 법률에 대한 위헌결정에 해당한다. 따라서 이 사건 한정위헌결정으로 구 「조세감면규제법」 부칙 제23조의 규범 영역 중 1993. 12. 31. 전부 개정된 구 「조세감면규제법」의 시행일인 1994. 1. 1. 이후에 적용되는 부분은 그 효력을 상실하였고, 이는 법원을 비롯한 모든 국가기관과 지방자치단체에 대하여 기속력이 있다. 법원은 이 사건 한정위헌결정의 기속력을 부인하여 청구인의 재심청구를 기각하였는바, 이는 '법률에 대한 위헌결정의 기속력에 반하는 재판'으로 헌법소원심판의 대상이 되고 청구인의 재판청구권을 침해하였으므로 「헌법재판소법」 제75조 제3항에 따라 취소되어야 한다(헌재 2022. 7. 21. 2013헌마242).

③ [O] 공권력의 행사로 인하여 헌법상 보장된 기본권을 침해받은 자는 원칙적으로 법원의 재판을 제외하고는 헌법재판소에 헌법소원심판을 청구할 수 있다. 따라서 행정처분에 대하여도 헌법소원심판을 청구할 수 있음이 원칙이다. 다만, 행정소송의 대상이 되는 행정처분의 경우에는 법 제68조 제1항 단서에 의하여 헌법소원심판을 청구하기에 앞서 행정소송절차를 거치도록 되어 있고, 법원의 재판을 원칙적으로 헌법소원심판의 대상에서 제외한 법 제68조 제1항의 입법취지 등에 비추어 볼 때, 행정처분의 취소를 구하는 행정소송에서 그 청구가 받아들여지지 아니하는 판결이 확정된 후 당해 행정처분(원행정처분)에 대하여 헌법소원심판을 청구하는 것은 허용되지 않는다. 행정처분의 취소소송에서 청구를 기각하는 판결이 확정되면 당사자는 그 판결의 기판력에 의한 기속을 받게 되므로, 별도의 절차에 의해 확정판결의 기판력이 제거

되지 아니하는 한, 판결에 의해 적법한 것으로 확정된 원행정처분의 위법성을 주장하는 것은 확정판결의 기판력에 어긋나기 때문이다. 그러나 원행정처분을 심판의 대상으로 삼았던 법원의 재판이 예외적으로 헌법소원심판의 대상이 되어 그 재판 자체가 취소되는 경우에는 신속하고 효율적인 국민의 기본권 구제를 위해 원행정처분에 대하여도 헌법소원심판청구를 허용하고 이를 취소할 수 있다(헌재 1997. 12. 24. 96헌마172).

④ [O] 재판소원을 금지하는 「헌법재판소법」 제68조 제1항의 취지에 비추어, 개별·구체적 사건에서 단순히 법률조항의 포섭이나 적용의 문제를 다투거나, 의미있는 헌법문제에 대한 주장없이 단지 재판결과를 다투는 헌법소원 심판청구는 여전히 허용되지 않는다(헌재 2012. 12. 27. 2011헌바117).

255 입법부작위에 대한 헌법재판소 결정으로 옳지 않은 것은? 16. 국가직 7급

① 국회의원 선거구에 관한 법률을 제정하지 아니한 입법부작위의 위헌확인을 구하는 심판청구에 대하여 심판청구 이후 국회가 국회의원 선거구를 획정함으로써 청구인들의 주관적 목적이 달성되었다 할지라도 헌법적 해명의 필요성이 있어 권리보호이익이 존재한다.

② 지방자치단체장을 위한 별도의 퇴직급여제도를 마련하지 않은 것은 진정입법부작위에 해당하지만, 헌법해석상 입법적 의무가 도출되지 않아 헌법소원의 대상이 될 수 없다.

③ 「초·중등교육법」 제23조 제3항의 위임에 따른 동법 시행령 제43조가 의무교육인 초·중등학교의 교육과목을 규정함에 있어 헌법 과목을 의무교육과정의 필수 과목으로 지정하도록 하지 아니한 입법부작위에 대한 헌법소원심판청구는 부적법하다.

④ 구 「태평양전쟁 전후 국외 강제동원희생자 등 지원에 관한 법률」 제2조 제1호 나목에 대한 심판청구는 평등원칙의 관점에서 입법자가 동법률의 위로금 적용대상에 '국내' 강제동원자도 '국외' 강제동원자와 같이 포함시켰어야 한다는 주장에 터잡은 것이므로, 이는 위로금 지급대상인 일제하 강제동원자의 범위를 불완전하게 규율하고 있는 부진정입법부작위를 다투는 헌법소원으로 보아야 한다.

정답찾기

① [X] 헌법소원심판청구가 적법하려면 심판청구 당시는 물론 결정 당시에도 권리보호이익이 존재해야 하는데, 2016. 3. 2. 피청구인이 선거구를 획정함으로써 선거구에 관한 법률을 제정하지 아니하고 있던 피청구인의 입법부작위 상태는 해소되었고, 획정된 선거구에서 국회의원 후보자로 출마하거나 선거권자로서 투표하고자 하였던 청구인들의 주관적 목적이 달성되었으므로, 청구인들의 이 사건 입법부작위에 대한 심판청구는 권리보호이익이 없어 부적법하다(헌재 2016. 4. 28. 2015헌마177).

② [O] 지방자치단체장을 위한 별도의 퇴직급여제도를 마련하지 않은 것은 진정입법부작위에 해당하는데, 헌법상 지방자치단체장을 위한 퇴직급여제도에 관한 사항을 법률로 정하도록 위임하고 있는 조항은 존재하지 않는다. 나아가 지방자치단체장은 헌법 제7조 제2항에 따라 신분보장이 필요하고 정치적 중립성이 요구되는 공무원에 해당한다고 보기 어려우므로 헌법 제7조의 해석상 지방자치단체장을 위한 퇴직급여제도를 마련하여야 할 입법적 의무가 도출된다고 볼 수 없고, 그 외에 헌법 제34조나 공무담임권 보장에 관한 헌법 제25조로부터 위와 같은 입법의무가 도출되지 않는다. 따라서 이 사건 입법부작위는 헌법소원의 대상이 될 수 없는 입법부작위를 그 심판대상으로 한 것으로 부적법하다(헌재 2014. 6. 26. 2012헌마459).

③ [O] 「초·중등교육법」 제23조 제3항의 위임에 따라 동 교육법 시행령 제43조가 의무교육인 초·중등학교의 교육과목을 규정함에 있어 헌법 과목을 필수 과목으로 규정하고 있지 않다 하더라도, 이는 입법행위에 결함이 있는 '부진정 입법부작위'에 해당하여 구체적인 입법을 대상으로 헌법소원 심판청구를 해야 할 것이므로, 이 부분 입법부작위 위헌확인 심판청구는 허용되지 않는 것을 대상으로 한 것으로서 부적법하다(헌재 2011. 9. 29. 2010헌바66).

④ [O] 이 사건 심판청구는 평등원칙의 관점에서 입법자가 구 「국외강제동원자지원법」의 위로금 적용대상에 '국내' 강제동원자도 '국외' 강제동원자와 같이 포함시켰어야 한다는 주장에 터잡은 것이므로, 이는 헌법적 입법의무에 근거한 진정입법부작위에 관한 헌법소원이 아니라 위로금 지급대상인 일제하 강제동원자의 범위를 불완전하게 규율하고 있는 부진정입법부작위를 다투는 헌법소원으로 볼 것이다(헌재 2012. 7. 26. 2011헌바352).

Answer 254 ② 255 ①

256 헌법소원의 적법요건에 대한 설명으로 옳지 않은 것은? (다툼이 있는 경우 헌법재판소 판례에 의함)

22. 국회 8급

① 「헌법재판소법」 제68조 제1항에 의한 헌법소원심판을 구하는 자는 심판의 대상인 공권력의 행사 또는 불행사로 인하여 자기의 기본권이 현재 그리고 직접적으로 침해받고 있는 자여야 한다.

② 공권력 작용의 직접적인 상대방이 아닌 제3자라고 하더라도 공권력의 작용이 그 제3자의 기본권을 직접적이고 법적으로 침해하고 있는 경우에는 그 제3자에게 자기관련성이 인정될 수 있다.

③ 공권력의 작용이 단지 간접적, 사실적 또는 경제적 이해관계로만 관련되어 있는 제3자에게는 자기관련성이 인정되지 않는다.

④ 정보통신망을 통하여 공개된 정보로 말미암아 사생활 등을 침해받은 자가 삭제요청을 하면 정보통신서비스 제공자는 해당 정보에 대한 접근을 임시적으로 차단하는 조치를 하여야 한다고 정한 법률 조항은 직접적 수범자를 정보통신서비스 제공자로 하기 때문에, 정보게재자는 제3자에 해당하여 위 임시조치로 정보게재자가 게재한 정보는 접근이 차단되는 불이익을 받더라도 정보게재자의 자기관련성은 인정되지 않는다.

⑤ 언론인을 공직자 등에 포함시켜 이들에 대한 부정청탁을 금지한 것은 언론인 등 자연인을 수범자로 하고 있을 뿐이어서 사단법인 한국기자협회는 자신의 기본권을 직접 침해당할 가능성이 없다.

정답찾기

④ [X] 이 사건 법률 조항의 문언상 직접적인 수범자는 '정보통신서비스 제공자'이고, 정보게재자인 청구인은 제3자에 해당하나, 사생활이나 명예 등 자기의 권리가 침해되었다고 주장하는 자로부터 침해사실의 소명과 더불어 그 정보의 삭제 등을 요청받으면 정보통신서비스 제공자는 지체 없이 임시조치를 하도록 규정하고 있는 이상, 위 임시조치로 청구인이 게재한 정보는 접근이 차단되는 불이익을 받게 되었으므로, 이 사건 법률조항의 입법목적, 실질적인 규율대상, 제한이나 금지가 제3자에게 미치는 효과나 진지성의 정도를 종합적으로 고려할 때, 이 사건 법률 조항으로 인한 기본권 침해와 관련하여 청구인의 자기관련성을 인정할 수 있다(헌재 2012. 5. 31. 2010헌마88).

① [O] 「헌법재판소법」 제68조 제1항에 의하면 헌법소원은 공권력의 행사 또는 불행사로 인하여 헌법상 보장된 기본권을 침해받은 자가 그 심판을 구하는 제도로서, 이 경우 심판을 구하는 자는 심판의 대상인 공권력의 행사 또는 불행사로 인하여 자기의 기본권이 현재 그리고 직접적으로 침해받고 있는 자여야 한다(헌재 1992. 9. 4. 92헌마175).

② [O] 공권력의 작용의 직접적인 상대방이 아닌 제3자라고 하더라도 공권력의 작용이 그 제3자의 기본권을 직접적이고 법적으로 침해하고 있는 경우에는 그 제3자에게 자기관련성이 인정된다(헌재 1993. 3. 11. 91헌마233).

③ [O] 공권력의 작용에 단지 간접적, 사실적 또는 경제적인 이해관계가 있을 뿐인 제3자인 경우에는 자기관련성은 인정되지 않는다(헌재 1990. 12. 26. 90헌마20).

⑤ [O] 청구인 사단법인 한국기자협회는 전국의 신문·방송·통신사 소속 현직 기자들을 회원으로 두고 있는 민법상 비영리 사단법인으로서, 「언론중재 및 피해구제에 관한 법률」 제2조 제12호에 따른 언론사에는 해당한다. 그런데 심판대상조항은 언론인 등 자연인을 수범자로 하고 있을 뿐이어서 청구인 사단법인 한국기자협회는 심판대상조항으로 인하여 자신의 기본권을 직접 침해당할 가능성이 없다. 또 사단법인 한국기자협회가 그 구성원인 기자들을 대신하여 헌법소원을 청구할 수도 없으므로, 위 청구인의 심판청구는 기본권 침해의 자기관련성을 인정할 수 없어 부적법하다(헌재 2016. 7. 28. 2015헌마236).

257 「헌법재판소법」 제68조 제1항의 헌법소원심판에서 기본권 침해의 법적 관련성에 대한 설명으로 옳지 않은 것은?
(다툼이 있는 경우 판례에 의함)
19. 지방직 7급

① 법규범이 집행행위를 예정하고 있더라도 법규범의 내용이 집행행위 이전에 이미 국민의 권리관계를 직접 변동시키거나 국민의 법적 지위를 결정적으로 정하는 것이어서 국민의 권리관계가 집행행위의 유무나 내용에 의하여 좌우될 수 없을 정도로 확정된 상태라면 그 법규범의 권리침해의 직접성이 인정된다.

② 공권력 작용의 직접적인 상대방은 자유의 제한, 의무의 부과, 권리 또는 법적 지위의 제약이 가해지면 자기관련성이 인정되며, 제3자의 경우 사실적·경제적 이해관계나 영향이 존재한다면 자기관련성이 인정된다.

③ 직접성이 요구되는 법규범에는 형식적 의미의 법률뿐만 아니라 조약, 명령·규칙, 헌법소원의 대상성이 인정되는 행정규칙, 조례 등이 포함된다.

④ 국민에게 일정한 행위의무 또는 행위금지의무를 부과하는 법규정을 정한 후 이를 위반할 경우 제재수단으로서 형벌 또는 행정벌 등을 부과할 것을 정한 경우에, 그 형벌이나 행정벌의 부과를 직접성에서 말하는 집행행위라고는 할 수 없다.

정답찾기

② [X] 공권력의 행사 또는 불행사로 인하여 기본권의 침해를 받은 자라는 것은 공권력의 행사 또는 불행사로 인하여 자기의 기본권이 현재 그리고 직접적으로 침해받은 경우를 의미하므로 원칙적으로 공권력의 행사 또는 불행사의 직접적인 상대방만이 이에 해당한다고 할 것이고, 공권력의 작용에 단지 간접적, 사실적 또는 경제적인 이해관계가 있을 뿐인 제3자인 경우에는 자기관련성은 인정되지 않는다(헌재 1990. 12. 26. 90헌마20).

① [O] 법규범이 집행행위를 예정하고 있더라도 법규범의 내용이 집행행위 이전에 이미 국민의 권리관계를 직접 변동시키거나 국민의 법적 지위를 결정적으로 정하는 것이어서 국민의 권리관계가 집행행위의 유무나 내용에 의하여 좌우될 수 없을 정도로 확정된 상태라면 그 법규범의 권리침해의 직접성이 인정된다(헌재 2008. 6. 26. 2005헌마173).

③ [O] 헌법소원심판의 대상으로서의 "공권력"이란 입법·사법·행정 등 모든 공권력을 말하는 것이므로 입법부에서 제정한 법률, 행정부에서 제정한 시행령이나 시행규칙 및 사법부에서 제정한 규칙 등은 그것들이 별도의 집행행위를 기다리지 않고 직접 기본권을 침해하는 것일 때에는 모두 헌법소원심판의 대상이 될 수 있다(헌재 1990. 10. 15. 89헌마178).

④ [O] 국민에게 일정한 행위의무 또는 행위금지의무를 부과하는 법규정을 정한 후 이를 위반할 경우 제재수단으로서 형벌 또는 행정벌 등을 부과할 것을 정한 경우에, 그 형벌이나 행정벌의 부과를 위 직접성에서 말하는 집행행위라고는 할 수 없다. 국민은 별도의 집행행위를 기다릴 필요 없이 제재의 근거가 되는 법률의 시행 자체로 행위의무 또는 행위금지의무를 직접 부담하는 것이기 때문이다. 다시 말하면 설령 형벌의 부과를 구체적인 집행행위라고 보더라도, 이러한 법규범을 다투기 위하여 국민이 이 법규범을 실제로 위반하여 재판을 통한 형벌이나 벌금부과를 받게 되는 위험을 감수할 것을 국민에게 요구할 수 없기 때문이다(헌재 1998. 3. 26. 97헌마194).

Answer 256 ④ 257 ②

258 「헌법재판소법」 제68조 제1항의 헌법소원에 대한 설명으로 옳은 것은? (다툼이 있는 경우 판례에 의함)

21. 국가직 7급

① 공권력의 작용의 직접적인 상대방이 아닌 제3자는 공권력의 작용이 그 제3자의 기본권을 직접적이고 법적으로 침해하는 경우라 하더라도 그 제3자에게 자기관련성이 인정되지 않는다.

② 청구인은 공권력 작용과 현재 관련이 있어야 하며, 장래 어느 때인가 관련될 수 있을 것이라는 것만으로는 헌법소원을 제기하기에 족하지 않으므로, 기본권 침해가 장래에 발생하고 그 침해가 틀림없을 것으로 현재 확실히 예측되더라도 침해의 현재성을 인정할 수는 없다.

③ 「헌법재판소법」 제68조 제1항 단서에서 말하는 다른 권리구제절차에는 사후적·보충적 구제수단인 손해배상청구나 손실보상청구도 포함된다.

④ 공권력의 불행사로 인한 기본권 침해는 그 불행사가 계속되는 한 기본권 침해의 부작위가 계속된다고 할 것이므로 공권력의 불행사에 대한 헌법소원은 그 불행사가 계속되는 한 기간의 제약없이 적법하게 청구할 수 있다.

> 정답찾기

④ [O] 공권력의 불행사로 인한 기본권 침해는 그 불행사가 계속되는 한 기본권 침해의 부작위가 계속된다 할 것이므로, 공권력의 불행사에 대한 헌법소원심판은 그 불행사가 계속되는 한 기간의 제약이 없이 적법하게 청구할 수 있다(헌재 1994. 12. 29. 89헌마2).

① [X] 공권력의 작용의 직접적인 상대방이 아닌 제3자라고 하더라도 공권력의 작용이 그 제3자의 기본권을 직접적이고 법적으로 침해하고 있는 경우에는 그 제3자에게도 자기관련성이 인정된다(헌재 1993. 3. 11. 91헌마233).

② [X] 법률에 대하여 바로 헌법소원을 제기하려면 우선 청구인 스스로가 당해 규정에 관련되어야 할 뿐만 아니라 당해 규정에 의해 현재 권리침해를 받아야 한다는 것을 요건으로 하는바, 청구인이 단순히 장래 잠재적으로 나타날 수 있는 권리침해의 우려에 대하여 헌법소원심판을 청구한 것에 불과하다면 본인의 관련성과 권리침해의 현재성이 없는 경우에 해당하여 부적법하다. 다만 당해 규정에 의하여 불이익을 입게 될 수도 있다는 것을 현재의 시점에서 충분히 예측할 수 있는 경우 기본권 침해의 현재성을 인정할 수 있다(헌재 1992. 10. 1. 92헌마68).

③ [X] 「헌법재판소법」은 "다른 법률에 구제절차가 있는 경우에는 그 절차를 모두 거친 후가 아니면 헌법소원을 청구할 수 없다"라고 하여 보충성의 원칙을 규정하고 있다(제68조 제1항 단서). 여기서 다른 법률에 의한 구제절차란 공권력의 행사 또는 불행사를 직접 대상으로 하여 그 효력을 다툴 수 있는 권리구제절차를 의미하는 것이지 사후적·보충적 구제수단인 손해배상청구나 손실보상청구를 의미하는 것이 아니다(헌재 1993. 5. 13. 92헌마297).

259 종업원의 복리를 위하여 기업체 A가 출연하여 설립한 자율형 사립고 B는 2014학년도 신입생 모집요강을 작성하면서, A기업 임직원 자녀 전형 70%, 사회배려자 전형 20%, 일반전형 10%를 각각 배정하였다. 2013. 9. 13. B가 관할 교육감으로부터 신입생 모집요강을 승인받아, 2013. 9. 16. 모집요강을 공고하자 A기업 임직원이 아닌 일반인 甲과 2015년 졸업예정자인 甲의 아들 중학생 乙은 2013. 12. 3. 이 내용을 알게 되어 2014. 2. 24. B와 관할 교육감을 피청구인으로 하여 헌법소원심판을 청구하였다. 이 사례에서 헌법재판소 결정으로 옳은 것은?

16. 국가직 7급

① B의 신입생 모집요강이 A기업 임직원 자녀 전형에 70%를 배정하고 일반전형에 10%를 배정하여 모집비율을 달리 정하고 있는 것은 지나치게 자의적이어서 乙을 불합리하게 차별한 것이다.
② 乙은 기본권 침해의 현재성이 인정되지 않아 乙의 청구는 부적법하다.
③ 乙의 교육 받을 권리의 제한은 문제되지 아니한다.
④ 乙은 교육감의 신입생 모집요강 승인처분의 직접적인 상대방이 아니므로 자기관련성이 인정되지 않아 부적법하다.

정답찾기

③ [O] 헌법 제31조 제1항은 "모든 국민은 능력에 따라 균등하게 교육을 받을 권리를 가진다."고 규정하여 국민의 교육을 받을 권리를 보장하고 있다. 그런데 특정 교육시설에 참여할 수 있는 기회를 늘려 달라고 요구하거나, 입학전형에서 불리하다는 이유로 타인의 교육시설 참여 기회를 제한해 달라고 요구하는 것이 균등한 취학기회 보장을 목표로 하는 교육을 받을 권리의 내용이라고 볼 수는 없다. 청구인들은 이 사건 승인처분에 의하여 고등학교 진학 기회 자체가 봉쇄되거나 박탈된 것이 아니며, 여전히 다른 고등학교에 진학할 수 있고, 충남○○고의 경우 기존의 일반고등학교를 자사고로 변경한 것이 아니라 추가적으로 고등학교를 신설한 것으로서 청구인들의 고등학교 진학기회를 축소시킨 것도 아니므로, 이 사건 승인처분과 관련하여서는 헌법 제31조 제1항의 교육을 받을 권리의 제한이 문제되지 아니한다(헌재 2015. 11. 26. 2014헌마145).
① [X] 자율형 사립고등학교는 학교의 설립에서부터 운영에 이르기까지 국가와 지방자치단체로부터 재정적으로 독립되어 있어서 일반 사립고등학교에 비하여 더 폭넓은 자율권을 향유하며, 특히 기업형 자사고는 기업복지를 실현하여 생산성을 향상시키고 기업 주변의 정주환경을 개선하여서 우수 인재를 유치하는 데에 주요 목적이 있으므로, 임직원 자녀에게 더 많은 진학의 기회를 부여하는 것은 기업형 자사고 제도를 도입한 취지에 부합하며, 법이 허용하는 범위 내에서 사립학교가 자율적으로 학생선발권을 행사하는 것에 불과하다. … 따라서 이 사건 입학전형요강은 충남○○고가 기업형 자사고라는 특성에 기인한 것으로서 합리적인 이유가 있으므로, 피청구인의 이 사건 승인처분이 지나치게 자의적이어서 청구인들을 불합리하게 차별한 것이라고 볼 수 없다(헌재 2015. 11. 26. 2014헌마145).
② [X] 피청구인은 모집정원의 70%를 임직원 자녀 전형에 배정하고 일반전형에는 모집정원의 10%만을 배정한 이 사건 입학전형요강을 승인하였는바, 이러한 일반전형 비율은 사실상 임직원 자녀 이외의 학생들이 충남○○고에 진학할 수 있는 기회를 배제한 것이나 다름없다. 이러한 불이익은 충남○○고에 진학하려는 학생들에게 있어 단순한 사실적·간접적 불이익이 아니며 법적 불이익이 발생한 것이라 봄이 상당하므로, 이 사건 승인처분은 2015학년도 졸업예정자인 청구인 乙의 기본권을 침해할 가능성이 있다. 다만 위 청구인들의 학부모인 청구인 甲은 이 사건 승인처분으로 인해 직접적으로 차별을 받는 위치에 있다고 할 수 없고, 이 사건 승인처분과 관련하여서는 평등권 이외에 다른 기본권이 문제된다고 볼 수도 없으므로, 이 사건 승인처분이 청구인 甲의 기본권을 침해할 가능성은 인정되지 아니한다(헌재 2015. 11. 26. 2014헌마145).
④ [X] 이 사건 입학전형요강과 직접적인 이해관계를 갖는 자들은 충남○○고 지원예정자들이므로, 충남○○고에 지원하고자 하는 청구인들이 승인처분의 직접적인 상대방이 아닌 제3자에 해당한다고 하여 무조건 자기관련성을 배척할 것은 아니다. 또한 청구인 乙은 2015년도 졸업예정자로서 2014학년도 입학전형요강과 직접적인 관련은 없다고 할 것이나, 2015학년도 입학전형에서도 동일한 비율로 선발인원이 배정될 것이 충분히 예측가능하고, 2015학년도 입학전형요강이 공고되기를 기다려 그 승인처분을 다투게 한다면 권리구제의 실효성을 기대할 수 없으므로, 이 사건 입학전형요강과 그 승인처분이 위 청구인들에게 미치는 효과나 진지성의 정도 등을 고려할 때, 입시 준비 중인 위 청구인들에게 기본권 침해의 자기관련성이 인정된다고 봄이 상당하다(헌재 2015. 11. 26. 2014헌마145).

Answer 258 ④ 259 ③

260 「헌법재판소법」 제68조 제1항에 따른 헌법소원심판에 대한 설명으로 옳은 것(O)과 옳지 않은 것(X)을 올바르게 조합하면? (다툼이 있는 경우 헌법재판소 판례에 의함)   22. 국회 8급

〈 보기 〉

㉠ 대통령기록물 소관 기록관이 대통령기록물을 중앙기록물관리기관으로 이관하는 행위는 법률이 정하는 권한분장에 따라 업무수행을 하기 위한 국가기관 사이의 내부적·절차적 행위에 불과하므로 헌법소원심판의 대상이 되는 공권력의 행사에 해당한다고 볼 수 없다.
㉡ 2021학년도 대학입학전형기본사항 중 재외국민 특별전형 지원자격 가운데 학생의 부모인 해외근무자와 그 배우자가 학생과 함께 해외에 체류하여야 한다는 부분은 학부모에 대한 기본권 침해의 자기관련성이 인정된다.
㉢ 헌법소원심판청구 시에 보충성 요건이 흠결된 경우라도, 헌법재판소의 종국결정 전에 다른 법률에 규정된 권리구제절차를 거친 경우에는 보충성 요건의 흠결이 치유될 수 있다.
㉣ 유예기간을 두고 있는 법령의 경우, 헌법소원심판의 청구기간의 기산점은 그 법령의 시행일이다.
㉤ 헌법소원심판청구가 비록 청구기간을 경과하여서 한 것이라 하더라도, 일반적 주의를 다하여도 그 기간을 준수할 수 없는 사유가 있는 경우에는 이를 허용하는 것이 헌법소원제도의 취지와 「헌법재판소법」 제40조에 의하여 준용되는 「행정소송법」 제20조 제2항 단서에 부합하는 해석이라 할 것이다.

① ㉠(O), ㉡(O), ㉢(O), ㉣(X), ㉤(O)
② ㉠(O), ㉡(X), ㉢(O), ㉣(O), ㉤(O)
③ ㉠(O), ㉡(X), ㉢(O), ㉣(X), ㉤(O)
④ ㉠(X), ㉡(O), ㉢(O), ㉣(O), ㉤(X)
⑤ ㉠(X), ㉡(O), ㉢(X), ㉣(O), ㉤(X)

피할 수 없는 사정과 같은 객관적 불능의 사유와 이에 준할 수 있는 사유뿐만 아니라 일반적 주의를 다하여도 그 기간을 준수할 수 없는 사유를 포함한다고 할 것이다. 따라서 검사의 불기소처분을 다투는 헌법소원의 심판에 있어서 청구인이 특별한 과실 없이 불기소처분이 있은 사실을 알지 못하여 헌법소원의 청구기간을 준수할 수 없었을 때에는 정당한 사유가 있다고 봄이 상당하다(헌재 2001. 12. 20. 2001헌마39).

261 「헌법재판소법」 제68조 제1항의 헌법소원심판에 대한 설명으로 옳은 것은? 24. 국가직 7급

① 권리보호이익은 소송제도에 필연적으로 내재하는 요청으로 헌법소원제도의 목적상 필수적인 요건이라고 할 것이어서, 헌법소원심판청구의 적법요건 중의 하나로 권리보호이익을 요구하는 것이 청구인의 재판을 받을 권리를 침해한다고 볼 수는 없다.

② 기본권 침해의 직접성이란 집행행위에 의하지 아니하고 법률 그 자체에 의하여 자유의 제한, 의무의 부과, 권리 또는 법적 지위의 박탈이 생긴 경우를 말하므로, 법규범이 정하고 있는 법률효과가 구체적으로 발생함에 있어 사인의 행위를 요건으로 하고 있다면 직접성이 인정되지 아니한다.

③ 「헌법재판소법」 제68조 제1항의 헌법소원심판은 청구인의 구체적인 기본권 침해와 무관하게 법률 등 공권력이 헌법에 합치하는지 여부를 추상적으로 심판하고 통제하는 절차이다.

④ 피청구인 방송통신심의위원회는 공권력행사의 주체인 국가행정기관이고, 정보통신서비스제공자는 조치결과 통지의무 등을 부담하지만, 시정요구에 따르지 않을 경우 제재수단이 없으므로 피청구인이 2019년 2월 11일 주식회사 ○○ 외 9개 정보통신서비스제공자 등에 대하여 895개 웹사이트에 대한 접속차단의 시정을 요구한 행위는 헌법소원심판의 대상이 되는 공권력 행사에 해당하지 않는다.

정답찾기

① [O] 권리보호이익은 소송제도에 필연적으로 내재하는 요청으로 헌법소원제도의 목적상 필수적인 요건이라고 할 것이어서 이로 인하여 본안판단을 받지 못한다고 하여도 재판을 받을 권리의 본질적인 부분에 대한 침해가 있다고 보기 어렵다. 다만, 권리보호이익을 지나치게 좁게 인정하면 헌법재판소의 본안판단의 부담을 절감할 수는 있지만 반면에 재판을 받을 권리를 부당하게 박탈하는 결과에 이르게 될 것이므로 권리보호이익을 판단함에 있어 다른 분쟁의 해결수단, 행정적 구제·입법적 구제의 유무 등을 기준으로 신중히 판단하여야 할 것인바, 헌법재판소는 비록 권리보호이익이 없을 때에도 반복위험이나 헌법적 해명이 필요한 경우에는 본안판단을 할 수 있는 예외를 인정하고 있다. 따라서 헌법소원심판청구의 적법요건 중의 하나로 권리보호이익을 요구하는 것이 청구인의 재판을 받을 권리를 침해한다고 볼 수는 없다(헌재 2001. 9. 27. 2001헌마152).

② [X] 법규범이 구체적인 집행행위를 기다리지 아니하고 직접 기본권을 침해한다고 할 때의 집행행위란 공권력 행사로서의 집행행위를 의미하는 것이므로 법규범이 정하고 있는 법률효과가 구체적으로 발생함에 있어 이 사건에서 법무사의 해고행위와 같이 공권력이 아닌 사인의 행위를 요건으로 하고 있다고 할지라도 법규범의 직접성을 부인할 수 없는 것이다(헌재 1996. 4. 25. 95헌마331).

③ [X] 헌법소원제도는 공권력작용으로 인하여 헌법상의 권리를 침해받은 자가 그 권리를 구제받기 위하여 심판을 구하는 이른바 주관적 권리구제절차라는 점을 본질적 요소로 하고 있는 것으로서, 청구인의 구체적인 기본권 침해와 무관하게 법률 등 공권력이 헌법에 합치하는지 여부를 추상적으로 심판하고 통제하는 절차가 아니다(헌재 1994. 6. 30. 91헌마16).

④ [X] 피청구인은 공권력 행사의 주체인 국가행정기관이고, 정보통신서비스제공자는 조치결과 통지의무 등을 부담하며, 시정요구에 따르지 않을 경우 제재수단이 있으므로, 이 사건 시정요구는 헌법소원심판의 대상이 되는 공권력 행사에 해당한다(헌재 2023. 10. 26. 2019헌마158).

Answer 260 ③ 261 ①

262 헌법재판에 대한 설명으로 옳지 않은 것은? (다툼이 있는 경우 판례에 의함) 17. 지방직 7급

① 헌법재판소가 국선대리인을 선정하지 아니한다는 결정을 한 때에는 지체 없이 그 사실을 신청인에게 통지하여야 하며, 이 경우 신청인이 국선대리인 선임신청을 한 날부터 그 통지를 받은 날까지의 기간은 헌법소원심판의 청구기간에 산입하지 아니한다.

② 부진정입법부작위를 대상으로 하여 헌법소원을 제기하려면 결함이 있는 당해 입법규정 그 자체를 대상으로 하여 그 헌법위반을 내세워 적극적인 헌법소원을 제기하여야 한다.

③ 헌법소원심판에서 사전심사를 담당하는 지정재판부는 재판관의 과반수 이상의 결정으로 심판청구를 각하할 수 있으나, 헌법소원심판 청구 후 30일이 경과할 때까지 각하결정이 없는 때에는 심판에 회부하는 결정이 있는 것으로 본다.

④ 당해 사건에서 법원으로 하여금 위헌법률심판을 제청하도록 신청을 한 사람은 위헌법률심판사건의 당사자가 아니다.

정답찾기

③ 【X】 지정재판부는 <u>전원의 일치된 의견으로 제3항의 각하결정을</u> 하지 아니하는 경우에는 결정으로 헌법소원을 재판부의 심판에 회부하여야 한다. 헌법소원심판의 청구 후 30일이 지날 때까지 각하결정이 없는 때에는 심판에 회부하는 결정이 있는 것으로 본다(「헌법재판소법」 제72조 제4항).

① 【O】 헌법재판소가 국선대리인을 선정하지 아니한다는 결정을 한 때에는 지체 없이 그 사실을 신청인에게 통지하여야 한다. 이 경우 신청인이 선임신청을 한 날부터 그 통지를 받은 날까지의 기간은 제69조의 청구기간에 산입하지 아니한다(「헌법재판소법」 제70조 제4항).

② 【O】 불완전입법에 대하여 재판상 다툴 경우에는 그 입법규정 자체를 대상으로 하여 그것이 헌법위반이라는 적극적인 헌법소원을 제기하여야 할 것이고, 이때에는 「헌법재판소법」 제69조 제1항 소정의 청구기간의 적용을 받는다(헌재 1993. 3. 11. 89헌마79).

④ 【O】 위헌법률심판의 제청은 법원이 헌법재판소에 대하여 하는 것이기 때문에 당해 사건에서 법원으로 하여금 위헌법률심판을 제청하도록 신청을 한 사람은 위헌법률심판사건의 당사자라고 할 수 없다. 원래 재심은 재판을 받은 당사자에게 이를 인정하는 특별한 불복절차이므로 청구인처럼 위헌법률심판이라는 재판의 당사자가 아닌 사람은 그 재판에 대하여 재심을 청구할 수 있는 지위 내지 적격을 갖지 못한다(헌재 2004. 9. 23. 2003헌아61).

263 헌법소원심판에 대한 설명으로 옳지 않은 것은? (다툼이 있는 경우 판례에 의함)

15. 국가직 7급

① 법률 조항 중 위헌성이 있는 부분에 한정하여 위헌결정을 구하는 한정위헌청구는 원칙적으로 적법하다.

② 의료인 면허의 필요적 취소사유와 면허취소 후 재교부금지기간을 규정하고 있는 「의료법」 조항에 따르면 면허취소 또는 면허 재교부 거부라는 구체적인 집행행위가 있을 때 기본권 침해가 발생하게 되므로, 이 조항 자체만으로는 기본권이 직접 침해된다고 볼 수 없다.

③ 검찰청으로부터 갑작스럽게 출석요구를 받고 충분한 시간을 확보하지 못한 채 피의자신문을 받아 피의자로서의 방어권을 제대로 행사하지 못한 경우, 형사입건 사실을 그 피의자에게 사전에 통지하지 않은 수사기관의 부작위는 헌법소원의 대상이 된다.

④ 어떤 국가기관이나 기구의 기본조직 및 직무범위 등을 규정한 조직규범은 원칙으로 그 조직의 구성원이나 구성원이 되려는 자 등 외에 일반국민을 수범자로 하지 아니하고, 일반국민은 그러한 조직규범의 공포로써 자기의 헌법상 보장된 기본권이 직접적으로 침해되었다고 할 수 없다.

정답찾기

③ [X] 공권력의 부작위에 대한 위헌확인소원은 기본권 보장을 위하여 헌법상 명문으로 또는 헌법의 해석상 특별히 공권력 주체에게 작위의무가 규정되어 있어서 청구인에게 그와 같은 작위를 청구할 헌법상 기본권이 인정됨에도 공권력 주체가 그 의무를 해태하는 경우에 한하여 허용되며, 일반적인 부작위는 헌법소원의 대상이 되지 않는다. 그런데 헌법 규정 또는 헌법 해석상 수사기관에게 형사사건이 경찰에서 검찰로 송치되었음을 통지해야 할 작위의무가 부여되어 있다고 볼 수 없으므로, 청구인의 이에 대한 심판청구는 헌법소원심판의 대상이 되지 아니한다(헌재 2015. 6. 25. 2015헌마633).

① [O] 법률의 의미는 결국 개별·구체화된 법률해석에 의해 확인되는 것이므로 법률과 법률의 해석을 구분할 수는 없고, 재판의 전제가 된 법률에 대한 규범통제는 해석에 의해 구체화된 법률의 의미와 내용에 대한 헌법적 통제로서 헌법재판소의 고유권한이며, 헌법합치적 법률해석의 원칙상 법률조항 중 위헌성이 있는 부분에 한정하여 위헌결정을 하는 것은 입법권에 대한 자제와 존중으로서 당연하고 불가피한 결론이므로, 이러한 한정위헌결정을 구하는 한정위헌청구는 원칙적으로 적법하다(헌재 2012. 12. 27. 2011헌바117).

② [O] 청구인이 주장하는 기본권 침해는 심판대상조항에 의하여 직접 발생하는 것이 아니라 심판대상조항에 따른 면허취소 또는 면허재교부 거부라는 구체적인 집행행위가 있을 때 비로소 현실적으로 나타난다. 청구인이 면허취소처분이나 면허재교부거부처분을 받은 경우 행정심판이나 행정소송 등을 통하여 권리구제를 받을 수 있으며, 그 절차에서 집행행위의 근거가 된 심판대상조항의 위헌 여부에 대한 심판제청을 신청할 수 있고, 그러한 절차를 밟도록 하는 것이 청구인에게 불필요한 우회절차를 강요하는 것이라고 볼 수도 없다. 따라서 심판대상조항을 직접 대상으로 하는 이 사건 헌법소원심판은 직접성 요건을 갖추지 못하여 부적법하다(헌재 2013. 7. 25. 2012헌마934).

④ [O] 이 사건 시행규칙조항은 화재조사전담부서 내 소속 공무원들의 직무능력 인증 및 업무분담 결정을 위한 조직규범으로서 일반 국민을 수범자로 하지 아니하므로 이로 인하여 소속 공무원 아닌 청구인의 기본권이 침해될 가능성이 인정되지 않는다(헌재 2016. 9. 29. 2013헌마821).

Answer 262 ③ 263 ③

264 헌법소원에 대한 설명으로 옳지 않은 것은? (다툼이 있는 경우 판례에 의함) 18. 국가직 7급

① 「헌법재판소법」 제68조 제2항 소정의 헌법소원은 그 본질이 헌법소원이라기보다는 위헌법률심판이므로 「헌법재판소법」 제68조 제1항 소정의 헌법소원에서 요구되는 보충성의 원칙은 적용되지 아니한다.
② 교정시설 내 과밀수용행위를 다투고 있는 수형자가 형기만료로 이미 석방되었으므로, 심판청구가 인용되더라도 그 권리구제는 불가능한 상태이고, 그 침해가 계속 반복될 우려가 없어 심판의 이익을 인정할 수 없다.
③ 「담배사업법」에 따른 담배의 제조 및 판매는 비흡연자들이 간접흡연을 하게 되는 데 있어 간접적이고 2차적인 원인이 된 것에 불과하여, 담배의 제조 및 판매에 관하여 규율하는 「담배사업법」에 대해 간접흡연의 피해를 주장하는 임신 중인 자의 기본권 침해의 자기관련성을 인정할 수 없다.
④ 법률 자체에 의한 직접적인 기본권 침해 여부가 문제되었을 경우에는 다른 권리구제절차를 거치지 않더라도 바로 헌법소원을 제기할 수 있다.

정답찾기

② [X] 청구인은 형기만료로 이미 석방되었으므로, 이 사건 심판청구가 인용되더라도 청구인의 권리구제는 불가능한 상태이다. 그러나 이 사건에서 문제되는 교정시설 내 과밀수용행위는 계속 반복될 우려가 있고, 수형자들에 대한 기본적 처우에 관한 중요한 문제로서 그에 대한 헌법적 해명의 필요성이 있으므로 예외적으로 심판의 이익을 인정할 수 있다(헌재 2016. 12. 29. 2013헌마142).
① [O] 「헌법재판소법」 제68조 제2항 소정의 헌법소원은 그 본질이 헌법소원이라기보다는 위헌법률심판이므로 「헌법재판소법」 제68조 제1항 소정의 헌법소원에서 요구되는 보충성의 원칙은 적용되지 아니한다(헌재 1997. 7. 16. 96헌바36).
③ [O] 간접흡연으로 인한 폐해는 담배의 제조 및 판매와는 간접적이고 사실적인 이해관계를 형성할 뿐, 직접적 혹은 법적인 이해관계를 형성하지는 못한다. 따라서 청구인의 심판청구는 기본권 침해의 자기관련성을 인정할 수 없다(헌재 2015. 4. 30. 2012헌마38).
④ [O] 법률 자체에 의한 직접적인 기본권 침해 여부가 문제될 때에는 그 법률 자체의 효력을 직접 다투는 것을 소송물로 하여 일반 법원에 소송을 제기하는 길이 없어 구제절차가 있는 경우가 아니므로 다른 구제절차를 거칠 것 없이 바로 헌법소원을 제기할 수 있다(헌재 1990. 6. 25. 89헌마220).

265 헌법소원심판에 대한 설명으로 옳지 않은 것은? (다툼이 있는 경우 판례에 의함) 16. 지방직 7급

① 대통령의 법률안 제출행위는 국가기관간의 내부적 행위에 불과하고 국민에 대하여 직접적인 법률효과를 발생시키는 행위가 아니므로 「헌법재판소법」 제68조 제1항에서 말하는 공권력의 행사에 해당되지 않는다.
② 「헌법재판소법」 제68조 제1항에 의한 헌법소원에서는 지정재판부가 사전심사를 하나, 「헌법재판소법」 제68조 제2항에 의한 헌법소원에서는 지정재판부가 사전심사를 하지 아니한다.
③ 선거범죄로 인하여 100만 원 이상의 벌금형이 선고되면 임원의 결격사유가 됨에도, 선거범죄와 다른 죄가 병합되어 경합범으로 재판하게 되는 경우 선거범죄를 분리 심리하여 따로 선고하는 규정을 두지 않은 것을 다투는 것은 부진정입법부작위에 대한 「헌법재판소법」 제68조 제1항에 의한 헌법소원심판에 해당한다.
④ 체포에 대하여는 헌법과 「형사소송법」이 정한 체포적부심사라는 구제절차가 존재하므로, 체포적부심사절차를 거치지 않고 제기한 「헌법재판소법」 제68조 제1항에 의한 헌법소원심판청구는 보충성의 원칙에 반하여 부적법하다.

정답찾기

② [X] 헌법재판소장은 헌법재판소에 재판관 3명으로 구성되는 지정재판부를 두어 헌법소원심판의 사전심사를 담당하게 할 수 있다(「헌법재판소법」 제72조 제1항).
① [O] 공권력의 행사에 대하여 헌법소원심판을 청구하기 위하여는, 공권력의 주체에 의한 공권력의 발동으로서 국민의 권리의무에 대하여 직접적인 법률효과를 발생시키는 행위가 있어야 한다. 그런데 대통령의 법률안 제출행위는 국가기관 간의 내부적 행위에 불과하고 국민에 대하여 직접적인 법률효과를 발생시키는 행위가 아니므로 「헌법재판소법」 제68조에서 말하는 공권력의 행사에 해당되지 않는다(헌재 1994. 8. 31. 92헌마174).
③ [O] 이 사건 심판청구는, 「새마을금고법」상 '선거범죄를 범하여' 징역형 또는 100만 원 이상의 벌금형을 선고받은 사람에 대하여 임원의 자격을 제한하도록 규정하면서도, 이 사건 법률 조항이 선거범죄와 다른 죄의 경합범인 경우에 분리 선고하도록 하는 규정을 두지 않음으로써 불완전, 불충분 또는 불공정한 입법을 한 것임을 다투고 있으므로 부진정 입법부작위를 다투는 헌법소원에 해당한다(헌재 2014. 9. 25. 2013헌바208).
④ [O] 체포에 대하여는 헌법과 「형사소송법」이 정한 체포적부심사라는 구제절차가 존재함에도 불구하고, 체포적부심사절차를 거치지 않고 제기된 헌법소원심판청구는 법률이 정한 구제절차를 거치지 않고 제기된 것으로서 보충성의 원칙에 반하여 부적법하다(헌재 2010. 9. 30. 2008헌마628).

266 헌법소원에 대한 설명으로 옳지 않은 것은?

18. 5급 공채(행정)

① 「헌법재판소법」 제68조 제2항에 따른 헌법소원심판은 위헌 여부 심판의 제청신청을 기각하는 결정을 통지받은 날부터 60일 이내에 청구하여야 한다.
② 헌법재판소는 공익상 필요하다고 인정할 때에는 국선대리인을 선임할 수 있다.
③ 헌법재판소장은 헌법재판소에 재판관 3명으로 구성되는 지정재판부를 두어 헌법소원심판의 사전심사를 담당하게 할 수 있다.
④ 「헌법재판소법」 제68조 제1항에 따른 헌법소원을 인용할 때, 헌법재판소는 공권력의 행사 또는 불행사가 위헌인 법률 또는 법률의 조항에 기인한 것이라고 인정될 때에는 인용결정에서 해당 법률 또는 법률의 조항이 위헌임을 선고할 수 있다.

정답찾기

① [X] 제68조 제2항에 따른 헌법소원심판은 위헌 여부 심판의 제청신청을 기각하는 결정을 통지받은 날부터 30일 이내에 청구하여야 한다(「헌법재판소법」 제69조 제2항).
② [O] 헌법재판소가 공익상 필요하다고 인정할 때에는 국선대리인을 선임할 수 있다(「헌법재판소법」 제70조 제2항).
③ [O] 헌법재판소장은 헌법재판소에 재판관 3명으로 구성되는 지정재판부를 두어 헌법소원심판의 사전심사를 담당하게 할 수 있다(「헌법재판소법」 제72조 제1항).
④ [O] 헌법재판소는 공권력의 행사 또는 불행사가 위헌인 법률 또는 법률의 조항에 기인한 것이라고 인정될 때에는 인용결정에서 해당 법률 또는 법률의 조항이 위헌임을 선고할 수 있다(「헌법재판소법」 제75조 제5항).

Answer 264 ② 265 ② 266 ①

267 「헌법재판소법」제68조 제2항의 헌법소원심판에서 재판의 전제성에 대한 설명으로 옳지 않은 것은? (다툼이 있는 경우 판례에 의함)

18. 국가직 7급

① 당해 소송이 제1심과 항소심에서 심판대상법률이 아닌 다른 법률에서 규정한 소송요건이 결여되었다는 이유로 각하되었지만, 상고심에서 그 각하판결이 유지될지 불분명한 경우에도 재판의 전제성이 인정될 수 있다.

② 재심사건을 제외한 당해 사건인 형사사건에서 무죄의 확정판결을 받은 때라도 처벌조항에 대한 헌법적 해명이 긴요한 경우라면, 그 처벌조항의 위헌확인을 구하는 헌법소원심판절차에서 재판의 전제성을 인정하여야 한다.

③ 과태료를 자진납부함으로써 해당 질서위반행위에 대한 과태료 부과 및 징수절차가 종료하였고 행정소송 그 밖에 권리구제절차를 통하여 과태료 부과처분을 다툴 수 없게 되었다면, 과태료 부과처분의 근거법률인 심판대상조항이 위헌이라 하더라도 다른 특별한 사정이 없는 한 과태료 부과처분의 효력에 영향이 없어 재판의 전제성이 인정되지 아니한다.

④ 당해 사건이 재심사건인 경우, 심판대상조항이 '재심청구 자체의 적법 여부에 대한 재판'에 적용되는 법률 조항이 아니라 '본안 사건에 대한 재판'에 적용될 법률 조항이라면 '재심청구가 적법하고, 재심의 사유가 인정되는 경우'에 한하여 재판의 전제성이 인정될 수 있다.

정답찾기

② [X] 「헌법재판소법」제68조 제2항에 의한 헌법소원심판 청구인이 당해 사건인 형사사건에서 무죄의 확정판결을 받은 때에는 처벌조항의 위헌확인을 구하는 헌법소원이 인용되더라도 재심을 청구할 수 없고, 청구인에 대한 무죄판결은 종국적으로 다툴 수 없게 되므로 법률의 위헌 여부에 따라 당해 사건 재판의 주문이 달라지거나 재판의 내용과 효력에 관한 법률적 의미가 달라지는 경우에 해당한다고 볼 수 없으므로 더 이상 재판의 전제성이 인정되지 아니하는 것으로 보아야 한다(헌재 2009. 5. 28. 2006헌바109).

① [O] 금융감독위원회가 주식회사인 보험회사에 대하여 부실금융기관으로 결정하고 증자 및 감자를 명한 처분에 대하여 이 사건의 청구인들인 위 회사의 '주주' 또는 '이사' 등이 그 취소를 구하는 당해소송에서 제1심과 항소심 법원은 '주주' 또는 '이사' 등이 가지는 이해관계를 「행정소송법」제12조 소정의 '법률상 이익'으로 볼 수 없다고 하면서 소를 각하하는 판결을 선고하였다. 그러나, 당해사건에 직접 원용할 만한 확립된 대법원 판례는 아직까지 존재하지 않아 해석에 따라서는 당해소송에서 청구인들의 원고적격이 인정될 여지도 충분히 있고, 헌법재판소가 이에 관하여 법원의 최종적인 법률해석에 앞서 불가피하게 판단할 수밖에 없는 경우에는 헌법재판소로서는 일단 청구인들이 당해 소송에서 원고적격을 가질 수 있다는 전제하에 재판의 전제성 요건을 갖춘 것으로 보고 본안에 대한 판단을 할 수 있다(헌재 2004. 10. 28. 99헌바91).

③ [O] 청구인들은 과태료를 자진납부함으로써 해당 질서위반행위에 대한 과태료 부과 및 징수절차는 종료하였고(「질서위반행위규제법」제18조 제2항) 행정소송 그 밖에 다른 권리구제절차를 통하여 과태료 부과처분을 다툴 수 없게 되었다. 따라서 설령 청구인들에 대한 과태료 부과처분의 근거 법률인 심판대상조항이 위헌이라 하더라도, 다른 특별한 사정이 없는 한 위 과태료 부과처분의 효력에 영향이 없어 재판의 전제성이 인정되지 아니한다(헌재 2015. 7. 30. 2014헌바420).

④ [O] 당해 사건이 재심사건인 경우, 심판대상조항이 '재심청구 자체의 적법 여부에 대한 재판'에 적용되는 법률 조항이 아니라 '본안 사건에 대한 재판'에 적용될 법률 조항이라면 '재심청구가 적법하고, 재심의 사유가 인정되는 경우'에 한하여 재판의 전제성이 인정될 수 있다(헌재 2007. 12. 27. 2006헌바73).

268 다음 사례에 대한 설명으로 옳지 않은 것은? (다툼이 있는 경우 판례에 의함) 21. 5급 공채(행정)

> 甲은 간통하였다는 범죄사실로 기소되어 형사재판을 받던 중 담당 법원에 2011. 8. 26. 구 형법 제241조가 위헌이라며 위헌법률심판제청을 신청하였다. 헌법재판소가 위 법률조항에 대하여 1990. 9. 10., 1993. 3. 11., 2001. 10. 25. 세 차례에 걸쳐 합헌결정을 내린 바 있고, 담당 법원은 합헌결정의 주요근거를 이유로 위 신청을 기각하였다. 이에 甲은 2014. 3. 13. 헌법재판소에 「헌법재판소법」 제68조 제2항에 의한 헌법소원심판을 청구하였다.
>
> [심판대상조항]
> 구 형법 제241조(간통)
> ① 배우자 있는 자가 간통한 때에는 2년 이하의 징역에 처한다. 그와 상간한 자도 같다.
> ② 전항의 죄는 배우자의 고소가 있어야 논한다. 단 배우자가 간통을 종용 또는 유서한 때에는 고소할 수 없다.

① 위 사례에서 심판대상조항에 대하여 위헌결정을 선고하는 경우, 침해되는 甲의 기본권은 성적 자기결정권 및 사생활의 비밀과 자유이다.
② 위 사례에서 위헌결정이 선고되는 경우 결정 선고 이전에 심판대상조항에 의하여 유죄의 확정판결을 받은 사람들은 당연히 구제되는 것은 아니고 법원에 개별적으로 재심을 청구하여야 한다.
③ 위 사례에서 헌법재판관들의 의견이 위헌 3인, 헌법불합치 4인, 합헌 2인으로 나뉘는 경우 헌법재판소는 심판대상조항의 헌법불합치를 주문에서 선고하여야 한다.
④ 위 사례에서 심판대상조항에 대하여 위헌결정을 선고하는 경우, 이는 형벌 조항에 대한 위헌결정이므로 예외적으로 심판대상조항은 제정된 때로 소급하여 효력을 상실하게 된다.

정답찾기

④ [X] 형벌에 관한 법률 또는 법률의 조항은 소급하여 그 효력을 상실한다. 다만, 해당 법률 또는 법률의 조항에 대하여 종전에 합헌으로 결정한 사건이 있는 경우에는 그 결정이 있는 날의 다음 날로 소급하여 효력을 상실한다(「헌법재판소법」 제47조 제3항).
① [O] 헌법 제10조는 개인의 인격권과 행복추구권을 보장하고 있고, 인격권과 행복추구권은 개인의 자기운명결정권을 전제로 한다. 이 자기운명결정권에는 성행위 여부 및 그 상대방을 결정할 수 있는 성적 자기결정권이 포함되어 있으므로, 심판대상조항은 개인의 성적 자기결정권을 제한한다. 또한, 심판대상조항은 개인의 성생활이라는 내밀한 사적 생활영역에서의 행위를 제한하므로 헌법 제17조가 보장하는 사생활의 비밀과 자유 역시 제한한다(헌재 2015. 2. 26. 2009헌바17).
② [O] 위헌으로 결정된 법률 또는 법률의 조항에 근거한 유죄의 확정판결에 대하여는 재심을 청구할 수 있다(「헌법재판소법」 제47조 제4항).
③ [O] 헌법재판소에서 법률의 위헌결정을 할 때에는 재판관 6인 이상의 찬성이 있어야 한다(헌법 제113조 제1항). 선지의 경우처럼 단순위헌의견이 3인, 헌법불합치의견이 4인인 경우 청구의 상대방에게 가장 불리한 의견부터 시작해서 6인의 정족수를 채울 때의 의견이 헌법재판소의 법정의견이 된다. 청구의 상대방에게 가장 불리한 의견은 단순위헌의견이고 그 다음이 헌법불합치의견이므로, 선지의 사례라면 헌법재판소는 헌법불합치결정을 하게 된다.

Answer 267 ② 268 ④

269 「헌법재판소법」 제68조 제2항에 따른 헌법소원심판에 대한 설명으로 옳지 않은 것은? (다툼이 있는 경우 헌법재판소 판례에 의함) 22. 국회 8급

① 폐지된 법률에 대한 헌법소원은 원칙적으로 부적법하나, 폐지된 법률의 위헌 여부가 관련 소송사건의 재판의 전제가 되어 있다면 위헌심판의 대상이 된다.
② 소송대리권을 수여한 사실이 인정되지 않아 당해 사건이 부적법하다는 이유로 소 각하 판결이 확정된 일부 청구인들의 심판청구는 법률의 위헌 여부를 따져 볼 필요 없이 각하를 면할 수 없으므로, 재판의 전제성이 인정되지 않아 부적법하다.
③ 명시적으로 위헌제청신청을 한 조항과 필연적 연관관계를 맺고 있는 법률조항이라 하더라도, 당사자가 그 법률조항을 위헌법률심판제청신청의 대상으로 삼지 않았고 당해 법원이 기각결정의 대상으로 삼지 않았다면, 그 법률조항에 대해 당해 법원이 묵시적으로나마 위헌제청신청으로 판단한 것으로 볼 여지가 없다.
④ 법률 조항이 당해 사건의 재판에 간접 적용되더라도, 그 위헌여부에 따라 당해 사건의 재판에 직접 적용되는 법률조항의 위헌여부가 결정되거나, 당해 재판의 결과가 좌우되는 경우 등 양 규범 사이에 내적 관련이 인정된다면 재판의 전제성을 인정할 수 있다.
⑤ 공판정에서 청구인이 출석한 가운데 재판서에 의하여 위헌법률심판제청신청을 기각하는 취지의 주문을 낭독하는 방법으로 재판의 선고를 한 경우, 청구인은 이를 통하여 위헌법률심판제청신청에 대한 기각 결정을 통지받았다고 보아야 하므로 그로부터 30일이 경과한 후 제기된 헌법소원 심판청구는 청구기간을 경과한 것으로서 부적법하다.

> 정답찾기

③ [X] 당사자가 위헌법률심판제청신청의 대상으로 삼지 않았고 또한 법원이 기각 또는 각하결정의 대상으로도 삼지 않았음이 명백한 법률조항이라 하더라도 예외적으로 위헌제청신청을 기각 또는 각하한 법원이 당해 조항을 실질적으로 판단하였거나 당해 조항이 명시적으로 위헌제청신청을 한 조항과 필연적 연관관계를 맺고 있어서 법원이 위 조항을 묵시적으로 판단한 것으로 볼 수 있는 경우에는 이러한 법률 조항에 대한 심판청구도 적법하다(헌재 2005. 2. 24. 2004헌바24).
① [O] 법률은 원칙적으로 발효시부터 실효시까지 효력이 있고, 그 시행 중에 발생한 사건에 적용되기 마련이므로 법률이 폐지된 경우라 할지라도 그 법률의 시행당시에 발생한 구체적 사건에 대하여서는 폐지된 법률이 적용되어 재판이 행하여질 수 밖에 없는 것이고, 이때 폐지된 법률의 위헌여부가 문제로 제기되는 경우에는 그 위헌여부심판은 헌법재판소가 할 수 밖에 없는 것이다(헌재 1989. 12. 18. 89헌마32).
② [O] 재판의 전제성을 인정하기 위해서는 원칙적으로 당해사건은 법원에 적법하게 계속되어 있어야 한다. 만약 당해사건이 부적법한 것이어서 법률의 위헌여부를 따져 볼 필요조차 없이 각하를 면할 수 없는 것일 때에는 헌법소원심판 청구는 적법요건인 재판의 전제성을 흠결한 것으로서 각하될 수밖에 없다. 법무법인 ○○에게 소송대리권을 수여한 사실이 인정되지 않아 당해 사건이 부적법하다는 이유로 소 각하 판결이 확정된 일부 청구인들의 심판청구는 법률의 위헌 여부를 따져 볼 필요 없이 각하를 면할 수 없으므로, 재판의 전제성이 인정되지 않아 부적법하다(헌재 2020. 3. 26. 2016헌바55).
④ [O] 법률 조항이 당해 사건의 재판에 간접 적용되더라도, 그 위헌여부에 따라 당해 사건의 재판에 직접 적용되는 법률조항의 위헌여부가 결정되거나, 당해 재판의 결과가 좌우되는 경우 등 양 규범 사이에 내적 관련이 인정된다면 재판의 전제성을 인정할 수 있다(헌재 2021. 5. 27. 2019헌바332).
⑤ [O] 공판정에서 청구인이 출석한 가운데 재판서에 의하여 위헌법률심판제청신청을 기각하는 취지의 주문을 낭독하는 방법으로 재판의 선고를 한 경우, 청구인은 이를 통하여 위헌법률심판제청신청에 대한 기각 결정을 통지받았다고 보아야 하므로 그로부터 30일이 경과한 후 제기된 헌법소원 심판청구는 청구기간을 경과한 것으로서 부적법하다(헌재 2018. 8. 30. 2016헌바316).

270 헌법재판에 대한 설명으로 옳은 것만을 모두 고른 것은? (다툼이 있는 경우 판례에 의함) 　17. 국가직 7급

> ㉠ 법률의 효력을 갖는 관습법도 위헌법률심판의 대상이 될 수 있다는 것이 헌법재판소의 입장이다.
> ㉡ 법원이 재판의 전제성이 없다는 이유로 위헌법률심판 제청의 신청을 각하한 경우 신청인이 「헌법재판소법」 제68조 제2항에 의한 헌법소원을 청구하면 헌법재판소는 재판의 전제성 유무에 대한 법원의 판단을 번복할 수 없다.
> ㉢ 이념적·논리적으로는 헌법규범 상호 간의 우열을 인정할 수 있다 하더라도 그러한 규범 상호 간의 우열이 헌법의 어느 특정규정이 다른 규정의 효력을 전면적으로 부인할 수 있을 정도의 개별적 헌법규정 상호 간에 효력 상의 차등을 의미하는 것이라고 볼 수 없으므로, 헌법의 개별규정에 대한 위헌심사는 허용될 수 없다.
> ㉣ 「헌법재판소법」 제68조 제1항에 따른 헌법소원을 인용하는 경우, 헌법재판소는 공권력의 행사 또는 불행사가 위헌인 법률 또는 법률의 조항에 기인한 것이라고 인정될 때에는 인용결정에서 해당 법률 또는 법률의 조항이 위헌임을 선고할 수 있다.

① ㉠, ㉢
② ㉡, ㉣
③ ㉠, ㉢, ㉣
④ ㉡, ㉢, ㉣

정답찾기

㉠ [O] 이 사건 관습법은 「민법」 시행 이전에 상속을 규율하는 법률이 없는 상황에서 재산상속에 관하여 적용된 규범으로서 비록 형식적 의미의 법률은 아니지만 실질적으로는 법률과 같은 효력을 갖는 것이므로 위헌법률심판의 대상이 된다(헌재 2013. 2. 28. 2009헌바129).

㉡ [X] 위헌법률심판이나 법 제68조 제2항의 규정에 의한 헌법소원심판에 있어서 위헌여부가 문제되는 법률이 재판의 전제성 요건을 갖추고 있는지의 여부는 헌법재판소가 별도로 독자적인 심사를 하기보다는 되도록 법원의 이에 관한 법률적 견해를 존중해야 할 것이며, 다만, 그 전제성에 관한 법률적 견해가 명백히 유지될 수 없을 때에만 헌법재판소는 직권으로 조사할 수 있다(헌재 1993. 5. 13. 92헌가10).

㉢ [O] 헌법 제111조 제1항 제1호 및 「헌법재판소법」 제41조 제1항은 위헌법률심판의 대상에 관하여, 헌법 제111조 제1항 제5호 및 「헌법재판소법」 제68조 제2항, 제41조 제1항은 헌법소원심판의 대상에 관하여 그것이 법률임을 명문으로 규정하고 있으며, 여기서 위헌심사의 대상이 되는 법률이 국회의 의결을 거친 이른바 형식적 의미의 법률을 의미하는 것에는 아무런 의문이 있을 수 없다. 따라서 형식적 의미의 법률과 동일한 효력을 갖는 조약 등은 포함된다고 볼 것이지만 헌법의 개별규정 자체는 그 대상이 아님이 명백하다(헌재 1995. 12. 28. 95헌바3).

㉣ [O] 제2항의 경우에 헌법재판소는 공권력의 행사 또는 불행사가 위헌인 법률 또는 법률의 조항에 기인한 것이라고 인정될 때에는 인용결정에서 해당 법률 또는 법률의 조항이 위헌임을 선고할 수 있다(「헌법재판소법」 제75조 제5항).

Answer　269 ③　270 ③

박충신

약력

- 연세대학교 법과대학 졸업
- 현) 박문각 헌법 대표교수
    숭실사이버대학교 헌법교수
- 전) 합격의 법학원, 베리타스법학원 사시·행시 헌법강사
    고시뱅크 경정승진 헌법강사
    노무사 단기학원 행정법강사
    PSAT 단기학원 헌법강사

저서

- 박충신 헌법 기본서(박문각)
- 박충신 경찰헌법 기본서(박문각)
- 박충신 헌법 단원별 기출문제집 경찰·7급(Ⅰ)(박문각)
- 박충신 헌법 단원별 기출문제집 7급(Ⅱ)(박문각)
- 헌법기본서(문형사)
- 객관식헌법(문형사)
- 사례헌법(베리타스)
- 헌법(고시뱅크)
- 헌법이론과 헌법판례(고시뱅크)
- 헌법(프라임에듀북, 경찰승진)
- 객관식헌법(프라임에듀북)
- 행정쟁송법 단문과 사례(나눔)
- 경찰행정법(나눔)

박충신 헌법 7급Ⅱ 단원별 기출문제집

초판 인쇄 | 2025. 5. 2.　초판 발행 | 2025. 5. 7.　편저 | 박충신
발행인 | 박 용　발행처 | (주)박문각출판　등록 | 2015년 4월 29일 제2019-000137호
주소 | 06654 서울시 서초구 효령로 283 서경 B/D 4층　팩스 | (02)584-2927
전화 | 교재 문의 (02)6466-7202

저자와의 협의하에 인지생략

이 책의 무단 전재 또는 복제 행위를 금합니다.

정가 15,000원　　ISBN 979-11-7262-791-1